【中国通史】

范文澜 著

第三册

人民出版社

山西太原出土隋武士骑俑

山西长治出土唐三彩女俑

陕西西安出土唐刻花金碗

陕西西安出土唐鎏金舞马衔杯银壶

新疆吐鲁番出土唐花鸟纹锦

广东梅县出土唐双耳瓷罐

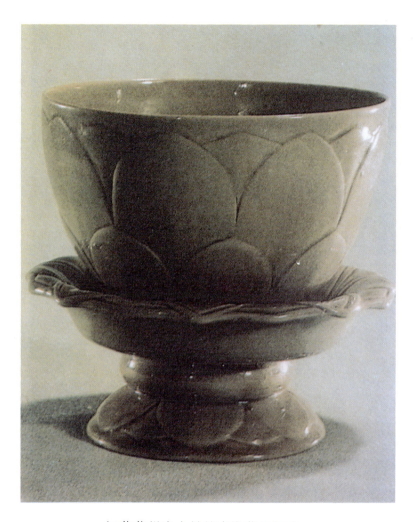

江苏苏州出土吴越青瓷莲花托碗

湖南长沙出土楚瓷莲花瓶

第三编说明

今天,《中国通史简编》第三编两册初稿,交付人民出版社,我觉得似乎小小地松了一口气。自从一九五七年六月,交出第二编草稿,到今年已有八个年头,其间接到不少读者来信询问工作情况,有些信里提出责备,问我是否变懒不干了。这里,我想说一下为甚么工作如此迟缓的原因。

一九五七年六月完成第二编草稿后,工作继续进行,到五九年九月写完了隋、唐、五代十国的政治经济部分和吐蕃、回纥、南诏共六章。当年十月,突然发生了一场病,六〇年,出医院后,长期休息,只读些佛教资料为工作做准备。六二年,开始写第七章内第一至第四节,当年,又发生了一场病。六三年,旧病复发,但并不妨碍工作,这一年,写了第七章内第五第六两节,虽然写的不多,却遍读唐人诗文集,时间未曾浪费。六四年春,医师迫令我卧床不起,因此,先委托卞孝萱同志起草第七章第七节,蔡美彪同志起草第七章第八节。我出医院后,依据两位同志的原稿,加以修改,第三编两册这才完工了。以上都是细碎旧

1

事，本不该烦读者的视听，只想借此说明：我决心战胜病魔，奋力完成任务，决不会变懒不干。

《中国通史简编》第三编，相当中期封建社会的中段。由于篇幅较多，分册出版。现在付印的第一册是隋唐五代的政治经济部分，第二册是吐蕃、回纥、南诏和唐五代的文化概况。

中国是多民族的统一国家，我们应该平等对待国内诸民族。曾建立过政权的少数民族，按照现存史料的多寡，本书都为特立专节，叙述它们的活动。例如西晋灭亡后的十六国，就是这样写的。唐朝时候，吐蕃、回纥、南诏都特立专章，与汉族建立的隋朝唐朝并列。可惜我们知道的史料太少，不能与隋唐两朝同样作较详细的叙述。唐朝文化空前发达，需要特立一章。其中占较大篇幅的是佛教部分。佛教肆毒，不始于唐朝，但唐朝是流毒极盛之世，佛教所有胡言乱语，为非作歹，这时候全部暴露出来，不禁使人望而切齿。我对佛教，没有从哲学的角度去粉碎它，我只用普通常识去批驳它那些灵魂不灭、因果报应、求福免祸、六道轮回等谎言和谬说，肯定唐朝佛教祸国殃民之罪恶极大。不过，由于研究不足，难免批判不够有力或分析不够妥切，切盼读者多多提出意见，以便更有效地铲除它遗留下来的祸害。

本书第二章中第四第五两节，所用史料是卞孝萱同志提供的。第四第六两章所用史料是王忠同志提供的。第五章是余元安同志提供的史料。第七章中第一第二两节，是张遵骝同志费五、六年功夫，分类录出上百万字的佛教资料，我才有凭借写成这两节。中国通史组的全体同志分别对校改书稿、搜集材料、编制图表等工作付出不少力量。本书出版前，又承人民出版社的同志们细心校阅，帮助我改正错误；故宫博物院、北京图书馆、历史博物馆的同志们热心提供图片资料。谨在此一并表示我的谢意。

我很高兴，依靠同志们的集体力量，有可能加速完成我们的工作。我感谢几年来读者给我的鞭策，我和全组同志愿高悬鞭策自警，主动增加工作的速度。

范 文 澜

一九六五年四月于中国科学院近代史研究所

目　　录

第 三 编
隋 唐 五 代 时 期

第 三 编

隋 唐 五 代 时 期

第 一 章

南北统一社会繁荣时期——隋

——五八一年——六一八年

第一节 巩固国家统一的各种措施

从东汉末年开始，封建割据势力一直占巨大优势，但统一势力也在继续增长，朝着统一全国的方向前进。魏、汉、吴三国分立，结束了东汉末年的大乱，到西晋实现了统一。西晋极端腐朽的政治，很快引起十六国大乱，魏太武帝扫清十六国残余，周武帝扩大北朝的地域，到隋又实现了统一。自东汉末至隋初四百年间，不管封建割据如何得势，最后还是归宿于统一。这个事实，说明秦、汉以来，汉族已经基本上形成为一个相当稳定的共同体，政治上割据只能是一时的现象，统一却是根本的趋向。还有一点也是值得注意的，那就是十六国割据，主要发动者是所谓五胡的少数族人，后来唐朝的藩镇割据和五代十国大分裂，少数族人也起着重要的作用，所以，少数族的发动侵扰也应是破坏统一的原因之一。

隋文帝主要的功绩，在于统一全国后，实行各种巩固统一的措施，使连续三百年的战事得以停止，全国安宁，南北民众获得休息，社会呈现空前的繁荣。秦始皇创秦制，为汉以后各朝所沿袭，隋文帝创隋制，为唐以后各朝所遵循，秦、隋两朝都有巨大的贡献，不能因为历年短促，忽视它们在历史上的作用。

隋文帝在力求巩固国家统一的方针下，行政、定制度，对待敌国等方面，都取得了成就，西晋以来将近三百年的动乱，到隋文帝时，确实稳定下来了。他是较好的政治家，因为他多少能够留意到劳动民众的愿望。

行 政 方 面

一　建立汉族政权

自十六国时起，黄河流域汉族民众长期遭受非汉族统治者的歧视和虐待，是要求恢复汉族政权的。就是汉士族，也并不满足于自己的政治地位。曾经取得统治权的各族，失势后陆续融合到汉族里，与汉族成为一体，政治要求也就一致了。宇文氏成立政权，主要依靠汉族，本身并无宇文部落作根基。周武帝灭北齐后，汉族势力更有极大的增加，宇文氏政权象一叶扁舟飘浮在大海上，一遇风浪就会覆没，隋文帝杨坚在风浪中轻而易举地夺取了宇文氏的政权。

五七八年，周武帝死，子周宣帝继位。周宣帝昏狂暴虐，屠杀宗室和大臣。颁布《刑经圣制》，用法苛刻。外自朝士，内至宫女，人人恐怖，不保朝夕。他掀起了这个风浪，五八〇年，病死，子周静帝年才八岁，当然无力平息这个风浪。

隋文帝的父亲杨忠，是北周勋臣；他的女儿是周宣帝正后。他系出华阴杨氏，是士族中高门，宗兵（杨氏私兵）多至三千人。这些条件使得一群关西士人在周宣帝临死时，便合谋引他入宫辅政，总揽大权。他的主要谋士李德林和高颎（音窘 jiǒng）都是山东士人，他通过二人取得山东士族的支持。五八一年，隋文帝灭周，建立隋朝。

隋文帝在辅政时，革除周宣帝所行暴政，删削《刑经圣制》，改作《刑书要制》，用法较为宽大。又令汉人各复本姓，废弃宇文泰所给鲜卑姓。这都是符合汉族人愿望的。周臣尉迟迥、王谦、司马消难起兵反抗，都很快被消灭，因为隋文帝已获得民众的归心。他即帝位后，首先取消北周官制，恢复汉、魏官制。宇文泰定官制，模仿《周礼》，表示上继西周，实际是想行用一种与汉、魏官制完全隔绝的制度，同时令百官穿着鲜卑服装，称呼鲜卑姓字（如隋文帝姓普六如，字那罗延），希望汉族在复古形式下，逐渐鲜卑化。隋文帝恢复汉、魏官制，就是表示真正恢复了汉族政权。

二　厉行节俭政治

隋文帝感到自己得国太容易,怕人心不服,常存警戒心,力求所以保国的方法。他得出两条保国法。主要的一条是节俭。他教训太子杨勇说:从古帝王没有好奢侈而能久长的。你当太子,应该首先崇尚节俭。其次的一条是诛杀。他假托年幼时,相面人赵昭曾秘密告诉他说:你将来该做皇帝,必须大诛杀才得稳定。他实行节俭,因而对民众的剥削大为减轻。他实行诛杀,因而豪强官吏不敢过分作恶,也就有助于节俭政治的行施。隋文帝在位二十四年,这两条贯注着他的全部行政,《隋书》说他"躬节俭,平徭赋,仓廪实,法令行,君子咸乐其生,小人各安其业,强无陵弱,众不暴寡,人物殷阜,朝野欢娱,二十年间天下无事,区宇之内宴如也"。史家这种褒辞,难免有溢美之处,但也不会离事实太远。隋文帝政治上的成就,对将近三百年乱局的结束是有重要意义的。

从辅政时开始,隋文帝便提倡节俭生活,积久成为风习。当时一般士人,便服多用布帛,饰带只用铜铁骨角,不用金玉。皇后独孤氏是鲜卑大贵族。隋文帝要通过独孤氏,收揽宇文氏以外的鲜卑贵族,因此畏惧独孤后,让她参与政权,宫中称为"二圣"。独孤后性妒忌,不许妃妾美饰。隋文帝曾配止痢药,要用胡粉一两,宫中找不到胡粉。又曾找织成的衣领,宫中也没有。独孤后的妒忌，倒也助成了隋文帝的节俭生活。

皇帝躬行节俭，是改善政治的一个根本条件，隋文帝具备这个条件，在行政上得以有力地推行下列三事。

奖励良吏——五八一年，隋文帝下诏褒扬岐州刺史梁彦光。后来又褒扬相州刺史樊叔略，新丰令房恭懿。五九一年，临颍令刘旷考绩为天下第一，擢升莒州刺史。五九六年，汴州刺史令狐熙考绩第一，赐帛三百匹，布告天下。旧制，京内外长官都有公廨钱，放债取利息。五九四年，下诏公卿以下各官按品级分给职田，停止放债扰民。州县官直接治民，隋文帝采取奖励良吏，给田养廉等措施，虽然官吏未必就此向善称职，但朝廷既明示改善吏治的方向，对民众还是有益的。

严惩不法官吏——隋文帝对待臣下极严，经常派人侦察京内外百官，发现罪状便加以重罚。他痛恨官吏的贪污行为，甚至秘密使人给官吏送贿赂，一受贿赂，立即处死刑。他的儿子秦王杨俊，因生活奢侈，多造宫室，被他发觉，勒令归第（禁闭）。大臣杨素劝谏，说罚得过重。他说，皇子和百姓只有一个法律，照你说来，为什么不别造皇子律？任何人犯罪，都得按法律惩罚。六○○年，他发觉太子杨勇奢侈好色，废黜杨勇，立杨广（隋炀帝）为太子。他依靠一些左右亲信，当作发觉臣下罪过的耳目，这就使得他不能不信谗言、受蒙蔽。杨广奢侈好色，至少同杨勇一样，只因善于伪装，独孤后、杨素都替杨广说好话，终于夺得了太子的地

7

位。杨素广营资产，京城和京外大都会，到处有他的邸店、磨坊、田宅，家里有成千的上等妓妾，又有成千的奴仆，住宅华侈，式样模拟皇宫，隋文帝还以为杨素诚孝，信任有加。隋文帝凭个人权术，察察为明，功臣旧人，多因罪小罚重，杀逐略尽，剩下一个最凶狡的杨素，恰恰就是助杨广杀害他的奸人。吏部尚书韦世康请求退休，对子弟说，禄不可太多，怕多就得早退，年不待衰老，有病就得辞官。这说明当时朝官，有些不愿冒险作官，有些不敢进忠言招祸，能作大官并取得信任的人自然只能是杨素一类的奸人。隋文帝考核官吏，严惩贪污是必要的，但考核流为猜忌，严惩流为苛刻，那就无益而反有害了。不过，由于他执法严明，一般的官吏有所畏惧，贪污行为确是减少些，对民众还是有益的。

改良统治术——隋文帝对待民众比较宽平。五八一年，制定隋律，废除前朝酷刑。民众有枉屈，本县官不理，允许向州郡上告，最后可上告到朝廷。穷苦人虽未必能到朝廷上告，但在对待官吏极严的当时，也多少起些保护民众的作用。五八三年，又删削刑条，务求简要。五九二年，下诏：诸州死罪囚，不得在当地处决，须送大理寺（最高司法机关）复按，按毕，送尚书省奏请皇帝裁定。五九六年，下诏：死罪囚要经过三次奏请才行刑。隋文帝往往小罪重罚，在朝廷上杀官员，对民众犯死罪，用心却是平恕。六〇〇年，正是他晚年对待官吏更严、诛杀尤甚的时候，齐州一个小官王伽，送囚人李

8

参等七十余人去京城，行至荥阳，王伽对李参等人说，你们犯国法，受罪是该当的，你们看看护送你们的民夫，多么辛苦，你们于心安么！李参等谢罪。王伽遣散民夫，释放李参等，约定某日都来到京城，说，你们如果失约，我只好代替你们受死。到期都来到，不缺一人。隋文帝听了很惊异，召见王伽，大为叹赏。又召李参等携带妻子入宫，赐宴后宣布免罪，并且下了一道只要官有慈爱之心，民并非难教的诏书，要求官吏学王伽，以至诚待民。《隋书》说他留意民间疾苦。五九四年，关中饥荒，他派人去看百姓所用食品，是豆粉拌糠。他拿食品给群臣看，流涕责备自己无德，命撤消常膳，不吃酒肉。他率领饥民到洛阳就食，令卫士不得驱迫民人，遇见扶老携幼的人群，自己引马避路，好言抚慰。道路难走处，令左右扶助挑担的人。他这些表示，在帝王中确是罕见，因为他深知要巩固政权，首先必须取得民众对自己的好感。

制 度 方 面

战国时，秦孝公、商鞅创立秦制，高度的君主集权精神有异于山东六国。秦始皇统一天下，稍作修补，成为通行全中国的制度。两汉以至南北朝（北周中央官制模仿《周礼》，是例外），基本上沿袭秦制，自然也陆续有不少改革。隋文帝统一天下，综合前代各种制度，有沿有革，厘定成隋制。自唐至清，基本上沿袭隋制，自然也陆续有不少改革。隋文帝所定制度，同秦制一样，都有划时代的意义。

官制——五八一年，隋文帝即帝位，即废北周官制，恢复汉、魏旧制。中央官制有三师、三公及尚书、门下、内史(中书)、秘书、内侍(宦官)五省。管理政务的机构是尚书省。尚书省置令一人，左右仆射各一人，下设吏部、礼部、兵部、都官、度支、工部六曹，每曹设尚书一人。六曹尚书分统三十六侍郎。五八三年，改度支为民部，都官为刑部。左仆射判吏、礼、兵三部事，右仆射判民、刑、工三部事。五省以外，有御史、都水(掌水利，五八三年废)二台，太常(掌礼乐等事)、大理(掌刑法)、国子(掌教育)、将作(掌营造)等十一寺，左右卫(掌禁卫兵)十二府。又置上柱国至都督十一等勋官，特进至朝散大夫七等散官，作为荣誉名号，授给有功劳的文武官。六部尚书分掌全国政务，自隋时定型，一直沿袭到清季。汉、魏以下，州郡县长官得就地自辟僚佐，后魏、北齐已多由吏部选授，隋确立制度，全国任何小官，任用权都操在吏部。就地征辟僚佐，自然多是本地豪强。隋制，县佐须用别郡人，地方长官不得自用僚佐，县佐回避本郡，使本地人不得把持本地政务。这些，都有利于中央集权的进一步加强。地方官制隋以前极为紊乱，南朝有侨州郡县，南、北两朝都滥立州郡县名目，民少官多，耗费甚巨。五八三年，隋文帝废郡

10

一级地方官，只存州县两级。隋炀帝改州为郡，全国有一百九十郡，一千二百五十五县。隋简化地方官制，消除了东晋、南北朝以来的紊乱现象。

礼乐——皇帝祭天地众神、祭祖先以及朝廷吉凶等大事，一切礼乐，历朝相传，都有详备的规定。自孔子以来，儒家以议礼乐为专掌，积累起繁缛的学说，朝廷采用它，与实际政治并无关系，背弃了它，却不成其为中国皇帝。非汉族人做中国皇帝，对汉族传统礼乐，只能加入一些本族的旧惯例，不敢有较大的改变，如果改变较大，就会更显著地被看作"异类"而遭受反对。所以，礼乐有精神上的作用，任何封建朝代都得加以重视，隋文帝从来不喜欢儒学，但对礼乐的重视并不能例外。

东晋和南朝，虽然偏安在长江流域，北方占据者却不得不承认南方是华夏正统。魏孝文帝力求华化，恰好南齐高级士族王肃逃奔到北魏，魏孝文帝极为敬重，请王肃为魏兴礼乐，定制度，尽量模仿南朝。后来梁武帝制礼作乐，声望甚高，大得北方士族的仰慕，连高欢也害怕萧衍老翁。北方士族聚集在山东，北齐时，以邺为中心，文化比魏都洛阳时更高。北齐后主高纬，令薛道衡与诸儒修定五礼，按当时儒学水平来说，大概齐礼仅次于梁礼。至于苏绰、卢辩为宇文泰所造的周礼，在南朝和山东儒生心目中，只是一些陋儒的杜撰，距离正统礼乐甚远。隋文帝以恢复华夏正统为号召，当然要废弃周礼，依照梁礼及齐礼来修定隋礼。

五八一年，隋文帝下诏：祭天祭祖时冕服必须依照《礼经》。所谓依照《礼经》，就是采用北齐冕服。五八五年，命礼部尚书牛弘修五礼（吉、凶、军、宾、嘉），成书一百卷，下诏行新礼。牛弘等人不懂音乐，议定雅乐，积年不成。五八九年，灭陈，得南朝旧乐器及乐工。隋文帝听南朝乐，赞叹说，"此华夏正声也"。牛弘奏称中国旧音多在江南，梁、陈乐合于古乐，请修补以备雅乐。魏、周乐杂有塞外声音，请停止演奏。五九三年，雅乐成。六〇二年，命杨素、苏威、牛弘等修定五礼，参加修定的有许善心、虞世基、明克让、裴政、袁朗等人，原来都是南方士族，显然，隋礼大量采用了梁礼。隋文帝并不懂得礼乐，这样做，目的在于从南朝接收华夏正统的地位。

刑律——五八一年，隋文帝命高颎、杨素、裴政等十余人修定刑律。裴政为主要修定人，上采魏、晋旧律，下及齐、梁，沿革轻重，务取平允。废除前世枭（音消 xiāo 斩后悬首于木上）、辕（车裂）、鞭等惨刑。除了犯谋叛以上罪，一概不用灭族刑。死刑分绞、斩二等；流刑分一千里、一千五百里、二千里三等，服刑最多不超过五年；徒刑分一年至三年五等；杖刑分六十至一百凡五等；笞刑分十至五十凡五等。废前世审囚酷法，规定敲打数不得超过二百。枷和杖，大小都有定式。民有枉屈，得依次上告到朝廷。五八三年，因刑部奏，每年

12

断狱数还多至一万件，隋文帝认为犯罪人多，由于律太严密，命苏威、牛弘等再定新律，删去死罪八十一条，流罪一百五十四条，徒、杖等罪一千多条，剩留五百条，制定：名例、卫禁、职制、户婚、厩库、擅兴、贼盗、斗讼、诈伪、杂律、捕亡、断狱凡十二卷。自此刑律简要，基本上为唐、宋至清各朝所沿用。大理寺设律博士八人，讨论疑狱，全国死罪囚，都得经大理寺复按。五八六年，废除孥戮相坐之法。孥戮见于《汤誓》，连坐创自商鞅，这种野蛮的刑法，至隋始废除，实是法律上的一个大进步。五九六年，规定死罪囚要经过三次奏请，才决定行刑。秦律残刻，汉沿秦律，直到南北朝一脉相承。隋定新律，标"以轻代重，化死为生"的律意，比秦、汉系刑律确有很大的改进。不过，在封建朝代里，法律的条文与法律的使用，有很大出入。隋文帝自己就在朝廷上律外杀官员，并且允许长官对属官，以律轻情（罪情）重为理由，杖责属官。皇帝和长官可以不守法律，官吏对民众能否守法，也就难说了。隋文帝定新律是有进步意义的，但律外施刑，却大大损害了新律的进步作用。

兵制——自魏末至齐，朝廷宿卫兵（鲜卑人）分为六坊。六坊也称六府。坊兵以战争为专业，完全脱离生产。五五〇年，齐文宣帝挑选坊兵中最勇健的人，称为"百保鲜卑"，充皇帝的卫士。又挑选勇健汉人，称为"勇士"，充边塞要害地的守兵。宇文泰在关中，人力财力都不及北齐，因此创行府兵制，来对抗北齐的精兵。

府兵是挑选有勇力的农民充兵。平时，仍从事生产，并免本身租庸调，只在农闲时候受战阵训练。战时，邻居六家供给军需。府兵制既能寓兵于农，又有各级军官督率，自立军籍，不编入民籍，可以随时调发，比完全依靠军饷为生的坊兵制至少有省费的优点。五七三年，周武帝准备灭齐，招募百姓当兵，免除民籍，《隋书·食货志》说，"是后夏（汉）人半为兵矣"。隋恢复兵农合一的府兵制度，归十二卫大将军统率。周武帝灭齐，坊兵制并无改变。五八九年，隋灭陈。次年，隋文帝下诏说，六坊军人，都由州县官管理，垦种田地与民人同样待遇。原有统领坊兵的军府，照旧不废，仅废山东、河南（与陈接境地）及北方边境的新置军府。隋文帝取消坊兵制，也就是扩大府兵制，统领坊兵的军府改为统领府兵，也是较为顺便的办法。全国通用府兵制，对久苦军费重担的民众有很大的利益。灭陈国后，下诏"戎旅军器，皆宜停罢，……武力之子，俱可学文，人间甲仗，悉皆除毁"。五九五年，下诏收藏天下兵器，禁止私造。关中和边地不在此例。隋文帝惟恐民间有兵器，自然也不要民众有作战技能，大概府兵的训练，在一般地区不再认真实行了。

　　科举——隋朝用人主要是北周旧贵族。南朝的江南士族和北齐的山东士族只能保持传统的社会声望，却失去了政治上的特殊权利。朝廷采取考试法，这就逐渐形成为科举制度，使士族有入仕的途径。五八七年，隋文帝定制，每州每岁贡士三人。州县保荐贡士的标准是文章华美。文章尤美的士人，州可保荐应秀才科，受特别考试。山东士族受南朝影响，学华美文章为专业，早成风气，朝廷无法抑止。五九九年，隋文帝令京官五品以上，地方官总管刺史，以志行修谨（有德）、清平干济（有才）二科举人。取士按德才，是想改变文章取士的惯例，可是事实上还是行不通。李谔上书请正文体说，魏晋士人"竞骋文华，遂成风俗，江左齐梁，其弊弥甚……世俗以此相高，朝廷据兹擢士"。可见齐梁以来，南朝士族求官，不仅凭门阀，还要凭文章。南北统一后，南方士人一向有这种惯例，自然要用文章作仕进的工具。六〇七年，隋炀帝定十科举人，其中有"文才秀美"一科，当即进士科。隋炀帝本人是个文学家，创立进士科，以考试诗赋为主，是不足为奇的。这是科举（主要是进士科）制度的开始，南北士人凭文才来竞争高低，魏、晋以下凭门阀高低作官的制度，从此逐渐为科举制度所代替。进士科的作用，不仅在提倡华美文学，更重要的意义还在消除南北士族的界限。

度量衡——官吏总想多取民财，因之度量衡总是由小变大。东晋至南北朝，增大尤为急剧，但各国情形也并不全同。以古度量衡（指王莽所定度量衡）为标准，南朝尺增大不到一寸，北朝增大到二寸至三寸。南朝，齐一斗等于古一斗五升，一斤等于古一斤八两。梁、陈两朝恢复古斗秤。北朝，魏、齐一斗等于古二斗，一斤等于古二斤；北周一斗比古斗仅大百分之六，一斤比古秤仅多二两。隋文帝制定度量衡，一尺等于古尺一尺二寸八分（约合今九市寸），等于南朝尺一尺二寸，一斗等于古斗三斗（约合今六升），一斤等于古秤三斤（约合今一市斤三两）。顾炎武《日知录》说，"三代以来权量之制，自隋文帝一变"。这个大变革，当时并没有引起民间显著的反对，因为赋役减轻以及南北统一后的经济繁荣，衡量骤增也就不甚感到负担的过重。唐以后历朝沿用隋制，变动不大。

上列隋文帝所定制度，显然是总结了秦、汉至南北朝一段的制度，从而提高到新的阶段。唐以后历朝的制度，都溯源于隋制。一般说来，隋中央集权制度比秦、汉又有加强，这对经济上同样繁荣的黄河、长江两大流域，在一个朝廷统治下统一起来，是有重大意义的。

对 待 敌 国 方 面

隋文帝在行政、定制度方面，都以安定社会、巩固政权为目标，而且也确实取得了巨大的成效。但是，如果不善于对待敌国，那就无法取得这些成效。隋文帝对待敌国特别是对待北方边境外的突厥，政治策划多于军事行动，大有助于国内安宁的保持。

废梁国——梁武帝的嫡长孙萧詧投靠北周，在江

16

陵立梁国,自称皇帝,对周称臣。五八七年,隋文帝命梁帝萧琮入朝,萧琮率臣下二百余人来长安。梁国大臣萧岩驱文武官及民众十万人投降陈朝,隋文帝废梁国。这个弱小的梁国,因为国君门第高贵,一向被北朝重视。五八二年,隋文帝纳梁帝萧岿女为杨广妻。隋炀帝时,萧家很多人做朝官。

灭南朝陈国——陈后主(陈叔宝)是极度荒淫昏暴的国君:亲信小人,任用阉宦,赋税繁重,刑罚苛暴。腐朽的陈和新兴的隋南北隔江对立,陈国灭亡是无可避免的定局。

五八一年,隋文帝即位,就有意灭陈,命贺若弼为吴州总管,镇广陵(江苏扬州市),韩擒虎为庐州总管,镇庐江(安徽合肥市)。贺若弼、韩擒虎是隋名将,镇守两个重镇,作军事准备,陈后主全不在意,淫暴愈甚。

要灭一个国,即使是极其腐朽的国,也不可以轻率从事。隋文帝灭陈,是作了充分准备才行动的,单是散发到江南宣布陈后主罪恶的诏书,就多至三十万纸。五八八年,正式出动大军,命晋王杨广、秦王杨俊及大臣杨素为行军元帅。杨广军从六合(江苏六合县)出发,杨俊军从襄阳出发,杨素军从永安(四川奉节县)出发,刘仁恩军从江陵出发,王世积军从蕲春(湖北蕲春县)出发,韩擒虎军从庐江出发,贺若弼军从广陵出发,燕荣军从海上进攻南沙(江苏常熟县西北),各路军共有总管九十员,兵五十一万八千人,统受杨广节度。五八九年，贺若弼、韩擒虎率兵渡江，分南北两路进攻陈都城建康，陈兵溃败，陈后主投降，将近三百年的南方政权，到这时候一战便归消灭。隋文帝用兵着重在准备，时机到来，大举出击，是取全胜的一个原因。

东晋朝至陈朝，一向刑法废弛，高门压抑寒门，士族侵陵民众，是典型的士族政权。隋灭陈后，隋地方官按照隋制度大加变革。五九〇年，陈旧境自长江南岸到泉州（治福建晋江县）再南到岭南，士族和土豪到处起兵叛变。首领有的自称皇帝，有的自称大都督，聚众多至数万，少也有几千，攻陷州县，杀害地方官，甚至抽肠割肉，发泄破落地主的野蛮性。隋文帝遣大将杨素率兵讨伐，先攻下京口，继续进兵扫荡，一路入山区，一路沿海岸，击破各地叛军，最后克复泉州，江南兵乱迅速消灭。岭南少数族豪酋纷纷起事，围攻广州，裴矩率兵三千，会同高凉郡（治安宁，广东阳江县西）洗夫人，安抚岭南诸豪酋。隋用兵不过数月，陈旧境全部平定，显然由于隋制度得到多数民众的同情。这次用兵，打击了南方士族豪强积累已久的恶势力，使南北统一进一步趋于稳定。

削弱突厥——突厥木杆可汗灭柔然后，成为北方唯一的强大国家。北齐、北周对立，各送重赂求突厥援助，突厥愈益骄横。佗钵可汗死，沙钵略可汗立。贵族争继承权发生纠纷，沙钵略只好使庵逻为第二可汗，大逻便为阿波可汗，玷厥（玷音店diàn）为达头可汗，与贪汗可汗并称四可汗。沙钵略弟处罗侯，与沙钵略不睦，因势力较弱，不得可汗名号。这些人各有部众和居地，听沙钵略的号令。沙钵略兵力最强，是突厥大可汗。

隋文帝即位，不再给突厥礼物，突厥怨恨，起兵入寇。长孙晟在突厥时，曾与处罗侯秘密结盟，熟悉突厥情形，上书献谋略，说：现在对突厥用兵，还不是时候，可是不用兵，突厥将大肆侵扰，应该用远交近攻、离间强部、扶助弱部的方法，派遣使人到西面联络达头和阿波，使沙钵略分兵防西，又到东面联络处罗侯和奚、契丹等部，使沙钵略分兵防东，突厥各可汗间互相疑忌，十数年后，乘机出击，可以成大功。隋文帝完全采纳长孙晟的献策，遣元晖出伊吾（新疆维吾尔自治区哈密县）道，去见达头。达头派使官来朝，班位比沙钵略使官高。达头是强部，这样，更增加了反对沙钵略的意图。长孙晟走黄龙（即柳城，辽宁朝阳县）道，赏赐奚、契丹等部，使作向导，去见处罗侯。他们本有旧盟，这样，处罗侯更增加了内附的意图。五八二年，沙钵略尽起本部兵十余万及所属四可汗兵共四十万人大举侵入长城。五八三年，突厥兵深入武威、天水、延安等地，掳掠人畜，百无一留。沙钵略还想南侵，达头不从，引兵自去。沙钵略也只好退兵。隋文帝命杨爽为行军元帅，率兵分八路出击突厥。杨爽出朔州（山西朔县）道，大破沙钵略军，沙钵略逃走。窦荣定出凉州（治姑臧，甘肃武威县），击败阿波军。长孙晟说阿波归附，阿波遣使来朝。沙钵略袭破阿波居地，阿波逃归达头，得达头援助，回击沙钵略。贪汗与阿波友善，被沙钵略废黜，也逃归达头。突厥内乱，攻战不息，各可汗都遣使入朝，请和求援，隋文帝一概不许，让他们继续互斗。

隋兵专击沙钵略，沙钵略屡败，五八四年，遣使来求和。阿波与沙钵略战，势力渐强大，东与沙钵略居地接境，西有龟兹、铁勒、伊吾等西域地，号称西突厥。自此突厥分为东、西两部。五八五年，隋文帝遣使联络阿波，表示对阿波的支持。沙钵略西面为达头、阿波所困，东面又怕契丹的攻击，遣使来求救，请率部落到漠南，寄居白道川（内蒙古自治区呼和浩特市北）。隋文帝允许他的请求，命杨广出兵援助。沙钵略得隋兵声援，击败阿波军。沙钵略与隋定约，承认隋皇帝为真皇帝，自己是藩属国，受隋保护。

五八七年，沙钵略死。沙钵略嫌儿子雍虞闾懦弱，不能对抗西突厥，遗令立弟处罗侯为可汗。处罗侯立，号莫何可汗。隋文帝使长孙晟赐莫何旗鼓。莫何得隋旗鼓，西击阿波。阿波部众以为隋出兵助莫何，多不战求降，莫何因此生擒阿波。五八八年，莫何死，雍虞闾立，号都蓝可汗。

沙钵略的儿子染干，号突利可汗，居北方。五九七年，隋文帝允许突利娶隋安义公主为妻，故意给他优厚的礼遇，借以离间都蓝。都蓝果然发怒，说，我是大可汗，反不如染干体面。从此断绝朝贡，侵扰边境。突利侦察动静，有事先来告知，隋边境先作准备，都蓝不得逞。

都蓝与达头结盟，五九九年，合兵袭击突利，大战长城下，突利大败。突利只剩下部众数百人，觉得降隋不会被重视，想投奔到达头那里去。实际上隋要利用的是他的名号，部众散亡，势力微弱，利用起来更为方便些，因此，长孙晟设计挟突利到长安归降。隋文帝大喜，厚待突利。隋大将高颎、杨素率兵出塞，大破达头、都蓝军。隋文帝封突利为启民可汗，使居五原，招收旧部落。都蓝败后，被部下杀死，达头自立为步迦可汗。隋兵屡次击败步迦，六〇三年，步迦所部大乱，铁勒、仆骨等十余部叛步迦，归附启民。步迦丧失部众，逃奔吐谷浑。启民在隋保护下成为东突厥可汗。他是完全依附隋朝得国的，不得不对隋表示忠诚，隋也利用他的衰弱，取得边境的安宁。六〇九年，启民死，子始毕可汗立。六一五年，始毕叛隋，举兵入寇。隋末大乱，内地人避乱入突厥，始毕强盛，突厥又成为北方大国。

阿波可汗建立西突厥。阿波被莫何生擒，西突厥立泥利可汗为主。泥利死，子处罗可汗立。处罗部众多在乌孙故地游牧。隋炀帝时，裴矩经营西域，设计分裂西突厥。达头的孙子射匮可汗，居地在处罗居地的西面，遣使来隋求婚，隋炀帝要射匮攻杀处罗，才允许通婚。六一一年，射匮起兵攻处罗，处罗大败，向东逃走，被迫归降隋朝。处罗部众分为三部，居住中国，不得归

河南安阳出土隋劳动妇女陶俑

河南安阳出土隋武士白瓷俑

西突厥故地。

　　隋文帝用长孙晟的谋略，中国边境安宁，突厥分裂破败。从隋朝方面说，是用力少而收效多；从突厥方面说，由于贵族争夺权位，给隋以可乘之机，部落离散，几至灭亡。在剥削阶级统治的社会里，国与国的关系，总是处于角力状态中，按照力量的强弱与暂时的平衡，呈现出胜败存亡荣辱与暂时的和平等复杂现象。产生力量的一个主要原因是国内统一，丧失力量的一个主要原因是国内分裂。北朝，齐、周分裂，争向统一的突厥忍辱献厚礼，隋文帝统一，击破分裂的突厥。隋末大乱，当时割据者如薛举、王世充、刘武周、梁师都、李轨、高开道之流，都向统一的突厥可耻地称臣求援。突厥给他们称号，助长他们的分裂势力，借以坐收大利。统一是立国的生命，分裂是衰亡的根源，历史上无数事实证明了这个规律，隋与突厥胜败的变化也是许多证明中的一个。

　　攻高丽——高丽国建都平壤，国王姓高氏。隋灭陈，高丽王高汤怕隋兵来攻，作战守准备。这本是立国应有的要务，隋文帝却认为高汤有罪。五九七年，高汤死，子高元立。五九八年，高元率众万余人攻辽西，被隋兵击走。隋文帝得到这个借口，发兵三十万，分水陆两路进攻高丽。陆路出临榆关（山海关），军中发生疫病，海路向平壤，遭遇大风，船多覆没。隋文帝只好退兵。史书说，兵士死去十之八九。他无故兴兵，表现了大国的骄横态度，出兵受挫，他当然不会甘心。可是，他终究是个有经验的皇帝。当时正是与突厥达头、都蓝两可汗决胜败的紧要关头，他利用高元遣使来请和的机会，宣告罢兵，恢复两国原来的关系。后来隋炀帝骄横无比，继续走隋文帝受挫的旧路，对高丽发动大规模的侵略战争，终于引起国内的大乱，隋朝也就崩溃了。

隋文帝为巩固国家统一作出了贡献。首先是厉行节俭政治，使民众在较轻的剥削下得以发展生产。其次是修定刑律和制度，使适合于南北统一后的中国。刑律删去若干秦、汉、南北朝相沿的酷刑，更是一个重大的改进。隋文帝利用突厥内部存在的弱点，以谋略为主，军事为辅，避免发生大战争，这对国家的安定是很有利的。西晋末年开始的国内分裂，经隋文帝积极经营，造成了较为稳定的统一局面，盛大的唐朝就在这个基础上建立起来。

第二节　南北统一后的经济状况

民众需要和平与统一，隋文帝政治上的措施，一般符合民众的愿望。黄河、长江两大流域，在隋文帝节俭政治的统治之下，民众负担比南北朝时有显著的减轻。封建社会里，民众得到这些必要的条件，社会生产主要是农业生产就会自发地呈现出繁荣景象。过了一个时期，以皇帝为首的统治阶级，生活愈益趋于骄奢淫逸，剥削随而愈益无所限制，到后来，生产萎缩，民力耗尽，民众不得不发动起义来推翻统治者。这种一般的情况，即所谓一治一乱，组成中国长期封建社会螺旋形发展过程中的各个螺旋形。每个螺旋形，大都是一个朝代。朝代有的长，有的短或者很短，这决定于统治阶级制造祸乱的程度。隋是一个很短的朝代，因为隋文帝虽然求治有效，可是隋炀帝的造乱非常剧烈，使得一时稳定下来的隋朝很快就崩溃。

下面主要是叙述隋文帝时候的经济状况。

均田——北齐均田法，普通民众一夫受露田八十亩，一妇受四十亩，奴婢受田数与良人同。丁牛(壮牛)一头受田六十亩，牛数不得多于四头。又每丁受永业田二十亩，种桑或种麻。齐制与魏制不同处，在于齐制奴婢不受永业田。齐文宣帝时，宋世良请分牛地(一牛受田六十亩)给贫人，又说，富家利用奴婢牛受田的制度，迫使贫人无立锥的土地。五五七年，齐文宣帝议迁徙冀(治信都，河北冀县)、定(治安喜，河北定县)、瀛(治河间，河北河间县)三州无田的人到幽州范阳郡(治涿，河北涿县)就宽乡谋生，百姓惊扰，议不能行。足见富贵人聚居及人口众多的州郡，即所谓狭乡，均田法已成空文。周武帝遵行齐制，隋文帝也遵齐制，实际上也就是承认富贵人已占的田地，不加变动。五九二年，隋

26

文帝派遣使官,到全国各地推行均田法,狭乡每丁才得二十亩,老幼所得更少,宽乡可以得到足数的田地。江南地区,士族和土豪于五九〇年发动叛变,经杨素武力镇压后,狭乡民众可能从均田法取得较多的田地。民众按人口受田,即使狭乡分田少,比无田终究是好一些。隋文帝时经济繁荣,均田是一个重要的原因。六〇九年,隋炀帝诏天下均田,史籍不载均田情形,大概诏书只是一纸空文。

租调徭役——南北朝课役法,大体如下述:南朝以男女年十六以上至六十为正丁,十五以下至十三,六十一以上至六十五为次丁,十二以下、六十六以上为老小。户主男丁课租米五石,禄米二石,所种田每亩税米二斗;调布绢各二丈,丝三两,绵八两,禄绢八尺,禄绵三两。男丁年十六半课,十八正课。六十六免课。女出嫁为丁,未嫁,二十岁为丁。女丁租、调都半课。男丁每岁服徭役不超过二十日。北朝:齐,男子十八以上,六十五以下为丁,十六以上,十七以下为中男,六十六以上为老,十五以下为小。丁男十八岁受田课租、调,二十充兵,六十免力役,六十六退田免租调。夫妇二人合称一床,每岁课垦租(给朝廷)二石,义租(给郡)五斗;调绢一匹,绵八两。西魏宇文泰使苏绰定课役法,民年十八至六十四以及轻残废人都得纳课,已娶的人,每岁课绢一匹,绵八两,粟五斛(石)。单丁(未娶)半课。产麻的地方,课布一匹,麻十斤。单丁课四分之一。民年十八岁至五十九岁服徭役，丰年不超过三十日，中年二十日，下年十日，每家服役不超过一人。五六一年，周武帝改八丁兵为十二丁兵，八丁兵即分服役人为八番，每人八个月内服役一次，十二丁兵是分十二番，十二个月内服役一次。上列南北朝课役法，轻重不一，大抵北齐法较轻，为隋所沿用。

五八一年，苏绰子苏威任度支尚书。苏威听苏绰这样说过，我定的课役法，不免过重，希望将来有人来减轻。苏威听了作为自己的责任，任度支尚书后，奏请减课役，务请轻简，得到隋文帝的允许。当时规定的课役法，以男女三岁以下为黄，十岁以下为小，十七岁以下为中，十八以上为丁。丁受田（遵北齐制），纳课服役。六十为老，免课役。丁男夫妇为一床，课租粟三石，桑土调绢一匹（四丈），绵三两，麻土调布一端（六丈），麻三斤。单丁及仆（部曲）隶（奴婢）半课。没有受田的人都免课。五八三年，隋文帝改成丁年龄为二十一岁，受田仍是十八岁，负担兵役却减少三年。又改每岁三十日役为二十日，减调绢一匹（四丈）为二丈。五九〇年，令百姓年至五十，可纳庸免兵役。庸就是免役人每日纳绢数尺（唐制每日三尺，当是沿隋制），二十日不过数丈，对衰年人也是一种宽政。课役的减轻，有助于生产的发展，特别是农业的发展，因之取租粟比周、齐多，还不算过重。六〇四年，隋炀帝即位，废除妇人及奴婢、部曲的课役，又改男子成丁年二十一为二十二，比隋文帝时又宽了些，不过，隋炀帝横征暴敛，大兴兵役，课役法全被破坏，所谓宽政，无非是些具文而已。

户口——史籍所记户口数，一般是比实际户口要少些。自东汉末年起，由于战乱相继，实际户口耗损极巨。又由于士族强盛，各依势力大小，荫庇民户作私属，民户为逃避朝廷的课役，也只好忍受士族的荫庇。所谓"百室合户，千丁共籍"，就是士族夺取朝廷大量户口的一种形式。因之，魏、晋迄南北朝，朝廷所有户口数，比实际户口数又少得多。东汉时期，大抵户数在一千万上下，口数在五千万上下。三国以来，户口骤减，西晋武帝太康年间，有户二百四十五万余，口一千六百万余，号称极盛，但远不能比东汉。四六四年，南朝宋孝武帝大明八年，有户九十万余，口四百六十八万余。五二〇年前后，北朝魏孝明帝正光年间，魏户口比西晋太康时增加一倍有余。如以户五百万，口三千二百万计算，加上南朝宋户口（假设南朝约经六十年，户口数不变），全国有户约六百万，口约三千七百万，也还比不上东汉。隋文帝开皇初年，有户三百六十余万，灭陈得户五十万。后来逐渐增加到八百七十万。六〇六年，即隋炀帝大业二年，全国有户八百九十万七千五百四十六，口四千六百零一万九千九百五十六，大体上恢复了四个世纪以前东汉时期的户口数。与户口数相配合的垦田数，五八九年，有可垦田一千九百四十万余顷。

《隋书·地理志》载隋炀帝大业年间，有垦田五千五百八十五万余顷，垦田数显然远非事实。两汉按民户所种田亩收租（三十税一），按丁口收赋，因之户口和亩数比较近真。隋按丁口授田收租，授田宽乡狭乡不同，朝廷并不按法令如数给田，收租却不许短缺，因之户口数比较近真，垦田数则是任意夸张，全不可信。

户口在短期间激增的原因，主要是课税轻，徭役少，民众愿意脱离士族的荫庇自立门户。同时，士族制度已经衰微，士族不再有足够的势力和朝廷争夺民户。南方士族政权消灭后，脱离荫庇的民户数量可能比北方更大。五八五年，隋文帝令州县官检查户口，自堂兄弟以下亲属必须分立户籍，检查后得新附一百六十四万余口。高颎奏行输籍法，令州县官每年依朝廷所定式样检查户口一次，《隋书·食货志》说，从此地方官无法作弊。北方第一次检查，得新附一百六十四万余口，此后历年检查，每年所得新附，人数不多。至六〇九年，隋炀帝又一次大检查，得丁二十四万余，新附口六十四万余。这次所得，约合五八五年所得的半数，其中还有得自江南的新附，足见隐漏的户口不是很多。假设北方历年所得新附口数，为一千万左右（约二百万户），也还远不合六〇六年的户口数。除非六〇六年户口数出于虚构，否则激增一倍以上的户口，其中很大一部分应在南朝士族势力最大的江南地区。如果这个推测还不算远离事实的话，那末，南朝陈旧境户数当在三百万以上，口数当在一千五百万以上。这是从未有过的户口数，说明长江流域经东晋、南朝将近三百年的开发，已经拥有约等于黄河流域三分之一的人力，经济上升，成为中国封建经济的重要构成部分。

凡属于朝廷所有的户口，都得负担朝廷规定的课役。户口增多，朝廷正常的收入也增多。五九二年，史籍叙述隋朝廷的富饶，说，度支官奏称，府库都藏满，不能再藏，只好堆积在廊庑下。隋文帝别立左藏院来容纳绢匹，并令人口稠密的河北、河东地区，今年田租减三分之一，调全免。这种富饶景象，据史书所记，曾一见于西汉文、景时期，经七百数十年，再见于隋文帝时，实行节俭政治的皇帝，历史上确是极稀有的。

下列一些措施，也和经济的发展有关系。

积谷——水旱灾害，历年常有，贫民死亡流散，常是社会不安的一个重要原因。隋文帝置仓积谷，预防荒年，收效甚大。仓有两类，一类是官仓，一类是义仓。官仓积储租米，供朝廷使用。隋文帝都长安，关中产粮不能供给京城的消费，漕运又有砥柱（河南三门峡）的险阻，一遇荒年，关中军民便无法得食。五八三年，在卫州（治汲，河南汲县）置黎阳仓（在河南浚县大伾山北麓），在陕州（河南陕县）置常平仓，在华州（治郑，陕西华县）置广通仓，三仓逐次转运，供京城食粮。募人自洛阳运米四十石经砥柱送到常平仓，给予免本人兵役的报酬，足见漕运很困难。隋文帝曾在一个荒年里，发广通仓粟三百万石赈济关中饥民。此后，连年有灾，仓谷也无法应急。五九四年，他只好率领饥民到洛阳就食，因为洛阳有充足的积谷。隋炀帝迁都洛阳，六〇六年，在洛口置兴洛仓（又名洛口仓，在河南巩县东南高原上），筑仓城周围二十余里，有三千个大窖，每窖储谷八千石。又在洛阳北七里处置回洛仓，仓城周围十里，有三百个大窖。两个仓共储谷二千六百万石。短期内能集合如此数量的食粮，固然由于残酷的搜括，但也显示当时农业生产是繁荣的。全国各州也置仓积谷，遇水旱荒年，便开仓赈给。义仓也称社仓，是民间自置的公共粮仓。五八五年，隋文帝采纳度支尚书长孙平的建议，初置义仓。五九六年，又令诸州百姓及军人收获时，按贫富分三等出粮若干，最多不过一石，在当地造仓储蓄，委乡官管理，遇有灾害，就在当地赈给。义仓设在乡间，西北地方设在县城，不让州官掌管，有灾开仓较为方便。义仓可防小灾，官仓可防大灾，这种积谷防灾法，用意是可取的。

漕运——五八四年，隋文帝令宇文恺率水工开凿广通渠，引渭水自大兴城（隋文帝所建新都，在长安旧城东南十三里，今西安市），东至潼关，长三百余里，漕运通利，但砥柱仍阻碍关东漕运。五九五年，下诏凿砥柱。大概凿工延续不停，到六一一年（隋炀帝大业七年），砥柱崩，压河水倒流数十里，工程完全失败。

隋炀帝大规模发展漕运。六〇五年，发河南、淮北

32

诸郡民，前后百余万人，开掘名为通济渠的大运河。自洛阳西苑引谷、洛二水入黄河，自黄河入汴水，循春秋时吴王夫差所开运河故道，引汴水入泗水以达淮水。又发淮南民十余万人循夫差故道开邗沟，自山阳（江苏淮安县）至扬子（江苏仪征县）入长江。通济渠广四十步，两岸都筑御道，种柳树护岸。六一〇年，开江南河，自京口（江苏镇江市）至余杭（浙江杭州市）长八百余里，广十余丈，准备渡浙江游会稽山。

六〇八年，隋炀帝发河北诸郡民男女百余万人开永济渠（又称御河），引沁水南至黄河，又连接卫河北至涿郡（治蓟，北京市）。六一一年，隋炀帝乘龙舟自江都直达涿郡。两渠共长三千余里，隋炀帝带着百官和两岸步行的候选士人数千人，走了五十多天才到涿郡，平均一天只走五十多里。普通民船如果一昼夜走一百里，自江都到涿郡不过一个多月，南北水路交通比陆路确是便利得多。

隋炀帝开通济渠、江南河，是要尽量消耗江南的财富，满足自己的淫侈生活，开永济渠，是要进行对高丽的侵略战争。他伤害大量民命，罪恶极大，但运河修成后，南北交通有显著的改进，对经济联系、政治统一都起着广泛的作用。河北、河南、淮北、淮南、江南人民通过隋炀帝的发动，作出了伟大的贡献，从长远的利益来看，当时人民所受伤害是取得了补偿的。

钱币 ——南、北两朝，钱币轻重极为紊乱。南朝，

隋 运 河 图

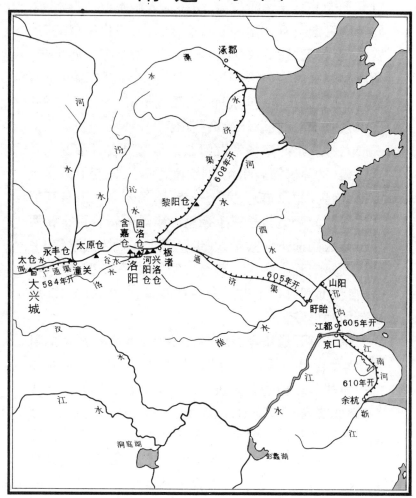

涿郡

漯水

河

汾水

济渠

608年开

沁水

黎阳仓 ▲

永水

含嘉仓 ▲ 回洛仓

太原仓 ▲ 板渚

永丰仓 ▲ 通济渠

太仓 ▲ 谷水 河阳仓 ▲ 洛阳 兴洛仓 ▲

广通渠 潼关 584年开 洛水

泗水

济渠

605年开

山阳 邗沟

大兴城

淮水

盱眙

江都 605年开

京口

汉水

江南河

610年开

余杭 浙江

江水

江水

洞庭湖

彭蠡湖

陈有五铢、六铢、鹅眼等钱，岭南诸州用盐米布交易，都不用钱。北朝，齐有常平五铢钱，制造甚精，但市上盛行私铸钱，种

隋 五 铢 钱

类繁杂。周有永通万国、五行大布、五铢三种钱币，与齐旧钱杂用。河西诸郡也用西域金银钱，官不禁止。大抵各地方都有私铸钱，朝廷法定的钱币只算是各种钱币中的一种。隋文帝即位，力求钱币统一，新铸一种五铢钱，各市都置样钱，不合样的钱不许入市。前朝旧钱一律废除。五八五年，新五铢钱通行全国，百姓称便。灭陈以后，陆续在扬州（治江都，江苏扬州）立五炉，在鄂州（治江夏，湖北武汉市）立十炉，在益州（治成都，四川成都市）立五炉，依定样铸钱。隋文帝刑法严厉，不许私铸钱流行，基本上保持钱币的统一。隋炀帝时，私铸钱又盛行，一千钱只重二斤，后来只重一斤，甚至翦铁片、裁皮革、糊纸钱混入铜钱中使用。钱贱物贵，币制大乱，一直乱到亡国。

商业——南朝商业比北朝发达。朝廷有军国大事，临时需要物品，令民众折价缴纳官府，官就在市上购买。官不是直接向民众取得某些物品，而是向商人收购，想见商人平时囤积货物，足以供应官府临时的需要。北方商业落后，朝廷有所需求，直接向民众索取实

河北赵县安济桥

安济桥出土龙栏板

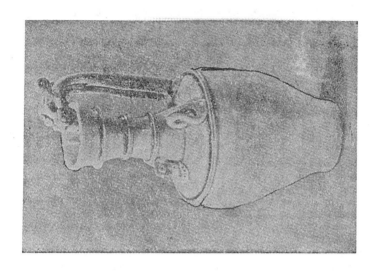

江苏连云港出土隋青瓷凤首壶

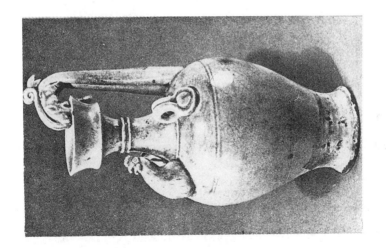

陕西西安出土隋白瓷鸡首壶

37

物。京官及州官有公廨钱，经营商业，放高利贷（隋文帝禁高利贷）。隋炀帝攻高丽，不时下令索取物品，官吏得令，先向民众贱价买进，随后宣布命令，贵价卖给民众，一转手间，官吏获利数倍，民众无端破产。官吏兼做商人，凭官势求利，民间商业自然受抑制。隋炀帝建东都（洛阳），迁徙全国富商大贾数万家到洛阳，洛阳商业曾盛极一时，可是隋末大乱，商业又归于衰落。

隋朝农业发展，从积谷数量的巨大可以证明。手工业技术方面也有一些特出的事例，表现当时的技术水平。

造桥术——赵州（河北赵县）洨河上有安济桥，是隋时匠人李春所造。安济桥是用石材建造的一座单孔大弧券桥。弧券此端到彼端的跨度长三七·四七公尺。大券背上两端有小石券各二。这座大石桥在建筑技术上有不少卓越的特创，就是现代建筑工程师看来也要为它赞叹称奇。七二〇年，唐中书令弘嘉贞为安济桥作铭文，说隋匠李春造桥，"制造奇特，人不知其所以为。……两涯（端）嵌四穴，盖以杀（减轻）怒水之荡突，虽怀山（洪水）而固护焉。非夫深智远虑，莫能创是"。李春的成就，铭文说得很清楚。他是深智远虑的工程师，他的特创，人不知其所以为，表示在隋朝建筑技术已经达到的水平上又有所提高。

造船术——杨素准备攻陈，在永安造大战舰。舰上起楼五层，高百余尺，左右前后置拍竿六枝，都高五十尺,用以拍击敌船,舰上容战士八百人。隋炀帝造龙舟,高四十五尺,长二百尺,起楼四层。上层有正殿、内殿、东西朝堂,中两层有一百二十个房,下层住阉宦。大船行动迟钝,战舰只能顺江流而下,龙舟要几百人挽着走,挽船人被称为殿脚,足见船本身是不能动的。这种船的特点是坚固能载重,要造成这样的船,也是一种特殊的技术。

隋朝廷上有两个著名的巧匠。一个是宇文恺。他为隋炀帝造观风行殿。殿下设轮轴,离合便利,可以分开行动,也可以合并成一大殿,容纳数百人。又一个是何稠。他为隋炀帝造六合城。攻高丽时,带六合城到辽东,曾在一个夜里合成一座周围八里、高十仞的大城。城上布列甲士,立仗建旗。第二天早晨,高丽人望见,惊奇以为是神功。隋时,造琉璃法失传,何稠用绿瓷制造,与真琉璃无异。《隋书》说宇文恺、何稠"巧思过人",他们确有巧妙的技术,不过,他们为奉迎淫侈荒唐的隋炀帝而运用巧思,那就只能造出浪费资财不切实用的所谓行殿、六合城之类的奢侈物。他们和民众的巧匠李春相比,显得李春是多么可崇敬的巧匠!

隋朝曾是一个富饶的朝代。这种富饶的根源,就是黄河、长江两大流域的统一。例如大运河是南北民众合力开成的,造船是南方匠人的长技,朝廷巧匠之一的何稠,原来是南朝梁人。仅仅这些例也足以说明经济文化发展起来的长江流域和黄河流域结合以后,经济和文化比起秦汉至南北朝一段来有很大的进展。隋开始完成这样的南北统一，因之它虽是短促的朝代，但对历史是一个有贡献的朝代。

第三节　隋　炀　帝

隋炀帝凭借隋文帝积累着的巨量民力和财富，得以无限止地行施暴政。他是历史上著名的浪子，也是标准的暴君。他的奢侈生活和残虐政治愈来愈凶恶地驱迫民众陷入死地，到后来，农民发动大起义，消灭这个可耻可憎的浪子和暴君。

六〇四年，隋文帝死，隋炀帝刚继位，便决定迁都洛阳，征发丁男数十万人掘长堑，自龙门（山西河津县）起，东接长平（山西高平县）汲郡（河南汲县），抵临清关（河南新乡县东北），渡河至浚仪（河南开封市西北）襄城（河南襄城县），达到上洛（陕西商县），作为保护洛阳的关防。他以为关中是可靠的，洛阳外围划一条长堑，堑内土地与关中相联结，就可以有恃无恐，放胆作恶，不怕堑外民众的反抗了。这种自造分裂、与民为敌的愚顽想法，此后一直支配着他的政治行动。六〇五年，隋炀帝令宇文恺营建东京（洛阳），每月服役的丁男多至二百万人。宇文恺迎合他的侈心，规模力求宏大。全国富商大贾数万家被迁徙到东京居住。又令宇文恺别造显仁宫(在河南宜阳县)。征发大江以南、五岭以北的奇材异石，以及嘉木异草，珍禽奇兽，都输送洛阳充实各园苑。开通济渠，自长安至江都，沿渠造离宫四十余所，江都宫尤为壮丽。又在洛阳西面筑西苑，周二百里。苑内有海，周十余里。海中造三神山，高出水面百余尺，台观殿阁，布置在山上，形势非常相宜。海北有龙鳞渠，曲折流来注入海内。沿渠立十六院，院门临渠，每院住四品夫人一人主院事。堂殿楼观，穷极华丽，宫树秋冬凋落，翦彩绫为花叶，满缀树上，色坏更换新制，使常象春天。隋炀帝所到的地方，池沼里的冰赶快去掉，布上彩绫翦成的荷、芰、菱、芡。十六院想尽各种享乐的方法，招引隋炀帝的到来。他喜欢在月夜里带着骑马的宫女数千人，马上演奏着《清夜游曲》，去西苑游玩。

六〇六年，隋炀帝招集周、齐、梁、陈乐家子弟，都编为乐户，又六品官以下至于民庶，有擅长音乐倡优百戏的人都到太常寺当差。全国乐人和散乐(又称百戏，即杂技)大集东京。隋炀帝在芳华苑积翠池旁检阅散乐，有舍利兽先来跳跃。忽然水满街道，到处都是鼋鼍龟鳖。又有鲸鱼喷雾掩蔽日光，转眼间化成黄龙，长七、八丈。又二人分左右行走，头上各顶一条长竿，竿上有人舞动，两竿上人同时跳到对方的竿上。又有神鳌负山，幻人吐火等技艺。隋炀帝自制艳诗多篇，令乐官造成新声，教乐人演奏。乐人、舞人逐年增加到三万余人，都穿锦绣彩色的衣服，西京、东京所有锦彩几乎全部给他们做衣服。同年，造兴洛、回洛两仓，积储食粮，派兵一千人镇守。

宫室苑囿，声色服玩以至食粮，大量集中在长堑里面的洛阳，的确，隋炀帝满以为可以长乐无忧了。他还有一条坚持的戒律，那就是拒谏。他曾对名士虞世南说，"我生性不喜人谏。如果已是达官，还想进谏以求名，我更不能饶他。如是卑贱士人，我还可以饶他些，但决不让他有出头的日子。你记住吧！"隋炀帝自负才学比什么人都高，对侍臣们说，"人家说我继承先帝遗业，

河南洛阳出土隋
大业五年社仓纳粟砖

砖文：大业五年十一月，纳社仓粟壹万伍千硕（石）讫，仓吏刘□、史□方，仓督刘冠□李玑。

其实我和士大夫比才学，我也该做皇帝。"他是一个极骄极贪的人，以为自己所做的事都是对的，自己所得的物都是不够的，因之，予智予雄，任性妄为，剥削不顾民

42

众的死活，浪费只求本人的快意；对内杀人惟恐太少，对外用兵惟恐不多，自六〇四年即位到六一八年被杀死，所有残暴丑恶的事他都做了。《隋书》描写这个民贼独夫的情况说，"普天之下，莫非仇雠；左右之人，皆为敌国"。这种情况，就是他那种掘长堑的愚顽思想支配着政治行动的结果。

隋炀帝的行动，总是想到就做，不让民众有暂时喘息的机会。下文为便利计，分游玩、耀威、开边、侵略四个主要方面来叙述。这些方面的事情，或发生在同年或前后年相衔接，每一事情的进行，当然都伴随着极端残酷的剥削。

一　游　玩

六〇四年，发丁数十万人掘长堑。六〇五年，发丁二百万人营建东京。又发丁前后百余万人开通济渠。官吏督役严急，役丁有很大的死亡。又在江南造龙舟及杂船数万艘。到了仲秋，一切准备都告成功，隋炀帝率领一二十万人的大群出游江都。他自己乘坐高四层的龙舟，萧皇后乘坐制度较小的翔螭舟，还有高三层称为浮景的水殿九艘。此外，有称为漾彩、朱鸟等名号的大船数千艘，妃侍、诸王、公主、百官、僧、尼、道士、蕃客按品位分别乘坐，另一部分船载帝后以下所有乘船人使用的物品。挽船的壮丁多至八万余人，其中挽漾彩级以上船的有九千余人，都着锦彩袍，号称殿脚。又有平乘、青龙等名号的船数千艘，乘坐十二卫兵士并载兵器帐幕。这种船由兵士自挽，不给夫役。船只相衔前后长二百余里，骑兵夹岸护送。水面上是走不完的美丽船只，两岸上是森林般的彩色旌旗，水陆照耀，繁华非常，真是够这个民贼得意的了。可是，仅仅献食这一件事，多少民众就为此破产。他下令所过州县，五百里内居民都得来给贵人献食。食品当然都是珍味，有些州献食多到一百台，妃侍们吃不完，出发的时候，掘地坑一埋，就算是百姓献了食。

隋炀帝在江都，令何稠等人大造车舆仪仗，课州县送羽毛，作仪仗上的装饰。捕鸟的人不算，单是造仪仗的人工多至十余万，用金银钱帛不计其数。他每次出游，满街都是仪仗队，长二十余里。他游玩一番以后，六〇六年，回到洛阳，摆一个千乘万骑的大仪仗队护送他入京城。

六〇七年，隋炀帝到北境去游玩。发河北十余郡丁男凿太行山，开前往并州的大路。他经过雁门（山西代县），太守丘和献食精美；到马邑（山西朔县），太守杨廓没有献美食，他很不满意，调丘和为博陵（河北定县）太守，令杨廓到博陵向丘和学习。边境太守调作内地太守，是一种受赏的表示。丘和受赏，杨廓受辱，从此他所到的地方，郡县官争着献食，又多又精。边境郡县比内地贫苦，一次献食，不知有多少人丧失维持生命的

44

口粮。他要出边塞宣扬武威，暂停在榆林郡（内蒙古自治区托克托县境），发丁男百余万人筑长城，西起榆林，东至紫河（河在内蒙古自治区呼和浩特市西），限令二十天筑成，丁役死去十之五六。他筑长城同洛阳外围掘长堑是一样的想法，以为有了长城，可以保证行军的安全。他率大军五十余万人，马十万匹，结成方阵，四面准备应敌。他和后妃宫眷及百官家属都在方阵中间。大军出榆林塞，游行突厥牧地，受启民可汗朝见，大军转入楼烦关（山西原平县崞阳镇东北），回到太原。又上太行山，开直路九十里，游济源（河南济源县），自济源回洛阳。这次游玩，首尾不过四五个月，消耗资财不可计数，大臣高颎、贺若弼等人私议朝廷太奢侈，被人告发，隋炀帝给加上诽谤朝政的罪名，杀死他们。高颎是隋开国元勋，当朝执政将近二十年，有很高的声望，无罪被杀，朝臣更不敢议事了。

六〇八年，隋炀帝出塞巡视去年所筑长城，又发丁男二十余万筑长城。六〇九年，隋炀帝到西境去游玩。他率大军准备击吐谷浑，到浩亹川（浩亹音阁门gé mén 今大通河，在青海乐都县东），出兵击败吐谷浑。到张掖（甘肃张掖县），重利诱高昌王麹伯雅、伊吾吐屯设（突厥守伊吾官）及西域二十七国使者伏路旁谒见。自张掖东还，路经大斗拔谷山（甘肃武威县西二百里），遇大风雪，士卒冻死过半，马驴冻死十之八九。六一〇年，隋炀帝到江都，开江南河，准备去会稽（浙江绍兴）

游玩。

六一一年，隋炀帝乘龙舟自江都到涿郡，发大军侵高丽。六一三年、六一四年，又两次大举侵高丽。与三次用兵同时，农民起义军到处发动，杨素的儿子杨玄感与贵族李密也起兵攻洛阳，隋朝崩溃已经迫近。六一五年，他又到北境去游玩。突厥始毕可汗率骑兵数十万谋袭击隋军，他得报急忙逃回雁门。次子齐王杨暕（音简jiǎn）率后军守崞县（崞音郭 guō 山西原平县）。突厥围雁门城，城中兵民十五万人尽力死守。雁门郡所属四十一城，被突厥攻破三十九城，仅存雁门、崞两城。他抱着幼子杨杲（音搞gǎo），昼夜啼哭，不知所为。大臣苏威等劝他下诏书，声明不再出兵侵略高丽，并悬赏格，重赏战守及来援的将士。他是从来不听谏的，这时候只好听谏了。果然，募兵诏书一下，立即生效，郡守县令纷纷率兵来援，李渊的儿子李世民，年十六，也应募从军。援军已到忻口（山西忻县北），始毕看形势不好，解围出塞。他回到洛阳，赏格不算数，有人劝他不可失信。他说，你想收买人心么？吓得没有人敢再说话。他又准备发兵侵高丽，将士无不愤怨。六一三年击败杨玄感军，六一五年募兵诏书，都证明在统治阶级内部还有很多人拥护他，经这次失信，他才确实成了独夫。

龙舟和水殿等大船都被杨玄感烧毁。隋炀帝回到洛阳，六一六年，令江都造新船数千艘，要新船比旧船

46

更大更美观。又令毗陵郡（治晋陵，江苏常州市）集十郡兵数万人，在郡城东南造宫苑，周围十二里内建离宫十六所，制度仿照洛阳西苑，华丽更超过西苑。自从农民起义军发动后，他心里害怕，过着风声鹤唳、草木皆兵的日子，四五年来一直睡眠不安，梦中常惊呼有"贼"，要几个妇人象摇抚小儿那样摇抚他才能入睡。有一次，大业殿西院起火，他以为"盗"来了，大惊逃入西苑，藏匿在丛草间，火止才敢出来。在六○四年，他觉得一条长堑可以保护洛阳，现在连宫内也觉得不可靠了。恰好江都送来新龙舟等大船，他决心离开洛阳去江都，因为江淮地区农民起义军比较少一些。出发时，一个小官崔民象上表谏阻，他大怒，杀崔民象。走到汜水（汜音巳 sì，河南荥阳县），又一个小官王爱仁上表请还西京，他杀了王爱仁再走。到梁郡（河南开封市），有人拦路上书说，你如果真去江都，天下就不是你的天下了，他又杀死这个人。大官们怕死不敢谏，让小官谏，小官被杀，让无官位的人谏。他呢，不论是谁谏，来一个，杀一个，表示去江都的决心。

隋炀帝到了江都，接见江淮地方官，专问献礼多少。礼多的升官，礼少的黜免。江都郡丞王世充献铜镜屏风，即升江都通守（副太守），历阳郡丞赵元楷献异味，即升江都郡丞。因此地方官尽量搜括，制备礼物。江淮民众赋税奇重，生计断绝，开始采取树皮草叶充饥，后来什么都吃完，逼得人相食。官府积储食粮还很多,谁也不肯发仓赈济。这个民贼不敢再游玩了,坐在江都宫里,无恶不作,等到六一八年被杀死时才停止作恶。

隋炀帝率领着庞大的游玩队,象暴发的山洪一般,凡是游过的地方,一路上民众的生计几乎都被冲刷得荡然无遗,民众所遭受的游玩灾,比起大水灾、大旱灾来并不轻些。他没有到过的某些地方,也不免遭受较轻的游玩灾,那就是建筑宫苑。西京、东京、江都三处,苑囿亭殿虽然很多,他觉得没有什么可意的,亲自看天下山川图,求胜地造宫苑。例如:六○八年,在岢岚(山西岢岚县)燕京山上,环天池造汾阳宫;六一六年,在毗陵造十六离宫。《隋书·百官志》说,行宫(离宫)都设总监官,分上宫、中宫、下宫三等。可见长安至江都沿通济渠四十余所离宫以外,还有不少行宫,其中一部分是准备去游玩的行宫。

游玩是隋朝崩溃的一个重要原因。

二　耀　威

国力强盛的封建朝廷,一定要向外宣扬声威,何况侈心无限的隋炀帝,自然更要竭尽国力来满足侈心。

所谓耀威,就是对外国夸耀隋朝的富强文明,使他们畏服。六○六年,突厥启民可汗将入朝,隋炀帝在洛阳招集全国乐人和散乐。六○七年,启民入朝,看到隋朝盛大精美的各种文物，非常羡慕，请求改变服装，完全华化。同年，隋炀帝到榆林，令宇文恺作大帐，帐下能坐数千人。启民率所属奚、霫（音习x í）、契丹等部落酋长数十人及突厥酋长到帐下朝见。赐启民等人大宴并看散乐。这些游牧人看了又惊又喜，争着献出牲畜表示敬意。隋炀帝送给启民二十万段丝织品，其他酋长也按等级受重礼。隋炀帝率大军出榆林塞，令宇文恺作观风行殿，又作行城。可以在平地上临时造出大城和大殿。游牧人骇怪，以为是神功，每望见御营，十里外就跪伏叩头，走路不敢骑马。

西域诸国商人向来在张掖交易，隋炀帝令裴矩驻张掖掌管通商事务。裴矩就商人访问西域诸国山川风俗，国王及庶人状貌服饰，撰《西域图记》三卷，合四十四国。又别制西域地图，以敦煌为总出发点，分三路向西，从伊吾起为北路，从高昌起为中路，从鄯善起为南路，自东至西将近二万里。隋炀帝要夸耀隋朝声威，使裴矩利诱西域诸国入朝。西域人有利可图，纷纷来洛阳，沿路郡县招待迎送，耗费极大，为害一直到隋亡。六一○年，西域诸国使者和商人齐集洛阳。隋炀帝于正月十五日（夏历）夜间，在皇城端门外大街上置设盛大的百戏场，为西域人演奏百戏。戏场周围五千步，奏乐人多至一万八千，声闻数十里，灯火光照耀同白昼，直到正月底才停演。西域人入丰都市（洛阳东市）交易，隋炀帝先令本市商人盛饰市容，广积珍货，商人服装华美，连卖菜人也用龙须席铺地，陈列蔬菜。西域人经过酒食店门前，店主邀请入座，醉饱出门，不取酬偿，告诉客人们说，隋朝富饶，酒食照例不要钱。客人们不是痴人，口头上不免赞叹一番。市上树木都用帛缠饰，有人指帛问道，隋朝也有赤身露体的穷人，为什么不给他们做衣服，却用来缠树？市上人无话可对。隋朝和西域通商当然要双方有利，现在变成隋朝民众的大害。隋炀帝本人想求得声威，象丰都市缠树的帛那样，求得的只是西域人的讥笑。他给突厥厚礼，或者还可以说用过重的代价防止北边可能有的战事，对西域人夸富，那就纯然是愚蠢的行为。

隋炀帝招募能出使绝远地方的人，常骏、王君政等应募愿出使赤土国（马来半岛南部）。六○八年，常骏等带着丝织物五千段，从南海郡（广东广州市）出航，到了赤土国，送给国王厚礼，受到国王的欢迎。国王遣儿子那邪迦随常骏等来中国，隋炀帝赐那邪迦及随从人官位和物品。

倭国自东汉光武帝时，已正式和中国朝廷通使，历魏、晋至于齐、梁，往来不绝。六○○年，倭国使者来朝。当时正是隋文帝在位，国家繁昌，佛教兴盛的时候。倭国使者回去不久，于六○七年又来朝见，并有沙门数十人随使者来中国学佛法。倭国王自称日出处天子，称隋帝为日没处天子，隋炀帝很不满意。六○八年，隋炀帝使裴清到倭国报聘。倭国也遣使者随裴清来赠送礼物。

与四邻往来，交换有无，本是中国朝廷应做的好事情，但隋炀帝做来却成为害多利少的坏事情。他为满足声威扩张的侈心，对突厥、西域诸国，行为极其愚蠢，对南方赤土，东方倭国，因有海洋的限制，侈心受阻，使得往来的情况较为正常，从而有利于文化上的交流。

三　开　边

隋文帝末年已经表现了开拓疆域的倾向，隋炀帝加强这种开拓，短时期内造成领土广大的帝国。

吐谷浑——吐谷浑国王的始祖是西晋时辽西鲜卑酋长慕容涉归的庶长子吐谷浑。慕容涉归立慕容廆为嗣，吐谷浑率所部西迁，在青海一带广大土地上游牧。吐谷浑国官制器械衣服大体上与中原同，风俗与突厥相似。北朝末年，吐谷浑国王开始称可汗，建都伏俟城，地在青海西岸十五里处。国土兼有西域鄯善、且末（新疆维吾尔自治区且末县）等地。五九七年，国内大乱，国人立伏允为可汗。六〇八年，隋使铁勒袭击吐谷浑，伏允大败，逃入隋西平郡（治湟水，青海乐都县）境，请求隋兵保护。隋炀帝出兵两路迎击，伏允大败。六〇九年，隋炀帝亲到浩亹，派兵四面围攻，伏允逃走。吐谷浑十余万人降隋。隋兵取伏俟城。自西平、临羌城（青海西宁县西）以西，且末以东，祁连以南，雪山以北，东西四千里,南北二千里的土地,尽为隋所有。隋设置鄯善、且末、西海(治伏俟城)、河源(治赤水城,青海西宁市西南)四郡,郡下设县、镇、戍多处,迁徙全国轻罪人来充实这些新郡县。大开屯田,防御吐谷浑残部,保障通西域的道路。隋末大乱,伏允收复旧境,侵扰河西诸郡。

伊吾——伊吾(新疆维吾尔自治区哈密县)是通西域的要道,突厥一向设吐屯设(官名)镇守伊吾。六〇九年,隋炀帝击破吐谷浑,在张掖召集高昌王、吐屯设等及西域二十七国使者大朝会。吐屯设献西域地数千里。

流求(台湾)——在建安郡(治闽县,福建福州市)

台 湾 日 月 潭

东，相隔有五天海程。三国时代，称为夷州。二三〇年，孙吴的将军卫温、诸葛直曾率兵万人到达这里。六〇七年和六〇八年，隋炀帝先后两次派朱宽到流求。六一〇年，隋炀帝令陈棱、张镇州率兵万余人，自义安（广东潮州市）航海到达流求。从此，流求与内地的经济和文化联系就更密切了，内地迁居到流求的人也就更多了。

隋炀帝开拓疆域，到六〇九年止，全国共有郡一百九十，县一千二百五十五，户八百九十万有余。西到且末，北到五原，东西九千三百里，南北一万四千八百一十五里，国势号称极盛。

四　侵　略

这里所说侵略是专指对高丽的三次战争。隋朝迅速崩溃，这三次战争起着更重要的催促作用，因为战争中民众所受痛苦，比游玩、耀威和开边更严重得多。侵略战争引起农民在全国范围内发动大起义，大起义催促隋朝的迅速崩溃。企图用大力击灭高丽的隋炀帝，就是这样被民众击灭了。

第一次侵略战争

五九八年，隋文帝出兵侵高丽，失利退回。当时国家兴盛，朝臣们都以为国威受挫，应继续用兵，只有儒生刘炫不附众议，作《抚夷论》指陈利弊。隋炀帝侵高丽，开始时显然受到所谓众议的支持。

六〇八年，隋炀帝开永济渠，自黄河北通涿郡。六一〇年，课天下富人买军马，一匹贵至十万钱；又派使官检阅兵器，务求精新，如检阅不认真，使官立即被斩首。他作了这些准备以后，六一一年，自江都乘龙舟直达涿郡。下诏征天下兵，在涿郡集中。征兵中有江、淮以南水手一万人，弩手三万人，岭南排镩（小稍）手三万人，足见这次出兵，确是动员了全国的兵力。令东莱（山东掖县）海口造船三百艘。官吏督工极严急，匠役昼夜立水中，不敢休息，腰以下腐烂生蛆，死去十之三四。令河南、淮南、江南造军用车五万辆送高阳（河北高阳县），供军士挽载衣甲帐幕。发河南、河北民夫，运送军需。发江、淮以南民夫及船运黎阳、洛口诸仓米至涿郡，船只相衔接，长千余里。经常有数十万人在水陆两路运送兵甲和攻城器具，昼夜不息。民夫病死后，尸体遗弃在路旁，满路臭秽。山东郡县负担尤其沉重，民夫运米，车牛一去不得回来，丁男大量死亡，田亩多荒弃，米价腾贵，东北边上一斗米竟贵至数百钱。牛车被征发完了，又征发鹿车（人力小车）夫六十余万人。二人共推一车，载米三石，道路遥远，送到粮台时，米已吃完，无法缴纳，只好逃亡。官吏大肆贪虐，尽量刻剥，百姓困穷，生机断绝。居家只有一条死路，反抗还可活命，农民纷纷聚众起义，攻击城邑。隋炀帝令郡县官搜

54

捕,随获随斩。当然,这只能激起农民更坚决的反抗。

不必等待出兵,隋朝崩溃的前景已经显然在望了。

六一二年,四方应征的兵士全部到达涿郡。隋炀帝令左右各十二军分为二十四路,向着平壤出发,每军设大将、次将各一人,统率骑兵四十队,步兵八十队。骑兵每队一百人,十队为一团。步兵二十队为一团。每团设偏将一人。又有辎重、散兵等四团,由步兵夹路护送。每军特置受降使者一人,直接听皇帝指使,不受大将节制。全军凡一百一十三万三千八百人,号称二百万,运输粮饷的民夫比兵士加倍。二月九日,第一军出发,以后每日发一军,前后相距四十里,连营渐进,实际上经过四十日,才出发完毕。各军首尾衔接,鼓角相闻,旌旗相望,长九百六十里。御营分六军,最后出发,长八十里。《隋书》说"近古出师之盛,未之有也"。这种近古未有的大出师,在隋炀帝看来,无非是又一次大游玩。战争的后果将是什么,他是根本不考虑的。他满以为大兵一到,高丽就会来投降。

隋炀帝依据高丽会投降的愿望来部署战争。严令诸将,凡军事进止,都要奏报等待命令,不得专擅。又令诸将,高丽如请降,必须抚慰,不得纵兵进攻。隋兵渡辽河进围辽东城(辽宁辽阳市)。守城军每遇危急,就声称要投降。隋军不得不停攻,驰奏请旨,等到请旨回来,守军补充完备,又坚守拒战。如此再三,隋炀帝还是深信高丽会投降,辽东城和其他城池也就一个不曾攻取。隋大将来护儿从海路到平壤城下，被高丽守军战败。大将宇文述等九军渡鸭绿水，攻至平壤附近，又被高丽军战败。来护儿所率攻城精兵四万，逃回船上仅数千人，宇文述等所率三十万五千人，除卫文升一军不败，其余溃军逃回辽东城下，只有二千七百人。隋炀帝大怒，率残余军回洛阳。

大败引起隋炀帝大怒，大怒引起又一次大出师，出师引起更严重的后果，隋朝的崩溃不可避免了。

第二次侵略战争

六一三年，隋炀帝下诏，征发全国兵到涿郡集中。又招募勇士从军，号称骁果。他对朝臣们说，"凭我这个力量，海可以拔，山可以移，高丽算得什么!"当时农民起义军已经到处发动，他还在遥望着高丽，以为只有自己去才能成功。他率大军渡辽河，攻辽东城。这一次作战，算是有些改善，允许诸将便宜从事，不必事事奏请命令。诸军猛攻辽东城，高丽守军非常勇敢，击退昼夜不息的攻城军。攻守二十余日，双方死伤都极重。在兵力对比下，高丽军以少御多，持久是有困难的，正当危急的时候，隋民众起兵攻洛阳，客观上援助高丽民众取得守城的胜利。

大贵族杨玄感，受命在黎阳仓督运军粮。杨玄感是个凡庸的野心家，并不真正想到民众的痛苦，只是认为有机可乘，起兵一试，夺取洛阳，称些时皇帝，就算满足了。别一贵族李密向他献上、中、下三策,说,上策是袭据涿郡,扼临榆关,使隋军溃散在关外;中策是攻取长安,安抚士民,等隋炀帝回来,据关中和他对抗;下策是袭攻洛阳,但洛阳有越王杨侗率兵留守,久攻不下,隋兵四面来救,事情就难说。这三策都是很不可靠的军事冒险,下策更是必败之道,因为即使攻下洛阳,也免不了四面受攻。杨玄感恰恰采用下策,说:不取洛阳,怎能显示我的威力,你的下策,正是我的上策。起兵后攻洛阳不下,隋炀帝已派兵来救,杨玄感取城的希望断绝,想在城外称皇帝,被李密劝阻。事情眼看不成,还想称一称帝,足见他谋求的不过是这个称号。

杨玄感的军队,却仍是农民起义军性质。杨玄感在黎阳选运粮民夫五千余人,又选江南船夫三千余人,对他们说,皇帝无道,不管百姓死活,天下骚扰,成千上万的人死在辽东。现在我同你们起兵救百姓,你们是否同意?听众欢喜踊跃,愿意从命。杨玄感说的话,是符合民众意旨的,民众追随他,是相信他真的想救百姓,所以这支军队,还是以救百姓为号召的农民起义军。

杨玄感引兵向洛阳,从汲郡南渡河,沿路民众自动从军,军门前热闹象个市集。杨玄感军没有弓箭甲胄,只用单刀柳木楯。他使弟杨积善率兵三千沿洛水西进,又使弟杨玄挺率兵一千越邙山南进。杨侗派出精兵五千人拒杨积善,八千人拒杨玄挺。杨积善兵到,隋兵不战自溃，弃甲仗在地上，有意送给杨军。杨玄挺兵到，隋兵一战就后退，如此五退，杨军到洛阳城门下，隋将率十余骑逃入城，隋兵全部投归杨军。杨玄感屯兵城外，告兵民说，我做官做到上柱国，积财产积到万金，我用不着再求富贵了。现在冒灭族的风险，只是想救百姓呵！民众相信他的话，每日有上千的人到军门投效，杨玄感军扩大到五万余人。长安留守代王杨侑使卫文升率兵四万出关救洛阳。杨玄感已有兵十万，卫文升军每战，兵士弃甲坐地不起，让杨玄感军收取甲仗。前后凡十二战，卫文升剩下兵士无几。

隋炀帝督大军猛攻辽阳城，得洛阳告急书，大惧，连夜退兵，军用物资，全部放弃。命令大将宇文述、屈突（姓）通、来护儿等分路攻杨玄感。杨玄感兵败，向西逃奔，在路上自杀。

杨玄感走必败的道路，起兵时已经决定了败局。民众踊跃从军，两个月便聚众至十万人，这种极端厌弃隋朝的表示，也决定了隋朝的败局。隋炀帝反以为自己得胜了，回到洛阳，大杀示威。他对臣下说，杨玄感一声号召，便聚众十万，更证明天下人不要多，人多盗也多，不杀个干净，怎能惩戒别人。他以治杨党为名，杀三万余人，流放六千余人。杨玄感曾开仓赈济百姓，凡取米的人都被隋炀帝坑杀。经过这次大屠杀，他认为又可以出兵侵高丽。

第三次侵略战争

六一四年，隋炀帝到涿郡，下诏征天下兵。当时国内已乱，诸郡多留兵不发，在路上的兵士也纷纷逃亡，兵数比六一三年少得多。他自己驻辽西怀远镇（辽宁北镇县境），不敢渡辽河东进了。来护儿军战胜，将进攻平壤，高丽民众已经困弊不堪，国王高元只好派遣使者来讲和。隋炀帝算是获得战果，率军回洛阳。他要求高元亲身来会见，高元当然不听，气得他令诸将准备行装，谋第四次出师。

他是不能在一个地方安居一时的。六一五年，到北边游玩，被突厥围困，他不得已以不再侵高丽为条件，悬赏格招募救兵。解围后回到洛阳，在街道上看见行人往来很热闹，对从官们说，还大有人在！意思是说，往年治杨党，杀人太少。他否认赏格，并且又要发动侵高丽的战争，这个失信行为使将士们愤怨，对他丧失信心。

隋炀帝仇视民众，是死不悔罪的民贼；一心好战，是众叛亲离的独夫。《隋书》论隋炀帝侵高丽事说："内恃富强，外思广地，以骄取怨，以怒兴师，若此而不亡，自古未闻之也"。封建朝廷当它富强的时候，往往用兵力向外扩地，但也未必一定会亡国。隋炀帝这样做，却非亡国不可，因为他的狂暴行为使他成为一个十足完全的民贼，不折不扣的独夫，独夫民贼决不能逃避人民的惩罚。

隋文帝统治时期,民众辛勤地积累起来的财富,被隋炀帝用游玩、扩张、侵略三种形式,迫不及待地加以消耗,特别是三次侵略战争,民众死亡流离,实在不能再有所容忍。要摧毁这个残暴统治,唯一有效的方法就是农民大起义。

第四节　隋末农民大起义

农民要推翻一个朝廷,重要条件之一,是在几乎是同一的时期内普遍地展开武装斗争,使得原来的统治机构应接不暇,力量消散,逐渐陷入瘫痪状态,然后有强者(不一定是起义者)出来取而代之。不过,这种大规模的农民起义,发动是很困难的。隋炀帝三次攻高丽,在全国范围内连年征发兵士和夫役,每一个劳动民众穷困以外再加上死亡的威胁,有些人为求免于死亡,甚至自断手、足,称为福手、福足。暴政惨毒到这样的地步,大规模起义也就蓬勃地发动起来。

农民起义,只要求(一)推翻旧统治建立起较好的新统治;(二)恢复和平与统一,得以安守乡土,进行生产。要满足这些要求,并不需要什么明确的答案,因之,各式各样的人,都可以按照自己的愿望,加入农民队伍,取得领导权,成为起义军的首领。大体上,起义军首领有两种：一是代表起义要求的农民领袖；二是不讲纪律，从事攻掠的草莽雄豪。他们在行动上表现出很大的复杂性，但是，只要以反抗旧统治为号召，并且得到一部分民众的追随，不论那些首领把起义军领导成什么模样，都应是农民起义运动中的产物。

在农民起义的浪潮中，旧统治阶级中一部分人乘机分裂出来，反对旧统治者，更反对农民起义，割据土地，自成一种势力。农民起义的成败，取决于旧统治者、割据者、农民起义军三种势力斗争的结果。一般地说，农民起义，起初总是分散在各地区，自然带着地方性。这是发动时期的现象，其主要特征是对抗旧统治的进攻，其次是地方性兼并。斗争的结果，有些起义军突破地方性的局限，转为全国性的斗争，这是兼并时期的现象，其主要特征是基本上完成了本地区的兼并，为求得全国的统一，消灭其他起义军和割据势力。隋末农民大起义，产生了许多起义军，但都不曾脱离发动时期的局限状态。这是因为具有若干优越条件的唐朝，利用隋的旧统治，成立唐的新统治，不待起义军转入兼并时期，它却以强者的姿态进行兼并，消灭各种起义军和割据者。既然没有一个起义军首领能够实现农民的要求，唐朝的成功，起着缩短兼并过程的作用，也就有合于民众的需要了。

一　发动时期

甲　农民起义

隋炀帝自六〇四年即位时开始，连年游玩和扩张，到六〇九年击破吐谷浑，设西海、河源等四郡，算是他诸事顺利，志得意满的时候，另方面，却是广大民众遭受暴政，难以忍耐的时候。六一〇年（大业六年）夏历正月初一日，拂晓前有壮士数十人，白衣白冠，焚香持花，自称弥勒佛，进入建国门（端门）。守门官、兵都叩头礼拜。壮士夺取武器，将进入宫内，与齐王杨暕的卫兵互斗，壮士斗败被杀死。佛教说释迦佛衰落，弥勒佛代兴，因之，凡假借弥勒佛出世作号召，都含有反抗旧统治的意义。这数十个壮士的行动，显然是隋末农民大起义的第一个信号。隋炀帝杀死这数十人，又在洛阳大搜查，连坐千余家，自以为平静无事了。夏历正月十五日，就在端门外大街上举行规模盛大的百戏，供西域人赏玩。六月，雁门（山西代县）豪帅尉文通聚众三千，据莫壁谷。六一一年一月（大业六年十二月）朱崖（广东琼山县）人王万昌起兵反隋。这两处都很快被隋兵击灭，但在同一年（大业六年）里，一北一南继洛阳数十壮士而起兵，显示民众是要走起义的道路了。隋炀帝自恃强大，依然走亡国的道路。

六一一年，隋炀帝征发大量兵士和民夫，准备第一次侵略战争。山东民众受祸尤重，大规模的农民起义也首先在山东地区爆发起来。

（一）齐郡邹平（山东邹平县）人王薄聚众据长白山（山在山东邹平县），自称知世郎，又作《无向辽东浪死歌》，劝民众起义。避役民众多往归附。

（二）平原郡（治安乐，山东德县）豪强刘霸道据豆子航（音冈 gāng 山东惠民县境），聚众至十余万人，号称"阿舅"军。《隋书·炀帝纪》于六一三年（大业九年）载"平原李德逸聚众数万，称阿舅贼"。农民起义往往聚散无常，可能刘霸道众散后，李德逸聚众仍沿用"阿舅"名号。

（三）漳南（山东平原县、恩城西北）勇士孙安祖拒绝当兵，被县官笞辱，得同县豪侠窦建德的助力，聚众数百人，入高鸡泊

山东邹平雕窝峪王薄起义地

在(漳南县境)中,自称将军。

(四)清河郡鄃县(鄃音舒 shū 山东夏津县东北)人张金称聚众杀掠。六一六年,攻破平恩县(河北丘县),一天杀男女万余人,又攻破武安(河北武安)、钜鹿(河北钜鹿)、清河(河北清河县)等县。张金称是强盗,杀掠极为残暴。

(五)蓨县(蓨音条 tiáo 河北景县)人高士达在清河境内聚众,自称东海公。

(六)窦建德家属被隋官屠杀,窦建德率众二百人逃归高士达。张金称杀孙安祖,孙安祖部属归窦建德,众至万余人。窦建德招收才能,与士卒同甘苦,远近人多来归附。

其余小部起义军,不可计数。隋炀帝派遣都尉、鹰扬等军官,会同郡县官追捕,捕得就杀。这种极凶暴的镇压,对初起的起义军自然是很严重的摧残,但丝毫也不能阻止起义运动的继续高涨。

六一二年,隋大军从辽东败回。六一三年,征发兵役,进行第二次侵略战争。民众厌战,起义运动更加扩大。

(一)杜彦冰、王润等攻破平原郡城。取财物后,弃城他去,说明隋还有兵力夺回城池。

(二)灵武郡(治回乐,宁夏回族自治区灵武县西南)豪帅白瑜娑夺取牧地马群,勾结突厥,攻掠陇西(治襄武,甘肃陇西县)一带,号称"奴贼"。隋炀帝派兵镇

64

压，相持连年，不能取胜。

（三）济北郡（治卢，山东茌平县）人韩进洛聚众数万反隋。

（四）济阴郡（治济阴，山东曹县）人孟海公聚众数万，见人说及书史，便加杀戮。

（五）北海郡（治益都，山东益都县）人郭方预聚众三万人，自称卢公，攻破郡城，取财物后弃城他去。

（六）济北郡人甄宝车，聚众万余人，攻夺城邑。

（七）齐郡（治历城，山东济南市）人孟让、王薄等据长白山，有众十余万人。清河郡人张金称、渤海郡（治阳信，山东阳信县）人孙宣雅、平原郡人郝孝德、北海郡人郭方预、河间郡（治河间，河北河间县）人格谦，各有众数万或十余万人。隋将张须陀率齐郡兵击败王薄、孙宣雅、郝孝德、郭方预等部。起义军受阻，无力占领郡县城。隋朝势力在山东一带仍能立足，并不感到威胁。

隋炀帝正用全力攻高丽辽东城，杨玄感、李密在黎阳（河南浚县）起兵，渡河攻洛阳城，这对隋朝的威胁是严重的。隋炀帝得报，连夜退兵，击败杨玄感。杨玄感的起兵促使起义军进一步发动起来。

（一）余杭郡（治钱唐，浙江余杭县）人刘元进起兵响应杨玄感，三吴子弟逃避兵役，纷纷来归附，不到一月，聚众数万人。

（二）梁郡（治宋城，河南商丘县）人韩相国起兵响应杨玄感，不到一月，聚众至十余万人。杨玄感败后，韩相国被隋官捕杀。

（三）吴郡（治吴，江苏苏州市）人朱燮、晋陵县（江苏常州市）人管崇起兵，袭破隋将赵六儿营，众至十万人。朱燮、管崇推刘元进为天子，占领吴郡。建安等郡豪帅多捕执隋地方官，响应刘元进。刘元进成为江南起义军大首领，隋炀帝派遣大将击败刘元进。又派遣王世充击杀刘元进等，坑杀降兵三万余人。民众愈益愤怒，到处聚众反抗，隋兵无法应付。

（四）豪帅陈瑱等聚众三万攻破信安郡城（广东高要县）。

（五）济阴郡人吴海流、东海郡（治朐山，江苏东海县）人彭孝才聚众数万人反隋。

（六）梁慧尚聚众四万攻破苍梧郡城（广东封开县封川镇）。

（七）东阳郡（治金华，浙江金华市）人李三儿、向但子聚众万余人反隋。

（八）吕明星率众数千围东郡（治白马，河南滑县）城，被隋将杀死。

（九）唐县（河北唐县）人宋子贤自称弥勒出世，谋起兵，被隋官捕杀，并杀同谋千余家。

（十）扶风郡（治雍，陕西凤翔县）沙门向海明自称弥勒出世，聚众数万人，自称皇帝，被隋将击破。

（十一）杜伏威、辅公祏（音石 shí）在淮南聚众，兼并

66

苗海潮、赵破陈等部，击败江都留守派来镇压的隋军，杜伏威势力渐盛。

六一三年以前，民众起义地区在山东。杨玄感反隋后，起义地区扩大到大河南北以及江南、岭南、关中、淮南，局部地区起义转成全国到处起义。隋炀帝采取的对策是，发丁男十万修大兴城（西京），令全国各郡、县和驿站都修城或筑城。又令各郡县城迁移到驿路附近五里以内。甚至令郡县官籍没起义人的家产和人口。郡县官为夺取财物和人口，更加专擅威福，任意杀掠，逼得不曾参加起义的民众再也不能留恋乡土，再也不能容忍隋朝的暴政。这时候，隋朝兵力虽然还强大，足以对抗民众起义，并且仍占相当优势，但政治已经腐败到不可收拾的地步，兵力也就无济于事了。

六一四年，隋炀帝又征发全国兵士和民夫，发动第三次侵略战争。民众也继续起义来对抗残酷的迫害。

（一）扶风郡人唐弼起兵，有众十万人，立李弘为天子，自称唐王。

（二）彭城（治彭城，江苏徐州市）豪帅张大彪据悬薄山，有众数万，被隋兵击破，死一万余人。

（三）延安郡（治肤施，陕西延安县）豪帅刘迦论自称皇王，有众十万。隋将屈突通击杀刘迦论，并杀起义军万余人，掳男女数万口。

（四）豪帅郑文雅、林宝护等率众三万，攻破建安郡城。

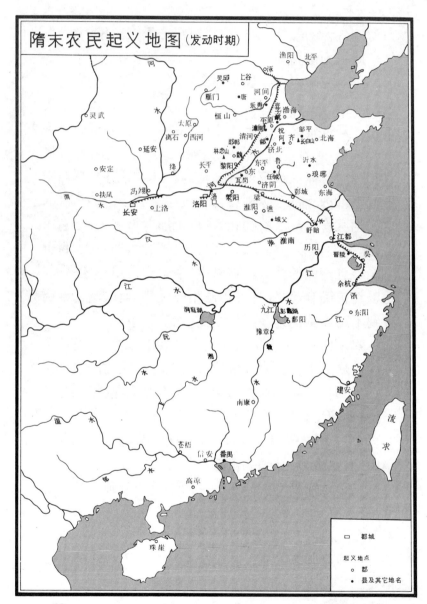

隋末农民起义地图 (发动时期)

北平
渔阳
灵邱　上谷
涿
雁门　唐　河间
恒山　乐寿
勃海
太原　平原
灵武　离石　西河
清河　章　祝　邹平
延安　邯郸　魏　阿　齐　KEU山　北海
林虑山　贝
安定　长平　黎阳　东　鲁　沂水　琅邪
绛　瓦岗　济阳　任城
渭　冯翊　河　彭城　东海
扶风　洛阳　黎阳
长安　上洛　淮阳　谯
城父
盱眙　江都
淮南　历阳　晋陵　吴
江　余杭
汉　水　浙
江　水　东阳
洞庭湖　九江　彭蠡湖
沅　都阳
湘　豫章　鄱阳
水　赣　江
水　水
南康　建安
温　水　流求
苍梧　信安　番禺
高凉
珠崖

	都城
起义地点	
○	郡
●	县及其它地名

（五）隋炀帝自辽东回洛阳，邯郸县（河北邯郸县）豪帅杨公卿率八千人，袭击隋军后队。

（六）豪帅司马长安攻破长平郡城（山西高平县）。六一五年，攻破西河郡城（山西汾阳县）。

（七）离石郡（治离石，山西离石县）匈奴人刘苗王自称天子，有众数万，与隋兵相持，不分胜败。

（八）汲郡（治卫，河南汲县）豪帅王德仁聚众数万，据林虑山（在河南林县境）。

（九）东海彭孝才攻沂水县（山东沂水县）。隋将董纯击破彭孝才军，擒彭孝才。

（十）齐郡孟让自长白山出击诸郡县，至盱眙（江苏盱眙县），据隋都梁宫，有众十万。隋将王世充大破孟让军，杀万余人，孟让率数十骑逃走，部众全被掳获。

（十一）齐郡豪帅左孝友据蹲狗山，有众十万。隋将张须陀围山，左孝友被迫出降。

（十二）涿郡豪帅卢明月聚众十万，屯祝阿（山东长清县）。隋将张须陀率所部勇将罗士信、秦琼等大破卢明月军。六一五年，卢明月又有众十余万，入豫州（治汝阳，河南汝南县）境。

民众参加起义军，大抵全家相随，部众数万或十数万，并不是都能上阵作战。例如隋兵掳获刘迦论部男女数万口，显然都是起义军的家属。民众扶老携幼，手执武器，拚出全家生命和统治者死斗，以求一线的生路，正义完全在民众一边；统治者凭借各种优势，屠杀掳

69

掠，凶暴已极，还惟恐不够凶暴。这一年里，隋朝兵力还很强大，不少起义军受到挫折，但正如史书所说"董纯战虽屡捷，而盗贼（起义军）日滋"，说明民众是不会因战败或首领被擒被杀而停止反抗的，也说明统治阶级即使象隋炀帝那样荒淫昏乱的人作首领，对镇压民众起义还是强顽不退缩的。阶级斗争就是这样残酷尖锐的一种斗争。

六一五年，隋炀帝因农民纷纷起义，户口大减，令郡、县、驿亭、村坞都修筑城池，所有民众都迁入城中居住，给城附近的田地耕种。城附近的田地为数有限，居城中将无以为生，这又驱迫一批民众不得不参加起义军。

（一）齐郡豪帅颜宣政聚众。隋兵击败颜宣政军，掳男女数千口。

（二）豪帅杨仲绪率众万余攻北平郡城（河北卢龙县），被隋兵击杀。

（三）上谷郡（治易，河北易县）豪帅王须拔自称漫天王。王须拔死后，亚帅魏刁儿代领部众，自号历山飞，聚众至十万，勾结突厥，攻掠燕、赵一带。六一八年，被窦建德杀死。

（四）淮南人张起绪聚众三万人。

（五）彭城人魏麒麟聚众万余人，攻鲁郡城（山东兖州）。

（六）东海豪帅李子通有众万人，渡淮，自称楚王，攻江都。

（七）绛郡（治正平，山西新绛县）豪帅敬盘陀、柴保昌等聚众，与隋兵数万人攻战。隋兵烧村坞，坑杀降人，百姓怨愤，聚众愈多。

（八）城父（安徽亳县东南）人朱粲聚众十余万人，被称为"可达寒贼"，朱粲原是隋的"县佐吏"，又曾"从军"。聚众后自称迦楼罗王，又自称楚帝，攻掠荆、襄一带，极为残暴。

杨玄感起兵后，隋炀帝内心更加恐慌，感到洛阳也不是安全的居地。六一六年，离开洛阳，逃往江都，沿路有人劝阻，他杀死谏者，表示顾不得再要天下，也表示隋统治实际上已经解体。在这一年里，起义军力量又有进展。

（一）雁门郡人翟松柏据灵丘（山西灵丘县），聚众数万人，转攻旁县。

（二）东海郡人卢公暹据苍山（山东临沂县东），聚众万余人。

（三）历山飞别部甄翟儿率众十万攻太原，隋将战败被杀。

（四）冯翊郡（治冯翊，陕西大荔县）人孙华聚众，自称总管。

（五）高凉郡通守冼瑶彻（瑶同宝）起兵反隋，岭南少数族人多起兵响应。

（六）豪帅赵万海聚众数十万人，自恒山郡（治真定,河北正定县)攻高阳县(河北高阳县)。

(七)安定郡(治安定,甘肃泾川县)人荔非世雄据临泾县(甘肃镇原县)聚众,自称将军。

(八)鄱阳郡(治鄱阳,江西波阳县)人操师乞、林士弘聚众攻破豫章郡城（江西南昌市）。隋兵杀操师乞。林士弘击败隋兵,众至十余万人,自称楚皇帝,占地北起九江,南至番禺,在南方形成一个大势力。

(九)东郡(治白马,河南滑县)人翟让在瓦岗(在滑县境)聚众,单雄信、徐世勣等人各聚众来归附。翟让率所部入荥阳、梁二郡境,夺取汴水上公私船货物,聚众至万余人。又有豪帅王伯当等人,各在本乡聚众。李密自杨玄感失败后,流转各地,联络诸豪帅。翟让部

河南滑县瓦岗军遗址

最强,李密劝翟让灭隋取天下。翟让并无大志,辞谢不敢当。李密又劝翟让攻取洛口仓,休养兵马,待机大举。翟让听从李密的献策,引兵攻破金堤关(河南荥阳东北)和几个县城。李密设计击破隋军,杀隋大将张须陀,兵威大振。翟让使李密自立一部,号蒲山公营。李密与士卒同甘苦,号令严明,在诸豪帅中,成为一个有政治雄心的起义军首领。

(十)攻掠河北诸郡县的豪帅有张金称、郝孝德、孙宣雅、高士达、杨公卿等人。隋将杨善会等对抗诸豪帅,势力约略相等。隋炀帝派遣杨义臣攻张金称,张金称大败逃走,被杨善会捕杀。隋将率兵万余人攻高士达。高士达让窦建德指挥全军,击杀隋将。高士达战胜,轻视敌军,被杨义臣击杀,全军溃散。窦建德逃到平原,收集张金称、高士达残兵,自称将军。诸豪帅向来捕获隋官及士族子弟,一概杀死,窦建德不那么狭隘,因此,有些隋官敢于举城来投降。窦建德声势渐盛,兵士多至十余万人。

(十一)河间豪帅格谦据豆子航,有众十余万,自称燕王。隋将王世充击杀格谦。格谦部将高开道收集余众,攻掠燕地郡县,军势又振。

在六一六年里,南方林士弘,河南李密,河北窦建德,都在本地区显出高于其他首领的力量,农民起义军有逐渐形成几个大势力的趋势。隋官也在这一年里,开始割据称雄,成为推倒隋朝的另一种势力。到六一七年，农民起义和隋官割据摧毁了隋统治，隋炀帝只好在江都等待死亡。

（一）杜伏威、辅公祏大破隋将陈棱军，攻据历阳郡城（安徽和县），成为江、淮间的一个大势力。

（二）窦建德在乐寿（河北献县）建国，自称长乐王，成为河北地区的一个大势力。

（三）鲁郡豪帅徐圆朗攻破东平郡城（山东郓城县），据有鲁、琅琊（治临沂，山东临沂县）、东平三郡地，成为山东地区的一个大势力。

（四）卢明月自称无上王，拥众号称四十万，自河南流转到淮北。卢明月被隋将王世充击杀，部众溃散。王世充屡获战胜，在隋将中颇有声望，为后来养成割据势力准备了条件。

（五）李密攻破兴洛仓，又大破自洛阳出击的隋军，声威大振。翟让等推李密为主，称号魏公，军事上用行军元帅名义统率各军。远近豪帅如孟让、郝孝德、王德仁及济阴房献伯、上谷王君廓、长平李士才、淮阳魏六儿、李德谦、谯郡（治谯，安徽亳县）张迁、魏郡（治安阳，河南安阳）李文相、谯郡黑社、白社、济北张青特、上洛周比洮、胡驴贼等都来归附，众至数十万。李密各给官爵，使受行军元帅府统率。原来分散在各地的农民起义军，有李密作大首领，多少表现出统一的倾向，似乎是一个进步，可是，这种倾向实际上并不曾起着进步的作用。

74

李密筑洛口城，周围四十里，作为魏国的都城。魏将孟让夜袭洛阳外郭，烧掠丰都市，洛阳居民都迁入宫城，抵御魏军。李密招集大量豪帅，蒲山公营的纪律，对这些豪帅是没有约束力的。李密缺乏驾驭群帅的才能，也就是缺乏引导群帅遵守纪律的才能，因之，归附的豪帅愈多，李密的反隋行动愈受到牵制，最后不得不归于失败。隋大将裴仁基率兵降李密，李密使裴仁基、孟让率兵二万人袭破回洛仓，烧天津桥，纵兵大掠。当时越王杨侗留守洛阳，有兵二十余万，足以守卫城市，李密军烧掠，更使隋军守城愈益坚固。李密退归洛口，杨侗搬运回洛仓米入城，李密再取回洛，形式上逼近洛阳，实际是顿兵坚城之下，陷于被动的形势。隋炀帝令关中出兵救洛阳，有人劝李密使翟让守洛口，裴仁基守回洛，自率精兵入关，袭取长安。既得西都，号令天下，可以成大业。李密说，这确是上策。不过，我所部将帅，都是出身草莽，我一离开，他们就会互相吞并，大业更无望了。杨侗得关中援兵，大破李密军。李密逃回洛口，形成与洛阳相持的局面。

　　李密率众向洛阳，大破隋兵，又取回洛仓。隋炀帝令王世充率江淮精兵救洛阳。李密遣徐世勣率兵袭破黎阳仓，开仓赈济饥民，十天内得兵二十余万人。王世充统率各路救兵，会同洛阳兵共十余万人击洛口，与李密军夹洛水互击，各有胜败。

　　翟让残忍贪财，部属离心，对李密却还没有杀害的意图。李密怕翟让先动手，听从谗言，在宴会时杀死翟让。翟让的贪暴，即使比一般豪帅更坏些，但终究是瓦岗起事的首领，推戴李密，也显示在短时期内并无夺位的野心，李密不能感化翟让，又不能包容翟让，用阴谋杀人，只能说明李密智短量窄，不足以成大业。翟让死后，李密部属开始心怀疑惧，李密也开始妄自尊大，疏远旧将，不爱惜士卒，一时勃兴的气象转变为败亡的局面。

乙　隋官割据

农民起义大大削弱了隋朝廷的统治力量，一些隋官乘统治力量削弱的机会，起兵割据，称帝称王。他们都是反对农民起义的反动势力，但在消灭隋朝这一点上，也起着不小作用。

隋炀帝侵高丽，以涿郡为后方，积储大量的器械资财，屯兵数万，守卫郡城。各路豪帅常来攻夺，都被罗艺击败。罗艺有了声望，六一六年，贬黜隋留守官，据有涿郡及附近诸郡，自称幽州总管，成为威振燕地的大势力。

六一七年，朔方郡（治岩绿，内蒙古自治区鄂托克旗东南）守将梁师都杀隋官，自称大丞相。勾结突厥，夺得雕阴（治上县，陕西绥德县）等郡，自称梁帝，受突厥封，称大度毗伽可汗。

马邑郡（治善阳，山西朔县）军官刘武周杀隋官，勾结突厥，据郡自称太守。刘武周击败隋兵，夺得汾阳宫，受突厥封，称定杨可汗，又自称皇帝。

军士郭子和被流放到榆林郡（治榆林，内蒙古自治区托克托县）。郭子和袭杀隋官，自称永乐王。勾结突厥，受封为屋利设。

金城郡（治金城，甘肃兰州市）军官薛举逐隋官，据陇西全境，自称秦帝，成为西北地区的一个大势力。

武威郡（治姑臧，甘肃武威县）军官李轨逐隋官，据有河西五郡地，自称河西大凉王。

巴陵郡（治巴陵，湖南岳阳县）军官董景珍等推梁后裔萧铣为主。萧铣据巴陵郡，自称梁王。六一八年，称梁帝，都江陵，梁地扩大到岭南，有兵四十余万，成为一个大势力。

自梁师都至萧铣，都在六一七年起兵割据，创立唐朝的李渊，也在这一年起兵夺得长安，隋朝势力只剩下江都、洛阳两个据点，隋官就在据点里发生变乱，使隋朝完全覆没。

六一八年，李密率众三十万，据北邙山，逼近洛阳城门，王世充不敢出战。窦建德、朱粲、孟海公、徐圆朗等都使人奉表劝进，请李密称皇帝。李密说，东都还没有攻下，不可以议这件事。实际上李密并无攻取洛阳的实力，虽然声势盛大，所处地位却是被动的。但李密还在等待洛阳的来降，甚至不惜投降越王杨侗（隋皇泰帝），以求进入洛阳城。杨玄感不能入城，想在城外称帝；李密也不能入城，想入城以后称帝，两人对必然无成的形势同样缺乏认识，因之也只能得到同样的后果。

隋炀帝无法收拾时局，逃到江都后，愈益荒淫无度。宫中立百余房，各居美女多人，每日一房轮流做主人，隋炀帝与萧后等率侍女千余人就房饮酒，杯不离口，昼夜昏醉。他心里发慌，常对萧后说，"外面大有人图侬（我），且不管他，快乐饮酒吧！"有一次，他取镜照面，对萧后说，"好头颈，不知该谁来斩它！"萧后惊问缘故，他强笑道，"贵贱苦乐，没有一定，斩头也不算什么！"当然，他是不肯束手等死的，六一八年，想迁都丹阳（江苏南京市），令民众给他修筑宫室。当时江都粮竭，随从卫士多关中人，谋逃归乡里。右屯卫将军宇文化及等隋官煽动卫士，得数万人，攻入宫中。隋炀帝换服装逃到西阁，被隋叛官捕获。叛官们拔刀监视，隋炀帝问，我犯什么罪？叛官们说，你轻动干戈，游玩不息，穷奢极侈，荒淫无度，专任奸邪，拒听忠言，使得丁壮死在战场，女弱填入沟壑，万民失业，变乱四起，你还说什么无罪！隋炀帝说，我实在对不起百姓，至于你们，跟着我享尽富贵荣华，我没有对不起你们。今天的事，为首是谁？叛官们说，全国同怨，何止一人。隋炀帝承认对不起百姓，还算是临死时认了罪。他要求饮毒酒自杀，叛官们不许。隋炀帝怕刀杀，自解巾带给叛官们，这个"罄（用尽）南山之竹，书罪无穷；决东海之波，流恶难尽"（李密宣布隋炀帝十大罪状檄中语）的民贼隋炀帝就这样被缢杀了。东都留守越王杨侗在洛阳称皇帝，改元皇泰。

　　宇文化及占据六宫，淫侈生活同隋炀帝一样。他率兵十余万，说要回长安。沿路夺民间船只车牛，载运宫女珍宝，令兵士负武器重物步行，路远困疲，怨声载道。宇文化及军行至巩县，被李密阻击，改道走滑台（河南滑县），声称要攻取东都。宇文化及北攻黎阳，想夺取黎阳仓。李密杀翟让后，疏远旧将帅，不愿徐世勣在左右，使出守黎阳。徐世勣兵少，放弃黎阳，专守仓城。宇文化及要进关，总得和唐朝作战，要取东都，也得和隋皇泰帝作战。李密不知利用这种有利的形势，却替东都和关中阻击宇文化及。黎阳被攻，不得不救，敌军兵力都压到自己身上来了。李密率精兵二万到黎阳救徐世勣，怕东都兵攻后路。隋皇泰帝怕宇文化及战胜李密，再来攻东都，使人招降李密，允许李密入朝后执掌文武大权。李密面对强敌正在为难，竟放弃起义军的旗帜，投降了隋皇泰帝。他采取这种最下策，无非是想借入朝名义进入洛阳城，实行入城后称帝的计谋。李密降隋，自以为无后顾之忧，引全部精兵与宇文化及大战。宇文化及战败，率残部二万人逃到魏县（河北大名县西南），自称皇帝，国号许。六一九年，被窦建德杀死。李密击败宇文化及，就回到洛口城，准备入朝。王世充先在洛阳城内发动政变，夺得皇泰帝的全部权力，李密不敢入朝，最下策也就落了空。

李密与旧将帅间相互猜疑不一心，这是最大的弱点。黎阳战后，精兵损失极重；错误地估计王世充作乱，内部分裂，东都早晚可以取得，愈益骄傲自满；李密失败的时机完全成熟了。王世充抱着死里求生的决心，率精兵二万余人，攻击李密军，李密军大溃败，旧将帅单雄信等叛变，投降王世充。李密无路可走，只得率残部二万人投奔唐朝，其余将帅和州县官多归附王世充。李密来到唐朝，嫌待遇不够优异，与王伯当出关谋叛变，被唐朝杀死。李密凭借洛口仓米，聚众将近百万，以为人多势盛，就足以成大事。他并不知如何用众，也不知如何用兵，更不知如何用将，尤不知自己如何做人。他从农民领袖变成隋的降臣，又变成唐的叛臣，军事上的失败结合政治上的失败，使李密成为不值得同情的失败者。他的失败，为唐朝增加了优势，同时，也为王世充造成了强大的割据势力。王世充战胜李密，兵力大增，六一九年，废隋皇泰帝，自称皇帝，国号郑。

二　兼并时期

西魏宇文泰创府兵制，最高军官有八柱国，其次有十二大将军。八柱国中李弼、李虎、赵贵，十二大将军中李远、杨忠、王雄，都说是汉族人。杨忠子杨坚做了隋皇帝，三家姓李的人门阀贵盛，李姓代杨姓，在当时是可能有这种想法的。隋炀帝时，有术士造"李氏当为天子"的谶语。又有李玄英造民谣，说李密该做皇帝。李弼的曾孙李密受翟让等豪帅推戴，谶语也是一个原因。李虎的孙儿李渊建立唐朝，招收许多降人，谶语也起了一些作用。当然，决定成败的关键在于军事上政治上的处置是否得当，李渊正是处置得当的成功者。

李渊袭封唐国公。六一三年，任弘化郡（治合水，甘肃合水县）留守，有权征发附近十三郡兵士。六一五年，任山西、河东抚慰大使，有权选用郡县文武官。六一六年，任太原留守。他三次做地方长官，特别是做军事重镇的太原留守，很有利于起兵反隋。六一七年，李渊从次子李世民计，起兵攻长安。当时关中隋兵出关援东都，关中空虚，李密不敢乘虚率精兵入关，却给李渊得到入关的好机会。李渊与突厥始毕可汗讲和，免除了后顾之忧，开仓赈济贫民，取得了民众的同情。李渊自称大将军，使长子李建成统率左军，次子李世民统率右军，四子李元吉留守太原。李渊率左右军自太原出发，派人四出招降隋郡县官和各地豪帅，主力军一直前进，自河东郡城（山西永济县）渡河至朝邑（陕西朝邑县），分兵为两路。李建成左军据永丰仓，守潼关防东方兵入关。事实上李密与东都兵相持不决，谁也没有力量顾及关中，但在李渊方面，这一部署却很重要，因为据有永丰仓就可以供给大军的粮食。李世民右军经略渭北，招集兵卒多至二十余万人，一举攻入长安城。

李渊预定的计划是尊隋炀帝为太上皇，立西都留守代王杨侑(音右 yòu)为皇帝(隋恭帝)，入城后实行这个计划。李渊本是隋臣，公开反隋，就会给敌对势力以讨叛的借口，用太上皇名义取消隋炀帝的地位，用隋恭帝名义招降隋官，设计是很巧的。更重要的措施是入城后与民众约法十二条，废除隋一切苛禁，这样，关中民众归附李渊，唐政权取得了真实的基础。六一八年，隋炀帝死，李渊也就废隋恭帝，自立为皇帝(唐高祖)，建都长安，成立了盛大的唐朝。

这个新朝代的首要任务是通过兼并来求得全国的统一。在兼并战争中，李世民起着决定性的作用，因此，不满二十岁的英俊少年李世民，即后来的唐太宗，是唐朝的实际创造者。

当时唐朝的四周，存在着许多敌对势力和无所属的游离势力(包括各地豪帅)，这就需要军事力量和政治方法相辅为用，唐朝用宽容态度来招降游离势力，用严峻态度来消灭敌对势力，很快地完成了统一全国的大业。

下面列举一些重要的敌对势力和游离势力。

薛举——六一七年，薛举称秦帝后，都兰州，又迁都天水，据陇西全境，有兵号称三十万。唐高祖初得长安，薛举使子薛仁杲攻扶风，被李世民击败。六一八年，薛举攻高墌城(陕西长武县北)，李世民兵大败。薛举乘胜将进攻长安，得病死去。薛仁杲据折墌城(墌音支 zhī

甘肃泾川县东北）继续攻唐。李世民在高墌城外大破薛仁杲军，进攻折墌城，薛仁杲穷蹙，开门出降，陇西并入唐境。

李轨——都姑臧，六一八年，自称凉帝。六一九年，唐灭凉，河西五郡并入唐境。

刘武周——据雁门、楼烦（治静乐，山西静乐县）、定襄（治大利，内蒙古清水河县境）等郡，自称皇帝。六一九年，击败唐兵，李元吉弃太原逃归长安。刘武周兵势达夏县、蒲坂县（即河东县），关中震骇。唐高祖准备放弃黄河以东土地，专守蒲津关以西，保卫关中。李世民说，太原重镇，是国家的根本；河东殷富，是京城的财源，决不可放弃，愿得精兵三万，收复并州。唐高祖使李世民率兵自龙门（陕西韩城县境）渡河，进击刘武周军。经多次大战，六二〇年，刘武周大败，逃入突厥，被突厥杀死。唐收复并州。

薛举、李轨、刘武周都是唐的近敌，薛举、刘武周依附突厥，尤为强悍，唐消灭三个割据者，关中形势得以稳固，有力量出关争取天下。

王世充——李密败后，文武官员及所属郡县多降附王世充。王世充成为河南最强大的割据势力。

窦建德——六一八年，窦建德自称夏国王。六一九年，声称为隋朝报仇，攻破聊城，杀宇文化及。又与王世充结好，派人到洛阳朝见隋皇泰帝。作为一个农民起义领袖，反隋的意志逐渐消失，虽然还不象李密那样完全放下起义的旗帜，但也已经放下了一半，面对日益兴盛的唐朝，前途是可想见的了。李密降唐，徐世勣据黎阳，也随着降唐，唐高祖重视他的来降，赐姓李。李世勣（唐太宗时改名李勣）出仓米援助唐将李神通经略山东，唐取得许多州县。窦建德攻取唐洺州城（河北永年县），作为都城。隋皇泰帝被废，窦建德才自称皇帝，表示自己是隋的继承者。窦建德南下攻破相州城（河南安阳县），又攻破黎阳，李神通、同安公主（唐高祖妹）、魏征、李世勣等都被俘获。窦建德仍令李世勣守黎阳（李世勣不久逃归长安），自己回到洺州。六二〇年，窦建德出兵北攻唐幽州（治蓟，北京市），不下。但幽州以南唐州县都已被窦建德夺去，夏成为河北地区的大国。窦建德在国境内还有些政治措施，对部将也还能诚信相结，比隋末所有起义军首领，他应是最有器局的一人。不过，他的器局是有限的，称帝以后，骄气滋长起来，听信谗言，杀大将王伏宝，又杀谏臣宋正本，文武官不敢再说不同见解的话，他就这样予智予雄地走上败亡的道路。

六二〇年，李世民出关击王世充，大军屯北邙山，连营逼洛阳。王世充所属河南州县，相继降唐，王世充困坐洛阳城，遣使向窦建德求救。窦建德想和王世充合力击败唐兵，乘机灭王世充，再击唐取天下。他自以为这是上策。六二一年，窦建德在曹州（山东曹县）击破孟海公军，即率本部兵及孟海公、徐圆朗所部，共十余万人，号称三十万，进军至成皋（河南荥阳县汜水镇）。李世民使李元吉围洛阳，自率精锐三千五百人阻击窦建德军。窦建德被阻不能前进，军心危骇，将帅以下都想回洺州。谋臣凌敬劝窦建德改道进攻上党（山西长治县），使唐兵还救关中，洛阳围可不战自解。窦建德不听。窦建德妻曹氏也说凌敬的献策可用。窦建德说，你妇人知道什么！我难道怕敌兵！虚骄的窦建德督率着人心思归的大军，布阵长二十里，鼓噪前逼唐阵。李世民望见对诸将说，这是无纪律的兵，我坚守不出，过了午时，就可以一击成功。窦建德军列阵，自辰时至午时，不得接战，士卒饥疲，都坐下争着饮水。李世民出兵猛击，窦建德军大溃，窦建德受伤被擒。曹氏率数百骑逃回洺州，解散余众，率官员裴矩等降唐。李世民回军至洛阳城下，王世充绝望，率群臣二千余人到军门投降。李世民杀罪恶尤大的单雄信、朱粲等十余人。朱粲是极端残忍，捉人当军粮的野兽，被民众聚攻，投奔王世充。斩首后，洛阳民众争投瓦砾击他的尸体，顷刻成一个大堆。

唐高祖杀窦建德、孟海公，免王世充死。王世充在囚禁处被人杀死。

李世民一战消灭夏、郑两大国，黄河南北广大地区都成为唐境，唐朝的统一事业基本上完成了。现在要继续进行的是消灭较小的敌对势力。

刘黑闼（音踏 tà）——六二一年，窦建德残众推刘黑闼为主，起兵反唐，杀唐魏州刺史和贝州刺史，残众纷起响应。刘黑闼勇决善战，击败李神通军，又大破李世勣军，半年间，唐所得夏国旧州县都被刘黑闼占有。刘黑闼勾结突厥，又得兖州（山东兖州）豪帅徐圆朗的援助，兵势甚盛。六二二年，在洺州自称汉东王。唐高祖使李世民、李元吉率军击刘黑闼。李世民收复相州，进军至肥乡县（河北肥乡县），沿洺水列阵逼洺州城。刘黑闼率精兵二万人渡洺水攻唐阵，两军自午时至黄昏，都死斗不退，最后刘黑闼军大溃。刘黑闼逃奔突厥，引突厥兵入寇。这时候李世民已回长安，河北唐守兵屡败，十来天刘黑闼就取得旧地全部，又在洺州建都。唐高祖使李建成、李元吉往击。六二三年，刘黑闼大败逃走，被唐兵擒获杀死。窦建德残部在连年战争中多半死去，河北地区才确实稳定下来。

高开道——本是格谦部将。格谦被隋兵击灭，高开道率残兵数百人攻掠州县，兵势又盛。六一八年，夺得北平（治卢龙，河北卢龙县）、渔阳（治无终，河北蓟县）两郡，自称燕王，都渔阳。高开道勾结突厥，四出攻掠，残害民众。六二四年，部将张金树杀高开道，举地降唐。

徐圆朗——李密败后，徐圆朗降唐，受封为鲁国公，任兖州总管。刘黑闼起兵，徐圆朗自称鲁王，助刘黑闼反唐。六二三年，刘黑闼败死，徐圆朗穷蹙，弃曹州城逃走，路上被"野人"杀死，所谓"野人"，就是乡村农民。割据者平时对农民剥削压迫，是不顾农民死活的，一朝失众逃命，只要被农民发觉，也决不会饶他这条虎狼之命，这叫做正义的报复。

刘黑闼、高开道、徐圆朗被消灭，唐统治在河北、山东一带确立了。剩下江、淮间和长江以南地区的割据势力，唐用较小兵力先后予以扫除。

萧铣——六一八年，在巴陵称梁帝，迁都江陵，出兵谋攻夺唐巴、蜀地。六一九年，唐高祖使李靖至夔州（四川奉节县）规取梁国。六二〇年，梁国内乱，将帅离心，萧铣使诸将率兵到各地经营农业，只留卫兵数千人守江陵。六二一年，唐灭夏、郑二国后，使李孝恭、李靖率军自夔州顺流而下，围江陵城。萧铣外无救兵，只好开门出降，梁境全为唐所有。

林士弘——六一七年，林士弘在虔州城（江西赣州市）自称楚帝。六二二年，唐灭林士弘的楚国。

杜伏威、辅公祏——杜伏威击败隋将陈棱，据历阳，自称总管。六一八年，移居丹阳，上表隋皇泰帝，得封为楚王，任东道大总管。李世民围洛阳，使人招降杜伏威，杜伏威降唐，受封为吴王，任江、淮以南安抚大使。六二一年，杜伏威据有淮南、江南的土地，成南方强国。李世民击败刘黑闼，杜伏威怕唐威力，六二二年，使辅公祏留守丹阳，自请入朝，被留在长安。六二三年，辅公祏起兵反唐，在丹阳自称宋帝。辅公祏割据称雄，阻挠统一，违反广大民众的愿望。唐杀杜伏威，使大将李孝恭、李靖、李世勣等分路进攻。六二四年，辅公祏弃丹阳出走，被"野人"捕获，送唐营斩首。淮南、江南全入唐境。

最后，北方边境上还有一个割据势力，那就是最可耻的梁师都。

梁师都——据朔方等郡，完全依赖突厥的援助来作乱。六二八年，突厥衰乱，唐兵击败突厥兵，梁师都穷蹙，被部属杀死。唐取朔方城。

经过一场大混战，割据势力方面，有些降唐，有些被唐消灭。农民起义军方面，有些被隋战败，有些自相吞并，有些投降唐朝，有些被唐击灭。祸首隋炀帝所引起的这场大混战，破坏力表现得非常强烈。农民起义的领导权落在豪帅手中，李密、窦建德等人又不能起较大的领导作用，结果是割据势力占了优势，混乱的局面更显得严重了。不过，农民起义终于推翻了隋炀帝的残暴统治，使得唐朝的统治者不得不在政治上有所改善，农民付出的代价固然不小，但终究产生了推动历史前进的积极作用。

第五节　隋朝的文化

隋朝是在长江、黄河两大流域合并的基础上建立起来的大朝代。由于长江流域有相当发展的文化，南北互相补充，出现比南北朝较高的文化，隋朝虽然短促，有些文化上的成就却是值得重视的。

一　佛道儒三教

佛、道是宗教，儒是汉族士人传统的礼教，佛、道与儒性质有别，但统治阶级利用佛、道、儒从各个方面来影响人的思想，都含有教化的意义，因之，自南北朝以来，统称为三教。

甲　佛　教

周武帝灭佛后，五七九年，周宣帝取消禁令。五八〇年，隋文帝执周政，进一步恢复佛、道二教，令旧时沙门、道士重新入寺观传教。五八一年，隋文帝即帝位，令民人任便出家，并令计口出钱，营造经、像。佛教因此大行。他为京师和大都邑的佛寺，写经四十六藏，凡十三万卷，修治旧经四百部。民间流通的佛经，比儒经多数十百倍。隋炀帝修治旧经六百十二藏，二万九千余部。又置翻经馆，连隋文帝时所译，共译经九十部，五百一十五卷。佛教在隋、唐两朝，达到极盛阶段，隋是这一阶段的开始。关于隋朝的佛教哲学和艺术，将和唐朝佛教合并叙述，这里只说佛书翻译从初期到成熟期的经过。

通过佛书的翻译，天竺和其他诸佛教国的大部分

敦煌石窟隋壁画修塔图（摹本）

著作，介绍到中国来了，这就大大丰富了中国的思想界。**没有东汉以后大量佛书的输入，就不会有隋、唐以后内容革新的中国哲学。**大抵东汉迄南北朝是佛教的吸收时期。在这一时期里，佛教徒的贡献，主要是翻译经典，其次才是阐发义理。隋、唐两朝是佛教的融化时期。在这一时期里，佛教徒的贡献主要是创立宗派（学派），形成中国化的佛教哲学，翻译退居次要地位。显然，翻译西方各种不同学说的经典，正为中国佛教创立宗派准备了必要的条件。

翻译质量的逐步提高，是和翻译经验的长期积累相联系的。在初期，采取直译法；在成熟期，采取意译法。隋时释彦琮总结了翻译经验，明确地指出翻译的基本规律，直到今天，看来还是值得译家重视的规律。

直 译 派

中国最早译出的佛经，据佛教徒传说是摄摩腾、竺法兰(二人都是中天竺人，东汉初到中国)共译的《四十二章经》一卷。《四十二章经》约二千余字，仿《论语》体裁，用典雅的文辞总摄佛学要旨，当是佛教徒的一种著述，托名翻译，并非实有原本。

外国僧人来中国，首先要学汉人语言，这已是很难的事，学汉人文字当然更困难。因此，开始传教，只能口说一些大意，不能译成文字。后来佛教信徒渐多，有人学习外国语言，这样，译经成为可能了。汉桓帝时，安清(字世高，安息国人)来洛阳，前后二十多年，译出三十余部经。译法是安清口说，汉人严浮调笔录。译家称安清译本"辩而不华，质而不野，为群译之首"。与安清同时有支谶(月支国人)，也在洛阳译经。支谶口说，汉人孟福笔录，所出经十部，被称为深得本旨，不加文饰。安清、支谶是中国最早的译经家，严浮调、孟福是中国最早的译经助手。他们首创了弃文存质(本旨)，保存经意，照原本直译的方法，因而为后来译家所遵守，一人口说，一人笔录，也成为译经的定式。

三国时期，孙吴兴佛教，支谦、康僧会在吴国译经，力求汉化，文辞美巧，固然纠正了前人出经的朴质，但也失去了译书务求信实的原则。一般译经家仍认直译为正体。西晋初，竺法护精通汉语(支法护本月支人，世居敦煌，出家从外国僧竺高座学佛，改姓竺），随师至西域，通外国语言三十六种，搜集大批经本归国，在长安译出经典一百数十部。竺法护口说，弟子聂承远等人笔录，虽然译文还是"不辩妙婉显"，比先前不甚通汉语的胡僧所译，却已有显著的改进。

石勒、石虎信奉佛图澄，佛教在后赵境内大行。佛图澄的弟子释道安，是中国佛教发展史上极重要的人物。释道安注释安清所译的禅学，精研支谶所译的般若学，表扬竺法护所译的大乘学，实是东汉以来最大的佛教学者，晚年居长安，大为苻坚所尊信。他和秘书郎赵整极力提倡译经，因而长安成为译经的中心地。

赵整聘请中外名僧，协力分工，较有组织地进行翻译工作。例如译《阿毗昙毗婆沙经》，请僧伽跋澄（西域人）口诵经文，昙摩难提（西域人）笔录为梵文，佛图罗刹（不知何国人，精通汉语）宣译（译成汉语），智敏（汉人）笔录为汉文。又如译《婆须密经》，僧伽跋澄、昙摩难提、僧伽提婆三人共诵梵本，竺佛念（汉人）宣译，惠嵩笔录。口说与笔录之间增加宣译人，是译事的一个进步。译出诸经，释道安亲为校定，并作序说明译经缘起，态度是非常慎重的。

直译派主张译人只须变梵语为汉语，不得有所改易。赵整戒译人说，因为不懂梵文，所以需要翻译，如果遗失原有意义，译人该负责任。凡是赵整指导的译本，不许有多余的话，也不许有缺少的字，除改倒句以

92

外，全照原本直译。释道安也说，凡是流畅不烦的译本，都是掺了水的葡萄酒。他提出"五失本"、"三不易"的主张，比赵整的完全直译，已有不小的变通。"五失本"（翻译时丧失梵文本来面目，有五种不可免的原因）是：（1）梵语倒置，译时必须改从汉文法；（2）梵经朴质，汉文华美（魏、晋以来，正是骈体文盛行时期），为了流通，不得不略加润饰；（3）梵经同一意义，往往反复至三四次，不嫌烦杂，译时不得不删削；（4）梵语结束处，要把前语重述一遍，或一千字，或五百字，译时不得不删去；（5）梵文说一事，话已说完，将说别一事，又把已说的事，重说一遍，才说到别一事，译时必须删去。"三不易"（不容易）是：（1）用现代语翻古代语，难得惬当；（2）古圣精微的哲理，后世浅学难得契合；（3）阿难等出经，非常审慎，后人随意翻译，难得正确。"五失本"是要求译文比较接近于汉文的规格，"三不易"是要求译人尽可能忠实于译事，在释道安指导下，直译法已达到止境。旧译经典，文句难懂，所谓"每至滞句，首尾隐没"，就是遇到难懂的文句，前后意义便不能贯穿。释道安为此费了"寻文比句"的功夫，前后比较，以求意义所在。他亲自校定的译本，自然比旧译有所改善，可是，释道安死后，在洛阳译经的释法和说：释道安所出经、律，凡一百多万字，都违失本旨，文不合实，原因是外国僧人汉语欠好，说话总嫌模糊。其实赵整、释道安主持译事，宣译人都精通汉语，所谓说话模糊，原因不在汉语欠好而在于直译。汉、梵语言，相隔甚远，强使汉语切合梵语，势必发生格碍。要纠正这个弊病，只能放弃直译法，改用意译法。

意 译 派

龟兹国人鸠摩罗什，父天竺人，母龟兹人，七岁出家学小乘经，十二岁以后，改学大乘经，游历诸国，访求名师，博学多闻，幼年便成西域诸佛教国公认的大师。三八四年，苻坚遣大将吕光灭龟兹国，鸠摩罗什时年四十一岁，随吕光军东来。三八五年，吕光据凉州立后凉国。鸠摩罗什留凉州十七年，学汉语言文字。四○一年，后秦姚兴灭后凉，迎鸠摩罗什到长安，尊为国师，使在国立译场逍遥园大兴译事。

鸠摩罗什本身具备着佛学精湛、擅长汉文两个基本条件，又得姚兴的尊信和释道安门下众多名僧的辅助，在他主持下的佛经翻译事业，大大前进了一步。鸠摩罗什是在"五失本"、"三不易"的意义上创立意译派的，与支谦、康僧会那种放弃信实原则的意译性质不同。他深知翻译事业的艰难，与僧叡(同睿ruì)论西方辞体时说，天竺辞体华美，佛经中偈颂，都是合音乐的歌辞。但译梵为汉，美处全失，虽保存大意，辞体却很不相类，好比嚼饭给别人吃，不只是无味，乃是使人呕吐恶心。他对译事有这样的理解，因此，在长安十余年专力翻译，务求精切，以补救翻译的根本弱点。他临死时

94

发誓说，如果译文不失大义，死后焚身，舌不坏烂。可见他译经的态度非常忠实和严谨。

鸠摩罗什译经，手执梵本，口宣汉言，宣出的义旨，要经过义证，就是要经过名僧数百人或二三千人的详细讨论，才写成初稿。译本用字也极为审慎，胡本（西域诸国文）有误，用梵本校正；汉言有疑，用训诂定字。全书译成，还要经过总勘，就是要复校全书，确实首尾通畅，才作为定本。鸠摩罗什译出诸经及诸论凡三百余卷，一说译出三十五部，二百九十四卷。《晋书·载记》说"今之新经，皆罗什所译"（罗什以前译本，称旧经或古经）。后世流通的经典，大抵是东晋以后和隋、唐译本，鸠摩罗什创意译派，对中国佛教文化的贡献是巨大的。

自鸠摩罗什创意译派，译经事业达到成熟阶段。继起的著名译家，遵循成规，益求精进，到隋、唐，译事的成熟程度和译场的精密组织都达到高峰。

鸠摩罗什以后，东晋和南北朝著名译家有：

晋法显——三九九年，法显为求戒律，自长安出发，经西域至中天竺，又至师子国，收集大批戒律。附商船归国，四一二年，到青州（治益都，山东益都县）。四一三年，到建康。法显译出戒律七部，又叙述游历三十余国的行程和见闻，成《佛国记》一卷。

宋求那跋陀罗——中天竺人。四三五年，自海路到广州。宋文帝遣使官迎至建康，在建康、荆州两地，译出经典一百余卷。

梁、陈时真谛——扶南国人。在广州、建康等地译出经论二百余卷，开法相唯识学的门径。真谛带来大量经本，译出的只是很小一部分。

北凉昙无谶——中天竺人。沮渠蒙逊兴佛教，四二一年前后，昙无谶在北凉译出大乘经十一部。

北朝菩提流支——北天竺人。菩提流支译出经论三十九部，一百二十七卷，被称为"译经之元匠"。

以上列诸人为代表的众多译家，所在地南北不同，所译经流派不同，但在翻译体制上采用意译法却是一致的，鸠摩罗什创始的功绩于此可见。隋时释彦琮作《辩正论》，主张译经必须依据梵本，说梵本虽然也有错误，但比西域诸国所传本还是可靠些（"语梵虽讹，比胡犹别"）。他推崇释道安"五失本"、"三不易"的见解，认为"洞入幽微，能究深隐"。《辩正论》批评译人得失，总结翻译经验，提出"八备"，就是说，具备下列八个条件，才能做好翻译工作。八备是：

（一）诚心爱佛法，立志帮助别人，不怕费时长久（"诚心爱法，志愿益人，不惮久时"）。

（二）品行端正，忠实可信，不惹旁人讥疑（"将践觉场，先牢戒足，不染讥恶"）。

（三）博览经典，通达义旨，不存在暗昧疑难的问题（"筌晓三藏，义贯两乘，不苦暗滞"）。

（四）涉猎中国经史，兼擅文学，不要过于疏拙（"旁

96

涉坟史,工缀典词,不过鲁拙")。

(五)度量宽和,虚心求益,不可武断固执("襟抱平恕,器量虚融,不好专执")。

(六)深爱道术,淡于名利,不想出风头("耽于道术,澹于名利,不欲高炫")。

(七)精通梵文,熟习正确的翻译法,不失梵本所载的义理("要识梵言,乃闲正译,不坠彼学")。

(八)兼通中国训诂之学,不使译本文字欠准确("薄阅苍雅,粗谙篆隶,不昧此文")。

释彦琮擅长梵文,自称为通梵沙门,住京师大兴善寺,掌管翻译,前后译经二十三部,一百余卷,被称为翻经大德彦琮法师。《辩正论》所指八备,确是经验的总括,并非出于苛求,也说明作为一个胜任的翻译家,如何难能而可贵。

乙 道 教

尽管道教在争地位高低时反对佛教,但统治阶级对宗教信仰,基本上是采取调和态度的,不仅道、佛两个宗教可以调和,而且宗教与儒学也可以调和。南朝著名道士陶弘景不赞成梁武帝重佛轻道,在所作《茅山长沙馆碑》里却说"百法纷凑,无越三教之境",意思是三教都有理,不必互相排斥。南齐名士张融遗嘱,要家人给他左手拿《孝经》、《老子》,右手拿《小品法华经》。陶弘景受佛教五大戒,遗嘱要尸体著道士冠服,上面覆盖大袈裟；明器有车马（汉人旧俗）；道人（僧）、道士都在门中作法事，道人在左边，道士在右边。他们要求的饰终仪式，正反映对三教的调和思想。隋文帝依据这种传统思想，表示三教并重，实际是重佛轻道尤轻儒。隋炀帝居东、西两都或出游，总有僧、尼、道士、女官（女冠，女道士）随从，称为四道场。他想从道士得到长生药，令道士潘诞炼金丹，六年不成。他责问潘诞。潘诞说，要有童男女胆汁骨髓各三斛六斗，可以炼成。他听了发怒，杀潘诞。隋炀帝是暴君，妖道比暴君更凶暴，信道教求长生，自然会遇到这些妖道。

丙 儒 学

《隋书·儒林传》论儒学的衰落，说，汉魏大儒多清通，近世巨儒必鄙俗。原因是"古（指汉、魏）之学者，禄在其中；今之学者，困于贫贱。明达之人，志识之士，安肯滞（保守）于所习（儒学）以求贫贱者哉。此所以儒罕通人，学多鄙俗者也。"《儒林传》所谓今之学者，困于贫贱，是指南北朝以来儒学的一般情形，隋朝尤为突出。南北朝儒学流派不同，说经各有义例。开皇初年，隋文帝曾令国子学保荐学生四五百人，考试经义，准备选取一些人做官。应考诸生所据经说，有南有北，博士无法评定高低，好久不得解决。此后，大概不再举行考试，儒生的出路几乎断绝。到唐初，朝廷制定《五经正义》，南北经说才归统一，儒生算是又有了一条明经科的出路。

隋朝最著名的儒生只有刘焯、刘炫二人。刘炫乘隋文帝购求书籍的机会，伪造书百余卷，题名为《连山易》、《鲁史记》等，骗取赏物。刘焯也因计较束脩，声名不佳。《儒林传》所谓巨儒必鄙俗，二刘就是那些巨儒的代表人物。

三教中儒地位最低，到隋文帝晚年，儒和佛、道相差愈远。六〇〇年，隋文帝严禁毁坏偷盗佛、道两教的神像，表示对两教的崇敬。六〇一年，隋文帝借口学校生徒多而不精，下诏书废除京师和郡县的大小学校，只保存京师国子学（不久，改称为太学）一处，学生名额限七十人。刘炫上书切谏，隋文帝不听。就在下诏书的一天，颁舍利于诸州，前后营造寺塔五千余所。这样公开助佛反儒，自然要引起儒生的反感。隋炀帝恢复学校，但并不改善儒生的地位。隋末，刘炫门下生徒很多参加农民起义军（刘炫河间人，窦建德在河间一带活动，儒生当是参加窦建德军），足以说明儒生与朝廷的关系。隋文帝晚年助佛教反儒学，比起南北朝君主助一个宗教反别一个宗教来，得到的结果更坏。这给唐朝提供了新经验，知道三教都是为封建统治阶级服务的工具，同时并存，各有它的用处，想反掉任何一个都对朝廷不利。

二 文学、史学

南北文风不同，南朝文学讲究声律和彩色，北方文学讲究质朴切实用。北魏末年，南朝文学已在北方流行，历齐、周到隋，大批南朝文士迁移到北方，以南朝文学为标准，统一了整个文学部门。五八四年，隋文帝下诏书，要"天下公私文翰，并宜实录"。一个州刺史因表文华艳，被革官治罪。李谔上书请正文体，说州县选取吏职，保举人才，只凭所作诗文是否美丽，不管道德和儒学，这都是从江南传来的弊俗，必须严令禁止。隋文帝、李谔想提倡北方文风来阻遏南朝文学的潮流是不能有效的，到隋炀帝时，设进士科，朝廷也凭文才秀美来取士，诗赋成为正式的利禄之路。

隋炀帝醉心于南朝的豪华，"三幸江都"，"好为吴语"。"贵于清绮"、"宜于咏歌"的南朝文学，正合他的口味。隋炀帝是一个文学家，每作诗文，都要南朝名士庾自直评议，修改再三，才发表出来，可见他是南朝文学有力的提倡者。隋朝南北著名文士，总数不过十余人，其中并无特出的作者。这是因为南朝新体文学（主要是律诗）的创造时期在梁朝，陈因袭梁文体，缺乏创造性，隋又因袭陈文体，更着重在模拟。除了隋炀帝的《江都宫乐歌》，是完成律体诗中七律一体的创作，余人所作诗文，无非是梁、陈的余波，说不上有什么新成就。

河南安阳出土隋乐俑

隋炀帝提倡的作用，在于确定南朝文学的正统地位，使唐文学顺着这个潮流得到大发展。

杜正藏著《文章体式》一书，有助于学习南朝文学，大为后进文士所宝贵，号为"文轨"。高丽、百济也学习杜书，称为《杜家新书》。南朝文学流行在北方，也流行到外国，影响甚大。凡是新事物都有不可阻遏的发展前途，南朝新体文学正是这样的一个新事物。

五九三年，隋文帝禁止民间私撰国史，评论人物。《史记》以下，史书都由私家撰述，凡是能够传世的，质量总比较优良。但也有短处，就是私家受条件限制，不容易利用史官所藏典章制度，撰述志书。只有纪传没有志书，不能说是完整的国史。隋文帝禁止私史以后，历朝国史都改为官修。官修史固然难免考订较疏，隐讳较多等弊病，但也有长处。从唐朝起，朝廷照例立史馆为前朝修史。史馆有大臣任监修，所选史官都是一时名手，搜集参考文书也较便利，因此官修史能够保证完成，并按各种应有的体例保存大量史料。如果说，西汉以后修史是私人自发的事业，那末，隋以后成为朝廷有组织的事业了。

三　几门有成绩的学问

有关学术的若干部门，因南北统一，得以推进一步。音韵学、目录学的成就尤为卓越，与南北朝相比，隋朝显然进入了较高的阶段。

音　韵　学

音韵学开始于东汉末年，当时某些儒生受梵文拼音学理的启示，创反切法来注字音。孙炎作《尔雅音义》，用反切注音，一般认孙炎为反切的创始人。此后愈益流行，双声叠韵的研究也随着前进。三国时魏李登作《声类》十卷，分众字为宫、商、角、徵、羽五声，不分立韵部。西晋吕静作《韵集》五卷，按宫、商、角、徵、羽分卷，始立韵部。东晋以后，南北文士（主要是南朝文士）由于文学上应用声律，深研音韵之学，属于这一类的著作，自《声类》、《韵集》以下多至数十种，其中周颙《四声切韵》、沈约《四声谱》最为著称。《颜氏家训·音辞篇》所说"音韵锋出"，就是指这一类著作。《音辞篇》说："这些音韵书，都杂有土音，各是其是，互相非笑，莫衷一是。应该用帝王都邑地的语言参校地方语言，再考核古今语言的变迁，订定标准语言，来保存正音，排除土音。南方的金陵，北方的洛阳，语音比较近正，也各有缺点。南方语音清切，但病在浮浅，辞多鄙俗；北方语音质直，辞多古语，但病在重浊。大抵南方语言士大夫说得好（南方士大夫的祖先，西晋末从洛阳一带迁去），北方语言普通民众说得好。如果南方士大夫和民众互换服装，听他们说几句话就可以分别出来，隔着墙听北方士大夫和民众讲话，听一天也难得分清。还有一种弊病，就是南方语言夹杂吴、越土音，北方语言夹杂非汉族人语言。"颜之推非常重视正音，他说，"我家儿女，从幼年起，便教他们学正确的语音，说错一个字，是我的责任。一事一物，该怎样说，不经过查考，我不敢随意说。"颜之推出身南方士族，又久居北方，精研南北古今语音的得失，对校正语音，采取如此认真的态度，他在音韵学上能够作出重大的贡献，是可以理解的。

隋文帝开皇初年，颜之推、萧该、刘臻、魏渊等八人和陆词（字法言）讨论音韵学，大家都认为四方声调分歧很大，"吴、楚则时伤轻浅，燕、赵则多伤重浊，秦、陇则去声为入，梁、益则平声似去"，吕静以下诸家韵书，定韵缺乏标准，各有错误。南方文士用韵与北方又有不同。陆法言等商量南北的是非，古今的同异，多数由颜之推、萧该作决定。陆法言记录诸人议论的要旨，再经本人多年的斟酌，六〇一年，制成《切韵》五卷。长孙讷言说"此制酌古沿今，无以加也。"这句话可以作《切韵》的定评。

《切韵》是综合古今南北多种语音、吸收前人韵书所有长处的一部巨著。自从《切韵》行世，前人所作韵书陆续亡佚，后人无论考古音、作诗文，必须奉《切韵》为典范。唐孙愐（音免 miǎn）的《唐韵》，北宋陈彭年的《广韵》以及其他韵书，都是源出于《切韵》而有所因革。《广韵》后出，比《切韵》《唐韵》更加精密，因而代替了

《切韵》和《唐韵》，但《切韵》为音韵学奠定基础的功绩是不可磨灭的。

在秦朝，小篆统一了文字的形体，在隋朝，《切韵》统一了书面的声韵，对国家的统一事业，都是一种重大的贡献。汉族文字语言在历史上曾经经历过两次大进步，到现时，正在准备实现第三次大进步。那就是积极推行普通话和逐渐完成文字的改革工作，这对统一事

敦煌唐写本
《切韵》残页

业的贡献，当然将以不可比拟的高度，超越历史上的两次大进步。

目　录　学

西汉以后书籍分类，基本上有七分和四分两种分类法。《隋书·经籍志》采用四分法，分群书为经、史、子、集四大类，直到清朝撰《四库全书总目提要》，体例相沿不变。

六分法——西汉刘歆作《七略》，分群书为《六艺》、《诸子》、《诗赋》、《兵书》、《术数》、《方技》六略（类），另一略称为《辑略》，是六略的总叙和总目，列在六略的前面。东汉班固依据《七略》作《汉书·艺文志》，也分群书为六略，共有书三万三千九十卷。

四分法——三国时魏郑默撰《中经》。西晋荀勖（音序 xù）依据《中经》更撰《新簿》，分群书为四部：（一）甲部（六艺及小学诸书）；（二）乙部（古诸子家、近世子家、兵书、兵家、术数）；（三）丙部（史记、旧事、皇览簿、杂事）；（四）丁部（诗赋、图赞、汲冢书）。四部共有书二万九千九百四十五卷。又附有佛经书簿，不在四部之内。

南朝，宋谢灵运撰《四部目录》，共有书六万四千五百八十二卷。

南朝，齐王亮、谢朏（音斐 fěi）撰《四部书目》，共有书一万八千一十卷。

梁任昉、殷钧撰《四部书目录》。梁武帝聚书文德殿，凡二万三千一百六卷，令刘孝标撰《文德殿四部目录》，又令祖暅（音宣 xuān）别撰《术数书目录》，统称为《五部目录》。

七分法——宋王俭撰《七志》：（一）《经典志》（六艺、小学、史记、杂传）；（二）《诸子志》（古今诸子）；（三）《文翰志》（诗赋）；（四）《军书志》（兵书）；（五）《阴阳志》（阴阳图纬）；（六）《术艺志》（方技）；（七）《图谱志》（地域及图书）。另附道、佛两教书，连《七志》共合九条。

梁阮孝绪撰《七录》：（一）《经典录》（六艺）；（二）《记传录》（史传）；（三）《子兵录》（子书、兵书）；（四）《文集录》（诗赋）；（五）《技术录》（术数）；（六）《佛录》；（七）《道录》。

西汉史书有限，可以附见《六艺略》（如《太史公》百三十篇入《春秋》）。战国以来，兵书、术数、方技三类多有专家著述，篇数不少，自立一略，也还符合实情。《七略·艺文志》分群书为六大类，在当时是适宜的。东汉以后，史书数量大增，兵书、术数、方技和西汉以前对比，兵书少有新著，旧著又多亡佚，术数方技书多是鄙悖浅说，不值得纪录。《新簿》分群书为四部，使史书独立成丙部，术数（包括方技）归并在乙部，从实际应用来看，四分法显然比六分法合用。西晋时佛教译书不过千卷，佛徒还没有撰造专门目录，《新簿》使佛书附见在四部的后面，不失为一种适时的处置。《七志》拘泥于

《七略》的七字，勉强凑成七大类，史书已自成大类，又勉强并入《经典志》，可谓太不知变通。佛经目录自东晋释道安撰《综理众经目录》，此后僧徒相继撰造，僧叡有《二秦众经目录》，竺道祖有《众经录》。《众经录》分魏、吴、晋、河西四录，尤为详备。道经目录宋文帝时有道士陆修静撰造《灵宝经目》。陆修静答宋明帝说，"道家经书并药方、咒、符、图等，总二千二百二十八卷，一千九百十卷已行于世，一百三十八卷犹隐在天宫"。王俭比竺道祖后数十年，与陆修静是同时人。新出佛经要补的不多，道经无须补，《七志》外附道、佛二条是多余的。以后佛徒撰造佛经目录，有未详作者（当是宋时人）的《众经别录》，有释僧祐（齐、梁时人）的《出三藏记集》，有释宝唱的《梁世众经目录》，其中《出三藏记集》尤为精善。七录正式列佛、道为两录，又沿袭祖暅所撰术数部保存《技术》一录，凑成七的数目，实在是无义可取。删去这多余的三录，剩下经、史、子、集四录，恰恰与荀勖的四部相合。《隋书·经籍志》说《七录》"分部题目，颇有次序"，就是指《七录》经史顺列，比《新簿》乙丙倒置，显得较合于汉族传统学术的发展途径。自荀勖分四部，阮孝绪定次序，《隋书·经籍志》才确定经、史、子、集的分类法。

周武帝积累书籍满一万卷，灭齐得新书五千卷。五八三年，隋文帝采纳牛弘的建议，访求遗书，每书一卷，赏绢一匹，校写完毕，原书归还本主，因此搜得不少

108

异书。灭陈又得一批江南图书。分散的书籍，集中在朝廷，共有书三万七千余卷，合重复本共有八万卷。隋文帝使人总集编次，称为古本。选工书之士，补续残缺，写出副本，与正本同藏宫中。隋炀帝写副本，藏在东都观文殿东西厢。东厢藏甲乙，西厢藏丙丁。殿后起二台，东为妙楷台，藏魏以来书家手迹；西为宝台，藏古画。又在内道场集佛、道经。隋文帝时，佛经已有法经等所撰《大隋众经目录》，费长房所撰《历代三宝记》，释彦琮所撰《隋仁寿年内典录》。隋炀帝时，内道场僧人智果撰《众经目录》，道士撰《道经目录》。隋收集南、北两朝所有书籍，统一编目，唐魏征撰《隋书·经籍志》，依据隋观文殿书目（当即《隋书·经籍志·史部·簿录篇》所记《隋大业正御书目录》九卷），略有删补，与班固依据《七略》撰《汉书·艺文志》同一事例。《汉书·艺文志》是秦、汉以前著述的总录，《隋书·经籍志》是隋以前著述的总录，在目录学上，汉、隋两志都有重大的贡献。

天 文 历 数 学

北魏末年，张子信避葛荣兵乱，隐居海岛，用圆仪测天，历三十年，始悟日行有盈缩（快慢）。冬至前后，地距日最近，行最快，看来好象日行最快。夏至前后，地距日最远，行最慢，看来好象日行最慢。初步发现了日行盈缩的规律。名儒刘焯始立盈缩躔差法。六〇〇年,刘焯造《皇极历》,推日行盈缩,黄道月道损益,日月食多少及所在所起,都比以前诸历精密。定朔法、定气法也是刘焯的创见。《皇极历》被排斥不得施行,但对天文历数学提供了新成就。唐高宗时,李淳风依据《皇极历》造《麟德历》,被推为古代名历之一。

耿询有巧思,隋文帝时,创意造浑天仪,用水转运,与天象密合。又作精巧刻漏,可在马上使用。

医 学

南朝士人重视医学,往往世代相传,名医辈出,许智藏就是为隋炀帝治病的南方著名世医。《隋书·经籍志·子部·医方类》有书二百五十六部,其中不少是南朝人的著作。译出天竺和西域的医方书,也有十余种。隋统一后,南北医师交往,医书流通,有利于医学的推进。

简 短 的 结 论

在黄河流域,自十六国以来,各族与汉族进行剧烈的痛苦的融合运动,到隋朝完成了这个运动,全社会都要求得到休息。在长江流域,自东晋以来,为抵御北方落后族的南侵而建立起来的汉族政权,到隋朝失去了存在的意义,民众不再支持腐朽的陈政权。隋文帝在这种形势下，顺利地建立起统一南北的隋朝。

在黄河流域，因融合运动的逐步完成，经济上的破坏也逐渐减轻而转向恢复。在长江流域，经过将近三百年的开发，经济上升到黄河流域的水平，并且还在继续上升。隋文帝统一两大流域，凭借广大的经济基地，建立起繁荣程度超过两汉的隋朝。

秦和隋都是结束前一个历史阶段，开始一个新历史阶段的重要朝代。它们创立的制度，都对以后的朝代主要是对本历史阶段内的各朝代有严重影响。

隋文帝是历史上少有的节俭皇帝。因为节俭，剥削比较减轻，民众得以安居从事生产，开皇年间，户口和财产都有巨大的增进。隋炀帝置兴洛、回洛两大仓，正说明隋文帝时财富的积累何等雄厚。

隋炀帝是历史上少有的奢侈皇帝。因为奢侈，民众被剥削到无法生存的地步。民众只有起义推翻隋统治，才能找到生路。

隋末农民起义的规模非常巨大，可是缺少胜任的起义领袖。起义付出极大的代价，严重地打击了隋统治，但起义的果实，不得不归于北周旧贵族李渊所建立的唐朝。起义农民是推倒旧政权的根本力量，但必须再加上领导的力量，才有可能取得起义的胜利。这个领导力量首先要有推倒旧政权的决心，高举起义的旗帜，表现出鲜明的行动方向。更重要的是要广大民众认为（自然是毫不明确地认为）它是统一与安宁的希望所寄托的政权。要做到这一点，必须政治上军事上有不少措施，足以造成形势，收揽人心。李密、窦建德起初是农民领袖，后来起义旗帜愈举愈低，不可能获得胜利。唐朝廷虽然是贵族官僚集团，但人们认为它是未来的统一者，各州郡纷纷向它降服，它的文武官员很少投降别人，正好说明唐朝君臣有取得最后胜利的信心。农民起义军既然缺乏足以取胜的领导人，而唐朝恰恰具备着取胜的条件，隋末农民大起义的果实归于唐朝，是完全合理的，必然的，可以理解的。

隋朝政治上的统一，使得文化上也南北合流，作出新的成就。陆法言《切韵》，《隋书·经籍志》，都是极有价值的著述。

统治阶级提倡宗教，本意是麻醉民众，但自己也往往被麻醉，受宗教的毒害。隋文帝幼年寄养在尼智仙的尼寺里，十三岁才还家。周武帝灭佛，智仙隐藏在杨家，预言隋文帝日后会做皇帝，重兴佛法。隋文帝深信自己得佛保佑，对群臣宣称"我兴由佛法"。他大力提倡佛教，晚年甚至排斥儒学，为石虎、梁武帝、齐文宣帝等崇佛君主之所不敢为，佛教在短期间内竟成为国教。佛教原有向极盛阶段发展的趋势，经这一提倡，从隋朝起，佛教开始了极盛阶段。

第 二 章

封建经济繁荣疆域大
扩张时期——唐

——六一八年——九〇七年

第一节 唐前期的政治概况

——六一八年——七四一年

唐是繁荣强大的朝代,自兴盛以至衰亡,经历二百
九十年。在这个长时期里,就统治阶级内部主要矛盾
的存在和变化来看,大体上可分为三个阶段。唐前期自
六一八年(唐高祖武德元年)至七四一年(唐玄宗开元
二十九年)凡一百二十四年,其间主要矛盾是中央统治
集团内部腐朽倾向和进步倾向的矛盾, 由于进步倾向
起着主导的作用, 因而保持长期的强盛状态。唐中期
自七四二年(唐玄宗天宝元年)至八二〇年(唐宪宗元
和十五年)凡七十九年,其间主要矛盾是中央集权势力
和地方割据势力的矛盾,由于斗争的结果,中央集权势
力取得相对的胜利, 因而基本上还能够保持国家的统

一。唐后期自八二一年（唐穆宗长庆元年）至九〇七年（唐昭宣帝天祐四年）凡八十七年，其间主要矛盾是中央统治集团内部宦官势力和士族势力的矛盾，由于宦官势力占优势，中央集权势力愈趋于衰弱，又由于黄巢所率农民起义军被击败，地方割据势力成为唯一的力量，唐朝就此灭亡，中国又出现五代十国的大分裂局面。

唐朝前期，腐朽倾向的代表者：唐高祖执政九年，唐高宗实际执政十一年，唐中宗、唐睿宗执政共八年。他们执政的时间短促，在还没有造成祸乱以前，政权已经转移到进步倾向的代表者手中。这些进步倾向的代表者执政时间久长，唐太宗有二十三年，武则天有四十五年（自六六〇年唐高宗显庆五年代唐高宗处理国政时起算），唐玄宗有二十九年（开元）。劳动民众需要国家的统一与和平，这三个皇帝，高度掌握中央集权的威力，在执政期间，政治比较清明，社会比较安静，劳动民众得以逐渐恢复和发展生产力，补救隋炀帝大破坏的创伤，并且超越隋文帝开皇年间的繁荣景象。他们的行事，大体上符合广大民众的愿望，特别是唐太宗，为统一与和平奠定了巩固的基础，无疑是历史上少有的卓越人物。

进步倾向代替腐朽倾向，在唐朝前期相继发生过三次。下面分次叙述两种倾向的政治表现。

第一次　唐高祖（六一八年——六二六年）
　　　　唐太宗（六二七年——六四九年）

　　唐高祖爱好酒色，昏庸无能，只是凭借周、隋大贵族的身分，六一六年，得为太原留守。他起兵取关中，建立唐朝，主要依靠唐太宗的谋略和战功，他本人并无创业的才干，连做个守成的中等君主也是不成的。任太原留守时，和隋晋阳宫副监裴寂非常亲密。裴寂是佞人，私送宫女给他，和他通昼夜赌博饮酒。他过着荒淫生活，根本不理会太原城外的战事，当然更不曾想要反隋自做皇帝。唐太宗和晋阳令刘文静积极准备起兵，通过裴寂去劝说。起兵以后，裴寂又送宫女五百人。作为行军统帅，居然收受这批宫女，他的昏谬可以想见。他登上了帝位，认为裴寂功劳最大，予以最高的信任，真正有功的刘文静，却被疑忌，后来借谋反罪名杀刘文静。用佞人，忌功臣，就是他治国的方针。同样，在帝位继承上，也是实行这个方针。他立长子李建成为太子，李建成爱好酒色畋猎，亲近赌徒恶霸，同他一样是个纨袴无赖子。他的第四子李元吉，尤其凶险。李建成、李元吉勾结宫中宠妃们，协力谋害唐太宗。他同意李建成等人的丑恶行为，可是当时战争还没有停息，不便作最后的表示。《通鉴》说"上（唐高祖）每有寇盗，辄命世民讨之，事平之后，猜嫌益甚"。显然，他是憎恶唐太宗，想传帝位给李建成的。

　　到了六二六年，唐朝统一的事业已经完成，李建成、李元吉活动愈益加紧，甚至用毒酒谋害唐太宗。唐高祖也将作最后的表示，苦于还没有找到加罪的借口。这时候唐朝的前途十分危险。唐太宗杀李建成、李元吉，对本身说来是必要的自卫，对国家说来是有利于大局的行动。

　　唐太宗杀了李建成、李元吉，唐高祖无奈，只好让位，自称太上皇。他的宠臣裴寂等一伙佞人都失去实权。唐太宗斥责裴寂说，武德年间，货赂公行，纪纲紊乱，都是你当权的缘故。不言而喻，自然还是唐高祖昏庸的缘故。

　　唐太宗登帝位，唐朝才开始盛大起来。

　　隋朝是唐太宗的一面宝鉴。隋朝的盛衰兴亡，给他深刻的印象。特别是农民大起义，使这个出身大贵族的雄豪子弟，不得不在事实前面，认识了劳动民众的巨大威力。得罪了民众，就象隋炀帝那样集全部权力于一身的皇帝，也难逃亡国杀身的后果。他认识到要巩固自己的统治权，就必须不得罪民众，这是他取得贞观之治的根本原因，也是被称为英明的封建皇帝的根本原因。

　　唐太宗对朝臣们说，"人君依靠国家，国家依靠民众，刻剥民众来奉养人君，好比割身上的肉来充腹，腹饱了身也就毙命，君富了国也就灭亡。所以人君的灾

116

祸，不是从外面来，总是由自己造成的。大抵人君嗜欲太盛就要多费财物，多费财物就要加重赋税，加重赋税民众就要愁苦，民众愁苦国家就要危殆，国危了人君那得不丧亡。我经常想这个道理，所以不敢纵欲。"又说，"我在朝廷上，要说一句话，总得思考再三，怕说错了害民，因此不敢多说话。"晚年立子李治（唐高宗）为太子，随事训诲，如见太子吃饭，说，"你知道耕种的艰难，你

山西太原唐太宗撰书晋祠铭碑（部分）

就常常有饭吃。"如见骑马，说"你知道马的劳逸，不用尽它的力气，你就常常能骑它。"如见乘船，说"水可以载船，也可以覆船，民众好比水，人君好比船。"一个封建统治者不可能超越这样的观点去认识民众，能够有这样的观点，也就是难得的封建统治者。他懂得人君与民众相互间的关系，在即位的初年，曾和朝臣们讨论如何治民。他说，"在大战乱以后，教化怕不容易见效。"魏征说，"不然。民众遭受战乱的痛苦，教化正容易见效。譬如给饥人做饭，给渴人饮水，是不很费力的事。"封德彝反对魏征，说，"三代以下，人心愈来愈浇薄，所以秦朝专用法律，汉朝杂用霸道，它们是想教化而不能，不是能教化而不想。"魏征驳斥说，"如果说古人淳朴，后世愈来愈浇薄，那末，浇薄到今天，人早化成鬼怪，还要什么人君来治理！"唐太宗赞同魏征的意见，定出"偃武修文，中国既安，四夷自服"的方针，专心从改善政治，使百姓安宁方面来着手。

六二六年，益州地方官奏称僚人反叛，请发兵进攻。他不许出兵，说，"僚人居深山，有时出来掠夺，相沿成习惯，不算反叛。地方官如果公平对待，自然相安无事，那可轻动干戈，杀害他们，难道他们不是我的民众么！"中国是汉族和少数族共有的中国，唐太宗对待各少数族较为持平，因此，境内各族间很少有战事，并且还有许多独立部落相率要求内附。

唐太宗采取缓和阶级矛盾及各族间矛盾的方法，

以求国内和平，取得了极大的效果。这个效果的取得，是和他的具体措施分不开的。主要的具体措施有两个：一个是纳谏，一个是用人。

纳　谏

纳谏的意思是倾听不同的意见，判断是非，择善而从，如果择非而从，那就不能叫做纳谏。在封建帝王中，唐太宗应是最善于纳谏的一人。他曾对大臣萧瑀说："我少年时就喜爱弓箭，得好弓十几张，自以为再不会有更好的弓。近来给弓工看，工说，都不是好弓。我问缘故。工说，木心不直，自然脉理都邪，弓固然硬，发箭却不能直。我才知道过去的鉴别不够精确。我用弓箭定天下，还不能真正懂得弓箭，何况天下的事务，我怎能都懂得。"他知道自己不是无所不知，无所不能，这就有纳谏的度量了。他问魏征，人君怎样才能明，怎样才是暗？魏征答"兼听则明，偏听则暗"。他很赞成这个见解。他告戒群臣说，"中书、门下都是执掌机要的机关，诏书敕令有不便行施的，他们都应该提出异议。现在只见他们顺从，不见反对。如果单做行文书的事，那末谁都会做，何必选拔人才来做这些机关的官。"朝廷本来有一种议事的制度，凡是军国大事，中书省各官员都得用本人名义提出主张，可以各执所见，不受限止，称为五花判事，中书省长官中书侍郎、中书令审核这些主张，再由门下省的给事中、黄门侍郎加以驳正，

119

最后奏请皇帝裁决。不过这个制度并没有切实执行。唐太宗申明制度，令各级官员负责实行，因此军国大事很少有错误。

唐太宗鼓励群臣犯颜直谏，魏征在谏臣中尤为特出。魏征敢于据理力争，即使引起唐太宗的盛怒，也还是神色不变，继续讲理。某次唐太宗退朝回宫中，发怒道，"总有一天杀死这个乡下佬！"长孙皇后问杀谁。他说，"魏征常常当众侮辱我。"长孙皇后道贺，说"魏征忠直，正因为陛下是明主。"他听了怒气才平下去。他出身大贵族，在战阵上又是奋击无前的猛将，性格非常雄豪，自然忍受不得魏征的直谏，可是他有一个最大的畏惧，就是怕亡国。魏征看准这一点，往往引隋事作例证，使他忍气接受谏诤。他曾对群臣说，"人家都说魏征态度粗暴，我看起来却觉得更加柔媚。"这是因为他知道魏征是帮助他避免亡国之祸的忠臣，谏诤愈益激切，正好证明爱朝廷的心情愈益真实。六四三年，魏征病死，唐太宗大哭，说"人用铜作镜，可以正衣冠，用史作镜，可以见兴亡，用人作镜，可以知得失。魏征死去，我丧失一面镜子了。"直谏较易，纳谏实难，唐太宗能纳谏，所以魏征等人敢直谏。

用　人

能否知人和能否用人，是判断人君贤愚的一个重要标准。唐太宗能知人，又能用人，是历史上少见的明君。他在即位时，对群臣申明用人的规矩。他说，"人君必须至公无私，才能服天下人的心。我和你们每天的衣食，都是从民众取得，所以设立官职，要为民众做事。应当选用贤才，不该按关系的亲疏、资格的新旧定官职的大小。如果疏人新人中有贤才，亲人旧人中有庸劣，怎末可以舍贤才取庸劣。现在我的秦府（唐太宗即帝位前封秦王）旧官属专凭关系和资格来较量官职，发出怨言，实在是不识政体。"他曾和魏征讨论用人，他说，"为事择官，不可粗率。用一好人，别的好人都来了；用一坏人，别的坏人都跟着进来。"魏征说，"这是对的。天下未定，主要用人的才干，顾不得德行；天下已定，那就必须才德兼备才可用。"他基本上遵守这个规矩来用人。他曾要大臣封德彝举荐贤才。封德彝说，"我不是不留心，只是当今没有奇才。"他驳斥说，"用人如用器，各取所长。古时有过太平世，难道那时候的贤才是从别一时代借来的么！你自己不能知人，那可妄说今世没有奇才。"他相信人才就在今世，随时留心，从新人疏人甚至敌人中得到了许多文武奇才。六四三年，唐太宗在凌烟阁画二十四功臣像，以这些功臣的来历作例证，可以知道他用人是比较不局限于一格的。

纳谏和用人是唐太宗取得政治成就的两个主要原因。他又利用当时的人才，对隋制度有因有革，建立起唐制度。下面略述一些重要的制度。

官制——唐初沿隋制，以尚书、中书（二省长官称令)、门下(长官称侍中)三省长官共议国政,行施宰相的职务。唐太宗曾作尚书令,以后不再授臣下,由仆射代任尚书省长官,与侍中、中书令同为宰相。三省长官品位崇高,不轻易授人,宰相却不可缺员。唐太宗特置参议得失、参知政事、参预朝政、同中书门下平章事、同中书门下三品等名号,职务都是宰相,不过作相的官员品位不高,进退较易,在使用上显得便利。自唐高宗以后,除了三师(太师、太傅、太保)三公(太尉、司徒、司空)中书令受命任宰相职以外,其余官员作宰相,都给同中书门下三品名号,或给同中书门下平章事名号(四品以下官作宰相,加平章事名号),成为定例。作三师、三公、中书令的人不是常有,得这些官位的人未必可作宰相,有同三品、平章事等名号,皇帝得在较多的官员中选相,用人权加强了。

科举——唐取士制度,大体沿袭隋制。士的来源主要是从学校来的生徒和从州县来的乡贡。学校分六种:国子学收高级官(文武三品以上)子孙,名额三百人。太学收中级官(五品以上)子孙,名额五百人。四门学收低级官(七品以上)的儿子和普通民家的聪明子弟,名额一千三百人。其中官家子五百人,民家子八百人。又有律学,名额五十人;书(写字)学、算学,名额各三十人。这三学学生收八品以下官家子和普通民家子。以上六学统称为国子监,设祭酒一人为监长。京都、都督府、州、县各设地方学校,学生名额最多八十人(京都），最少二十人（下等县）。此外又有门下省的弘文馆（名额三十人），东宫（太子宫）的崇文馆（名额二十人），专收皇帝、皇太后、皇后的亲属及宰相高级官的儿子。显然，这些学校是为贵族和官员子弟设立的，所谓民家子也无非是豪富家的子弟。地方学校招收生徒，大概也有资格的限制。看来，无论国子监（律、书、算三个专学除外）和地方学校，不会有较多的生徒肯用苦功。生徒入学年龄是十四岁至十九岁。学习的功课是大经（《礼记》、《春秋左氏传》）中经（《毛诗》、《周礼》、《仪礼》）小经（《周易》、《尚书》、《春秋公羊传》、《谷梁传》）和共同必修的《孝经》、《论语》。学习的年限是《孝经》、《论语》共一年，《尚书》、《公羊传》、《谷梁传》各一年半，《易》、《诗》、《周礼》、《仪礼》各二年，《礼记》、《左氏传》各三年。卒业的标准是通二经（大经小经各一种，或中经二种）、通三经（大经中经小经各一种）、通四经（大经二种，中经小经各一种）。学校的考试是读和讲。读，要求生徒熟记经文，博士（教师）掩蔽经书前后两边，中间只留一行，又用纸帖一行中的三个字，使生徒读出被帖的三个字。这种考试法，叫做帖经。六三〇年，唐太宗使颜师古考定"五经"（《周易》、《尚书》、《毛诗》、《礼记》、《左传》）经文。六三三年，颁行新定五经，自此经文有定本。讲，要求生徒通经义，博士口问经义若干条，生徒按条答复。唐太宗使祭酒孔颖达等撰《五经疏》，六四二年成书，称为《正义》。六五三年，唐高宗颁行《五经正义》于全国，自此经义有定准。学生考试及格，由国子监贡到尚书省，受吏部考试。

隋轻蔑儒学失士人心，唐高祖初即位，就设立京师和地方学校，收揽士人。唐太宗尤提倡儒学，对群臣说，"我只喜爱尧、舜、周、孔的道理，有了它，好比鸟有翼，鱼有水，失去就要死，不可暂时失去。"他召集天下名儒做学官，经常到国子监听讲学。生徒能通一大经以上都给官做。添筑学舍一千二百间，添加名额满二千二百六十员。各地学生相率来京师，高丽、百济、新罗以及高昌、吐蕃等国也派遣贵族子弟来入国学，生徒多至八千余人，学校可称极盛。用这种读和讲的方法，使学生只能记忆经文和《正义》，不再考求异说，比起南北朝，唐儒学可称极衰。

乡贡是在家自学的士人。学业有成，自向州县求举，经考试及格，由州贡到尚书省，受吏部考试。

学生和乡贡都受吏部考试（唐玄宗时改由礼部考试），科目有秀才、明经、俊士、进士、明法、明字、明算、一史、三史等，其中明经、进士两科，尤为重要，名臣多从这两科出身。明经主要考帖经，进士主要考诗赋。考试及格称为及第。诗赋固然是浮文，但比帖经，思想较为自由；又齐、梁、陈、隋以来，诗赋对文士有吸引力，已相沿成习，文士多愿应进士科，表现自己的才能，因此唐朝进士科特盛，名人多从进士科出身。及第人数，一般是进士百人中取一二，明经十人中取一二，难易悬

124

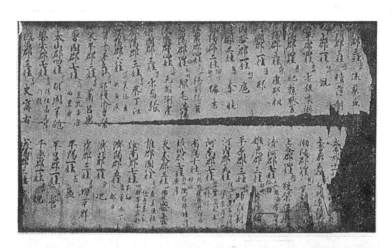

唐贞观《氏族志》残页

（敦煌石室写本）

殊，唐人有"三十老明经，五十少进士"的谚语，因此朝野都重进士、轻明经。

唐太宗以后，唐朝考试法常有一些修改，大抵应考的人愈来愈多，考试的方法也愈来愈苛，及第的困难也愈来愈增加。科举作为一种取士的制度，从隋朝开始，到唐太宗时才固定下来。

氏族——三国时，魏文帝立九品官人法，州有大中正，郡有中正，执掌用人权，从此形成把持政权的士族制度。东晋、南朝，特重家谱，朝廷设立谱局，用人必须查考谱籍。北方士人避乱过江，称为侨姓，其中王、谢、袁、萧为大姓；东南土著士族，称为吴姓，其中朱、张、顾、陆为大姓。北方山东士族称为郡姓，其中王、崔、卢、李、郑为大姓；关中也称郡姓，其中韦、裴、柳、薛、杨、杜为大姓。又有所谓虏（鲜卑）姓，其中元、长孙、宇文、于、陆、源、窦为大姓。以上诸大姓，有些是历世相沿的旧姓，有些是后代新起的大姓（如南方的萧，北方的宇文），也有原来是大姓，后世衰微不显，也有新起的大姓，不为士族社会所公认。士族门第大抵由祖先有声望、代代保持富贵、常有功臣名人、一家男女熟习礼教的形式和表现异于常人的风尚（如王、谢家子弟手执麈尾）、能谈论（儒、佛、玄）、有文章（诗赋）等各种因素构成的。既成以后，高门大姓在社会上保有一种特殊的威望，非士族或低级士族出身的富贵人，也会感到自卑，不敢和他们比门第。隋文帝废中正官，不承认士族

126

的社会地位，有意消灭魏、晋以来的士族制度。唐柳芳论氏族，说"隋代官人，以吏道治天下（吏部掌用人权），人（士人）之行不本乡党（不设州郡中正官），政烦于上，人乱于下……故亡"。隋朝亡国，当然与废中正官无关，但士族不满隋朝，也是事实。六二四年，唐高祖依照北周、北齐旧制，每州置大中正一人，以本州高门士人充任。大中正是名誉职，用人实权仍在吏部。这是对士族的让步，但不是恢复士族制度。

唐太宗想造成以唐宗室和大臣为主体的新士族集团，以便于李氏的长远统治。同时南方北方士族，山东、关中士族，汉、鲜卑士族，各有界限，也需要有一个统一的等第。他使高士廉等撰《氏族志》，收集全国士族家谱，依据史书，辨别真假，考正世系，推进忠贤，贬退奸逆，分清高低，定为上上至下下共九等。六三八年，书成，列崔民干为第一等（上之上），足见门第观念确是牢不可破。唐太宗很不以为然，说，"我和山东崔、卢、李、郑并无嫌怨，只因他们早已衰微，没有人得做大官，却还自负门第，嫁娶要多索钱财，弃廉忘耻，不知世人为什么看重他们。从前高齐只据河北，梁、陈偏在江南，虽然也有些人物，实在算不得什么，可是世俗相沿，至今还以崔、卢、王、谢为贵。我平定四海，天下一家，凡是在朝大官，或功业显著，或德行可称，或学术通博，所以擢用到三品以上。为什么要和那些衰落户结亲，多送钱帛还是被轻蔑，自讨没趣，难道你们看不起我的官爵么？"唐太宗令高士廉等修改，明白指示不得论数世以前，要凭现今官爵高低定等级。高士廉等经唐太宗斥责，才改定以皇族为第一等（上之上），外戚为第二等（上之中），崔民干仍列第三等（上之下）。崔民干当时作黄门侍郎，正四品上，是中级官员，按照唐太宗的原意，不该列第三等，由于皇族已列为第一等，唐太宗也就不再坚持了。《氏族志》共一百卷，二百九十三姓，一千六百五十一家。唐功臣很多不是士族出身，《氏族志》规定他们的等级，使取得士族地位。关中士族一向比不上山东士族，《氏族志》承认他们的门第，使和山东士族平列。南朝灭亡后，南方士族被北方士族轻视，《氏族志》恢复他们的旧声望，使正式列为士族。当时奉命修《氏族志》的四个人，高士廉是山东士族（勃海高氏），韦挺是关中士族，岑文本是南方士族，令狐德棻（音分 fēn）是河西士族。四人熟悉各地士族的门第，按照唐朝的新情况，重新排列，造成一个以宗室为首、功臣（包括外戚）和关中士族为重要辅佐，山东和南方士族为次等辅佐的新统治集团，这是符合唐朝以关中为根本，统一全中国的政治需要的。

唐太宗用心培植这个新集团，诸王和公主，都与当朝勋贵名臣家通婚，不取山东旧族。国子监各级学校按官品招收生徒。乡贡要经过州县官和当地耆艾（老搢绅）的承认，再由户部审阅，才送吏部考试，不是二百九十三姓的人，难得参加乡贡，更难得被录取及第。

128

《新唐书》特列宰相世系表，足见唐朝还是很重门望。不过，科举制度代替了士族制度，士人仕进不专凭门第高低；统一时期的全国氏族代替了分裂时期的小国士族，人才来源也比较宽广，因之唐朝用人，比起魏、晋南北朝来，算是有一些改进。

自唐高宗时起，《氏族志》有几次改动，但基本上不离以品位高低定等级的本意。

刑律——隋文帝定隋律，比之前朝，号称宽平。隋炀帝法令苛刻，民不堪命。唐高祖起兵，废除隋炀帝法令，大得民众的拥护。房玄龄等定《唐律》五百条，凡十二篇，分刑名为二十等（笞刑五等，十至五十；杖刑五等，六十至一百；徒刑五等，一年至三年；流刑三等，二千里至三千里；死刑二等，绞、斩），比隋律减斩刑九十二条，减流为徒七十一条，其余删烦除细，改重就轻，为数颇多，但大体上仍依据隋律。又定令一千五百九十余条。六三七年，唐太宗颁行《唐律》、《唐令》。唐高宗命长孙无忌等撰《唐律疏议》。今存《唐律疏议》三十卷，是中国古代流传下来的重要的律书。

地方行政单位——南北朝地方行政单位有州、郡、县三级，隋文帝改为州、县两级，隋炀帝改州称郡。唐高祖即帝位，首先下令改郡为州，改太守为刺史，表示恢复开皇旧制。隋末群雄割据，各拥大小土地，唐兴，相率来降。唐高祖多立州县名目来安置这些割据者。州县数比隋多一倍。六二七年，唐太宗以民少官多，大加并省；又按山河形势，分全国为关内、河南、河东、河北、山南、陇右、淮南、江南、剑南、岭南共十道。每道不设长官，有时派遣大臣为黜陟大使，分巡诸道。贞观时期对外扩张，六四○年，全国共有州、府（都督府和京兆、河南两府）三百六十，县一千五百五十七。七三三年，唐玄宗添京畿（西京）都畿（东都）黔中三道，又分山南为山南东道、山南西道，江南为江南东道、江南西道，共十五道。每道设采访使一员，职权如汉朝的州刺史。唐地方官制自唐太宗时开始固定，此后只是在这个体制上有些变动。

府兵——府兵是周、隋旧制，唐府兵大体沿袭隋制。唐太宗分全国为十道，共置府六百三十四，其中关内一道有府二百六十一（府数据《新唐书·兵志》说）。关内外诸府统归中央十二卫统率，一小部分归东宫六率统率。府分三等，上府兵一千二百人，中府兵一千人，下府兵八百人。统兵官每府设折冲都尉一人，左、右果毅都尉各一人。三百人为一团，团有校尉；五十人为队，队有正；十人为火，火有长。民年二十服兵役，六十免役。兵士自备甲仗粮食和衣装，存入官库，行军时领取应用。兵士应征入府服兵役，兵部按路程远近给番。据《唐六典》说，五百里内五番，五百里外七番，一千里外八番，各一月上（一次服兵役一个月）。二千里外九番，倍其月上（一次服兵役两个月）。《新唐书·兵志》说，五百里为五番，千里七番，一千五百里八番，二千里十番，二千里以外为十二番，皆一月上。以上两说，姑不论何说近似，给番的本意，在于各地合兵役年龄的男丁，距离京师及府所在地愈近，入府当兵的次数愈多，距离愈远，次数愈少，这是两说一致的。

十二卫和边防重镇需要精壮和可信赖的兵士。十二卫是皇帝的禁军（卫兵），兵士从各卫所辖各府中抽调。边防重镇需要较大的兵力，本地兵力不足，也要从各府抽调兵士。兵部给番就是指抽调的兵士说的。假如一个府平均有兵一千，其中百分之二十是有抽调资格的人，五番即五个月内轮流抽调这二百人，即每月抽出四十人，也就是一千人中每月有四十人脱离生产，到十二卫或边镇去当兵。七番即七个月内轮流抽调这二百人，即每月抽出二十八九人；十二番即十二个月内每月抽出十六七人。这样的抽兵法，对生产的影响不大，又有全国保卫朝廷和防守边镇的意义，民众服兵役的劳苦也比较均平，所以在贞观时期，府兵制是一种好的兵制。

府兵制的缺点在于国家出动大兵力时，调集须较多时日，超过役期要免租调，也减少国家的收入。兵士出征，荒废农事，损失尤大。因此，募兵制常作为一种临时措施，补府兵制的不足。六四四年，唐太宗出兵攻高丽，曾用募兵制，对群臣说，"我募兵，募十得百，募百得千。"当时水陆两军，总数在十万人以上，其中很多是募兵，名将薛仁贵就是这次应募从军的一人。募兵比

陕西西安出土唐铠甲骑士俑

府兵容易集合成军，到后来，募兵制终究代替了府兵制。

唐朝重要制度，都在贞观时期制定。这些制度基本上沿袭隋制，但也有所修改，使更适合于当时统治上的需要。唐太宗在隋制以外，曾自创一种宗室勋贵世袭州刺史的反动制度。他令群臣议封建诸侯，魏征等都说封建害民，不如州县制有利。唐太宗不听。六三一年，决定实行世袭刺史制。六三七年，令皇弟、皇子二十一人所任州刺史，都由子孙世袭，又令功臣长孙无忌等十四人为世袭州刺史。谏官多上书谏阻，以为非久安之道；长孙无忌等也不愿出京作刺史。六三九年，唐太宗只好下诏停止世袭刺史制，对长孙无忌等说，"我原想你们的子孙辅助我的子孙，共同保有土地，永久传下去；你们既然不愿意，我也不能勉强你们了。"

贞观时期确实做到"中国既安，四夷自服"，文治和武功都达到空前的盛况，唐太宗也就成为空前成功的皇帝。由于功业的巨大成就，他的骄矜心和享乐心逐渐在滋长，不过，他始终不敢放弃隋朝这面镜子，经常以"慎终如始"警戒自己，除了晚年侵高丽，几乎走隋炀帝的旧路，其余行动一般都取得胜利的后果。他曾问侍臣们说，"古代帝王有的能平定境内，却不能服境外戎、狄。我才能比不上古人，成功比他们大，这是什么缘故。你们不要有顾虑，直说自己的见解。"侍臣们歌颂功德，说的都是谀言。他说，"你们说得不对。我成功的原因只有五条：第一，从古帝王往往妒忌有才能的人，我见到别人的才能，好似就是我自己的才能；第二，一个人做事，不能样样都会，我用人总是用他的长处，避免用他的短处；第三，人主升进贤良的人，喜爱得要抱到怀里来，黜退犯错误的人，厌恶得要推到沟里去，我敬重贤良，原谅犯错误，使他们都得到适当的待遇；第四，人主常憎恨正直人，明杀暗杀，历朝都有。我即位以来，褒奖正直，从没有黜责过一人；第五，从古以来，都是贵中华，贱夷、狄，我独不取这种偏见，同等看待汉族和非汉族人，因此境外部落都来亲附。我有今天的成功，就是因为实行了这五条。"他总结取胜的原因，得出这五个要点，应该说是符合事实的。

唐太宗总结历史上各朝特别是隋朝的统治经验，作《帝范》十二篇，传授给继承人唐高宗。篇目是《君体》、《建亲》、《求贤》、《审官》、《纳谏》、《去谗》、《戒盈》、《崇俭》、《赏罚》、《务农》、《阅武》、《崇文》。他对唐高宗说，"修身治国，都说在这本书里。我死时用不着再说别的话了。"又说，"你应当学古代圣王。象我这样，做过不少烦劳民众的事，说不上尽善尽美，是不足为法的。我功大过小，所以还能保持大业。你没有我的功劳却承受我的富贵，竭力学好，也只能得个平安；如果骄懒奢侈，那就连生命都保不住。要建立一个国家，成功很艰难，破败却很容易；要保持一个帝位，失去很容易，稳固却很艰难。你得爱惜呵！你得谨慎呵！"人难得有自知之明,何况是功成业就的帝王,唐太宗列举自己的过失诰戒唐高宗,可谓有自知之明。

第二次　唐高宗(六五〇年——六六〇年)
　　　　武则天(六六〇年——七〇四年)

唐高宗是长孙皇后的儿子,得母舅长孙无忌的助力,才被选为太子。六四九年,唐高宗即位,长孙无忌、褚遂良遵守贞观遗规,执掌朝政。六五四年,他从尼寺里取唐太宗的幼妾武则天入宫,大加宠爱。六五五年,他废皇后王氏,立武则天为皇后。

唐高宗临朝,臣下来奏事,不会作判断,要宰相提出意见,才算自己有了主意。他这种昏懦的性格,势必扶植起统治阶级内部的腐朽势力,引导国家走上从乱到亡的道路。可是,六五五年以前,政权执掌在以长孙无忌为首的贞观老臣手中,六五五年以后,刚强机智的政治家武则天已经参预朝政,六六〇年以后,政权全归武则天。因之,他虽然是个亡国的昏君,但腐朽势力并没有在他的扶植下滋长起来,也没有因帝位易姓而引起危害民众的祸乱。贞观时期所取得的成就——统一和强盛,在武则天统治的半个世纪里,得到切实的巩固,这是她对历史的贡献。

武则天通文史,多权谋,自然是取得政权的一些条件,但突破太后临朝称制的惯例,正式登皇帝位,建立朝代，却是历史上唯一的创举。她能这样做，是和当时社会习俗有关联的。《颜氏家训·治家篇》说，"邺下风俗，专由妇人主持门户，诉讼争曲直，请托工逢迎，坐着车子满街走，带着礼物送官府，代儿子求官，替丈夫叫屈，这是鲜卑的遗风吧！"又说，"南方贫士，都讲究场面，车马衣服一定要整齐，宁可让妻子在家饥寒。北方人士，多靠妇人管家，精美的衣服、贵重的首饰，不可缺少，男人只有瘦马老奴供使用。夫妇之间，你我相呼，不讲妇人敬夫的礼节。"大抵北方受鲜卑统治的影响，礼法束缚比较微弱，妇人有发挥才能的较多机会，成为一种社会风气。武则天就是从这种风气里产生出来的杰出人物。

六五五年武则天作皇后以后的一些重要措施。

六五五年，黜逐褚遂良。六五九年，逼迫长孙无忌自杀，黜斥长孙无忌一派的官员二十余人，朝政开始受皇后支配。六六〇年，受唐高宗的委托处理朝政。六六四年，唐高宗感到自己无权，行动不自在，密谋废皇后，被皇后制止。从此政权更进一步地归皇后掌握，群臣并称帝后为二圣。唐高宗想禅位给太子李弘（武则天生四子，李弘是长子），武则天用毒酒杀死李弘，立次子李贤为太子。唐高宗曾使李贤监国，李贤处理政务，颇称能干，又招集著名学者注范晔《后汉书》（后汉政权落在母后外戚手中，李贤注《后汉书》，可能有微意），在士人中有声望。六八〇年，武则天废李贤为庶人，立第三子李显为太子(唐中宗)。唐高宗总想传位给比较有才能的儿子，李弘、李贤相继被杀逐，束手无策了。六八二年，李显生子李重润，唐高宗特立这个初生婴儿为皇太孙，破例给太孙开府置师、傅等官属，希望太子、太孙名义既定，有官属拥护，或可保持李家的帝位。六八三年，唐高宗死，唐中宗即位，武则天以皇太后名义临朝称制。六八四年，武则天废唐中宗为庐陵王，立第四子李旦(唐睿宗)为皇帝。六八四年，改东都洛阳为神都，改唐百官名，如尚书省改称为文昌台，左、右仆射为左、右相；门下省改称鸾台，侍中为纳言；中书省改称凤阁，中书令为内史。宰相称同凤阁鸾台三品。御史台分为左肃政、右肃政两台，左台纠察朝廷，右台纠察郡县。百官改名，是女皇帝准备登位的一种步骤。六九〇年，僧法明等十人献《大云经》四卷，说武则天是弥勒佛下生，当代唐作天子。武则天颁布《大云经》，令诸州都建大云寺。接着唐睿宗等六万余人上表请改国号，武则天算是顺从众议，宣布改唐为周，立称号为圣神皇帝。她经过三十六年的经营，终于得到皇帝的称号。

武则天一面用谋略夺取唐朝的政权，一面用政治维持既得的地位。她的政治才能主要表现在坚执刑赏大权，用各种不同类型的人为自己效力。

使用酷吏——徐敬业等人先后起兵反抗武则天，都被击败。武则天厉行残酷的镇压来防止唐臣的继续反抗。她在朝堂放四个铜匦（音轨guǐ），其中一个收受告密文书。有些告密人，她还亲自召见。擢用索元礼、周兴、来俊臣等人，专办谋反密件。来俊臣撰《罗织经》一卷，教党徒按经文布置，被告人就无法自辩。他们造多种可怕的刑具，使被告忍受不住酷刑，宁愿承认谋反罪求早死。朝臣人人自危，不知死在什么时候。她用索元礼、周兴、来俊臣为首的二十三个酷吏，先后杀唐宗室贵戚数百人，大臣数百家，刺史、郎将以下官不计其数。索元礼、周兴、来俊臣所杀各数千人，来俊臣所破千余家，其余诸人所杀人数多少不等。酷吏滥杀无辜，到了群情过度紧张的时候，她也陆续杀一些酷吏来缓和形势，最大的酷吏也不得免。六九〇年，她达到称帝的目的，次年，杀索元礼，流放周兴到岭南，表示滥杀之罪在二人。六九七年，杀来俊臣。仇家争咬来俊臣尸体的肉，立刻咬尽，挖出眼珠，剥去面皮，剖腹取心，踢成泥浆。她看到群情愤激，随即下制书，历举来俊臣的罪恶，并且加以灭族罪，说是"以雪苍生之愤"。实际上酷吏都是禀承她的指使行事的。

控制亲近人——武则天的爱女太平公主，多有权谋，参与密议，但畏武则天的严厉，常自检点，不敢犯法。武则天称帝，封武家人武承嗣等多人为王。武承嗣、武三思是武则天异母兄的儿子，亲属最近，也最得信任。六九〇年，武承嗣为文昌左相，同凤阁鸾台三品，在宰相中权力最大。六九二年，同平章事之一的李昭德，密言武承嗣权太重，恐养成篡夺帝位的危险。武则天说"我没有想到这里"，即免去武承嗣的宰相职。武承嗣也诋毁李昭德。武则天说，"我任用李昭德，才觉安心，他替我分劳，你怎能和他比较。"僧怀义是武则天的内宠，恃势骄横，武承嗣、武三思以下各亲贵都象奴隶尊主那样尊敬他。有一天，宰相苏良嗣在朝堂遇见僧怀义，苏良嗣大怒，令人拉下去，打嘴巴数十。僧怀义见武则天诉苦，她说，你应该出入北门，南牙（尚书省等官府在宫南）是宰相往来的地方，你不要触犯他们。后来杀僧怀义，用张易之、张昌宗作内宠，二张权势显赫无比，遭到朝臣们的猛烈攻击。武则天虽然保护二张，但也下敕书说，张易之、张昌宗作威作福，着到肃政台受审，张昌宗被罚铜二十斤，表示重视朝臣们的公愤。她控制这些亲近人，不给他们行政上的重权，因此，成群的龌龊小人，作恶还有一定限度，基本上不甚损坏当时的政治。

　　放手招官——武则天招来大批想做官的人，给他们官做，借以收揽中小地主的人心。招官的方法有：（一）自举。六八五年，令内外九品以上官及百姓，都得自己举荐请求升官或作官。（二）试官。六九〇年，令存抚使十人分巡十道，荐举本道人才。六九一年，武则天亲自引见，一律让这些被举的人试作某官，称为试官。（三）员外官。六九七年，吏部设员外官数千余人，都是权贵家的亲戚，同正官一样受俸禄。（四）殿试贡士。旧制，贡士考卷都糊名，防考试官作弊。武则天以为应该信任考试官,废糊名制,实际是要从宽取士。六九〇年,武则天在洛成殿考试贡士,表示皇帝亲自录取,贡士应该感皇帝的大恩,从此贡士有殿试。(五)武举。七〇二年,初设武举,招收有武艺的人。武则天广开仕途,放手给人官职,同时又用严刑来控制仕途,发现不称职的官,便革免或杀戮。每任用一官,户婢(管宫中门户的官婢)私下说,死鬼又来了。不多时,这个官果然被杀甚至灭族。刘知几上表论当时官员的冗杂,其中一条说,赐勋阶太滥,每逢集会,绯服(绯音飞 fēi 四品五品官服色)比青衣(八品九品官服色)多,象板(五品官以上用象笏)比木笏(九品官以上用木笏)多。又一条说,取士太宽,因而六品以下官毫不希罕,和土芥沙砾一般贱,应该大加淘汰。又一条说,地方官调动太快,忽往忽来,好比蓬转萍流,谁也不作长久打算。她假手酷吏,杀刺史、郎将以下官不计其数,可是做官的人还是象刘知几所说的那样多,如此冒死贪竞,被杀实是咎由自取。《通鉴》说"是时官爵易得而法纲严峻,故人竞为趋进而多陷刑戮"。武则天设下这样一个诱人的陷阱,让爱做官的人纷纷跳进去寻死,用心也实在太险恶了。

选拔才能——《通鉴》说武则天"虽滥以禄位收天下人心,然不称职者,寻亦黜之,或加刑诛。挟刑赏之柄以驾御天下,政由己出,明察善断,故当时英贤亦竞为之用"。《通鉴》这个评语是惬当的。武则天的长处,就在于善于选拔人才，委以重任。在她的统治时期，朝中有才能的文武大臣，几乎不比贞观时少，她能听谏，也多少有一些唐太宗的风度。鲠直的人只要不被她怀疑为谋反者，她能从酷吏、亲近人的陷害中保全这些鲠直人。她前后任用的主要宰相，如李昭德、魏元忠、杜景俭、狄仁杰、姚崇、张柬之等，边将如唐休璟、娄师德、郭元振等，都是一时人选。这些人用作将相，使得国家能够保持正常状态，免于内乱外患。她经常留心人才，如张循宪为河东采访使，有疑难事不能解决，请当地一个免了职的小官张嘉贞办理。张循宪回朝，保荐张嘉贞。她召见张嘉贞，任用为监察御史。御史中丞宋璟性刚直，力争要杀张昌宗，她不得已令张昌宗到肃政台受审。宋璟正在审问，宫中出特敕赦免。宋璟发怒道，恨不一来就打碎这小子的脑袋！她听说，叫张昌宗到宋璟处谢罪，宋璟拒绝不见。她知道宋璟刚直，二张进谗言她都不听。凭她的明察善断，朝廷上有一批愿为她效力的能臣，所以成为成功的皇帝。

武则天从前在唐太宗宫中时，唐太宗有一匹壮马名叫狮子骢，非常暴烈，没有人能制服它。武则天对唐太宗说，我能制服它，但要有三件器物：一铁鞭，二铁楇（音抓 zhuā），三匕首。用铁鞭打它，不服，用铁楇打它的头，再不服，用匕首割断它的喉。唐太宗很称赞她的气概。她用制壮马的方法驾御群臣，造成历时半个世纪强有力的专制统治，对国家统一的进一步巩固，和社

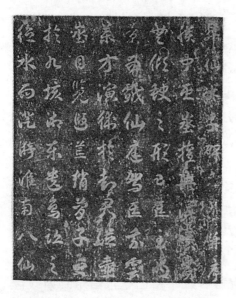

武则天撰书升仙太子碑（部分拓本）

会安宁的长时期保持，是有贡献的。

因为武则天是女皇帝，在继承问题上，不得不陷于难以解决的困境。她变李姓的唐朝为武姓的周朝，当然想传位给武姓的人，但朝臣们毫不犹豫地公认国家是李姓的国家，周皇帝是李姓的皇太后，没有人认真看待武姓诸王。武承嗣、武三思力求作周皇帝的继承人，朝臣们却都要求传位给皇太后的儿子。武则天到六九八年，才决定立唐中宗为皇太子，取消唐睿宗的皇嗣名号，封为相王。武承嗣因此气愤病死。七〇五年，武则天病重，宰相张柬之等率文武群臣入宫杀张易之、张昌宗等，拥唐中宗即皇帝位，恢复唐国号和一切唐制度。八十二岁的武则天就在这一年死去，遗制说，"去帝号，称则天大圣皇后"，表示又回到李家来当先妣。

第三次　唐中宗（七〇五年——七一〇年）
　　　　唐睿宗（七一〇年——七一二年）
　　　　唐玄宗（七一二年——七四一年）

　　武则天本人刚退下舞台，唐中宗、韦皇后又重演唐高宗、武皇后的故事。唐中宗比唐高宗更昏懦，韦皇后只有暴行，并无武则天的政治才能。昏懦加昏暴，演来形式颇相似，结果却完全不同。

　　七〇五年，唐中宗在张柬之等唐旧臣拥护下，恢复唐朝，但是，他并不信任这些唐旧臣。他唯一信任的是韦皇后。韦皇后和武三思勾结，形成武、韦二家外戚合作的腐朽集团。这个集团驱逐张柬之等出朝廷，独占了全部政权。

　　七〇七年，皇太子李重俊约集左羽林大将军李多祚等，发羽林兵三百余人，杀武三思等人。唐中宗杀李重俊。韦皇后借口追究李重俊的同谋者，驱逐宰相魏元忠，又谋陷害相王李旦和太平公主。唐中宗不愿牵连到他们，二人算是免了祸。李旦的第三子李隆基（唐玄宗）暗中准备消灭韦、武集团。

　　韦皇后等杀李重俊后，觉得事情很顺手，愈益肆无忌惮。她们大卖官职，不论什么人，只要出钱若干万就给官做。这种官当时称为"斜封官"，有同正、试、摄、检校、判、知官等名目，人数多至数千人。出钱较少的人可到吏部候选，一年有数万人。出钱三万得度为僧尼。员外官比正官多数倍，都坐享俸禄。唐初食实封的功臣，不过三二十家，这时候封家多至一百四十余，国家分六十余万丁来供养这批封家。充当封户的民户，比充当兵役还要困苦。封户散布在五十四个州，也就是五十四州的民众直接受到封家的侵害。

七一〇年，一个地方小官燕钦融上书指责韦皇后淫乱，干预国政。唐中宗召燕钦融当面诘问。韦家徒党喝令卫士打杀燕钦融，唐中宗看了也感到难受。韦皇后恐慌起来，安乐公主想韦皇后临朝，自己做皇太女，二人合谋毒杀唐中宗。韦皇后令韦家子弟及重要徒党分统兵士五万人，照武则天故事，准备临朝称制。

李隆基曾任潞州别驾（四品官），在潞州（治上党，山西长治）募集一批人，罢官回京师，仍秘密招集勇士，特别在羽林军中号称"万骑"的队伍中结识他们的雄豪，等待时机到来。唐中宗被杀，李隆基发动羽林军，攻入宫中，杀韦皇后、安乐公主、武延秀等，接着大举杀逐韦、武集团中人，韦家连幼儿都杀死，武家只剩下少数人，韦家派全部消灭，武家派基本消灭了。太平公主出面，恢复唐睿宗的帝位。唐中宗、韦皇后重演故事以惨败告终，紧接着唐睿宗和太平公主又登上了舞台。

唐睿宗也是一个昏懦人。他依靠李隆基和太平公主的力量得帝位，因此，立李隆基为皇太子，使太平公主干预朝政。宰相奏事，唐睿宗总要问有没有同太平

144

商量过，也要问有没有同太子商量过。这种昏懦表现，势必助长太平公主的专横，也自然要引起公主与太子间的冲突。太平公主专力谋害李隆基，引用大量徒党来把持朝政，七个宰相中，五个是她的私人，其余文武官，依附她的有一大半。当时政事昏暗，与唐中宗时无异。七一二年，唐睿宗让位给太子。唐玄宗即帝位，唐睿宗改称太上皇。太平公主准备用羽林兵入宫杀唐玄宗。七一三年（开元元年），唐玄宗杀太平公主及重要徒党数十人，其余徒党一概黜逐出朝，唐政权才切实为唐玄宗所掌握。

唐玄宗在开元年间，是励精求治的皇帝。但是，比起唐太宗、武则天来，就显出他是弱点最大的一人。唐太宗经常以"守成难"、"慎终如始"警戒自己，武则天执持政柄，权不下移，唐玄宗恰恰相反，在励精求治，取得成就以后，便精疲力尽，骄侈心代替了求治心。唐朝到开元时期才达到极盛的顶点，也就在这个时期的季年，造成了天宝时期的乱源。唐太宗曾说，"治安则骄侈易生，骄侈则危亡立至"，开元时期正是从治安转向危亡的过程，唐玄宗的骄侈心又正是这个转向的关键。

从七一三年（开元元年）至七三六年（开元二十四年），唐玄宗为求国内的安宁，曾表现出卓越的政治才能，主要表现在用人和纳谏上。他所用宰相，先后有姚崇、宋璟、张嘉贞、张说、李元纮、杜暹、韩休、张九龄等人，这些人各有所长，都能直言谏诤，补救缺政。例如韩休与萧嵩同作宰相，韩休正直，见唐玄宗有过差，即上书指陈得失。一次，唐玄宗照镜子，默默不乐。左右人说，韩休作宰相，陛下比前些时瘦了，为什么还要用他。唐玄宗说，"我虽然瘦了些，天下人却一定肥了。萧嵩来奏事，一味顺从我的意旨，他退下去，我总不敢放心。韩休常常力争，他退下去，我睡得很安稳。"我用韩休，是为国家，不是为我一身。唐玄宗懂得纳谏的重大意义，这是取得开元之治的根本原因。可是，他纳谏非常勉强，这些直臣都因忤旨被罢免，不得久居相位。七三六年，他连勉强纳谏也不能了。当时，宰相张九龄遇事力争，他很不耐烦，发怒问张九龄：事情都得照你办才行么？他在位年久，骄侈心压倒求治心，想要一个顺从意旨的人作宰相，自己可以纵情享乐，老奸李林甫（七三四年已为相，位在张九龄下）因此被用来代替张九龄。能否纳谏是封建时代区别明君与昏君的标准，帝王愈是能虚心兼听，择善而从，朝廷的权力也就愈益坚强。反之，帝王独断独行，形式上权力似乎无限大，实际是堕入奸佞人的术中，权力下移而不自知。唐玄宗重用李林甫，李林甫要蔽塞他的耳目，自专大权，告诫谏官们说，"现在明主在上，群臣专心顺从就成，用不着多说话。你们见过朝会时仪仗队里的马匹么？它吃的是三品食料，叫一声便斥去不再用，后悔那里还来得及！"谏诤的路被李林甫断绝，开元之治转向天宝之乱了。

146

开元年间，经济繁荣，国威远扬，是唐朝的黄金时代，事迹将在别节叙述。下面列举新创的制度，在当时并不显出重要意义，可是，到了唐朝中期和后期，都发生巨大的影响，这里需要作一些简略的叙述。

改兵制 ——唐太宗侵高丽，开始用募兵制。唐高宗、武则天时，天下久不用兵，府兵制实际上已经废坏，偶有战事，就得临时招募。六六四年，刘仁轨经略高丽，上书论兵事说，往年朝廷募兵，百姓争着应募，甚至请求自备衣粮，随军出征，称为"义征"。现在情形完全不同，原因是显庆五年（唐高宗年号，六六〇年）以来，官府不关心从军者的困苦，又前方将帅为鼓励士卒力战，优给勋赏，回到本籍，州县官为保持赋税额，否认已得的勋赏。百姓服兵役，富家行贿得免，贫家连老弱人也要被征发。照刘仁轨所说，募兵制也行不通了。六七八年，为防御吐蕃，唐高宗派人到河南、北募猛士。六九六年，为防御契丹，武则天募罪人和士民家奴隶当兵。六九八年，武则天募兵防御突厥，月余还不得一千人，后来听说太子（唐中宗）作元帅，应募人云集，不久就得五万人。这些事例说明府兵制、临时募兵制都不能适应国家的军事需要，如果突然发生战争，唐朝是没有兵备的国家，一蹶而倒的危险是存在的。

唐玄宗对京师宿卫兵和边境戍兵进行了改革。

京师宿卫兵士逃亡略尽，府兵制事实上不能再保存。七二二年，唐玄宗采纳宰相张说的建议，召募壮士充宿卫。七二三年，在京师及附近诸州选府兵和白丁十二万人，号称长从宿卫。七二五年，改名为彍骑（彍音扩 kuò），分属十二卫。天宝年间，彍骑又只存兵额和官吏，与改兵制以前一样，京师并无宿卫兵。

边镇戍兵经常有六十余万人。戍兵被镇将当作奴仆来经营私利，根本失去了兵的作用。七二二年，张说建议减二十余万人。七三七年，招募丁壮充边镇戍兵，号称长征兵。七三八年，招募足额，原有戍兵一概放还本籍。

府兵本是寓兵于农的一种兵制。平时，府兵大部分人从事农耕，小部分人按番到京师宿卫或戍边。战时，朝廷任命将帅率兵出战，战事结束，兵散归府，将帅归朝，将帅不可能拥兵养成自己的势力。唐朝前期没有武夫割据事件，行府兵制是一个重要的原因。自从唐玄宗改府兵制为募兵制，兵农分离，兵成为一种专门的职业，特别是边镇设长征兵，野心将帅与职业兵士相结合，祸乱的发生就难免了。

设节度使——唐睿宗时，已有节度使的官名，如七一一年，以贺拔延嗣为凉州都督、河西节度使。唐玄宗开元年间，有河西、陇右、幽州（七四二年——天宝元年改称范阳）、剑南、朔方、天兵（天兵后改称太原以北，又改称河东）、安西、北庭等节度使。宰相往往出任节度使，节度使有功，也往往入朝作宰相。节度使领若干州，在一个地区内是最高的军官，在朝廷上是和宰相地

148

位相近的重臣。当时边境外并无强敌，唐玄宗设这样的官，目的是在对外侵略，结果却沉重地打击了自己。早在七一六年（开元四年）宰相宋璟已经看出唐玄宗喜武功，为了防止边将生事邀功，赏赐特加谨慎。事实正如宋璟的预料一样，唐玄宗终于在骄侈心驱使下，"有吞四夷之志"而反为"四夷"所侵害。

募兵和节度使造成了唐朝中期的祸乱。

信任宦官——唐中宗时宦官开始用事，人数多至千余人。唐玄宗更信任宦官，即帝位以后，人数渐增至三千余，穿紫衣（三品以上）绯衣（四品五品）的就有千余人，有些得三品将军职位。杨思勖、高力士尤被重用。杨思勖屡率兵出击南方少数族人，杀戮极惨，曾一次斩六万级。唐玄宗给他辅国大将军（正二品）称号，后来又加骠骑大将军（从一品）称号，封虢国公。唐旧制，宦官品级最高不得登三品，杨思勖竟得从一品，并封国公，宦官地位大大提高了。高力士常在宫中侍卫，比杨思勖更得宠信，开元末年，外间进奏文表，都得先经高力士阅看，小事便直接处理，大事才告诉唐玄宗。唐玄宗说，高力士值班，我才睡得安稳。意思是说，高力士替我办了事，我可以安心去享乐。宇文融、李林甫、杨国忠、安禄山、安思顺、高仙芝等人取得将相高位，都是走高力士的私门；经他吹嘘取得较小官职的人，更是不计其数。杨思勖、高力士以外，还有许多得宠的宦官，有的监军，有的出使。唐旧制，大军出战，朝廷派遣御史监军。武则天废监军制,说,将帅应有权处理军事,御史监军,军中事不论大小,都要受监军干涉,怎能要求将帅立功。唐玄宗恢复监军制,派宦官监军,权力超过节度使。出使到诸州,沿路地方官尽力奉承,惟恐不合意,到了目的地,按地方富力,索取贿赂。其他委任宦官做的事还很多,当然每做一事都要取得大量的财物。所有宦官都受高力士指挥,宦官是唐玄宗权力的化身,高力士是这些化身的指挥者。太子(唐肃宗)呼高力士为二兄,诸王、公主呼为阿翁,驸马辈呼为阿爷,高力士拥有极大权势可以想见。高力士资产殷富,非王侯贵族所能比拟,其余宦官也各有大财产,京城内外邸第田园,几乎一半为宦官所有。宦官都出身寒微人家,幼年被阉入宫,没有家族和亲戚,唐玄宗以为这种孤身的宫廷奴隶是最忠实可靠的,也是最能顺从意旨的,付托权力给这种人,不会有什么危险。唐太宗定《氏族志》,承认一千六百五十一家士族,意思是依靠这个士族阶层来行施唐的统治权。唐玄宗在士族阶层外,扶植起宦官阶层作为行施统治权的核心,这是唐政治上最大的一个变动。士族中人有统治阶级的鲠直派也有腐朽派,宦官则是完全腐朽派,自从宦官成为核心势力,唐朝统治阶级内部相互间的关系变得愈来愈复杂,到唐朝后期,宦官操纵朝政,自皇帝以下都得顺从他们的支配。

禁闭诸王——诸王是最有可能夺取帝位的人,唐玄宗本人就是以诸王资格发动禁卫军，灭韦氏取得太子地位。七一三年，他即帝位，首先使高力士为右监门将军，又使一些亲信宦官为三品将军，掌握禁卫军。他严禁诸王不得与群臣交结。七二二年，令宗室、外戚、驸马，非至亲不得往来相见。宰相张说曾秘密到皇弟岐王私宅，被姚崇告发，张说贬官出朝。兄弟封王的共五人，都受到极优厚的生活待遇，但不得任职事。皇子为王的先后共十六人，在宫城旁各住一宅，号称十王宅，也称十六宅，每宅派宦官管理。只有侍读官定时入宅教书，王府其余官属一概不许和诸王见面。后来皇孙渐多，又设百孙院，也派宦官管理。皇太子不住东宫，经常随从皇帝，居住别院，实际上也是受宦官监视。唐玄宗对诸王怀着猜忌心，用宦官来监视他们的行动，诸王和太子的祸福安危，决定于宦官的爱憎，因之宦官是监视者又是保护者，太子或诸王得登帝位，总有一些宦官以拥戴有功执掌大权。到唐朝后期，皇帝的废立和生命，都落在宦官手中，宦官政权消灭，唐朝也就灭亡了。

信任宦官和禁闭诸王造成了唐朝后期的祸乱。

唐朝前期从唐高祖开国到唐玄宗开元年间，统治阶级内部腐朽倾向和进步倾向经过三次冲突，每次冲突都限于宫廷方面，对政治全局牵涉不大，进步倾向统治的时间又远比腐朽倾向统治为长久，因之唐朝前期是隋末社会从恢复到发展的强盛时期，代表进步倾向的唐太宗、武则天和开元年间的唐玄宗，虽然程度不同，对这段历史却都有贡献。同时，在剥削阶级统治的社会里，政治上的腐朽倾向总是要得势的，武则天的政治就不及唐太宗，唐玄宗又不及武则天，也就是说，腐朽倾向愈来愈增长了。自开元末年起，腐朽倾向压倒了进步倾向，因而唐朝前期转入中期，统一与和平的唐朝变成分裂与战乱的唐朝。

第二节　唐中期的政治概况
——七四二年——八二〇年

唐朝前期，在国内，政治是统一的，社会是安宁的；在境外，与邻国关系一般是和好的，经济文化的交流是通畅的。唐朝长时期保持着这种和平状态，因之社会各个方面都有大小不等的前进，呈现超越两汉的兴盛气象。但统治阶级内部的腐朽势力，在和平环境中也继续在增强。到开元时期，社会前进的趋势达到最高点，腐朽势力的增强也达到足以推翻前进趋势取得政治指导权的高点。

唐玄宗是半明半昏的皇帝。他曾行施有利于统一与和平、有合于民众愿望的政事，在这一方面，他是代表前进趋势的明君。同时，他滋长着骄和侈两个恶性。这些恶性愈来愈严重地表现出来，骄是实行言莫予违，侈是贪立边功，轻易用武。他说出的话不许臣下有不同意见，自然只能得到奸邪人的奉承；他过着高度的奢侈生活，还觉得不够快意，想在对外战争上大立声威，自然要重用聚敛之臣和野心的武夫。骄侈政治使得一切消极因素都乘机活跃，在这一方面，他是代表腐朽势力的昏君。七三六年（开元二十四年）在专任李林甫为宰相以前，他主要代表社会的前进趋势，任用李林甫，正是明君转变为昏君的标志，唐中期的祸乱，实际是在这时候开始了。因为战祸的爆发在天宝年间，按惯例，仍以七四二年（天宝元年）作为唐中期的开始。

唐中期共分四段，第一段是酿乱期，其余三段都是统一势力和割据势力这一主要矛盾在不同情况下的斗争表现。统一势力始终不曾失去它的优势，这是因为：第一，广大民众要求恢复国家的统一，给朝廷以支持；第二，唐朝赋税收入，主要依靠江、淮地区，长江流域尤其重要。朝廷不论怎样处境困难，只要南北漕路得通，就可以在关中立足。这种黄河流域土地大部被割去，朝廷却仍能保持优势的局面，唐以前朝代，例如在汉朝，是不可能出现的。

一　酿乱期（七三六年——七五五年）

唐玄宗做了二十五年皇帝，便暮气深重，懒得亲自处理政事，一心想纵欲享乐。他用李林甫作宰相，李林甫的一套奸佞本领，使他的暮气愈益深重，逐渐陷入昏迷状态。唐玄宗以前用相，都是不多时候就调换，对李林甫却始终信任，自七三六年开始，直到七五二年病死，掌大权凡十七年。李林甫取得这样的信任，只用一个简单的方法，就是摸透了唐玄宗的骄侈心理，一切顺从意旨，让他放心纵欲，得到无止境的满足。七四四年，唐玄宗得杨太真为贵妃，宠爱无比，从此昏迷在声色中，政事上更依靠李林甫。唐玄宗曾对高力士说，当今天下太平，我要安居无为，政事全委李林甫去办，你看如何？高力士说，权柄不可借给别人，如果他造成威势，谁还敢说他个不是。唐玄宗听了不喜欢，高力士叩头谢罪，说自己发狂病，乱说话，该死。李林甫一向给宦官送厚赂，探知宫中动静，自然不敢得罪高力士，彼此不相犯，唐玄宗连宦官方面不利于李林甫的话也听不到了。《资治通鉴》总结李林甫的奸恶，一是"媚事左右（宦官），迎合上意，以固其宠"；二是"杜绝言路，掩蔽聪明，以成其奸"；三是"妒贤嫉能，排抑胜己，以保其位"；四是"屡起大狱，诛逐贵臣，以张其势"。四条奸恶中"迎合上意"是最重要的一条，也就是唐玄宗的骄侈，养成了李林甫的奸恶。

李林甫死后，唐玄宗用杨国忠为宰相。杨国忠是个纨裤无赖子，和李林甫一样，也善于"迎合上意"，同好同恶，又善于搜括民财，充实官库，因此取得信任。他作宰相以后，一身兼四十余职，任意处理事务，表示自己的精干；广收贿赂，积缣多至三千万匹。他曾对人说，我偶而碰上机会，谁知道日后是什么下场，想来我不会有好声名，不如眼前享它个极乐。这样苟且的人，执掌国政，更加速了祸乱的爆发。

开元、天宝年间，唐朝的殷富达到开国以来未有的高峰。史书说开元末年，西京、东都米价一石不到二百钱，布帛价也很低廉，海内安富，行人走万里远路，用不着带武器。又说天宝末年，中国盛强，自西京安远门（西门）直到西域，沿路村落相望，田野开辟，陇右富饶，天下闻名。全国各州县，仓库里都堆满粟帛。杨国忠奏准令州县变卖旧存粟帛为轻货，新征丁租、地税也折合成布帛，都运送到京师来。这样，收藏天下赋税的左藏，财物确实多得惊人。七四九年，杨国忠请唐玄宗亲率百官到左藏察看，早就极度骄侈的唐玄宗，更觉得财物同粪土一样，毫不足惜。

七四七年，唐玄宗曾将本年全国进贡的物品，全部赏给李林甫。看左藏以后，赏赐贵宠人家，什么限度也没有了。当时贵宠们讲究给皇帝进食品，宫中特设检校进食使，评比各家食品的精美程度。每一次进食，多至数千盘（疑是数十盘），一盘值十个中等人家的财产。与此相似的浪费可以类推，皇帝给贵宠们的赏赐也可以想见。

唐玄宗更大的浪费，还在求边功方面。天宝初年，边境上有下列节度使和经略使。

（一）安西节度使——职务是管理西域。治所在龟兹城（新疆维吾尔自治区库车县）。统龟兹、焉耆、于阗、疏勒四镇，统兵二万四千。

（二）北庭节度使——职务是防御游牧在北方的突骑施和坚昆。治所在北庭都护府（新疆维吾尔自治区吐鲁番县东南）。屯伊州（新疆维吾尔自治区哈密县）、西州（新疆维吾尔自治区吐鲁番县东南）二州境上，统兵二万。

以上两镇内外相连，专对西域天山南北两路的诸国。

（三）河西节度使——职务是隔断吐蕃与突厥两国间的交通。治所在凉州（甘肃武威县）。统兵七万三千。

以上一镇兼顾西方和北方两个强敌，主要是防御吐蕃，守护河西走廊。

（四）朔方节度使——职务是防御突厥。治所在灵州（宁夏回族自治区灵武县西南），统兵六万四千七百。

（五）河东节度使——职务是防御突厥。治所在太原府（山西太原市），统兵五万五千。

以上两镇互相应援，专对突厥。

（六）范阳节度使——职务是压制奚、契丹。治所在幽州（北京市）。统兵九万一千四百。

（七）平卢节度使——职务是招抚室韦、靺鞨（音末合 mò hé）。治所在营州（辽宁锦州市西）。统兵三万七千五百。

以上两镇专对东北诸部，主要是对奚、契丹。

（八）陇右节度使——职务是防御吐蕃。治所在鄯州（青海乐都县）。统兵七万五千。

（九）剑南节度使——职务是西抗吐蕃，南抚国境内各少数族。治所在益州（四川成都市）。统兵三万九百。

以上两镇专对吐蕃。

（十）岭南五府经略使（七五六年——唐肃宗至德元年，升经略使为节度使）——职务是绥靖境内各少数族。治所在广州（广东广州市）。统兵一万五千四百。

各镇以及其他一些地方小量驻军，共有兵四十九万人，马八万余匹。后来边将陆续奏请增加兵额，每年需要作衣料赏品用的布帛多至一千零二十万匹段，军粮一百九十万石。边镇兵数比七二二年（开元十年）以前的六十余万人减少十余万人，经费比开元年间却增加五倍。按照当时的边境情形，这个巨大军费的极大部分是浪费。

范阳一镇兵数最多，它的对方奚、契丹是不是强敌呢？完全不是。七一六年，契丹酋长李失活、奚酋长李大酺（音葡 pú）率所部内附，唐封二人为郡王兼任都督。此后奚、契丹为唐藩属国，不曾大举侵扰边境。唐朝却大举攻击奚和契丹。幽州节度使张守珪用营州杂种胡人安禄山为捉生将。安禄山每率数骑出去，总要捉获数

157

十人，显然不是斗力而是用诈计诱捉契丹人。安禄山因此算是有了战功，逐渐提升，七四二年，竟被任为平卢节度使，七四四年，又兼范阳节度使。安禄山以侵略奚、契丹得唐玄宗的宠信，作两个节度使以后，当然更要立所谓边功来固宠。七四五年，唐嫁两个公主给契丹王李怀节和奚王李延宠。在安禄山的残暴欺压下，奚、契丹两国被迫各杀唐公主，起兵反抗。安禄山出击，又算立了战功。安禄山好几次诱两国酋长来宴会，用毒酒灌醉来人，割酋长的头献朝廷，其余醉人都被坑杀，先后共杀数千人。这种卑劣无耻的阴谋活动，唐玄宗也认为是立了边功。七五一年，赏安禄山的边功，又使他兼任河东节度使。安禄山率三镇兵六万进攻契丹，被契丹杀得全军覆没。唐玄宗不究大败的责任，依然宠信有加。自七五一年大败后，安禄山准备进攻西京，从昏君手里夺天下。

兵数次多的是陇右、河西两镇。它的对方吐蕃是一个强国，不过，唐与吐蕃间的战争，多半是唐边将挑动起来的。七一四年（开元二年），吐蕃赞普遣使官来境上请和，请用敌国礼。唐玄宗发怒，不许讲和。从此两国经常作战，互相侵夺。七三〇年，吐蕃因屡次战败，请求讲和。皇甫惟明劝唐玄宗许和。唐玄宗说，赞普给我的信，狂悖无礼（指七一四年请用敌国礼），我不能原谅。皇甫惟明说，开元初年，赞普还很年轻，那会写这封信！我想，大概是边将故意假造，用来激怒朝廷。因为边境有事，将吏得以偷盗官物，虚报战功，骗取勋爵。这是奸臣的利益，对国家有什么好处。战事不停，费用浩大，河西、陇右两道都不得安宁。朝廷如果派使官去慰问金城公主（七〇九年嫁到吐蕃），和赞普当面结和约，使他称臣息兵，不是对待邻国的善策么！唐玄宗使皇甫惟明到吐蕃讲和，赞普大喜，遣大臣入朝，两国恢复甥舅的和好关系。

皇甫惟明所说唐边将的好战行为，是切合实际情形的，诸如对奚、契丹，对吐蕃以及对其他邻国（例如南诏），都可以证明。本来，边将凭借国家的威力，侵侮邻国来求富贵，是常有的事，关键在于朝廷能否加以控制。唐玄宗本人就有好战心，节度使立功名，往往入朝作宰相，实际上，是鼓励边将生事邀功，唐与邻国当然不会相安无事。下列事例，说明唐玄宗发动战争，不愿意边境上有和平。

唐与吐蕃讲和以后，边境宁静。河西节度使崔希逸使人对吐蕃守将说，如今两国通好，亲如一家，双方何必置兵守备，妨害耕牧，请都撤去守备兵。吐蕃守将经崔希逸力请，允许撤兵。自此汉人耕种，吐蕃人畜牧，各得安居乐业。七三七年，崔希逸派使人孙诲到京城奏事。孙诲想立边功，奏称袭击吐蕃，定能大获。唐玄宗使宦官赵惠琮同孙诲去河西审察情形。赵惠琮矫诏令崔希逸出击，崔希逸不得已进入吐蕃境二千里，大破吐蕃兵。崔希逸内调为河南尹，自愧失信，得病死去。赵惠琮、孙诲都算有功受了重赏。唐玄宗贪小利，宁愿对邻国失大信，吐蕃因此断绝和好，进行战争。

朔方节度使兼河东节度使王忠嗣，是智勇全备的将帅，幼年时和唐玄宗论兵法，唐玄宗说他将来必成良将。他做两镇节度使，专以持重安边为宗旨，经常告诫部属说，当太平时候的将帅，只要爱护士卒、勤加训练就可以，不要耗费中国的力量去求自己的功名。唐玄宗要用良将攻击吐蕃，七四六年，任王忠嗣为河西、陇右节度使，兼朔方、河东节度使。王忠嗣掌握天下劲兵，选拔将才，李光弼（契丹人）、哥舒翰（突骑施哥舒部人）二将尤被重视。王忠嗣数次击败吐蕃军，但仍守持重安边的宗旨。七四七年，王忠嗣看出安禄山的阴谋，奏称安禄山必反。李林甫深恶他议及朝政，唐玄宗一向宠信安禄山，自然也不以为然，不久，允许王忠嗣辞去河东、朔方两节度使。唐玄宗令王忠嗣攻吐蕃石堡城（青海西宁市西南）。王忠嗣奏称，石堡形势险固，非死亡数万人不能攻克，不如等候有利时机，再行进取。唐玄宗很不满意他的建议，令王忠嗣分兵数万，交给将军董延光去攻城。李光弼对王忠嗣说，大夫（金紫光禄大夫）为了爱惜士卒的生命，不肯出重赏鼓励士气，将来朝廷追究责任，怕不好解释。王忠嗣回答说，现在用数万人去争一城，得了并不能控制对方，不得也无害于我国，所以我不肯用兵。我受朝廷罪责，最重是贬到南方小郡里做个佐杂官，我不能让数万人战死来保全我这个官。李将军，感谢你的好意，我已下定决心，请不要再谈攻城。李光弼非常感动，说，大夫能行古人的事，我怎敢再说话。董延光攻石堡不下，说王忠嗣阻挠军计。唐玄宗发怒，李林甫使人诬告王忠嗣谋反。唐玄宗革王忠嗣官，交三司（刑部、御史台、大理寺）审问。三司判王忠嗣死刑。当时哥舒翰已继任陇右节度使，入朝力保王忠嗣不反，王忠嗣得免死，贬为郡太守。七四九年，得暴病死。王忠嗣病死的一年，唐玄宗令哥舒翰率兵六万三千人攻石堡城，唐兵战死数万人才攻下石堡，俘获吐蕃守军四百人。战争的结果，不出王忠嗣所预料，唐损失是很重的。唐玄宗为夺取一个无关战局的小城，把士卒的生命看作蚁命，除了极度的骄侈心和发狂似的好战心驱使他这样做，再不能有任何其他理由。王忠嗣守正不屈，却被昏君奸相斥逐，又不幸早死。安史作乱时，唐朝军事上主要依靠郭子仪、李光弼来挽救危局，郭、李地位相差不远，出身的镇也不同（郭子仪出身朔方镇，李光弼出身河西镇），朝廷正缺少象王忠嗣那样能统率各镇兵将的大将，王忠嗣的贬黜和死去，对唐朝说来，是一个大损失。

唐玄宗自恃强盛，定要侵侮邻国来满足自己的骄侈心。安禄山生事邀功，因而得到宠信，王忠嗣持重安边，因而遭到黜逐，他用这样谬误的赏罚制造边境上的战争，足见战争所耗损的人命和财物，都是不必要的。

发动边境战争，唐玄宗好战，固然是一个重要原因，但募兵制也同样是个重要原因。唐德宗时，李泌论募兵制是祸乱的根源，说，李林甫作宰相，奏请京师及边境诸军都行募兵制。这种应募的兵士，既不是土著，又没有宗族，看轻自己的生命，只求赏赐的获得。李泌这个说法是有理由的。应募的兵士许多是不事生产的亡命之徒，其中很大一部分还是归附唐朝的各少数族人。主要由亡命之徒和少数族人组成的边镇军队，为了得赏当然不避战争。王忠嗣任朔方、河东节度使，藏大弓在袋子里，表示不用。军中却日夜思战，王忠嗣只好多派间谍到敌境探查情况，见有可胜的机会，才出兵攻击。看来，王忠嗣也不能违反军中的好战心理，严格守边不出击。唐玄宗本身好战，从边镇听到的又是些好战的话，上自朝廷，下至士兵，互相影响，对侵侮邻国的兴趣随着战争的进行愈来愈浓厚，这里，唐玄宗为什么把国家的全部兵力和很大部分的财物放到边镇上去的原因，也就得到解释了。

七二五年，招募𪩘骑十二万人，作为皇帝的宿卫兵。𪩘骑居京师，没有出战的危险，天宝年间，应募的都是些小贩和无赖，根本不受军事训练。当时承平多年，很多议政的人以为内地可以取消兵备。朝廷禁止民间收藏武器；士大夫家子弟做武官，父兄认为是耻辱，不许作为本家人。这都是太平观念的反映。京师有兵等于无兵，内地民间连武器也没有，猛将精兵却聚集在边镇上，内外失去平衡，危险的局面是显而易见的。

　　战祸只待边镇上的野心家来发动，唐玄宗积极培养野心家，安禄山为首的一伙叛乱者被培养出来了。王忠嗣兼四镇节度使，功名渐盛，李林甫怕他入朝作宰相。王忠嗣奏称安禄山必反，唐玄宗不信王忠嗣的预料，反允许王忠嗣辞去河东、朔方两节度使。原来李林甫要杜绝边帅入相的道路，早就主张用少数族人为边帅，因为他们不识汉文字，无法作宰相。李林甫用另一种理由对唐玄宗说，文臣为将，总是缺少勇气，不如用寒微胡人。胡人勇猛，敢于上阵作战，出身寒微，不象酋长贵族那样有部落和徒党。他们孤立无党，如果朝廷给予恩惠，一定感恩为朝廷效忠。唐玄宗喜边功，又怕边帅立功名，结成朋党，李林甫的计议正合心意，寒微胡人安禄山等就这样被重用起来。七四七年王忠嗣去职后，自东北至西北的边境六个重镇中，安禄山得范阳、平卢、河东三镇，兵力最强，哥舒翰得河西、陇右两镇。两人私怨很深，各培植势力，争夺权利互不相下，边镇事实上已经分裂成两个敌对力量。七五五年，哥舒翰入朝，路上得中风病，留在京师，安禄山成为唯一掌握重兵的边帅。就在这一年的冬季，蓄谋将近十年的安禄山，公开叛变，从此，唐朝的中央统一势力和地方割据势力发生长时期的斗争。

二 第一次斗争（七五五年——七七九年）

安禄山得到唐玄宗无比的宠信，因而在谋反活动上得到很大的便利。他收养同罗（铁勒的一部）、奚、契丹等部的降人八千余，称为曳落河（壮士），又蓄勇健家奴百余人，这算是他的基本武力。他有高尚、严庄两个龌龊士人作谋主，孙孝哲（契丹人）、史思明（胡人）、阿史那承庆（突厥人）、田承嗣等武夫作爪牙，这算是他的文武辅佐。他私制大量绯袍、紫袍和鱼袋（官员服饰），准备赏授官勋，借以收买徒众，这算是他的政治计谋。安禄山谋反多年，只有这一些凭借，力量是薄弱的。他依靠曳落河和家奴，并用蕃将三十二人代替汉将，足见他也知道大多数汉族兵士和将官不能为他效力。七五五年，他认为反叛的时机已到，以奉密旨率兵入朝讨杨国忠为名，在范阳发动范阳、平卢两镇兵及同罗、奚、契丹、室韦共十五万人，号称二十万，向南进军。安禄山兼任河北道采访使，河北是他的管辖地，沿路郡县官或开门出迎，或弃城逃避，或被捉杀死，情况非常混乱。唐玄宗得到一些安禄山反叛的报告，还以为是假报，不信安禄山真会造反。

唐玄宗得知安禄山确实造反，才仓卒布置防御。他用安西节度使封常清为范阳、平卢节度使，到东京（洛阳）募兵，十天内得六万人。断河阳桥（在河南孟津县

164

北），防叛军从河阳（河南孟县）渡河。又调朔方节度使安思顺为户部尚书（《旧唐书·玄宗纪》作工部尚书），任郭子仪为朔方节度使。新设河南节度使，领陈留（治浚仪，河南开封市）等十三郡，防守黄河南岸。当叛军来路的诸郡都设防御使。招募兵士十一万，都是京师街市上小贩一类的人。任皇子李琬为征讨元帅，高仙芝（高丽人）为副。高仙芝率兵五万，出关到陕郡屯守，宦官边令诚为监军。

河南节度使张介然到陈留才几天，安禄山率叛军渡河到了城下，陈留太守开门投降，张介然和将士数千人被杀。叛军攻荥阳（河南郑州市），守城士卒听到鼓角声，不觉纷纷掉下城去。叛军取荥阳，声势更大，前锋向东京进攻。封常清率军抵抗，战败退出东都，叛军占领东都。封常清率余部到陕郡，与高仙芝计议，退守潼关。叛军到潼关不得入，退屯陕郡。安禄山谋称帝（七五六年，自称大燕皇帝），留在东京不急于西进，因此朝廷得以多少作些准备，援兵也调集了一些。

腐朽入骨的唐朝廷，明明崩溃在眼前，君臣上下还说些"安禄山狂悖，不日授首"的大话来互相欺骗，要求封常清、高仙芝一出兵就消灭叛军。封常清、高仙芝用不曾训练过的新募兵抵抗安禄山，宜守不宜战，洛阳既因战败失去，退守潼关，保卫西京，实是必要的措施。封常清、高仙芝都是有战争经验的旧将，守潼关是可能胜任的。监军边令诚向唐玄宗进谗言，说封常清夸张敌情，动摇人心；高仙芝放弃陕地数百里，又刻扣军饷。唐玄宗大怒，令边令诚就在军中杀二将。封常清上遗表说，我死以后，仍望朝廷不轻看这个叛贼，切莫忘记我的话。高仙芝临死，说我遇敌后退，固然有罪，但说我刻扣军饷，天在上，地在下，可以证明我的冤枉! 兵士们都大呼冤枉，边令诚还是把二将杀死。

唐玄宗杀了高仙芝、封常清，任命哥舒翰为兵马副元帅，率兵八万讨安禄山。哥舒翰有中风病，固辞不敢奉命。唐玄宗不许，哥舒翰只好带病出征。他所统八万人，多是各地招募来的新兵，加上一部分河西、陇右两镇兵及西北边境上十三个部落的蕃兵，到潼关，又加上高仙芝的旧兵，共有十多万人，号称二十万。这个杂凑起来的大军队，由一个病人统率，实际是无人统率。诸将争地位，各不相让，军心涣散，斗志消沉，固守潼关已是难事，唐玄宗却还要这个军队出关去攻取洛阳。哥舒翰屯兵在潼关，并不符合朝廷的愿望。

当时（七五六年春季）在河北地区有常山（河北正定县）太守颜杲卿、平原（山东陵县）太守颜真卿起兵声讨安禄山，颜杲卿一起兵，河北诸郡响应，十七郡归顺朝廷，安禄山只剩下用重兵镇守的六个郡。安禄山正要进攻潼关，听说河北有变，被迫停止西进。颜杲卿起兵才八天，叛军大将史思明等攻破常山城，颜杲卿被执到洛阳，大骂叛贼安禄山，至死骂不绝口。颜杲卿这一骂，振奋久被压抑的正气，挫折正在嚣张的邪风，出于

166

忠义人口中的骂，是具有巨大威力的。颜真卿募勇士，十天就得万余人，附近诸郡杀安禄山所置守将，响应平原，共推颜真卿为盟主。平原兵会合清河、博平（治聊城，山东聊城）两郡兵大破叛军，攻克魏郡城（河北大名县西），军声大振。河东节度使李光弼率汉、蕃步骑兵万余人、太原弩手三千人出井陉，克复常山城，击败史思明军，收复常山郡所属九个县的七个县，史思明据两个县与李光弼军相持。朔方节度使郭子仪率大军出井陉，到常山与李光弼会合，有汉、蕃步骑兵十余万人。史思明大败，逃往博陵郡（河北定县）。河北民众到处自动结集，大部多至二万人，小部也有万人或数千人，各部在当地抵抗叛军的侵袭，郭、李大军进入河北，各部争来投效。唐在河北已取得优势并且继续在加强这个优势。在河南地区，反抗安禄山叛军的力量也正在迅速发展。睢阳太守许远守睢阳城（河南商丘县），张巡守雍丘县（河南杞县），是最重要的抵抗者。河南各地准备向西进击的义兵总数不下十万人。多年来唐玄宗实行腐朽统治，所用官员当然多是些腐朽人，黄河南北郡县官纷纷投降叛军，有些甚至为叛军出力，这是腐朽统治应有的现象，并不表示安禄山因此获得了多大的实力。相反，颜杲卿、颜真卿、张巡、许远所代表的新兴力量，虽然开始时还很微弱，如果经过一些时日，取得战斗经验，并且和郭、李等大军结合起来，完全有可能在黄河南北消灭叛军全部。

史思明在博陵郡收集散兵数万人，又被郭子仪、李光弼击败。安禄山在洛阳分出步骑兵二万人，又发范阳等郡兵万余人，合史思明残部，共有兵五万余人。安禄山用这一些兵力保持在河北的退路，正是无力保持退路的证明。七五六年六月，郭子仪、李光弼大破史思明军，斩首四万级。史思明坠马，扶着断枪逃入营垒，率残兵奔回博陵。郭、李围博陵，军威大振，河北十余郡都杀叛军守将，归顺朝廷。洛阳叛军大动摇，安禄山恐慌，召高尚、严庄来骂道，你们教我造反，说是万全。现在已经好几个月，还进不得潼关，北路已断，唐兵各路会合，我只有汴、郑几州，万全在那里？从今不许你们来见我。自然，安禄山还得和这些人相见，商量放弃洛阳，逃回范阳。正在商量未定的时候，昏君唐玄宗、奸相杨国忠开潼关让安禄山入西京。

唐玄宗极端骄傲，总以为自己的想法一定是对的。在安禄山反叛以前，他对朝臣担保安禄山"必无异志"，给予兵权毫不吝惜。安禄山反叛以后，他转过来对将帅猜忌，只要不合己意，就认为可疑，或杀或逐，毫不犹豫。既然认自己是对的，那末，除了李林甫式的奸相和宫廷奴隶——宦官，此外再没有值得真正可信任的人了。

哥舒翰扶病守潼关，不是安禄山有后顾之忧，潼关早就不守。唐玄宗和杨国忠怀疑哥舒翰按兵不进，可能别有企图，募兵万人屯灞上，暗中防备哥舒翰叛变。

唐玄宗派遣使者催促哥舒翰进兵攻陕、洛。哥舒翰奏称叛军利在速战，官军利在坚守，请等待时机以取成功。郭子仪、李光弼也奏称准备引兵攻取范阳，捣毁叛军的巢穴；潼关大军，必须固守，切不可轻出。唐玄宗、杨国忠对哥舒翰更加猜忌，派宦官一个跟着一个去催促进兵。哥舒翰知道必败，拍胸痛哭，引兵出关，在灵宝县西遇敌，一战溃败，哥舒翰被部下一个叛变的蕃将捕获送洛阳，唐军全部覆没。叛军入潼关，唐玄宗、杨国忠率领一些随从的朝官、宦官和卫兵，逃出西京，仓皇走向成都避难。

安禄山得西京，声势大振。一部分叛军侵入河东，郭子仪、李光弼收兵退入井陉，李光弼守太原，郭子仪前往灵武，河北诸郡全被史思明夺去。河南诸郡大半沦陷，张巡、许远力守睢阳，阻止叛军侵掠江、淮，因而江、淮财赋得以经由江、汉二水以至洋川（陕西洋县），再由洋川陆运到扶风，接济军用。郭、李两军的保存和睢阳的坚守，对唐朝的兴复是有决定意义的。叛军方面，在进入西京后，诸叛将自以为得志，沉迷酒色，争夺权位，搜括财物，不再有力量进攻唐军，只待唐军来扫除。

唐玄宗逃出西京，到马嵬驿（在陕西兴平县西），随行兵士杀杨国忠，又迫唐玄宗杀杨贵妃。两条祸根拔去了，算是平息众怒，这个骄侈已极，酿成祸乱的唐玄宗才得到兵士的护送，走到成都去安身。太子李亨在马嵬被民众留下，主持军事。李亨到灵武，朔方镇留守官劝进,李亨即皇帝位(唐肃宗)。唐朝以唐肃宗为首,展开了统一与割据间斗争的新局面。

朔方镇精兵早已调出去,只留老弱守边。唐肃宗即位时,文武官不满三十人,其中并无特出的人才,他的左右却有宠妾张良娣和宦官李辅国两个嬖人,足以给他重大的坏影响。他虽然有号召全国的政治地位,但缺乏挽救危局的具体谋略和实力。这时候李泌到达灵武,唐肃宗才有了得力的助手。李泌是唐中期特殊环境中产生出来的特殊人物。他经历唐肃宗、唐代宗、唐德宗三朝,君主尽管猜忌昏庸,他都有所补救和贡献,奸佞尽管妒嫉加害,他总用智术避免祸患。他处乱世的主要方法,一是不求做官,以皇帝的宾友自居,这样,进退便比较自如;二是公开讲神仙、怪异,以世外之人自居,这样,不同于流俗的淡泊生活便无可非议。统治阶级争夺的焦点所在,不外名与利二事,李泌自觉地避开祸端来扶助唐朝,可称为封建时代表现非常特殊的忠臣和智士。

李泌智慧早成,在开元年间为唐玄宗和张说、张九龄等所器重,称为奇童。天宝中,唐玄宗命他待诏翰林,供奉东宫,成为太子李亨(肃宗)的师友,因作诗指责杨国忠、安禄山等,被朝廷斥逐。他到达灵武,唐肃宗大喜,大小事都和他商量,言无不听。郭子仪率精兵五万也到达灵武。唐肃宗得李泌、郭子仪两个杰出的文、武辅佐,兴复有望,进驻彭原(甘肃庆阳县南),指挥

170

军事。

唐肃宗听从李泌的建议，以长子广平王李俶为天下兵马元帅，诸将都隶属元帅府。李泌不肯接受官位（右相），唐肃宗特为创设侍谋军国元帅府行军长史的名号，使李泌用这个名号处理军务。同时又用李辅国为判元帅行军司马事，地位仅次于李泌。李泌估计军事形势，对唐肃宗说，安禄山反叛，只有蕃将替他出力，汉人不过高尚等几个人，其余都是胁从。照我的预料，用兵两年，就可以消灭叛军。他给唐肃宗规定用兵计划，要旨是令李光弼出井陉，郭子仪入河东，使安禄山部下大将史思明、张忠志不敢离范阳、常山，安守忠、田乾真不敢离西京长安，随从安禄山守东京洛阳的大将，只剩下一个阿史那承庆。郭子仪入河东后，不要他进取华阴，让叛军据守的东西两京道路常通。朝廷驻兵在扶风，与郭、李两军分次出击，叛军来救头，就击它的尾，来救尾就击它的头，让它往来数千里，疲于奔命。唐军经常保持以逸待劳的优势，叛军来了不和它交锋，走了就乘机追击，不攻叛军的城池，不断叛军的走路。明年（七五七年）春季，使建宁王李倓（音谈tán 唐肃宗次子）率兵顺着边境进攻范阳的北面，使李光弼攻范阳的南面，两面夹击，攻取范阳，叛军想退退不得，想留留不得，朝廷令各军四面围攻，叛军还能逃到那里去！这个计划是完全正确的，唐肃宗也认为可行，但是，他那种昏暗贪近利的性格，不可能有实行计划的决心。

七五七年，安禄山被儿子安庆绪杀死，叛军内部愈益不安，史思明据范阳，不听安庆绪的调度，这些，都是给用兵计划以更有利的条件。唐肃宗却只求早日收复两京，享受做皇帝的尊荣，顾不得久远的利益。张良娣、李辅国互相勾结，谋逐走李泌，李俶性刚直，斥责二人的罪恶。二人进谗言，说李俶想当元帅，谋害广平王。唐肃宗怒，杀死李俶。他不问真假，也不和李泌商量，一怒便杀李俶，至少说明他无意于进攻范阳的计划。他最关心的事是怎样对付功臣。他问李泌说，郭子仪、李光弼现在都做了宰相，将来克复两京，平定天下，再没有官可赏，该怎么办？李泌建议把官与爵分开，"官以任能，爵以酬功"，赏功臣用爵不用官。因为用官赏功有二害，"非才则废事，权重则难制"。唐肃宗听了以为有理，但也不会采用李泌的建议。七五七年春季，唐肃宗进驻凤翔，陇右、河西、安西、西域兵都已经调到，江、淮庸调也运到汉中。李泌请按照用兵计划，派安西、西域兵顺着边境去攻取范阳。唐肃宗说，现在正该进取两京，那可引兵向东北走数千里，先取范阳，不是迂缓么？李泌说，现在调来的精兵都是西北守边兵和诸少数族人，他们不习惯关东夏季气候，克两京后，不可久留在内地。叛军逃归巢穴，等官军走了，一定又南来，战争势必拖延下去。不如先用在寒冷地方（范阳），使叛军无地可归，全部被消灭。李泌断言"今以此众直取两京，必得之。然贼必再强，我必又困，非久安之策"。唐肃宗只求快些进入京城，根本不考虑什么久安之策，放李泌在一边，独自指导战争在错误的道路上进行。

战争在错误指导下，实行以劳攻逸，和叛军打硬仗，攻叛军坚城，断叛军走路，一切违反李泌的用兵计划。郭子仪在河东，被召回任天下兵马副元帅，率军进攻长安。郭子仪军大败，退保武功县。唐军数次战败，唐肃宗不承认自己的指导有错误，却认为唐兵力不强。郭子仪看到回纥兵精猛，劝唐肃宗要求回纥多派援兵。回纥怀仁可汗使儿子叶护等率精骑四千余人来凤翔。唐肃宗好象获得了至宝似的，竭力讨回纥喜欢，与回纥定约："克城之日，土地、士庶归唐，金帛、子女皆归回纥"。这是多么卑劣无耻的昏暴行为！七五七年秋，元帅李俶、副元帅郭子仪率朔方等镇兵及回纥、西域兵共十五万，自凤翔出发，至长安城西，大破叛军，叛将安守忠、田乾真等率败兵逃出潼关，唐军进入西京。叶护要照约大掠，李俶拜求叶护到东京再践约，西京人才算免了灾祸。

叛军方面想扼杀唐朝，也用了最大的力量。它知道江淮庸调是唐朝的命脉，张巡、许远守睢阳，山南东道节度使鲁炅（音窘jiǒng）守南阳（城陷后退守襄阳），都是为了保护运道，因此叛军力攻两城，志在必得。张巡、许远和鲁炅都表现高度的坚毅性，坚守危城，特别是张巡，战绩尤为卓绝。睢阳陷落时，唐军已攻克西

173

京，叛军无力再进扰江、淮。睢阳、南阳的坚守，对战局有重大的贡献。

唐军入西京，李泌便力求到衡山隐居，唐肃宗也就允许了。李泌的归隐是要避免杀身的灾难，唐肃宗的允许，是要行施自己的一套想法。唐肃宗挽留李泌时说，我和你同忧患有年，现在正好同娱乐，你怎么说要走呢！李泌看来，忧患正在兴起；唐肃宗却看作娱乐的时候已经来到。李泌看来，娱乐里面包含着杀身之祸，必须及早走避到遥远的衡山去；唐肃宗却看作娱乐是忧患的报酬，忧患过去了，剩下的只是娱乐。智士与昏君的两套想法，如此悬殊，当然不可以合作。唐肃宗按照自己的想法做去，政治上军事上产生一次又一次的错误，因而不断地遭到忧患，最后还是在宫庭内的忧患中死去。

叛军失西京，军心动摇。李俶、郭子仪率大军进攻洛阳。安庆绪放弃洛阳，逃往河北，据邺郡等七个郡六十余城，有兵六万，仍是唐的劲敌。七五八年，唐肃宗命郭子仪等七个节度使率兵二十万，又命李光弼、王思礼（高丽人，王忠嗣部将，任关内、泽潞节度使）两个节度使率兵相助，合力进攻安庆绪。九个节度使不相统属，使宦官鱼朝恩为观军容宣慰处置使，实际就是想用鱼朝恩来当统帅。鱼朝恩凭什么来统率这样庞大的军队呢？前途是可以预见的了。

郭子仪等击败安庆绪军，围攻邺郡城（河南安阳

174

县)。史思明发范阳兵十三万救邺。史思明陷魏州(自七五八年起,郡都改称为州)。七五九年,鱼朝恩聚集步骑兵多至六十万,专力攻邺城。史思明看准唐军缺乏统一指挥,粮食不足,士气低落,上下解体的弱点,亲率大军直到邺城下。唐军六十万,布阵与史思明军决战,恰恰吹来一阵大风,沙尘弥漫,对面不相见,交战的两军都大惊溃散,唐军向南,史思明军向北。唐军遗弃甲仗辎重无数。郭子仪率朔方军到洛阳,准备保卫东京,李光弼、王思礼两节度使各引本部归镇,其余节度使和溃兵纷纷逃回本镇。史思明收集溃军,又回到邺城下,杀安庆绪,兼并安庆绪的土地和全部人马,自称大燕皇帝,成为一个强大的反叛力量。

唐军大溃败,完全是唐肃宗错误想法的恶果。他不设元帅的理由是郭、李都是元勋,难相统属。事实何尝如此。所谓难相统属,不过是一种借口,真情实别有所在,那就是唐肃宗曾问过李泌,郭、李再立大功,无官可赏,该怎么办。攻安庆绪时,郭、李早做了三公(正一品官,郭司徒、李司空),立功后确实是无官可赏,也就是功高震主,朝廷将感到不能容而又不得不容的困难,使宦官作观军容使,战胜的首功当然属于鱼朝恩,唐肃宗以为这是避免困难的方法,结果却招致六十万人崩溃的大失败。

宦官监军是唐玄宗创立的一个恶例,唐肃宗设观军容使,在监军外新创一个更大的恶例,标志着宦官势力又扩大了一步。

邺城下九节度使溃败，观军容使鱼朝恩归罪郭子仪，唐肃宗召郭子仪归京城，以李光弼为朔方节度使。又重赏朔方节度副使仆固怀恩（铁勒部落中仆骨部人）进爵为郡王，使与李光弼（郭、李都封国公）地位约略相等。他这些处置，根本还是从无官可赏的想法出发，罢免郭子仪，改用资望较次的李光弼，升进仆固怀恩，又为抑退李光弼作了准备。唐肃宗和他的后嗣们，依靠功臣来维持朝廷，却惯于用小智短计来对待功臣，结果是引起一联串的变乱。

七五九年，史思明率大队兵马取汴州，又取郑州。李光弼兵少，退出东京，驻军河阳。史思明得东京，引兵攻河阳。李光弼大破史思明军，史思明逃回东京，战争呈现相持不决的局面。

七六一年，陕州观军容使鱼朝恩认为攻洛阳的时机已到，唐肃宗就令李光弼等进取洛阳。李光弼奏称，敌兵尚强，不可轻进。仆固怀恩要李光弼战败，自己可以上升，附和鱼朝恩，说洛阳可取。唐肃宗派宦官接连催促李光弼出兵，李光弼不得已，使郑、陈节度使李抱玉守河阳，自己同仆固怀恩将兵会合鱼朝恩等共攻洛阳。仆固怀恩反抗李光弼的命令，在邙山下平原布阵，被史思明军冲击，唐军大败，诸将走散，李抱玉也弃河阳退走。史思明得河阳、怀州（治河内，河南沁阳县）等重要地点，准备进攻陕州。李光弼因战败失去兵权，改任河中（治蒲州，山西永济县）节度使。鱼朝恩、仆固怀恩依然得到宠任。

史思明乘胜要取陕州，进取西京，朝廷大惧。正在这个时候，史思明被儿子史朝义杀死。史朝义自称皇帝。

七六二年，张皇后（即张良娣）准备杀死李辅国和另一宦官程元振，李辅国、程元振杀张皇后等，拥立太子李豫（即李俶，唐代宗），唐肃宗惊死。

七六二年，唐代宗即位。他是唐肃宗的肖子，就是说，同样是个昏君。他要攻取洛阳，消灭史朝义，任命长子李适（音括kuò）为天下兵马元帅，仆固怀恩为副元帅。又派宦官向回纥请兵。回纥登里可汗，亲自率兵来内地，目的在掠夺财物。登里可汗轻视唐朝，强迫李适行拜舞礼，随从唐臣力争，回纥鞭打这些力争者各一百，说李适年幼无知，免其行礼。唐代宗不信任郭子仪、李光弼等良将，却信任强横不法、依附宦官的仆固怀恩；不信任本国的兵力，却请求回纥出兵来壮胆，这种谬误可耻的措施，正是"人必自侮，然后人侮之"，回纥的侮辱是自己招致的。后来李适即位（唐德宗），一味痛恨回纥对自己无礼，唐朝又因此招致大损失。

唐大军自陕州向洛阳进攻，泽潞节度使李抱玉、河南副元帅李光弼分路来会攻。大军与史朝义军在洛阳北郊大战，镇西节度使马璘奋勇陷阵，大军继进，大破史朝义军。史朝义逃往河北。回纥入洛阳，纵兵大杀掠，朔方（仆固怀恩所统）、神策（鱼朝恩所统）两军借口洛阳、郑、汴、汝等州是贼境，也沿路房掠。仆固怀恩率朔方等军到河北追击史朝义。七六三年，史朝义败死。安、史所代表的割据势力，到此时形式上算是失败，但在实际上却表现为另一种形式而得到巩固。

七六二年，唐诸军进击史朝义在河北的余部。史朝义部下诸节度使投降唐军。朝廷下令说"东京及河南、北受伪官者，一切不问"，这样，凡是叛军节度使都一变而为唐朝的节度使。张忠志（奚人）原是安禄山部下著名勇将，唐朝廷特别尊重他，给他成德军节度使名义，统原有恒、赵、深（治陆泽，河北深县）、定、易五州，赐姓名为李宝臣。藩镇成德镇（节度使驻恒州，河北正定县）从此成立。七六三年，朝廷任命田承嗣为魏、博、德、沧（河北沧县）、瀛五州都防御使（当年升为节度使），藩镇魏博镇（节度使驻魏州）从此成立。又任命李怀仙为幽州、卢龙节度使，占有幽、涿、营、平（治卢龙，河北卢龙县）、蓟（治蓟，河北蓟县）、妫（治怀戎，河北怀来县）、檀（治密云，北京市密云县）、莫（治莫，河北任丘县）八州，藩镇幽州镇（节度使驻幽州）从此成立。仆固怀恩怀异心，要诸叛将据有河北，作为党援，使自己常得朝廷的尊重，不过这还是次要的原因。主要的原因是唐朝廷本身腐朽无能，只求苟安一时，诸叛将既然名义上承认了朝廷，瓜分河北就不认为最重要的损害。

朝廷对强横不法的武夫，按照强横的程度，给予大小不等的姑息，愈强横，得到的待遇也愈优厚。对顺从朝命的功臣，按照功绩和威望的程度，给予轻重不等的猜忌。郭子仪功绩最大，威望最高，对朝命最顺从，遭受的猜忌也最大。功臣们因此对朝廷有所顾虑，不肯轻易脱离兵权和防地。朝廷的赏罚如此悖谬，宜乎图谋割据的野心家愈来愈多，那些不为风气所转移，忠实地阻遏割据势力的少数功臣，对朝廷说来，也就愈益显得难能而可贵。

　　安、史反叛，朝廷调西北兵参加征伐，边镇只留一些老弱兵，吐蕃乘机夺取唐地，河西陇右为吐蕃所占有，七六三年，吐蕃率领吐谷浑、党项、氐、羌共二十余万人入大震关（在甘肃陇西县），深入到奉天（陕西乾县）、武功，京师大惊骇。唐代宗任李适为关内元帅，郭子仪为副元帅，到咸阳抵御，郭子仪在家闲住，早已遣散亲兵，以免疑谤。这时候召募得二十骑，便赶赴咸阳。唐代宗见吐蕃兵已逼近，仓猝不知所为，逃出长安，奔向陕州。第三天，吐蕃入长安城，大烧大掠，长安变成一座空城。吐蕃虏获城中士女百工，准备归国。郭子仪用少数兵卒，虚张声势，吐蕃惊骇，全军逃出长安，退到原（宁夏回族自治区固原县）、会（甘肃靖远县）、成（甘肃成县）、渭（甘肃平凉县）一带，待机进取。自凤翔以西，邠州以北，陆续成为吐蕃属地，唐朝廷所在的西京，从此处于吐蕃的威胁下。

　　当吐蕃入大震关时，朝廷便下诏征调援兵，诸功臣痛恨宦官程元振的擅权横行，没有人奉诏，连李光弼也不发兵来援。太常博士柳伉料到唐代宗和宦官刚回来，气焰不免受挫，可以说些话。他上书指出吐蕃不战直入京师，武士纷纷逃避，这是将帅叛朝廷了。功臣被疏远，嬖幸受重任，直到大祸造成，群臣还没有一个人敢直谏，这是公卿叛朝廷了。此次车驾刚出都城，城里居人便入府库取财物，杀守者，这是三辅（畿内州县）叛朝廷了。自十月朔（夏历）发诏召援兵，四十天不见有一兵入关，这是四方叛朝廷了。柳伉指出这四条来提醒昏君，随后要求斩程元振，斥退诸宦官，神策军（鱼朝恩率领）交付大臣统率，做了这些以后，皇帝还得下诏罪己，问天下能不能允许自己自新改过，如果不得允许，皇帝该退位让贤。柳伉敢说这些话，因为他代表群臣的公意。唐代宗被迫取消程元振的官爵，用鱼朝恩为天下观军容宣慰处置使，总统禁兵，又加重奸相元载的权势，让他压制敢言的朝臣，昏君依靠鱼朝恩和元载，以为又可以安坐享乐了，事实却完全相反。

仆固怀恩率朔方军在河东，自以为有大功，不满意朝廷给予的待遇；朝廷也照例对功臣猜忌，总想收回兵权才称心。仆固怀恩不敢入朝，朝廷坚持要他入朝，双方关系逐渐恶化。七六四年，唐代宗使郭子仪为朔方节度使。朔方将士一听到郭子仪来了，都离开仆固怀恩，欢迎郭子仪。仆固怀恩率兵三百人逃到灵武，收合散兵，招引回纥、吐蕃兵十万人，绕过邠州（治兴平，陕西邠县），进逼奉天。郭子仪率军抵御，敌军不战退走。七六五年，仆固怀恩又引回纥、吐蕃、吐谷浑、党项等数十万人入侵，路上仆固怀恩病死，郭子仪与回纥讲和，合力击退吐蕃。唐朝依靠郭子仪的威望，得朔方军和众节度使的效忠，仆固怀恩才无所作为，可是，元载对唐代宗说，安禄山、史思明被儿子杀死，仆固怀恩病死，回纥、吐蕃不战而退，都是国家福业深厚，佛菩萨保佑的缘故，人力是做不到的。这个昏君愈益信佛，大造佛寺，此后吐蕃、回纥经常入侵，便令众僧讲《仁王护国经》，敌退，认为讲经有效，厚赏众僧，把郭子仪等众节度使和将士的功绩，轻轻放到不重要的地位上去。

七六八年，唐代宗召李泌来京师，要李泌吃酒肉、娶妻、做官（宰相），为世俗人。李泌保持宾客身分，固辞宰相，却被迫娶了妻。唐代宗要他为世俗人，是完全不了解李泌的用心，也就是不会听从李泌的建议。七七〇年，元载助唐代宗杀鱼朝恩，元载也开始被唐代宗厌恶。元载要驱逐李泌出京，唐代宗告诉李泌说，等我决意除元载，再找你回来。李泌就这样到江西去做判官。七七七年，唐代宗杀元载，籍没家产，单是胡椒就有八百石，其他珍宝财物之多可以类推。七七八年，李泌又被召来京师。唐代宗说，好容易八年才杀这个贼，几乎不能和你见面。李泌说，臣下有罪，早就该处置，何必容忍太过。唐代宗说，做事应该十全，不可轻发。

从这些谈话里，显示唐代宗昏愚无知、自以为是的病根，是不可救药的。不多几天，唐代宗听宰相常衮的话，又使李泌出京去做州刺史。

唐肃宗、唐代宗都是昏君，唐肃宗拒绝采用李泌的用兵计划，急于回到西京做享乐皇帝，又猜忌功臣，不让郭子仪、李光弼等良将在军事上施展才能。史思明死后，唐军不出陕州东境，向洛阳进取，听任安史残部攻掠河南，稳占河北。唐中期的割据局面，在唐肃宗时形成了。唐代宗时割据局面已经固定，京西又出现紧张局面。唐用主要兵力到京西防秋（防吐蕃秋季入侵），对藩镇不得不从姑息转为忍辱退让，对其他野心节度使的控制力也大为削弱，到处出现半独立的割据者。关东紧张的形势移到京西来，是一个重大事件，但当时的主要矛盾仍是朝廷与割据势力间的矛盾，邻国侵侮并不曾改变这一基本情况。

三　第二次斗争（七七九年——八〇五年）

七七九年，唐代宗死，唐德宗（李适）即位。唐德宗是不同于唐肃宗、唐代宗的昏君。肃、代猜忌功臣，唐德宗的猜忌心表现得尤其突出。肃、代都对强横者姑息，唐肃宗被史家描写为"温仁"，唐代宗也被称为"宽仁"，实际都是庸懦人物，唐德宗急躁，是一个轻举妄动、刚愎自用的人物。肃、代都优待回纥，防备吐蕃，唐德宗因曾受侮辱，仇视回纥，对劲敌吐蕃反而放松警戒。他是这样的一个昏君，唐朝在他统治下，从肃、代的苟安局面转入危急的局面。

唐德宗初即位，尊郭子仪为尚父，免去一切军职，用他的部将李怀光（靺鞨人）、常谦光、浑瑊（音尖 jiān）三人分掌兵权。李怀光在七七九年初，乘郭子仪入朝，谋夺郭子仪的地位，伪造诏书，想杀死功名比自己高的大将温儒雅等，阴谋被判官杜黄裳发觉，李怀光流汗服罪。唐德宗要取消郭子仪的兵权，竟把最重要的军职分给这个谋篡者，使他代郭子仪镇邠州。这和唐肃宗用仆固怀恩代李光弼的作法完全一样，昏君是永远不会从失败中取得教训的。七八〇年，唐德宗罢免泾原（治泾州，甘肃泾川县）节度使段秀实，使邠宁（治邠州，陕西邠县）节度使李怀光兼泾原节度使。泾原诸将因李怀光杀温儒雅等宿将五人，治军暴虐，拒绝李怀光到任，唐德宗改任朱泚为泾原节度使。这些措施，后来都转过来危害唐德宗自己。

七七九年，唐德宗任用元载余党杨炎为宰相。七八〇年，依杨炎的建议，行两税法，岁收比行租庸调法有改进。杨炎因之愈得信任，独任大权，专以报仇害人为能事。刘晏是唐朝最有名的理财家，自七六〇年（唐肃宗上元元年）起，便以筹集财赋，供应军国，为朝廷所倚重。唐代宗杀元载，刘晏曾参与密议。杨炎要为元载报仇，七八〇年，进谗言使唐德宗杀刘晏。刘晏无罪被杀，大家都为他呼冤。七八一年，割据淄青镇（治青州，山东益都）的李正己（高丽人）和诸镇谋反，接连上表请问杀刘晏的罪名，使朝廷无话可对，陷于窘境。唐德宗用卢杞为宰相，准备杀杨炎（本年杀杨炎），卢杞非常阴狡，是李林甫、元载以后，又一个著名的奸相。他掌握着唐德宗猜忌刻薄的性格，顺着这个性格去伤害群臣，害人的伎俩，超过杨炎无数倍。唐德宗的急躁，加上卢杞的奸邪，造成一阵大混乱，唐朝遭到比安禄山入西京还要严重的危险。

七八一年，成德镇李宝臣死。李宝臣和李正己、田承嗣等议定，要在本镇确立传子制。七七九年，田承嗣死，田悦继位，李宝臣要求朝廷加以任命，承认田悦的继承权。唐代宗当然允许。现在李宝臣的儿子李惟岳继位，请朝廷承认一下，也算是有例可援。唐德宗想革旧弊，坚决不允许，田悦替李惟岳代请，也不得允许。田悦、李正己、李惟岳结合起来，为争取传子制，出兵和朝廷作战。唐德宗调京西防秋兵一万二千人守关东，又任命李怀光兼朔方节度使，大发各路兵讨伐叛军。这是一次带有决定性的大战争，如果战争胜利了，割据势力将大为削弱，可是，唐德宗并无用兵计划，也不设统兵元帅，诸将由朝廷亲自指挥。他以为用大军击三个叛镇，可以制胜，根本不想到这是统一与割据的斗争，关系不限于三个叛镇。果然，战争出于意料地愈来愈扩大，唐军方面虽有不少良将，但在腐朽朝廷的指导下，局部胜利丝毫不能补救整个局面的大破败。

七八一年，魏博田悦攻唐邢州（河北邢台县）和临洺县（河北永年县西），战争开始了。唐将河东节度使马燧、昭义节度使李抱真、神策将李晟（音成chéng王忠嗣旧部）大破田悦军。田悦解围退屯洹水县（河北大名县西南），淄青军在东，成德军在西，互相呼应。唐将唐朝臣大破魏博、淄青军于徐州，江、淮漕运又通。七八二年，马燧、李抱真、李晟又大破田悦军，田悦收残兵千余人逃回魏州，守城自保。淄青李纳（李正己死，子李纳继位）战败，逃回濮州（山东鄄城县），唐军围濮州。唐德宗令卢龙节度使朱滔攻成德李惟岳军，李惟岳大败，逃回恒州。李惟岳部将王武俊（契丹人）杀李惟岳，投降朝廷。

唐朝的腐朽政治，自安、史乱后，不曾有改善，朝廷应有的威信，它是缺乏的。它拿不出比藩镇较好的政治来振新耳目，一时的战胜，并不能挫折割据者的野心，改变分裂已久的形势。这一战争还没有结束，立即发生又一次战争。

唐德宗任命成德降将张孝忠为易、定、沧三州节度使，王武俊为恒、冀二州都团练使，别一降将康日知为深、赵二州都团练使。分给朱滔德、棣（治厌次，山东惠民县东南）二州。朝廷这个措施，意在分散旧成德镇的力量。王武俊自以为功大，地位反比张孝忠低，不肯接受朝命。朱滔要得深州，屯兵据守，拒绝交给康日知。

王武俊反叛，接着朱滔也叛，田悦、李纳、王武俊、朱滔结合，声势又振。朱滔遣人密约朱泚同反，被马燧搜获。朱泚镇守凤翔，唐德宗召回长安，派宦官监视。马燧等围魏州，朱滔、王武俊救魏州。唐德宗令朔方节度使李怀光前往助战。李怀光击破朱滔军，王武俊又击破李怀光军，唐军失势，马燧等退保魏县（在魏州城西），抵御朱滔等。唐军与叛军相持，朱滔等看出唐军不能夺回优势，相约称帝称王，表示与朝廷断绝任何关系，不再算是唐朝的叛臣。朱滔自称冀王，田悦称魏王，王武俊称赵王，李纳称齐王。朱滔为盟主。朱滔等向淮西节度使（驻蔡州，河南汝南县）李希烈劝进，李希烈接受推戴，先自称天下都元帅。李希烈兵强，派兵四出掠夺，围郑州，小队人马直到洛阳附近，东都大震骇。战事从河北蔓延到河南，河南成为重要的战场。

宣武军（节度使驻许州）是对抗李希烈叛军的主要唐军。七八三年，李希烈围襄城（河南襄城县）。宣武节度使李勉使部将率兵一万人救襄城，唐德宗也派兵三千人去助战。李勉奏称，李希烈精兵都在襄城，许州（河南许昌市，李希烈当时驻许州）空虚，使两部救兵袭许州，襄城围自解。唐德宗以为违反诏书，派宦官去斥责李勉。两部救兵离许州数十里，奉召狼狈退回。许州守兵追击，唐军大败，死伤过半。李勉分兵四千助守东都，被李希烈截断后路，不得退回。这都是唐德宗亲自指挥的结果，宣武军从此不振，襄城愈益危急。

186

唐德宗在讨伐三叛镇时，意气甚盛，一心要进攻。现在李希烈反叛，又转过来一心要退守。不让宣武军攻许州，因为襄城距离洛阳比许昌近些。李希烈小队人马窜扰洛阳附近，便调宣武军四千人去助守。显然，他只求固守东都，保障西京的安全，别的都顾不得了。但是，事情又恰恰出于他的意料之外。他抽调关内诸镇兵救襄城，泾原兵五千被调路过京师，因不给犒赏，兵士哗变。变兵声称琼林、大盈两库（皇帝私库）积金帛无数，应该拿来大家分。变兵攻入京城，唐德宗率少数家属仓皇出走，随从只有宦官窦文场、霍仙鸣所率宦官约一百人。路上遇到郭曙（郭子仪子）、令狐建二人，率所部约五百人随行。唐德宗在这些人拥护下，逃到奉天县。过了三两天，左金吾卫大将军浑瑊率家属到奉天。唐朝一部分官员也陆续来归。浑瑊是郭子仪部下大将，一向有威望，七七九年，唐德宗分郭子仪所管军州为三个节度使，浑瑊是三节度使之一。当年，内调为左金吾卫大将军。浑瑊失兵权，自然是由于唐德宗的猜忌。他是朝中唯一名将，李希烈反叛，曾派间谍来陷害他，唐德宗在这一点上还算明白，没有中计，浑瑊得保存生命。现在他来到奉天，人心才安定了一些。附近诸镇援兵入城，有浑瑊统率，唐德宗才幸免被俘。在这一紧急期间，浑瑊成了挽救危局的决定性人物。

朱泚曾任泾原节度使，泾原变兵拥朱泚为主。诸镇救襄城兵，有些还没有出潼关，也叛变回西京，投顺朱泚。朱泚有了兵力，便自称大秦皇帝，唐百官大都做了秦官，俨然立起一个朝廷来。朱泚立朱滔为皇太弟，与河北诸叛镇遥相呼应。唐德宗派人到魏县行营（攻田悦的唐军）告急，李怀光率朔方军回救奉天，李晟也沿路收兵来救，马燧等各归守本镇，李抱真仍留河北。这一行动是唐朝的转机，浑瑊坚守危城，使这个转机能够实现。浑瑊、朱泚都知守城与攻城的意义，双方态度都非常坚决。朱泚亲自督战，用全力围攻一个月，不能得城。城中食粮都用完，唐德宗自己也只吃些蔓菁和粗米，兵士更是困饿不堪。李怀光率兵五万到长安附近，李晟率兵万余人也到，其余各路援兵分别到达。朱泚集中兵力作最后一攻，守城兵力战，朱泚大败。李怀光击败朱泚别军，朱泚率兵退守长安。奉天围解了，群臣朝贺。军官贾隐林对唐德宗说，陛下性太急，不能容人，如果这个性格不改，虽然朱泚败亡，忧患还是会来的。唐德宗刚刚脱险，不便发怒，只好连声说对，事实上昏君决不能因忧患而悔祸改过。他对陆贽（音至 zhǐ）说，我对人推诚不疑，却常常被奸人卖弄。我遭受许多患害，我看，没有别的原因，只是因为对人推诚的缘故。他是这样一个决不悔改的昏君！

　　果然，立刻又发生祸乱。李怀光性粗暴，从魏县来，一路上说卢杞等人奸邪，应该诛杀。唐德宗按照卢杞的计谋，令李怀光乘胜攻长安，不必入朝相见。李怀光自以为有大功，竟不得见皇帝一面，对人说，我已经被奸臣排斥，没有前途了。李怀光接连上表揭发卢杞等人的罪恶。朝臣们也议论纷纭，斥责卢杞等。七八四年，唐德宗被迫，贬卢杞等为南方远州司马。李怀光逼走卢杞等，心不自安，屯兵咸阳，与朱泚通谋，宣称，我已与朱泚连和，朝廷快快避开。唐德宗仓皇离奉天，避往汉中。李怀光反叛，唐朝形势又进一步恶化，许多朝官认为朝廷愈走愈远，不可能再回来。那些闭门不出观望胜败的唐官，纷纷投降朱泚，甚至河东节度使马燧也觉得绝望，撤回援兵，准备保卫河东本境。这时候，李晟成为挽救危局的决定性人物。

李晟率孤军驻东渭桥（在长安东北五十里），夹在朱泚、李怀光两强敌的中间，内无资粮，外无救援，开始时处境极为危险。他用忠义激励全军，在困境中保持锐气。他的决心增强他的威信，驻邠宁、奉天、昭应（陕西临潼县）、蓝田的唐军，都接受他的指挥，军声大振，唐德宗本想逃往成都，因此停留在汉中。李怀光被迫逃往河中，部属或投降李晟，或路上逃散，势力大为削弱。李怀光逼走卢杞，将要叛变时，唐德宗派人去吐蕃求救兵。允许割安西、北庭地给吐蕃。河西陇右失陷后，北庭节度使李元忠、安西四镇留后郭昕率军民坚守，七八一年，使者间道入朝，朝廷才知道二镇还存在。二镇对抗吐蕃十余年，唐德宗竟私许割让，悖谬真是到了不能设想的程度！他和肃、代一样，不相信将帅有克敌的力量，实际是怕将帅力量太大，立大功不好对付，宁愿引进吐蕃兵来分功，什么损害是在所不计的。他使浑瑊率诸军自汉中出击，吐蕃兵二万来会。浑瑊击败朱泚兵，进屯奉天，与李晟东西相应。吐蕃大掠武功县，又受朱泚厚赂，全军退去。唐德宗想用吐蕃兵同取长安，听说退去，非常忧愁，询问陆贽。陆贽劝他信任将帅，用吐蕃有害无益，现在退去，正是好事。唐德宗的猜忌心不得不流露出来，要陆贽替他拟出指挥浑瑊、李晟等军的规划。陆贽劝他不要"决策于九重之中（宫中），定计于千里之外"。显然朝廷引外兵来，是要将帅不得居全功，朝廷亲自指挥，也是想自居首功，归根都是猜忌心的表现。陆贽拒绝做规划，他只好让李晟等自动用兵，正如陆贽所说，"君上之权，特异臣下，惟不自用，乃能用人"，唐德宗不得自用，李晟等才得被用了。李晟率兵攻入长安城，号令严明，秋毫无犯。朱泚逃走，路上被部下杀死。七八五年，马燧、浑瑊等围攻河中，李怀光自杀。从七八一年三叛镇作乱开始，朝廷处理军事，一个错误接着又是一个错误，把战祸引到河南，又引到长安城内，不是浑瑊、李晟等人尽力反抗叛军，唐朝几乎有覆没的危险。七八四年，唐德宗回长安，七八五年，取河中，战祸算是大体上告一结束。

七八三年，魏县行营解散，李抱真退屯临洺县，留在河北观望形势。李抱真利用王武俊与朱滔间的矛盾，说王武俊归唐。唐德宗困在奉天，使人说田悦、王武俊、李纳，允许赦他们的罪，并给大官爵。本来三人

190

只要割据得到承认，名义上归唐并无不可，三人都秘密答应了。七八四年，陆贽替唐德宗起草一道罪己大赦诏，文字确实诚挚动人，据说，诏书颁发下去，四方人心大悦。七八五年，李抱真入朝，对唐德宗说，"山东宣布赦书，士卒皆感泣，臣见人情如此，知贼不足平也"。一个皇帝肯自认错误，愿意悔过，话又说得那样恳切，士卒感泣是很可能的。不过，陆贽的文章，首先没有感动唐德宗本人。赦书开头几句是"致理（治）兴化，必在推诚；忘已济人（民），不吝改过"。唐德宗过去是后来还是最不推诚、最吝改过的昏君，他根本不承认自己有错误。其次也没有感动田悦等三人，他们依然为割据而进行争夺，赦书只是给他们一个取消叛臣名义的借口。三人见赦诏，都自去王号，上表谢罪。唐德宗任命王武俊为恒冀深赵节度使，李纳为平卢节度使，田悦早已任节度使，特加检校左仆射官号。剩下幽州的朱滔和淮西的李希烈，朱滔于七八五年病死，将士立刘怦为主，朝廷任命刘怦为幽州、卢龙节度使。李希烈于七八六年为部将陈仙奇所杀。陈仙奇来降，朝廷任为淮西节度使。吴少诚说是为李希烈报仇，杀陈仙奇，自为留后，朝廷即任为淮西留后。由传子制引起的一场大混乱，就这样可耻地结束了。

陆贽是唐朝卓越的政论家。唐德宗作太子时，已经听到陆贽的声名。七八三年，战祸蔓延到河南，需要大手笔替他起草文告，才召用陆贽为翰林学士。陆贽正直，唐德宗有问，总是剀切指陈，有过，总是竭诚谏诤。唐德宗逃到奉天，事事和陆贽商量，不可一日离左右，但重要议论却很少采纳。唐德宗逃到汉中，使人去召杭州刺史李泌。陆贽的严肃态度，与唐德宗刚愎的性格是不能相容的，陆贽尽管能发救时的宏论，遇到昏君，不免大部分化成空谈。李泌经历玄、肃、代、德四朝，昏君的心理已经摸得够清楚了，因此能够在某种程度上诱导唐德宗做一些好的事情，使得有些祸乱受到阻止，内忧外患多少有减轻的趋势。

　　为了仇视回纥，要与吐蕃和好，这是唐德宗一贯的主张。七八四年，唐德宗回长安，吐蕃来求安西、北庭两镇。唐德宗想召还郭昕和李元忠，割两镇给吐蕃。李泌说，两镇将士尽忠竭力，为国家固守近二十年，如果割弃，他们将来从吐蕃入侵，怨恨朝廷如报私仇，一定很凶悍。朝臣赞助李泌的意见，两镇得保存下来。唐德宗刚进长安城，便猜忌功臣，七八五年李怀光死，猜忌心更不可抑制。吐蕃入寇，被李晟击败。吐蕃人说，唐良将不过李晟、马燧、浑瑊三人，用计去掉他们，可以取唐国。七八六年，吐蕃派兵二万到凤翔城下，声称李晟叫我们来，为什么不出来犒赏。第二天退去。这是何等拙劣的离间法，唐德宗却信以为真，张延赏乘机毁谤李晟。李晟昼夜哭泣，请求出家为僧，唐德宗不许。七八七年，吐蕃又使人向马燧求和，马燧对李晟有嫌怨，附和张延赏（宰相），力主讲和。唐德宗以和吐蕃

192

为借口，削去李晟的兵权。又令浑瑊为会盟使，临行时，唐德宗要他"推诚"对待吐蕃，切不可有猜忌心。显然，向吐蕃求和好，目的是在夺诸功臣的兵权，对外敌推诚不猜忌，正由于对功臣猜忌不推诚，他这样谬误地对待功臣，宜乎受吐蕃的侮弄。浑瑊到平凉结盟，吐蕃伏兵突起，杀唐官和唐兵，浑瑊夺马逃回。吐蕃原想捉获浑瑊，使马燧因创和议得罪，然后进兵攻取长安。现在浑瑊逃走，马燧虽已被唐德宗憎恶，失去副元帅、河东节度使等职位，却还没有治罪，进攻的计划因而停止。

和吐蕃几乎招来战争，更危险的是李晟失兵权，遭猜忌，武臣们如李抱真等都愤怒解体，不肯再为朝廷出力。宰相张延赏辞职，表明和吐蕃的责任，但君臣相疑，内外解体的分裂状况仍无法消除。这又是唐朝一个紧急关头，唐德宗大概感到危险，任用李泌为宰相，李泌大概也感到非任职不可，居然允许做宰相。这时候，确实只有李泌一人可以挽救危局，因为只有他能够说透利害，打动唐德宗的内心，使他多少听从一些。

李泌受任后，与李晟、马燧等进见唐德宗。唐德宗对李泌说，从前你在灵武时，就该做这个官，你一定不肯做。现在我用你为相，要同你定个约：你切不可报仇，你有恩要报，我替你代报。这几句话完全流露出唐德宗的猜忌心，他怕李泌报恩报仇，滥行职权，损害皇帝独掌的赏罚权。他用李泌，但并不了解李泌的为人。

李泌说，我一向奉道教，不与人结仇，也没有什么私恩要报。今天，我倒要和你定个约。唐德宗说，可以。李泌说，愿你勿害功臣。李晟、马燧有大功于国，你万一害他们，内自宿卫，外至方镇，那个不愤怒，恐怕中外叛变，大乱立刻到来。你能诚心对待他们，他们自然也就安心，国家有事，他们出去征伐，无事在朝内任职，不是很好么？你不要忌二臣功大，二臣也不要因位高自疑，天下就无事了。唐德宗听说，答应不害李晟、马燧，二人也涕泣拜谢，表示感激。一个紧急关头就这样平稳地渡过去。李泌做了许多有利于国的事，愈得信任，因而提"北和回纥，南通云南（南诏国），西结大食、天竺"以困吐蕃的计划。唐德宗坚决反对和回纥，经李泌反复开导，才决定与回纥和亲。七八八年，回纥可汗得唐许婚，非常喜悦，愿为唐牵制吐蕃。七九三年，南诏国也脱离吐蕃，与唐恢复亲善关系。吐蕃的两个与国变成敌国，唐的两个敌国变成与国，唐与吐蕃形势大变，从此吐蕃势弱，不能为唐大害。唐朝免去吐蕃的威胁，到唐宪宗时，又有力量和关东割据势力作战，并取得胜利。李泌这一建议的实施，对唐与吐蕃两国都有深远的影响，在他的政治生活中，这是最大的一个成功。

李泌常与唐德宗进行有意义的争论。有一次，一个妄人对唐德宗说，白起（战国时秦国名将）告诉他，吐蕃将要来寇，白起能替国家守卫西边。本来，吐蕃侵边是常事，唐守边兵把它赶走也是常事。唐德宗把边上战胜看作白起的功劳，要在京城立白起庙。李泌说，我只听说过"国将兴，听于人（民）"（《左传》庄公三十二年，"国将兴，听于民；将亡，听于神"），将帅立了功，你却赏白起，边上谁还肯杀身御敌？请外兵和请鬼神，都是贬低功臣的一种手法，李泌这一驳议，正打中唐德宗的隐情，白起庙只好作罢。有一次论到卢杞，唐德宗说，人都说卢杞奸邪，我觉得不是那样。李泌说，让你一个人不觉得，正是他的奸邪处。如果你早觉得，何至有奉天的祸难。唐德宗说，那是天命，术士早就说过，与卢杞不相干。李泌说，天命，一般人可以说说，只有君和相不可说。君、相是造命的人，君、相也说天命，那末，礼、乐、刑、政还有什么用？纣说，"我生不有命在天"，商就是这样亡国的。唐德宗说，卢杞小心，我说的话他都听从，他没有学问，不能和我辩驳，我常常觉得才能比他大得多。利用昏君自以为是、自以为能的弱点，按照昏君的意图来顺从，这是奸人得宠的秘诀。卢杞为相，出的主意没有一件不误大事，在奉天危城中还是如此，唐德宗却始终信任，原因就在卢杞的主意全是唐德宗的主意，事情坏了，宰相受朝臣们斥责，绝不推辞，唐德宗自然认为是忠臣，愈加信任。李泌反驳说，凭着言无不从，就得称忠臣么！"言而莫予违"，正是孔子所谓"一言丧邦"呵！唐德宗说自己为什么能接受李泌的谏诤，因为李泌说理深透，态度和顺，使人信服，不能不从。七八九年，李泌病死。他喜欢谈神仙怪异，自称是道教徒，从反对立白起庙、反对信天命看来，他谈神仙怪异，实是处乱世的一种智谋。胡三省注《资治通鉴》，说是"子房（西汉初张良）欲从赤松游之故智"，可谓能知李泌的心事。

唐与回鹘（音胡hú，七八八年改纥为鹘）、南诏讲和后，吐蕃不敢轻易入侵，各藩镇也因要求得到满足，名义上尊奉朝廷，唐德宗处在比较和缓的情势下，充分行施着他的恶劣政治，陆贽虽然做了两年多（七九二年夏至七九四年冬）宰相，提出许多好的建议，但并不能改变当时的恶政。这些恶政是：

（一）宦官专军政——七八四年，唐德宗猜忌宿将，使宦官窦文场、霍仙鸣监左、右神策军。七九二年，左神策大将军柏良器，募精壮人代替挂名军籍的小商贩。监军窦文场认为可疑，唐德宗贬柏良器。七九六年，任窦文场、霍仙鸣为左、右神策护军中尉。从此宦官兼管禁军，藩镇将帅多从神策军出身，有些朝官也出入宦官门下。边上诸军，多请隶属于神策军，称为神策行营，归中尉统率，神策军因此扩大到十五万人。窦、霍势力盛大，为唐后期宦官挟兵权把持废立大权的局面开了最初的端。

（二）大权独揽，亲理小事——陆贽因直谏，七九四年罢相。七九五年，贬陆贽为忠州（四川忠县）司马。自从陆贽被逐出朝，唐德宗耳根清净了。他不再任用宰相，官员小至县令，都由他自己选用，宰相只管行文书的事务。他对那些拥兵并有反叛可能的人，却屈意姑息，一州一镇只要有兵，就不敢去触犯。他的大权表现在做小事上，在大事上他是缺乏权力的。

（三）贪进奉、兴宫市——唐德宗在奉天吃过穷乏的苦头，回长安后，专心贪财物。他从穷乏生活中，没有取得任何有益的经验，独取得贪财的经验，真是昏愚到极端。因为他贪财，节度使多以进奉名义来讨喜欢。名目有"税外方圆"（正税外周转）、"用度羡余"等等。节度使额外刻剥百姓，所得财物大部分自吞，进奉只是十分中的一二。有的每月进奉，称为月进；有的每天进奉，称为日进。后来州刺史也有进奉，幕僚也有进奉。所谓进奉，就是鼓励地方官加紧剥削，皇帝坐地分赃。在京师，使宦官为宫市使。宫市使手下有白望数百人，专在市上抢掠货物。所谓宫市，就是皇帝作窝主，宫中用物不买就会得到。七八七年，唐德宗对宰相李泌说，每年各地方进奉，共值钱五十万缗，今年只得三十万缗，宫中用度不够，怎么办！李泌劝他不要求私财，国库每年供给宫中一百万缗，请从此不受进奉并停止宣索（随时派宦官到地方上要财物）。唐德宗答应了，可是还暗中派宦官去要，敕令地方官不许让宰相得知。封建皇帝以天下为家，因为爱家，不敢过分剥削民众，这就成为好皇帝。唐德宗连京师街市都不顾，只顾宫中的家，私财积得愈多愈好，死也不肯拿出一些来。有一次，禁军缺粮要哗变，恰好江、淮运到米三万石，唐德宗高兴，走到东宫对太子李诵（唐顺宗）说，米运到了，我父子得活命了。江、淮运米，连运费每斗值钱三百五十文，京师市上米价每斗不过数十文，他宁愿兵变，不愿拿出私财来籴米。七八三年，泾原变兵占据长安，给他的教训却是加紧充实琼林、大盈库，贪鄙的毒如此深入骨髓，不发生第二次兵变，算是他的侥幸。

对功臣猜忌，对拥兵者姑息，对财物贪得无厌，唐德宗就是这样的一个昏君。八〇五年，这个昏君死了，唐顺宗继位。唐顺宗得中风病，不能说话，亲信人王伾（音丕pī，杭州人）、王叔文（越州山阴人）替他出主意，朝臣中柳宗元、刘禹锡、韩泰等名士，帮助王叔文议论政事。唐顺宗即位，下令蠲免民间对官府的各种旧欠；停止地方官进奉和盐铁使的月进钱；减江淮海盐价，每斗自三百七十钱降为二百五十钱，减北方池盐价为每斗三百钱；取消宫市；召回陆贽和著名谏臣阳城等；宣布京兆尹李实的贪污罪，贬为通州（四川达县）长史。这些，在当时都是善政。为夺取宦官的兵权，派老将范希朝为左右神策、京西诸城镇行营节度使，韩泰为行军司马。宦官俱文珍等和反王伾、王叔文的朝官结合起来，拥立唐顺宗的长子李纯（唐宪宗）为皇帝，唐顺宗退位称太上皇。唐宪宗贬王伾、王叔文。王伾病死，王叔文被杀。柳宗元等八人都算是王叔文党，贬到远州做司马。王伾、王叔文是南方人，又是小官，一向没有声望，骤然掌握朝廷大权，引起众官的憎恨，是很自然的。夺宦官兵权，当然要遭到宦官的仇视。唐顺宗病重，很快就要死去。王叔文等在这种情况下执掌政权，思想上还以为大有可为，未免急于求成，见利忘害。不过，他们在掌权的几个月内，颁布的政令，都是改革弊政，有利于民众，也有利于朝廷，唐宪宗给他们极重的处罚，完全从争夺权利的私仇出发，根本不顾及他们究竟犯了什么罪。从此，唐朝又创了一个新的恶例，每一皇帝都把自己任用的人当作私人，后帝对前帝的私人，不分是非功过，一概敌视，予以驱逐。宦官拥立皇帝，朝官分成朋党，本来有相沿成习的趋势，在唐宪宗继位时，都开始表面化了，唐中期也就向后期过渡。

四 第三次斗争（八〇五年——八二〇年）

唐朝廷潜在的力量，实际上远胜割据者，只是唐肃宗以下都是昏君，腐朽势力统治着朝廷，在和割据势力斗争中，总是处于劣势。唐宪宗比他的先帝们有振作朝廷的意愿，多少能够听朝臣们的谏诤，也多少改革一些前朝的恶政，所用宰相也还得人，因此，朝廷在政治上呈现唐中期未曾有过的气象，在军事上也就获得未曾有过的胜利。

但是，唐宪宗基本上是腐朽势力的代表。当朝廷取得一些胜利显出优势以后，腐朽势力又统治着朝廷，已得的胜利和优势，恰恰有助于腐朽势力的更加强固，后来连作为代表的唐宪宗本人也被推倒，以宦官权力大于皇帝为特征的唐后期接着就开始。

宦官吐突承璀（音cuī）的进退，可以说明唐宪宗政治上自昏至明、自明至昏的过程，下面简单叙述这个过程。

唐宪宗最宠信的宦官是吐突承璀。他即帝位，便任吐突承璀为内常侍，知内侍省事，统率全部宦官。八〇六年，任吐突承璀为左神策中尉，掌管禁军。八〇九年，成德节度使王士真（王武俊的长子）死，长子副大使王承宗自为留后。河北三镇相沿以嫡长子为副大使，父死便称留后，朝廷任命后，正式称节度使。唐宪宗想革除藩镇世袭制，准备用兵，是合理的，但当时形势，河北用兵是不可能取胜的，用吐突承璀为统帅，那就更荒谬了。他任命吐突承璀为左、右神策，河中、河阳、浙西、宣歙（治宣州，安徽宣城县）等道行营兵马使、招讨处置等使，统兵讨伐王承宗。朝臣白居易等群起反对，极言宦官不得作兵马统帅，各道将校受宦官指挥，谁不感到耻辱，心既不齐，那能立功。唐宪宗固执己见，只是取消四道兵马使名义，改处置使为宣慰使，实际上仍用吐突承璀为统帅。吐突承璀率左、右神策军到行营，威令不振，各道统兵将帅互相观望，无意立功，战局完全陷于被动。八一〇年，唐宪宗不得已任命王承宗为成德节度使。这次用兵，调动各道兵共二十万人，神策

200

军还不在数内，军费共用七百余万缗，单是遣散诸道行营将士回本镇，就共赐布、帛二十八万端匹。朝廷耗费大量财物，所得的结果是威信大损，为天下笑。

唐宪宗力排朝臣们的公议，坚决对河北用兵，一个藩镇的策士指出他的用意是，想炫耀自己的谋略，使群臣畏服。事实上，唐宪宗这种做法，是有一贯性的。他即位时，不问是非轻重，驱逐所谓王叔文党。这次用兵，也是朝臣们的谏诤一概不听。他即位以来，虽然也鼓励朝官们直谏，直臣李绛、白居易等人也受到重视，可是，本质上他是亲信宦官、疏远朝官的，他自己和宦官一起，把朝官作为另一起。对河北用兵，是想炫耀谋略，也是想扶这一起压另一起。他这种一贯的做法，在朝官中也起着称为朋党的分裂作用。八〇八年，他举行特试，要应试人直言极谏。应试人牛僧孺、李宗闵等指陈时政，无所避忌，考试官杨於陵等认为合格，列在上等。唐宪宗也承认杨於陵等的评定。宰相李吉甫对唐宪宗哭诉，说考试官作弊不公，唐宪宗不问是非，把阅卷有关的大小官都贬窜出京，牛僧孺等也被斥退。李吉甫擅长逢迎，善于揣摩唐宪宗和吐突承璀等宦官的心思，是一群佞臣的代表。唐宪宗为李吉甫贬斥杨於陵、牛僧孺等，同样也是扶这一起压另一起的做法。唐后期南、北司之争、朝官中朋党之争，都在唐宪宗时显著地表现出来。

八一〇年，吐突承璀归京师，仍任左神策中尉。朝官李绛等力争，要求办他战败的罪。唐宪宗不得已，贬吐突承璀为军器使。八一一年，吐突承璀受贿事被发觉，出为淮南监军。唐宪宗对李绛说，这不过是个家奴，尽管给他多大的权力，要去掉他，轻得象去掉一根毛。其实，宦官势力已经养成，决不是轻如一根毛，唐宪宗也并不想去掉这一根毛，不过，这句话正好说明为什么亲信宦官、疏远朝官的原因。

唐宪宗想恢复唐朝的统一，与割据势力作斗争，比较有决心，这使他能够进取并且取得一些成就。他用吐突承璀讨伐王承宗，结果不出李绛等朝臣的预料，战事以对王承宗忍辱而告结束。他得到教训，知道要有成就必须用李绛等朝臣。但是，李绛等朝臣与宦官势不并立，用李绛就得抑宦官。八一一年，吐突承璀出宫作淮南监军，李绛被任为宰相，表示两个势力的消长，从此朝廷展开了一个新的局面。

李绛作宰相，一群直臣得势，朝廷颇有振作的气象。八一二年，魏博镇内讧，将士拥立田弘正为留后。田弘正举魏博镇六州土地归顺朝廷。李绛预料魏博镇将发生内讧及处理归顺等事，都表现出非凡的才智，唐宪宗却对他疑忌起来。有一天，唐宪宗告诉宰相们说，你们应当替我爱惜官职，不可给你们的私人。李吉甫、权德舆说不敢。李绛独说考察宰相用人，只问得当不得当，不必问是亲是故。唐宪宗口头上只好说，你说得对。八一三年，唐宪宗问宰相们（这时候武元衡已代权德舆为相），人们都说外面朋党大盛，这是什么缘故？所谓人们，无疑是宦官，李吉甫奉迎宦官，武元衡新作宰相，所谓外面有朋党，无疑是指李绛为首的朝臣。李绛答称，自古人君总是深恶臣下有朋党，因此小人陷害君子也总说有朋党。要知道，君子自然与君子合，难道一定要君子与小人合，才算非朋党么！辩论后不久，八一四年初，唐宪宗罢免李绛的宰相职，召回吐突承璀为左神策中尉，宦官又压倒朝官中的鲠直派，李绛所提京西、京北神策军镇兵改归节度使统率，革除守边军积弊（如受降城兵额有四百人，实数只有五十人，武器只有弓一张）等建议，都被搁置，腐朽势力不怕再有人指责了。

自八一一年李绛作宰相时起至八一四年罢相时止，唐宪宗信任李绛，取得魏博镇，是他得称为明君的时期。

唐宪宗早就有意对淮西用兵。八一四年，彰义军（淮西）节度使吴少阳死，子吴元济自立。唐宪宗发兵十六道讨伐淮西。淮西只有申（治义阳，河南信阳）、光（治定城，河南潢川）、蔡（治汝阳，河南汝南）三州，四面都是唐州县，是诸藩镇中最容易攻取的一镇。唐宪宗这次算是接受教训，不用宦官作统帅，任严绶为申光蔡招抚使，督诸道兵进攻。严绶是个腐朽官僚，只会给宦官送厚礼，作统帅一年，毫无功绩。八一五年，唐宪宗改任宣武节度使韩弘为淮西诸军行营都统。韩弘是个半割据者，不愿淮西镇消灭，诸军也互相观望，停滞不进。八一六年，唐宪宗不听朝臣谏阻，令河东、幽州、魏博等六道出兵讨伐成德镇王承宗。河南战场已经穷于应付，又添加河北一个战场，说明唐宪宗同唐德宗一样，刚愎自用，轻举妄动，根本不懂得如何用兵。只是由于藩镇本身已经衰弱，各取守势，不再象唐德宗建中初年（七八一年）那样强暴进攻，因而战事得免扩大。当时攻淮西各军约有九万人，攻战将近四年，朝廷支出大量军费，民众困疲不堪，唐宪宗也感到为难。八一七年，任用主战最力的裴度为宰相，到郾城（河南郾城县）督师，实际是代韩弘作统帅。裴度奏请取消监阵的宦官。原来各道主将受监阵宦官的牵制，进退不得自主，战胜被监阵冒功，战败被监阵凌辱，谁也不愿真正出力。这时候唐宪宗无奈，听从裴度的话，只好取消监阵宦官，各道主将因此都积极起来，战局改观了。将军李诉得裴度的支持，攻入蔡州城，擒获吴元济。淮西镇的消灭，使唐朝的东都洛阳和江、淮免去威胁，意义是重大的，但是，唐朝用如此巨大的兵力，仅仅取得孤立的三州，唐宪宗的用兵无能也就可以想见。

河北战场上六道兵共十余万人，并无统帅，互相观望，朝廷输送钱粮，数量巨大，例如幽州镇，按兵不动，每月也要军费十五万缗。在攻破蔡州前几个月，朝廷已经无法支持，不得已撤销河北行营，令六道兵各归本镇，对王承宗又一次以忍辱而告结束。

淮西镇破灭后，其他藩镇恐惧。八一八年，横海镇程权（七八二年，程日华开始割据，节度使驻沧州）自请离镇做朝官；朝廷收复沧、景二州。幽州镇刘总也上表请归顺。成德镇王承宗上表求自新，献出德、棣二州，其余所部诸州，录事以下各官请朝廷任命。唐宪宗又命魏博镇田弘正等讨伐淄青镇李师道，八一九年，杀李师道。朝廷收复淄、青等十二州。淄青镇自七六五年李正己开始割据，传子孙凡五十四年，是地最大、兵最多的一镇。唐灭淄青，藩镇割据基本上被消灭，唐朝的统一暂时实现了。宰相裴度在这次统一战争中，起着重大的积极作用。

自八一四年召回吐突承璀以来，唐宪宗在很大程度上恢复着昏君的面目。他勉强取得淮西的胜利，便骄侈起来，横海、幽州、成德、淄青等镇的归顺和消灭，更滋长他的骄侈心。当时最迫切的任务是改善政治以求统一的巩固，可是，他一意推行的却是腐朽政治。他自即位到灭淮西以前，多少还能纳谏，这时候，任何谏诤都不听了。

这是宦官愈益被亲信，朝官愈益被疏远的表现。他依靠朝官取得一些军事上的胜利，这些胜利，使得他对朝官愈加疑忌，愈要把权力交给自己的家奴，结果是宦官势力得到大扩张，扩张到唐后期的宦官霸占政权。

唐宪宗自以为立了大功，该永远享受大福。八一八年，下诏求方士，宰相皇甫镈荐山人柳泌，说是能合长生药。八一九年，唐宪宗服长生药，性情变得暴躁多怒，宦官在左右，经常被斥责甚至被杀。在皇位继承上，宦官分两派，吐突承璀谋立澧王李恽为太子，梁守谦、王守澄等拥护太子李恒（唐穆宗）。八二〇年，宦官杀唐宪宗，梁守谦、王守澄等立唐穆宗继位，杀吐突承璀及李恽。一个皇帝被宦官杀死，朝官不敢追问，宫中朝上相安无事，说明宦官势力大到可以进退皇帝，从此掌握唐朝政权的人，不是皇帝而是宦官。

宦官掌握政权，加上朝官与宦官间的斗争和朝官间朋党的斗争，构成唐后期政局的特征。作为唐中期主要矛盾的朝廷和割据势力间的斗争，因唐宪宗的军事胜利，藩镇大为削弱，退到次要的地位上去了。

第三节　唐后期的政治概况

——八二一年——九〇七年

唐宪宗死在八二〇年二月，次年，唐穆宗改元，唐后期的政治概况，实际是从八二〇年开始。

唐后期凡八十七年。八二一年到八二二年，河北三镇恢复割据局面，朝廷对三镇放弃统一的愿望，朝廷与藩镇间的矛盾，不再是主要矛盾了。贯穿在唐后期的主要矛盾是朝廷内部南司（朝官）与北司（宦官）之争和朝官间朋党之争。朋党之争大体上是依附南北司之争而进行的。

唐太宗颁布《氏族志》(唐高宗改称为《姓氏录》),定士族为二百九十三姓,一千六百五十一家。士族家数不多,其中还有轻南重北、轻山东重关中的偏见,上上至下下九品的区别,同是士族中人,仕途上待遇是不平的。唐世重进士轻明经,进士及第每年不过二三十人,升迁比较容易,同是科场出身,进士与明经在仕途上的待遇是不平的。至于有人通关节而及第,有人才学优而落第,得失之间,当然也是不平的。士族入仕,又有科场出身和非科场出身(门资)的区别,在仕途上非科场出身的人是被轻蔑的。士流(流内也称九流)以外,又有流外九品,都是门户寒微,在官署里供吏职的读书人(能写能算和颇懂时务)。唐玄宗开元年间,限制明经进士及第,每年不得过一百人,流外出身,每年倒有二千余人,足见流外人数量很大。流外每年有成千的人被铨叙作官(入流),固然妨碍流内的仕途,但不得任清资要官(文武百官分清浊,清流中又分清望官、清官两种,都有明白规定),仕进前程仍不及流内的远大,流内与流外在仕途上是不平的。唐高祖定制,"工商杂类,无预士流"。经营工商的业主和杂类(类似北朝的杂户隶户),根本不得入仕,与流内流外相比,是一个更大的不平。南北朝以来士族制度的残留部分和隋唐科举制度所造成的不平,在唐中期已经暴露出来,到唐后期,相互间冲突变得愈益剧烈,表现为南北司之争和朋党之争。

宦官的出身属于所谓杂类，虽然也有官品，与士流、流外入仕情形不同。唐玄宗重用宦官，职权远远超出内侍省的规定，朝官的职位开始被侵夺，不过，一般是武职，妨害还不大。自唐肃宗时起，宦官权力一直在上升，侵夺官职的范围也一直在扩大。宦官统率神策军，尤为工商杂类大开仕进的门路。神策军军士多是长安富家子，即工商家子弟。例如唐僖宗时义武节度使王处存，祖先都是神策军籍，家产巨大，全国有名。自唐代宗时起，节度使多从禁军（神策军）派出去。禁军大将出重息向富家借钱，送给中尉，由中尉派作节度使，到镇后，加紧敲剥来归还本息，利息一般是本钱的三倍，当时人称为债帅。显然，工商家子弟从中尉和债帅得官是不难的。八二二年，唐穆宗以优待将士名义，非正式取消工商杂类不得入仕的限制，允许神策等军和京外各镇保荐有功将士，因此大批商贾、胥吏（流外）用贿赂取得朝官资格。士流无法抵制，只好愤怒长叹。宦官是工商杂类在政治上的代表，宦官和朝官对立，也就是工商杂类和士族对立，宦官一方是官职的侵夺者，朝官一方是被侵夺者，南北司之争势如水火不相容，根本原因就在于此。

士流的出路主要是做朝官，做朝官的门径主要是进士及第。自唐中期起，科场竞争愈趋于剧烈，举人（应考人）必须奔走名公贵卿的门下，设法取得公卿的赏识，公卿替他向知贡举（考试官）推荐，才有及第的希望。及第后，新进士一起到主司（考试官）家通姓名，自称门生。门生们拜主司谢恩，行礼时，堂上有公卿观礼，这些公卿自然就是推荐者。崔群（唐宪宗时作宰相）曾知贡举，妻李氏劝崔群置庄田。崔群笑道，我有三十所好庄，良田遍天下。李氏惊奇。崔群说，我前年取士三十人，就是我的良田。考试官看门生是自己的良田，门生看考试官是自己的恩师，再加上进士间的同年关系，以及进士与推荐者的关系，在仕途上很自然地会相互援引，到后来可能成为一个朋党。进士出身以外，门荫出身也是士流入仕的一条路，这两种出身的人，互相轻视，如郑覃的父亲郑珣瑜作过宰相，郑覃以父荫得官，到唐文宗时作宰相。他主张废进士科，认为士有才就可任用，何必有文辞。又如李德裕的父亲是李吉甫。李德裕不从科举出身，做官升迁到宰相职位。他也主张废进士科，以为朝官应在公卿子弟中选择，进士多是寒士，即使有出人头地的才干，总不及公卿子弟的熟悉政事。非科场出身的郑覃、李德裕二人是一个朋党，和郑李对立的一个朋党，首领是科场出身的李宗闵、牛僧孺。两个朋党各有大批徒众，一个朋党得势（首领作宰相），便尽量斥逐敌对朋党，让出官位给本朋党。为巩固本朋党既得的官位，双方都怀着杀机，要对方首领败死不能再起。大抵宦官侵夺官位愈多，朝官剩下的官位愈少，朋党之争也就愈益猛烈，科场出身与非科场出身的互相排斥，不过是争夺时若干借口中的一个，事实上首领出身门荫的朋党也容纳进士，首领出身科场的各个朋党，互相间也同样仇视，并不因出身相同有所减轻。唐后期朋党之争，一直延续到亡国，原因无非是这一批人和那一批人争夺官位，这批那批的形成却常常与科场有关系。及第的人骄傲轻薄，不及第的人失意怨恨，这两种人也结成深仇。失意人找出路，很多投奔藩镇作谋士，如李振屡举进士不第，后来，帮着朱全忠覆灭唐朝，教朱全忠杀唐残余朝官三十余人（多是进士出身），投尸黄河。唐后期，南司与北司相争，这一朋党和那一朋党相争，再加流内和流外相争，及第人和不及第人相争，唐统治阶级分裂成许多敌对集团，各为争夺官位而狂斗。狂斗的目的只有一个，就是刻剥民众来满足大量狂斗者的贪欲。

按照这些矛盾发展的情况，唐后期可分为三段。

第一段（八二〇年——八四〇年）

宦官自从杀唐宪宗立唐穆宗以后，对皇帝有废、立和生、杀的权力。皇帝在宦官操纵下，有些完全驯服，有些不甘屈辱，想夺回已失的实权。朝官也是这样，有些依附宦官，有些反对宦官，他们的得势或失势，与皇帝对宦官的态度有关系，因之，朝官注意的是新皇帝有什么态度，至于皇帝的废立生杀，没有人敢持异议。宦官拥有这种权力，被当作既成事实为朝官所默认。

唐穆宗、唐敬宗是驯服在宦官手下的两个皇帝，他们只要求奢侈放纵的生活得到满足，根本不关心朝政。当时成德、幽州、魏博三镇相继叛变，朝廷不得已，承认三叛镇的割据。从此，河北三镇又脱离唐朝，唐朝也不再存收复河北的想望。唐朝廷要做的事，只剩下朝廷内部的冲突。

因为宦官势力极盛，朝官的分化也跟着激烈起来。八二〇年，唐穆宗即位，首先斥退走吐突承璀门路的宰相皇甫镈，不久，由皇甫镈荐举的宰相令狐楚也被罢免，宰相换了一批新人。这些人有的走宦官门路，有的为宦官所满意，裴度为首的一部分朝官都受到压抑。元稹交结宦官，得做知制诰。元稹本是著名诗人，做知制诰是胜任的，只是官从宦官得来，被朝官们鄙视。一次，同僚在一起食瓜，有苍蝇飞来，武儒衡挥扇驱蝇，说，这东西从那里来的！朝官对依附宦官的朝官当作苍蝇看待，双方的怨恨可以想见。元稹助宦官破坏裴度对叛镇的用兵计划，八二二年，河北战事结束，元稹达到求相目的，被任为宰相。宦官和元稹排斥裴度出朝，一批朝官力请留裴度在朝，结果是裴度、元稹同作宰相。两派继续争斗，二人做了几个月宰相，同时罢免。另一走宦官门路的旧相（唐宪宗时曾作相）李逢吉得到机会，又作宰相。八二三年，李逢吉引牛僧孺作相。牛僧孺是庸人，还不算是奸人，李逢吉荐引他，是利用他来阻止有作相资望的浙西观察使李德裕入朝为相。八二四年，唐穆宗服长生药病死。唐敬宗即位。唐敬宗比唐穆宗更荒淫无度，宦官王守澄、宰相李逢吉互相勾结，尽量排挤守正的朝官。翰林学士韦处厚上书劝唐敬宗重用裴度，并且说，管仲曾说过："人离而听之则愚（《管子·君臣上篇》作"夫民别而听之则愚"），合而听之则圣"，治与乱并无其他道理，只是"顺人（民）则理（治），违人（民）则乱"。韦处厚说治乱的本原是对的，说给唐敬宗听，却是对聋人说话。八二五年，牛僧孺看到朝政败坏，早晚要发生变乱，辞去相位，出任节度使。一部分朝官力荐裴度，八二六年，裴度又任宰相，李逢吉被贬，出任节度使。八二七年，宦官刘克明等杀唐敬宗，拥立绛王李悟（唐宪宗子）。枢密使王守澄等所谓四贵（两个枢密使、两个中尉是最有权力的宦官，称为四贵）发禁兵迎立江王李涵（唐穆宗子即位后改名昂）为皇帝（唐文宗），杀刘克明、李悟等。李悟已经接见过宰相以下百官，算是准备登位的皇帝，王守澄等杀死李悟，另立唐文宗，宰相以下百官不敢有异议。唐文宗感到本身毫无保障，想从朝官方面取得一些力量来和宦官对抗，皇帝有这种倾向，朝官也就敢于和宦官对抗，南北司的斗争在唐文宗时表面化了。

八二八年，名士刘蕡（音坟fén）应贤良方正科，对策中公开反对宦官。他说，法应该划一，官应该正名。现在官员分外官（朝官）、中官（宦官），政权分南司（外官）、北

212

司（中官），在南司犯法，跑到北司就没事，或外官定了刑，中官认为无罪，法出多门，是非混乱，原因在于兵、农（民）地位悬殊，中外各自有法。又说：现在兵部不管军政，将军（上将军、大将军）只存空名，军政大权，全归中官执掌。头一戴武弁，便把文官（朝官）看作仇敌；足一登军门，便把农夫看作草芥。这些武夫，依仗宦官势力，只会擅作威福，欺压民众。宦官利用武夫的骄横挟制皇帝，又利用皇帝的名义驱使朝官，这难道是先王经文（以文为主）纬武（以武为辅）的意思么！他要求唐文宗屏退宦官，信任朝官，政权交给宰相，兵权交给将帅，以为这样做，可以救皇帝和国家。刘蕡的对策，考官非常叹赏，因为怕宦官，不敢录取。许多朝官和士人替刘蕡抱屈，议论纷纭，准备上书给唐文宗。宰相裴度不让上书，以免双方冲突不可收拾。刘蕡虽然下第，却代表朝官发动了对宦官的攻击。唐文宗依靠朝官，作消灭宦官的准备，可是，他那种昏愚的行动，决没有取得胜利的希望。

八二九年，浙西观察使李德裕被召入朝，任兵部侍郎，裴度推荐他作宰相。李德裕是唐后期才能卓越的人物，裴度推荐他，是有意义的。李德裕的政敌李宗闵走宦官门路，取得宰相职位，排挤李德裕出朝去做义成（治滑州）节度使。李宗闵又引牛僧孺为相。李牛二人合力斥逐拥护李德裕的朝官，八三〇年，连裴度也被排挤出朝去做节度使。他们还嫌义成地势重要，调李德裕为西川节度使，使离开朝廷更远些。李宗闵、牛僧孺这一朋党，依附宦官，唐文宗只好选用宋申锡为宰相，君臣间密谋诛灭宦官。

宋申锡秘密搜罗助手。八三一年，王守澄和他的亲信人郑注发觉宋申锡的密谋，使人诬告宋申锡谋立皇弟漳王李凑，王守澄据诬告奏闻。李凑有些声望，唐文宗一向防备他，怕有人拥立他为帝，看到奏书，大怒，命王守澄捕李凑及宋申锡的亲近人，到宫中严审。亲近人诬证宋申锡确有密谋。唐文宗自以为证据确凿，召集满朝大臣，宣布宋申锡罪状。朝官都知道是个冤狱，有些朝官力争将狱事移到外朝来覆按，宰相牛僧孺也替宋申锡作了些辩护。郑注怕覆按暴露出真情，劝王守澄请唐文宗从宽处理，宋申锡算是免遭杀戮，被贬为开州（四川开县）司马。李凑也被贬为巢县公，表示放桀于南巢的意思。唐文宗本来想用宋申锡诛灭宦官，结果反替宦官除去宋申锡。他并不察觉自己是失败者，还想用同样的方法从宦官手里夺回权力，当然，只能得到更大的失败。

八三二年，唐文宗罢免宰相牛僧孺，召还李德裕。八三三年，任李德裕为宰相，罢免宰相李宗闵。李德裕得势，排斥李宗闵朋党，这自然是两个朋党间权利的争夺，但李宗闵朋党被排斥，宦官势力也就多少有些削弱，对唐文宗是比较有利的。八三四年，唐文宗得中风病，王守澄荐郑注诊治，郑注竟成了唐文宗的宠臣。王守澄又荐举一个叫做李训的妄人，唐文宗认为是奇士，要用作近侍官。李德裕坚决阻止，唐文宗不听。王守澄、李训、郑注憎恶李德裕，使唐文宗召还李宗闵为宰相，斥逐李德裕出京。李宗闵得势，排斥李德裕朋党，官员调动纷纭，朝廷为之不宁。唐文宗束手无策，只好叹息说，去河北贼易，去朝廷朋党难！李宗闵朋党依附宦官，两个朋党相争，其中也含有一部分朝官反对宦官的意义，唐文宗不知保持用来较为有利的李德裕朋党，却为了想去掉朋党，因而加强李宗闵朋党，使自己完全陷入王守澄党的包围中，但是，他还在想望诛灭宦官。

八三五年，唐文宗将心事密告李训、郑注。李训、郑注二人认为有大利可图，都答应以诛宦官为己任。二人给唐文宗策划，擢用宦官仇士良为中尉，分王守澄的权势，又斥逐李宗闵出京。大批朝官被指为李宗闵、李德裕的徒党，遭受贬逐，重要官职都换用二人的徒党。唐文宗任郑注为凤翔节度使，李训为宰相。二人声威大振，杀死不少大宦官，又杀死王守澄，没有人敢出面反抗。二人密谋由郑注选凤翔兵数百人，作为亲兵，等到王守澄下葬时，唐文宗令全部宦官去会葬，郑注纵亲兵杀死全部宦官。郑注去凤翔准备兵力。李训和徒党商议，以为如此行事，功劳将被郑注占去，不如先下手，杀了宦官再逐走郑注，可以独得大功。李训上朝，使徒党奏称左金吾大厅后石榴树上有甘露。唐文宗令李训率众官去察看。李训回来说不象是真甘露，唐文宗故意表示惊讶，令左、右中尉仇士良、鱼志弘率众宦官再去覆视。仇士良等前去，李训先使徒党率部曲数百人潜伏在左金吾，准备杀宦官。仇士良等发觉有伏兵，逃回殿上，劫夺唐文宗进入宫内。李训见阴谋失败，出京逃命。仇士良等入宫，派出神策兵，分路搜捕李训和他的徒党，宰相李训、王涯等以下被杀千数百人，郑注也在军中被杀。李训、郑注原先商定的阴谋，唐文宗是同意的，后来李训自定的阴谋，也得到唐文宗的同意。这说明他只求杀死宦官，至于如何杀和杀了以后如何，似乎都是不值得思虑的小事。他看宦官仅仅是若干个阉人，不看见宦官代表着一种社会势力，甚至不看见宦官与神策军的关系，以为用阴谋一杀即可成事。这种愚蠢的想法和行动，决不会让他获得什么好处，果然，他行事失败，成为宦官的俘虏。

经过这次所谓甘露之变，朝廷大权全归北司。北司压迫南司，宰相以下朝官都被仇视。一个宦官竟扬言要杀死京城内所有着儒服（士人）的人，宦官士流间关系一时变得异常紧张。八三六年，昭义节度使刘从谏上表声讨仇士良等罪恶。昭义是个强镇，宦官有所畏惧，南司才多少得行施一些职权。南北司虽然强弱悬殊，在强藩声援下，南司仍保持对抗的局面。

唐文宗被宦官监视，只好饮酒求醉，赋诗遣愁，自称受制于家奴，比周赧王、汉献帝两个亡国之君还不如。八四〇年，唐文宗病死。

第二段（八四〇年——八五九年）

八四〇年，仇士良等立颖王李瀍（音禅chán）为皇帝（唐武宗）。唐武宗用李德裕为宰相，唐文宗时候的紧张形势，开始缓和起来。宦官与朝官冲突，朝官固然受损害，宦官也不是完全有利，极度紧张以后，双方都需要有一时的安静。当时朝廷对昭义镇用兵，边境上有回鹘的侵扰，也是朝廷内部需要安静的一个原因。李德裕处理藩镇和边境事件，都收功效，南司威望提高，北司也就相对地退缩，因而呈现暂时的平衡状态。这种状态，自唐武宗至唐宣宗，前后保持了二十年，在唐后期中算是一个较好的时期。

唐武宗信任李德裕。李德裕富有政治才能，足以取得这种信任。会昌年间，唐朝声威颇有再振的趋势，这和李德裕的相业是分不开的。采取适当的态度对待宦官，是他相业有成就的一个重要原因。

对待宦官——宦官与士族对立，又同为唐政权的构成部分。宰相依附宦官，势必不得士人心，触犯宦官，又势必不得居相位。李德裕任淮南节度使时，监军杨钦义奉召还京，大家都说一定去做枢密使。李德裕接待他同平常一样，并无加礼，杨钦义很不满意。过了几天，李德裕请杨钦义宴会，情礼极厚，宴后，还赠送不少礼物，杨钦义喜出望外。杨钦义行到汴州，奉旨仍回淮南。杨钦义送还礼物，李德裕不受，说这不算什么。不久，杨钦义被任为枢密使。唐武宗用李德裕为相，与杨钦义颇有关系。李德裕不因杨钦义将作枢密使特加礼貌，也不因不作枢密使收回礼物，使杨钦义不敢以炎凉鄙态来看待李德裕。临行设宴送礼，使杨钦义感到同僚的情谊。杨钦义荐举李德裕，并非李德裕有求于杨钦义。这样对待宦官，在唐后期，应该说是较为适当的态度。

李德裕在相位，抵御回鹘、收复昭义镇，用兵都有功绩。立功的原因之一，是对待宦官得法。李德裕以为唐德宗以来，朝廷出征总是失败，原因有三个。一是诏令自宫内发到军前，每天有三四次，宰相多不预闻。二是监军任意指挥军事，将帅不得自为进退。三是每军各有宦官作监使。监使选军中壮士为牙队（卫队），留老弱兵出阵战斗，战时，监使率卫队骑马在阵后高处观望，见阵势小却，便策马先走，阵上兵士望见，跟着溃散。李德裕与枢密使杨钦义等商量，一请监军不得干预军政，二请监使每兵千人中只抽十人充牙队，有功一体给赏。牙队人少监使自然不敢到阵后观战，不观战也同样得赏，真是有利无害。杨钦义等赞成他的意见，奏准实行。从此诏令不从宫中发出，将帅得施展所长，战争都获得胜利的结果。

唐武宗信任李德裕，显有成效，因之对宦官不甚依重，宦官势力也就有些削弱。八四三年，唐武宗不同枢密使商量，任命崔铉为宰相。老宦官埋怨杨钦义等，认为枢密懦弱，破坏了老规矩。其实，杨钦义等何曾懦弱，只是形势改变，不敢出面争老规矩。唐武宗憎恶仇士良，表面上却极为尊宠。仇士良自称老病，唐武宗允许他致仕。仇士良回家，给送行的宦官传授秘诀，说，天子不可闲着无事，要常常引导他纵情享乐，乐事一天比一天新，一月比一月好，忙得他别的事都忘了，这样，我辈才可以得志。尤其要紧的是不可让他读书，亲近儒生，他看到前朝兴亡的故事，心里害怕，我辈就要被疏远。仇士良说出了秘诀的前一半，不说出的后一半是用神策军威胁朝廷。唐武宗、李德裕在前一半范围内削弱了一些宦官势力，宦官所损极微，朝廷却获益不小。

防御回鹘——回鹘被西邻黠戛斯部落攻破，诸部逃散。八四〇年，回鹘一部分贵族嗢没斯等各率所部到天德军（天德军使驻天德城，城在中受降城西北三百里。中受降城在今内蒙古自治区包头市附近）塞下，请求内附。天德军使田牟等谋立边功，请出击回鹘。李德裕力排众议，坚请唐武宗约束田牟，不许邀功生事。八四二年，嗢没斯等入朝，任归义军军使。回鹘乌介可汗率所部侵扰天德、振武（振武节度使驻金河，今内蒙古自治区和林格尔县北）两军边塞，八四三年，唐兵大破乌介所部，乌介逃走。回鹘衰弱，正是边将邀功生事的机会，李德裕约束边将，设计分化敌军，部署既定，一击成功，可谓善于用兵。

收复昭义镇——昭义军所辖有泽（治晋城，山西晋城县）、潞（治上党，山西潞城县）两州，又有河北邢（治龙冈，河北邢台县）、洺（治永年，河北永年县）、磁（治滏阳，河北磁县）三州。节度使驻潞州。唐文宗时，昭义节度使刘从谏上表斥责仇士良罪恶。仇士良拥立唐武宗，刘从谏愈益愤恨，积极准备割据。八四三年，刘从谏临死，使刘稹继位。李德裕劝唐武宗用兵，说，泽、潞地近京师，如果准许节度使世袭，四方诸镇谁不想效尤，朝廷号令再不得行了。当时宰相和群臣都主张姑息，请唐武宗同意刘稹作留后。这确是唐朝廷的严重关头，李德裕独排众议，坚持收复昭义镇，对朝廷是一个大功绩。唐武宗问用兵的方略。李德裕说，刘稹依恃河北三镇的援助，只要成德、魏博两镇不动，刘稹势孤，就难有作为。委两镇攻邢、洺、磁三州，并允许重赏有功将士，两镇比较利害，可能听朝命。唐武宗采纳李德裕的建议，决心讨伐刘稹。

战事完全按照李德裕的预定计划进行。邢、洺、磁三州抵不住两镇的压力，八四四年，开门出降。朝廷派人作三州留后，防止两镇请地。泽、潞被唐将石雄等攻击，势已不支，失去河北三州后，内部更慌乱，泽、潞诸将杀刘稹来降，朝廷收复昭义镇。

李德裕的弱点是保持朋党积习。八四〇年，李德裕任宰相，初次见唐武宗，便论及朋党。他说，要做好政治，必须分清群臣的邪正。邪正不相容，正人指邪人为邪，邪人也指正人为邪，人主鉴别邪正，确是难事。他提出鉴别的方法是正人如松柏，特立不倚，邪人如藤萝，非附他物不能自起。所以正人一心事君，邪人专闹朋党。李德裕以是否依附宦官来区别邪正，这个标准并不错，但自信正人不会闹朋党，这就使他不能发觉自己也在闹朋党，与李宗闵、牛僧孺辈同样排除异己，报怨复仇。事实上，李宗闵、牛僧孺是朋党的首领，不同于一般徒党；李宗闵依附宦官，牛僧孺依附李宗闵，二人情节也并不全同；至于一般徒党，各人情节更有多种的差别。一概看作邪人，予以排斥，朋党间的争斗，因李德裕自以为正人驱邪人而有加无已。八四二年，唐武宗想用白居易为宰相，李德裕说，白居易老病，不堪作相，他的堂弟白敏中有才干也有文学，可以擢用。唐武宗任白敏中为翰林学士。白居易是时已七十一岁，患中风病有三四年，不堪作相是事实。白居易妻族杨氏属于李宗闵朋党，白居易早在唐文宗时，为避免朋党的牵连，力求作闲散官，无意仕进。李德裕答唐武宗问并荐举白敏中，似乎不曾疑忌他们有朋党。可是，不加区别地一概排斥的做法，连不在排斥之列的白居易也感到不安，退避唯恐不速，足见朋党相争，受伤害的人是很多的。

朋党积习使李德裕不免凭爱憎用人，日久积成众怒，宦官乘机进谗言，说他太专权。八四六年，唐武宗服金丹病死，唐宣宗继位。唐宣宗用白敏中为宰相，君臣二人以更严重的朋党积习排斥李德裕朋党。

唐宣宗（李忱）是唐宪宗的儿子，与唐穆宗为兄弟，按常例不可能继承帝位。因为他从幼年时起，很象个痴人，唐文宗、唐武宗都轻侮他，不以常礼相待，宦官要利用他的痴和对文、武二宗的不满，破例拥立他为皇帝。唐宣宗即帝位以后，宦官和朝官才知道他有心计，痴是伪装出来的。

唐宣宗的施政方针是尽量否定会昌（唐武宗年号）年间的一切措施。他首先斥逐李德裕及其徒党，说李德裕是奸臣。李德裕用是否依附宦官作区别邪正的标准，对李逢吉、李宗闵这些走宦官门路的首领来说，是适合的。唐宣宗区别忠奸，也有他的标准。他要表明自己是唐宪宗的直接继承人，诬郭太后（唐宪宗正妃）、唐穆宗母子与宦官同谋杀唐宪宗。唐穆宗既被指为逆，诸子敬、文、武三宗自然也是逆，李德裕得唐武宗信任，称为奸臣也就有理由了。以仇视奸逆的精神来进行朋党争斗，朋党积习更发展到最高点。

唐宣宗前后信任两个宰相，自八四六年至八五一年，白敏中为相，自八五一年至八五九年，令狐绹（音桃 táo）为相。白敏中与李宗闵朋党有关系。令狐绹是令狐楚的儿子。令狐楚与皇甫镈、李逢吉同朋党，唐宪宗时为宰相。令狐绹本人是李宗闵朋党。白敏中、令狐绹逢迎唐宣宗，凡不被李德裕重视的人，一概重用，被李德裕排斥的那些朋党中人，自然更要重用；凡唐武宗时做成的事，如废除佛教和其他外来宗教，如裁减州县冗杂佐官一千数百员，唐宣宗时改为复兴佛教、增设冗员。举这些例可以推知当时的朝政。

当时吐蕃内乱，愈益衰弱，八四九年，吐蕃所据秦（治成纪，甘肃秦安县北）、原（治高平，宁夏回族自治区固原县）、安乐（鸣沙县，宁夏回族自治区中卫县）三州及七个关（原州有七个关）来归。三州士民千余人到京师阙下朝见唐宣宗，欢呼舞跃，庆喜得回到故国来。士民当场解除吐蕃服装，换上唐朝衣冠，观众都感动得高呼万岁。八四八年，沙州（治敦煌，甘肃敦煌县）人张议潮，乘吐蕃大乱，率汉民众逐走吐蕃守将，夺得沙州，八五一年，派使者来朝。唐宣宗任张议潮为沙州防御使。张议潮发兵收复瓜、伊、西等十州，使张议潭奉十一州地图户籍来献，河湟土地上汉民众全部归唐。唐在沙州置归义军，任张议潮为节度使。唐肃宗时，吐蕃夺取西北州镇，唐国境退缩到凤翔、邠州一带，原因是安史叛乱。唐宣宗时，十一州来归，原因是吐蕃内乱。唐朝君臣不在这一点上有所戒惧，却早在三州七关来归时，宰相便以克复河、湟为理由，请唐宣宗加尊号，唐宣宗也认为河、湟克复了，给唐顺宗、唐宪宗上尊号"以昭功烈"。事实上，唐宣宗君臣这种浮夸不实的做法，正说明满足于三州七关的取得，并无勇气去收复河湟。河湟收复，是汉族民众的力量，唐朝廷并没有什么"功烈"可说。

唐宣宗自恃有智术，察察为明，相信自己的见解一定都是对的。他的意旨，只许群臣顺从，不许违反。例如李德裕作相时，不用丁柔立，唐宣宗特用为谏官。八四七年，贬李德裕为潮州司马，丁柔立上书替李德裕讼冤。唐宣宗说丁柔立阿附，贬为县尉。所谓阿附，就是不顺从他的意旨。令狐绹最能顺从也最得信任，自称作相十年，每次入朝奏事，都要流汗，冬天也不例外。宰相见皇帝，害怕到流汗，自然不敢有违反意旨的表示。唐宣宗独揽用人大权，州刺史赴任，必先来京朝见，皇帝亲自考问，按答话优劣，再定用否。当然，他认为可用的人，尽管不胜任，再也不会有人敢说不可用。有一天，兵部侍郎蒋伸宛转地对唐宣宗说，近来官似乎容易得，大家都想侥幸。唐宣宗自以为用人非常严格，听了惊问，这样，不是乱了么！蒋伸说，乱倒还没有，不过，侥幸的人多，乱也不难。唐宣宗很满意蒋伸的话，说，过几天，我不单独接见你了。唐制，宰相不单独见皇帝，这句话就是说要任用蒋伸为宰相。果然，蒋伸被任为宰相。蒋伸是一个平庸的官僚，唐宣宗觉得几句话中听，立即决定给宰相做，依然还是官容易得，大家都想侥幸。从蒋伸的话里，可以看出当时吏治很坏，已经到了乱也不难的时候。

　　唐宣宗即位以后，就惩罚那些被认为杀死唐宪宗的人。他诛戮宦官，逼死郭太后，又杀唐穆宗作太子时的东宫官属。被杀诸人的家族，也都受到重罚。八五四年，他看到人情不安，下诏说，长庆（唐穆宗年号）初年乱臣贼子的余党，现在已经惩治完毕，其余疏远族人，一切不再追究。唐宣宗在用暧昧难知的罪名滥施刑罚以后，对士族方面，算是停止追究，对宦官方面，却和唐文宗一样，杀了一批谋害唐宪宗的宦官，还想杀所有宦官。八五四年，唐宣宗与令狐绹商量尽杀宦官。令狐绹密奏说，只要有罪不赦，有缺不补，自然会逐渐耗尽。这个密奏被宦官看见，因此，宦官更与朝官相憎恶。朋党的争斗，因李德裕朋党的完全失败，渐趋平息，南北司的争斗从此又表现出紧张状态。

自唐肃宗到唐武宗，每个皇帝在位时，总不免有大小不等的内战，只有唐宣宗在位的十三年，是比较最平静的一段时间。这是大震荡到来以前的短暂平静。在这段时间里，爆发大震荡的条件酝酿成熟了，那就是李德裕朋党的失败和南北司争斗的再度紧张，使得唐朝统治又有进一步的削弱。统治力的削弱和吏治的败坏，久受剥削和压迫的民众，自然要起来反抗这个腐朽统治。但是，民众还没有养成取得胜利的力量，各种腐朽势力却乘机大扩张，这就出现了大震荡的局面。

唐宣宗反对会昌年间的一切措施，独不反对吃道士的长生药。八五九年，唐宣宗吃长生药病死，宦官王宗实等立他的长子李漼为皇帝（唐懿宗）。

第三段(八五九年——九〇七年)

　　唐宣宗严禁朝官交通宦官。宰相马植与左军中尉马元贽认本家。马元贽送马植一条宝带,被唐宣宗发现,第二天就革去马植的宰相职位,贬出去做州刺史。京兆尹韦澳入朝奏事,唐宣宗要他补一个重要官缺。韦澳辞谢不做。家里人埋怨他,他说:皇帝不和宰相商量,自己作主用我,人家一定说我走什么门路得来,怎能辩白清楚! 你们不知道时事不很好么? 都因为我们这些人贪名位的缘故。照韦澳的说法,依附宦官仍旧是求官的一个门路,不过要做得非常隐蔽,否则就会遭受众人的攻击。士大夫一方面仍有人走宦官门路,另方面,多数人为表现自己,争夺名位,造成一种虚矫的风气。不管事情多么小,只要与宦官有些牵涉,便成被排斥的对象。建州(治建安,福建建瓯县)进士叶京经过宣武镇,参与宴会,识监军面。叶京及第后,与同年出游,路上遇监军,彼此打了个招呼,大家喧哗斥责,叶京一辈子不得仕进。这种风气的盛行,是唐统治崩溃的一个标志。南北司相互仇视,到了水火不相容的程度;士族内部在更广泛的程度上发展着朋党积习,彼此寻找借口,互相排斥。唐中期以来构成统治力量的士族和宦官,分裂成粉碎状态,崩溃是不可免的了。

　　唐中期以来,雇佣兵成为支持唐政权(自神策军至

226

京外各镇)的主要武力。按照地方情形，雇佣兵大体分三类。一类是骄兵（包括悍将），军事重镇的士卒多骄悍成风，尤其是那种受特别待遇类似部曲的亲信兵。例如唐穆宗时，王智兴作武宁节度使（驻徐州），募强悍兵二千人，号称银刀、雕旗、门枪、挟马等七都（军）。这种骄兵，小不如意，一人倡乱，群起附和，节度使只好从后门逃走。一类是弱兵。军事上次要的藩镇，兵将都有（未必足额），战斗力不强。一类是虚兵。军事上不重要的地方，兵数很少，根本没有战斗力。例如浙江东道设都团练观察使，治越州（治会稽，浙江绍兴），辖地有越、台（治临海，浙江临海）、明（治鄞县，浙江宁波）等八州。越州现兵不满三百人，其他各州兵数大致相同。唐朝廷主要依靠弱兵来维持统治权，因为弱兵容易调动，人数又多，一道有事，邻道可以抽兵相助，在镇压个别的民众反抗上，弱兵是起作用的。到了弱兵不能调动时，唐朝廷就难以维持了。

唐宣宗时，统治集团分裂的深刻化，加上额外搜括的普遍施行，民众起义反抗的条件成熟了。起义首先在拥虚兵的南方地区爆发起来，从而引起骄兵的叛变，弱兵的不能出境互援，唐统治继续瓦解着，大规模的农民起义更得以顺利地进行。

第三段可分前后两部分。自八五九年浙东裘甫起义至八八四年黄巢兵败被杀为前一部分，这时候，广大农民与唐统治阶级间的阶级斗争居于第一位，掩盖了宦官与朝官间的冲突。自八八四年至九〇七年唐亡为后一部分，这时候，唐朝廷内部宦官与朝官间的冲突又居于第一位，藩镇起初利用这种冲突得到割据的利益，最后藩镇消灭这种冲突，转入五代十国时期。

前一部分　八五九年——八八四年

农民起义将在另一节叙述，这里只说唐朝方面在起义军打击下加速崩溃的情形。

八五九年，宁国（安徽宁国县）人裘甫率众起义。攻取剡县（浙江嵊县），民众四面响应，八六〇年，有众三万人。唐懿宗使王式率兵往攻，裘甫战败被杀。浙东农民起义，几个月就失败了，但是，唐朝的崩溃和大规模农民起义的发动，都以这次起义为出发点，虽然失败，意义却很重大。

八七三年，唐懿宗死，宦官立李儇（音喧xuān）为皇帝（唐僖宗）。八七四年的春季，翰林学士卢携给唐僖宗上书说：陛下初登帝位，应该想起老百姓。国家有百姓，好比草木有根柢，如果秋冬加以培植和灌溉，那末，春夏一定很繁荣。去年关东地区，西起潼关，东到海边，遭受大旱灾，贫家磨蓬实作面，采槐叶作菜，更贫穷的人家，连这些也没有。从前一个地方有灾，还可以散到邻境去求食；现在到处都有灾，找不到可投奔的地方，只好坐等饿死。事实上租税已经无法征收，可是州县借口租税中有上供及三司（户部、转运、盐铁）钱，催督极急,动不动用刑罚,逼得百姓拆屋砍树,嫁妻卖子,得到一点钱,只够吏役的酒食费,到不了官库。租税以外,还有其他杂徭。朝廷再不想些办法,百姓生计实在断绝了。卢携请求朝廷敕令州县官暂停收税,等待蚕事和麦收;一面发义仓米急赈饥民,以便等到深春时候,百姓有草叶木芽,接着有桑椹充当食物,目前几个月内,情势紧急,停税赈济切不可延缓。卢携的建议,朝廷根本不以为意,因为朝廷赖以生存的财赋,固然绝大部分来自江淮地区,但关东地区也不失为次要的来源,朝廷收入只许增加,不许减少,如果还有活着的百姓,剥削就不会松手。

民众必须大规模起义来反抗这个极度腐朽的唐统治,关东民众首先负担起这个严重的任务。

八七四年,濮州(治鄄城,山东鄄城县)王仙芝在长垣(河南长垣县)起义,有众数千人。关东民众纷纷起义,响应王仙芝。八七五年,王仙芝军攻取唐濮州、曹州,众增至数万。

八七五年,冤句县(山东菏泽县西南)人黄巢聚众数千人响应王仙芝,攻击唐州县,数月间众也增至数万。

八七七年,王仙芝使尚君长向唐招讨副都监杨复光(宦官)请降。唐将宋威派兵在路上捉尚君长斩首,算是战功。八七八年,唐军在黄梅(湖北黄梅县)大破王仙芝军,杀王仙芝。求降想做官,得到的结果是可耻的斩首。

黄巢攻亳州（安徽亳县）城，尚让率王仙芝余众来归。众推黄巢为王，号冲天大将军，建元王霸，设置官属。黄巢在河南地区与唐军作战，互有胜败。河南是唐兵力比较集中的地方，起义军要取得决定性的胜利是困难的。东南地区唐兵力薄弱，又是财赋的供给地，打击这条唐朝的生命线，军事上有很大的意义。黄巢采取了攻弱的方法，八七八年，率军在蕲州（治蕲春，湖北蕲春县）境渡长江。已经被起义军打得支离破碎、危机四伏的唐朝，再也不能组织一支兵力去追击起义军。黄巢率起义军走遍长江、闽江、珠江三大流域以后，八八〇年，回到河南地区。唐军望风溃逃，起义军取东都，又取长安，唐僖宗逃往成都。

八八二年，黄巢部将同州（治冯翊，陕西大荔县）防御使朱温（降唐后赐名全忠）叛变，投降唐河中节度使王重荣，被任为同华节度使。八八三年，沙陀酋长李克用率沙陀兵攻入长安城。黄巢率众退到河南，又被李克用攻击。八八四年，退到兖州莱芜县（山东莱芜县）山中被杀死。

在起义军与唐朝的战争中，唐朝方面出现了各种割据势力，唐辖地几乎全部被分割。最后剩下一个长安城作为小朝廷容身的地方，一些有力的割据者，对着这个小朝廷展开了猛烈的争夺战。

230

后一部分　八八四年——九〇七年

这里先说一说八八四年以前朝官与宦官的关系。

八七三年，宦官杀唐懿宗的年长诸子，立十二岁的唐僖宗为皇帝。唐僖宗专事游戏，政事全部交给中尉田令孜，呼田令孜为阿父。唐僖宗任意耗费财物，田令孜教他夺取市上商人的宝货。敢出面反对的人，一概交京兆尹杖杀。宰相以下朝官，没有人敢说话。八七五年，邠宁节度使李侃为义父李道雅（宦官）请求赠官，谏官董禹上书表示异议，还带便说到宦官。枢密使杨复恭等不满意，贬董禹为郴州司马。

八八〇年，唐僖宗在田令孜保护下，逃出长安。八八一年，到成都。朝官陆续来归。唐僖宗不理会朝官，专依靠田令孜等宦官。谏官孟昭图上书说，去年车驾出京，事先不通知南司，宰相以下许多官员因而丧失生命，北司却独得安全。近日成都兵变，陛下与宦官守东城，并不让朝官入城。陛下如此对待朝官，道理在那里！要知道，天下是祖宗的天下，不是北司的天下；皇帝是全国的皇帝，不是北司的皇帝。北司未必都可信，南司未必都无用。难道皇帝与宰相毫无关系，朝官全是路上人！这样做，收复京城怕不容易。田令孜贬孟昭图出成都，路上杀死孟昭图。宦官拥有绝对的权力，朝官触犯宦官，就有贬官和杀身的危险，双方关系实际上是紧张的，只是整个统治阶级正在抗拒农民起义，内

231

部的冲突不得不暂时退到次要的地位上去。

八八四年，黄巢起义军失败以后，唐朝廷已经是这样的一个朝廷：第一，大小不等的割据者在全国各地进行混战，朝廷一概承认强者的行动为合法，加以任命。谏官常濬说的话，可以说明这种情况。他对唐僖宗说：陛下姑息藩镇太甚，是非功过，无有差别，闹得天下如此混乱；如果不改变作法，恐怕大乱还在后面。田令孜等人怕割据者不满意，赶快杀死常濬。第二，割据者各在境内自收租税，有些割据者送给朝廷小部分财物，维持皇室、南北司官员及禁军的费用。第三，南北司各借割据者的力量来互相排斥，割据者也乐于利用南北司的互斗来扩大自己的势力。南北司冲突因而变成战争的形式。当时宣武镇朱全忠和河东镇李克用是最强大的两个割据者，两镇冲突与南北司的冲突相结合，形势变得更加复杂化。归根说来，唐朝廷除了南北司互斗和割据者参加互斗，没有别的事可说了。唐朝原有的土地，化为割据者的战场并为割据者所占有，与唐朝脱离了实际的关系，所以，八八四年以后，唐朝只是名义上还存在着的一个小朝廷。

下面叙述小朝廷逐步消灭的情况。

河中节度使王重荣专有安邑、解县两盐池的利益。八八五年，田令孜要收回两池，调王重荣为泰宁（治兖州）节度使，王重荣拒绝调任。田令孜结合邠宁节度使朱玫、凤翔节度使李昌符和王重荣对抗。太原李克用率兵救王重荣，两人算是一伙，田令孜、朱玫、李昌符也算是一伙。李克用王重荣击败朱玫、李昌符，进逼京城，田令孜带着唐僖宗逃往凤翔。八八六年，又逼迫唐僖宗到宝鸡，准备再逃往汉中。朱玫、李昌符见田令孜败逃，改附李克用。大部分朝官憎恨田令孜，不愿去宝鸡，要夺唐僖宗回京城。邠宁、凤翔兵攻宝鸡，田令孜带着唐僖宗，还有杜让能、孔纬等一些朝官，跟随唐僖宗，一起逃往汉中。李克用目的在攻击朱全忠，无意参与唐朝廷内部的冲突，率兵回太原去了。朱玫、李昌符和朝官立李煴（音晕yūn）为皇帝。田令孜失势穷困，只好让位给宦官杨复恭，自任为西川监军使，到成都去依靠西川节度使陈敬瑄。田令孜党羽被斥逐，杨复恭当了宦官首领。朱玫擅权，李昌符、王重荣又投到唐僖宗方面来，李克用也反对朱玫和李煴。朱玫失势穷困，部将王行瑜杀朱玫。朝官二百余人拥李煴逃往河中，王重荣杀李煴，又杀朝官将近一半。唐僖宗下诏杀所有投李煴的朝官，杜让能力争，许多朝官得免死。八八八年，唐僖宗回到长安，不久病死。这一次冲突，宦官方面只是田令孜换成杨复恭，朝官方面却死了许多人，朝官失败了。

八八八年，杨复恭立李敏为皇帝（唐昭宗）。杨复恭仿照田令孜的办法，养勇士多人为义子，使分掌兵权，号称外宅郎君，又养宦官六百人为义子，使作诸道监军。唐昭宗憎恶杨复恭专权，宰相孔纬、张濬也劝唐昭宗削弱宦官的权力。皇帝加在朝官一边，冲突的形势发生了变化。八九〇年，朱全忠在河南已经造成大势力，奏请朝廷下令讨伐李克用。宰相杜让能、刘崇望等多数朝官不赞成对河东用兵，宰相张濬、孔纬等想借朱全忠兵力斥逐杨复恭，力主用兵。这是一个毫无希望的冒险行为，唐昭宗迟疑了多时，终于采纳张濬等人的建议，企图凭借战胜的威力来消灭宦官。

唐朝廷决定对河东用兵后，下诏革去李克用的官爵。任命张濬为河东行营都招讨使，孙揆为副使，朱全忠为南面招讨使，李匡威（卢龙节度使）为北面招讨使。张濬率兵五万人出发，公然对杨复恭表示战胜回来要大有作为。杨复恭早就偷听了他和唐昭宗的密谈，知道所谓大有作为的意思是什么。张濬率兵守晋州（治白马城，山西临汾县），河东将李存孝来攻，张濬弃城逃回。八九一年，唐昭宗贬斥张濬、孔纬，下诏恢复李克用全部官爵，使归晋阳。这一次冲突，朝官又失败了。

朝官两次失败，再没有人敢出头反对宦官。唐昭宗恨极，直接和杨复恭冲突。八九一年，使杨复恭致仕。唐昭宗发兵攻杨复恭私宅，宰相刘崇望鼓励兵士进攻，杨复恭率义子杨守信等人逃往汉中，起兵反抗朝廷。这一次冲突，杨复恭失败了，但西门君遂又成了宦官的首领。

八九二年，凤翔李茂贞、静难（即邠宁镇）王行瑜、镇国（华州）韩建等五个节度使上书，以讨伐杨复恭为名，要求任命李茂贞为山南西道（治汉中）招讨使。朝议以为李茂贞得山南西道，势力太大，不可允许。李茂贞、王行瑜出兵攻汉中，仍坚求招讨使名义。唐昭宗召集朝官会议，宦官与李茂贞有关系，宰相等不敢发言，唐昭宗无法，只得任命李茂贞为招讨使。李茂贞攻取汉中，杨复恭等逃往阆州（治阆中，四川阆中县）。八九三年，唐昭宗要李茂贞让出凤翔节度使，专任山南西道兼武定（治洋州，陕西洋县）节度使。李茂贞不从，上书辱骂唐昭宗。唐昭宗怒极，不顾朝议，决心出兵攻凤翔，使首相杜让能筹画军事，使宗室诸王李嗣周为京西招讨使。宰相崔昭纬想排去杜让能，暗中勾结李茂贞、王行瑜，听到杜让能说什么话，立即通知李茂贞等。李嗣周率临时招募的禁兵三万人往凤翔，路上被李茂贞等截击，禁兵溃散。李茂贞等乘胜进逼京城，崔昭纬教李茂贞要求杀杜让能。唐昭宗杀西门君遂等三个大宦官，说劝用兵的是这三个人，不是杜让能。李茂贞不肯退兵，唐昭宗只好杀杜让能。从此李茂贞、王行瑜作唐朝的主人，南司北司都依附他们来谋自己的利益。唐昭宗有什么主张，不满意的人就教他们来斥责。李茂贞兼凤翔、山南西道、武定、天雄（秦陇）四镇节度使，占有十五个州，成为关中最强大的藩镇。这一次冲突以后，唐昭宗脱离朝官和宦官，更陷于孤立无助的地位。

八九三年，唐昭宗杀西门君遂等三个宦官首领，说明宦官在朝官勾结藩镇的高压下，势力已经大削弱，不能再压迫朝官。朝廷内部的冲突，一时转化为朝官间的争夺相位。八九四年，唐昭宗要任命李谿为宰相，崔昭纬怕李谿分权，使党羽在朝上出面阻止。八九五年，唐昭宗任李谿为宰相，算是有了一个亲信人。崔昭纬使人告诉王行瑜，说李谿在朝，可能又学杜让能用兵。王行瑜、李茂贞逼迫唐昭宗免去李谿的相位。唐昭宗想大用宗室诸王作为自己的助力，南北司同起反对，这个计划又只好作罢。护国（即河中）节度使王重盈死，军中立王珂为留后，王珙、王瑶出兵击王珂。王珂是李克用的女婿，得李克用的援助，王珙、王瑶勾结王行瑜、李茂贞、韩建三镇，双方争夺护国镇。王行瑜、李茂贞、韩建各率精兵数千人入京城，杀李谿和另一个致仕宰相韦昭度，又使唐昭宗任命王珙为护国节度使。三镇又谋废唐昭宗，另立皇帝。这时候，李克用发兵来河中，声称要保卫朝廷、讨伐三镇。李茂贞党羽想劫唐昭宗到凤翔，王行瑜党羽想劫唐昭宗到邠州，两批党羽（其中各有宦官首领）用兵互攻，唐昭宗出京城逃入终南山。李克用兵到同州，三镇和崔昭纬等畏惧退缩，唐昭宗乘机任用诸王李知柔为宰相兼京兆尹，并令李克用出兵讨伐王行瑜。李克用进攻邠宁镇，王行瑜被杀。李克用请转攻凤翔，唐昭宗怕沙陀太盛，不许进兵。李克用知道朝廷的用意，引兵归太原。这一次冲突，唐昭宗算是革去了崔昭纬的相位（八九六年，杀崔昭纬），宗室诸王得到任用，可是，另一次冲突接着就起来。

236

八九六年，朱全忠荐张濬为宰相，唐昭宗将加任命，李克用奏称，张濬早上为相，我晚上就到宫门。京城人遭受一次又一次的兵祸，听到这个消息，非常恐慌，唐昭宗只好下诏和解。李克用与唐昭宗，彼此都不满意。唐昭宗自终南山回京，募兵数万人，分交诸王统率，诸王李戒丕、李嗣周又各自募数千人，宦官把持左右神策军的局面改变了。李茂贞借口朝廷对凤翔用兵，率兵进逼京城。唐昭宗派人向太原告急，自己也出京，要逃到太原去。路上听了韩建的劝阻，自愿到华州，落在韩建的手里。李茂贞入京城，大烧大抢，宫殿和商店，遭到极重的破坏。李克用因去年不许他攻凤翔，现在也就不准备来援救。唐昭宗在华州贬斥崔昭纬的党羽宰相崔胤。崔胤向朱全忠求援。朱全忠上书称崔胤是忠臣，不该贬斥。唐昭宗只好再让崔胤作宰相。从此，崔胤和朱全忠结合在一起。八九七年，韩建逼勒唐昭宗解散诸王所率全部禁军，拘禁掌兵和出使的诸王，又禁止唐昭宗的亲信人入宫，事实上，唐昭宗也被拘禁了。韩建与枢密刘季述合谋，围十六宅，捕获诸王十一人，当时就杀死。韩建、李茂贞怕朱全忠来夺唐昭宗，八九八年，送唐昭宗回长安。这一次冲突，唐昭宗当作依靠的禁军和宗室诸王，全部丧失，朱全忠却在朝廷中得到崔胤这个代理人。

唐昭宗贬斥崔胤不成，却和崔胤商量灭宦官，南北司各结藩镇为援，互相倾轧。另一宰相王抟劝唐昭宗不要过于操切，激起变故。崔胤说王抟是宦官的党羽，唐昭宗就对王抟怀疑。八九九年，唐昭宗又革去崔胤的相位。朱全忠上书说崔胤不可革，王抟交通宦官，罪大该杀。九〇〇年，唐昭宗不得已又用崔胤为相，杀王抟和两个枢密使。崔胤两次保住相位，势力大盛，宦官恨崔胤，但更恨唐昭宗。

唐昭宗从华州回京城以后，性情变得更加暴躁，经常酗酒，随手杀死左右侍奉人。九〇〇年，宦官刘季述等所谓四贵合谋废唐昭宗，乘唐昭宗酒醉，率禁兵进宫，囚禁唐昭宗，一面令崔胤率百官请太子李裕即皇帝位。崔胤后面有朱全忠，刘季述不敢杀崔胤。

朱全忠在大梁，刘季述派人去通款，愿输送唐家社稷。朱全忠集僚会议，决定采用李振的建议，恢复唐昭宗帝位，挟天子以令诸侯。朱全忠遣亲信人蒋玄晖到京城，与崔胤谋事。崔胤结合神策军三个军官，九〇一年，杀刘季述等。崔胤率百官迎唐昭宗复位。唐昭宗杀刘季述党羽宦官数十人，给三个神策军官极重的赏赐，使他们保卫宫廷，似乎自己又得到了什么依靠，照旧想一举消灭宦官。

九〇一年，崔胤和另一个宰相陆扆（音以yǐ）主张夺取宦官的兵权。请唐昭宗任命二相分管左、右神策军。受重赏的三个神策军官都反对改隶南司，唐昭宗只好用宦官韩全诲、张彦弘为左右中尉。这两个人都做过凤翔监军使，与李茂贞有关系。崔胤请李茂贞给兵三

238

千人，驻京城，意思是想用外兵制宦官，实际却为韩全诲增强了力量。崔胤与唐昭宗密谋杀死所有宦官，被韩全诲等探知。韩全诲结合驻京凤翔兵的统率者李继筠，宦官势力大盛，拒绝接受一切命令，并禁止唐昭宗单独召见朝官。崔胤催朱全忠来夺唐昭宗，朱全忠带兵到河中（本年朱全忠夺得河中镇），上书请唐昭宗去东都（洛阳也是朱全忠属地）。韩全诲等大惧，劫唐昭宗和他的家属去凤翔。崔胤及百官留在京城。朱全忠率兵到关中，首先俘获韩建，取得华州，随后进入长安城。朱全忠令崔胤率百官迁徙到华州，唐百官成为朱全忠的部属。李茂贞、韩全诲在凤翔城中给唐昭宗配备了以宰相韦贻范为首的一套百官，皇帝的用人权完全被剥夺。唐朝廷分裂到只剩下一个仅拥空名的皇帝。

九〇二年，朱全忠率大军到凤翔城下，派兵夺取附近诸州。就在这个危城里，官职还是很值钱。宰相韦贻范广受贿赂，许人官职，恰恰老母死去，韦贻范照例要免职居丧。出钱买官的债主天天去韦家喧闹，要求还钱。韦贻范力求宦官和李茂贞允许他恢复相位。他得到允许，立即出来办事，办的事自然是给债主做官。人有钱就能买官，做了官就更有钱，得钱的方法多式多样，归根都是剥削民众的脂膏，不管唐朝廷怎样破败，官总是一种有利可图的行业。李茂贞困守孤城，毫无出路，只好向朱全忠求降。条件是送出唐昭宗和杀死宦官。朱全忠接受他的投降。九〇三年，唐昭宗听到这些条件，很喜欢，派人杀韩全诲等四贵及宦官共十六人。朱全忠、崔胤入凤翔城，继续捕杀宦官七十余人，又密令京兆府捕杀九十人。唐昭宗回长安，顺从朱全忠、崔胤的要求，杀死全部宦官（逃亡的宦官是少数），又令诸道杀监军，除河东监军张承业等少数人得节度使保护，其余监军全部被杀。宫中事务都归南司掌管，左、右神策军和所属八镇都归崔胤统率。在凤翔城内任命的官职，一概取消，依附李茂贞和宦官的大朝官一概杀逐，从长安到凤翔追随唐昭宗的朝官三十余人，也一概贬斥，只剩下为朱全忠效力的朝官。朱全忠回大梁，留兵一万人驻神策军旧营（神策军已解散），使亲侄朱友伦为左军宿卫都指挥使，又派心腹人为宫苑使、皇城使、街使。自皇宫以至百官私宅所在的街道，都归朱友伦等诸使掌管，等候朱全忠的命令来处理唐昭宗和崔胤等百官。这一次大冲突，宦官被杀尽，南北司之争解决了，唐昭宗在凤翔城失去用人权，但还有少数可亲信的朝官，现在这些人被贬斥，完全孤立了。

九〇三年，崔胤得到唐昭宗的同意，募精壮兵六千六百人，作为朝廷的卫兵，意思是想自己有些实力。朱全忠暗中使壮士去应募。崔胤不曾发觉，加紧训练兵卒，准备武器，事情都被朱全忠知道，开始对崔胤疑忌。朱友伦坠马暴死，朱全忠疑是崔胤的阴谋，决计杀崔胤并迁唐昭宗到洛阳，免得李茂贞等乘机劫夺。九〇四年，朱全忠杀崔胤和他的亲信人，另用裴枢、柳璨等人作宰相。朱全忠引兵驻河中，使裴枢强迫唐昭宗和百官、长安居民迁往洛阳。唐昭宗路过华州，有人夹路呼万岁。唐昭宗涕泣告路旁人说，不要呼万岁，我不再是你们的主子了！在宿所对左右侍从人说，我这次漂泊，不知那里是归宿！说罢大哭，左右人也陪着痛哭。他到这时候才知道危险在眼前，总算还有一点知觉，其实早就是个亡国的皇帝。唐昭宗到陕州，秘密派人请求割据者西川王建、淮南杨行密、河东李克用起兵来拯救，这自然是绝望的请求。唐昭宗到洛阳，左右侍从人也全被杀死。李茂贞、李克用、王建、杨行密等人，虚张声势，说是要救唐昭宗。朱全忠知道留下这个废物，对自己不利，派人杀死唐昭宗，自己算是不预知，伏在棺材前恸哭流涕。朱全忠立李柷（音祝 zhù）为皇帝（唐昭宣帝）。九〇五年，朱全忠杀唐昭宗的诸子九人。

宰相柳璨自进士及第，不满四年，便登相位，其余裴枢等三相，自负资望高，轻视柳璨。柳璨竭力奉事朱全忠留在洛阳的心腹官员，因而朱全忠相信柳璨的话，贬斥裴枢等三相，另补充一些人作宰相。柳璨开出一张人名单，对朱全忠说，这批人喜欢成朋结党，制造是非，都该杀死。朱全忠的重要谋士李振，是个不第进士，痛恨朝官，因为朝官多是及第进士。李振也对朱全忠说，唐朝廷所以破败，都是浮薄士人紊乱纲纪的缘故。大王（朱全忠）要办大事（灭唐），这些人是不好对付的,不如一起杀掉为便。裴枢等旧宰相以及出身高门和科第的大朝官凡三十余人,都被加上浮薄的罪名,全部投入黄河死去。

朱全忠急于要唐昭宣帝禅位,柳璨等商议按照旧例,得经过封大国(国号)、加九锡、殊礼,然后受禅的次序。朱全忠嫌办事迟缓,大怒。九〇五年,杀柳璨等。柳璨临刑大呼:负国(唐)贼柳璨,该杀该杀!柳璨发挥朋党积习,借朱全忠的威势,杀死许多不合己意的大朝官,朱全忠自然也不会放过他,等到临死的时候,才知道该杀,可见这种闹朋党的人,不见刀是不会知道自己该杀的。

唐朝除禅让这件事还有待完成,丝毫没有其他存在的理由。九〇七年,唐昭宣帝让皇帝位给朱全忠。朱全忠受禅称帝(梁太祖),国号大梁。梁太祖封唐昭宣帝为济阴王。九〇八年,梁太祖杀济阴王李柷,唐朝这个残余也最后消灭了。

第四节 唐朝经济(上)

唐是繁荣强盛的大朝代。这个大朝代的所以产生,原因是(一)在黄河流域,隋末农民起义严重地打击了地主阶级,使得唐前期生产关系发生一些变化。(二)在长江流域,东晋以下,经济继续在上升,南朝末

242

年，已经显出超越黄河流域的趋势，使得统一的唐朝，拥有雄厚的经济力量。还有一个原因是唐前期的统治者，看到隋末农民起义的威力，一般还有所畏惧，政治上不敢过度放纵，社会得以保持长时期的安宁状态，有利于经济的恢复和发展。唐中期，黄河流域遭受战祸，朝廷依靠长江流域的财赋来支付巨大的费用。唐后期的末叶，长江流域发生割据战争，朝廷也就衰微以至于灭亡。长江流域在统一的朝代里起着如此重大的作用，是唐朝才开始的新现象。这说明长江流域开发成为富饶地区，与黄河流域合并成一个基地，比两汉富力增加一倍以上，因此，自隋、唐开始，中国封建经济进入了更高的发展阶段。

大体上，唐前期的经济繁荣，主要表现在农业生产的兴盛上，自中期以下的繁荣，主要表现在工商业特别是商业的兴盛上。由于统治阶级的大量消费，商业兴盛的另一面，正是农民遭受严重的剥削，农业不断在衰落。

封建经济的根本在于农业。唐朝农业的兴衰，与均田变为庄田，以及租庸调变为两税是有关系的。唐高祖武德七年（六二四年）规定均田法和租庸调法。两法各书所记多有出入，下面依据《旧唐书·食货志》所记，再参酌他书，略述唐均田法和租庸调法。

《旧唐书·食货志》说，男女自初生以上称为黄，四岁以上为小，男丁十六岁以上为中男，二十一岁以上为成丁，六十岁为老。每年造一次人口账，三年造一次户籍。这是最重要的法令，均田法和租庸调法的行施都以这个法令为根据。唐中宗时，韦皇后请改成丁年龄为二十三岁。唐玄宗时，以十八岁以上为中男，二十三岁以上为成丁，五十八岁以上为老。中男自十六岁改为十八岁，成丁自二十一岁改为二十三岁，老自六十岁改为五十八岁，都是减轻赋役，有利于广大民众。

均田法——男丁十八岁以上给田一顷，其中十分之二为世业（永业），八为口分。老男、残废人给四十亩。寡妻、寡妾给三十亩，如是户主，加给二十亩。受田人身死，世业田得由继承人接受，口分田归官，另行分配。

租庸调法——唐赋役法：租，每丁每年纳粟二石或稻三石。调，随乡土所产，蚕乡每丁每年纳绫、绢、绝各二丈，绵三两，非蚕乡纳布二丈五尺，麻三斤。庸，每丁每年服役二十日，闰月加二日，如不服役，每日纳庸绢三尺或布三尺七寸五分。中男受田后，纳租调并服役，成丁后，服兵役。国家有事，二十日外加役十五日，可免调；加役三十日，租调都免。加役连同正役，总数不得超过五十日。如水旱虫霜成灾，十分损四以上免租，损六以上免调，损七以上，课役都免。

六〇四年，隋炀帝即位，下诏废除妇人及奴婢、部曲的课役。开皇制规定节妇得免课役，隋炀帝改为妇人全免，实是赋税制的一个大改革。唐租庸调法采用隋炀帝的新制，不再取妇人课役。北周武帝数次释放奴隶和杂户，但仍允许北周贵族保留一些部曲和客女，人数不会太多。隋末平凉一带有所谓"奴贼"的一支军队，首领出身奴隶，兵士中自然也有不少出身奴隶的人。又唐军中有奴隶应募作战，立功后与普通人同样得赏，大概经隋末大战争，奴隶和部曲的人数更为减少，租庸调法废除奴隶部曲的课役，主要是因为所得有限，与废除妇人课役意义是不同的。唐刑部属官有都官郎中，掌管官奴隶。奴隶来源是俘虏和叛逆犯的家属。通年服役的人，称为官奴婢。免（朝廷下赦诏，官奴婢与普通罪人同得宽免）一次称为番户，每年服役三番，每番一个月。免二次称为杂户或官户，每两年服役五番。免三次成为良人（平民）。六十岁以上及残废的官奴婢，得为官户，七十岁以上得为良人。住在外州县的官奴婢，丁男每年纳钱一千五百文，丁婢中男每年三百文，唐对官奴婢的待遇，是刑罚性质，没有经济意义。私家奴婢主要也不是用在生产方面，所以唐朝奴隶比起南北朝来，数量和作用都大大减少了。

唐租庸调法比前朝赋税制较轻也较合理，唐前期，在行施均田法的地区，对农业生产起着积极的作用。

下面略述均田与庄田、租庸调与两税行施的情形。

一 均 田 法

封建朝代的制度，在行施上只能看作大致如此，其中一定有出入甚至有很大的出入，均田法就是有很大出入的一个制度。

黄河流域，关东与关中情形不同。在关东，黄河南北的广大地区，经过隋末大战争，起义民众沉重地打击了地主阶级，由于地主武装的疯狂屠杀和破坏，造成地旷人稀的现象。六三二年，唐太宗想登泰山封禅，魏征谏阻，说：现在自洛阳以东到泰山，人烟稀少，荒草无边，让随从的外国君长看见中国的虚弱，有什么好处！六五七年，唐高宗到许（河南许昌县）、汝（河南临汝县）二州，对从官说，这里田地极宽，百姓太少。足见河南许、汝那种肥沃地，至少在唐高宗初年还很荒凉，至于河北、山东荒凉更不待言。荒地既然太多，行均田法对朝廷有利。官指一顷田地给民众，让他们去开垦，官每年收租庸调，事情很简易。同时，对民众也有利。民众领到田地，法律允许使用到身死，付出劳力有些保障，乐于开垦。当时地主阶级的兼并活动还不很显著，农业生产因而逐渐恢复起来。在关中地区，地主势力比隋时更有增加。六一八年，唐高祖即帝位，便下诏说，隋朝公卿以下百官以及普通民人，身在江都，家口在此（唐占领地区），虽然不参加义军（唐军），所有田宅，一

246

概免其没收。这样,周、隋贵族官僚的田宅全部保留下来了。唐朝新起的贵族官僚,又占有大批田宅,例如唐高祖赐宠臣裴寂良田一千顷,甲第(一等住宅)一区。其他大臣也各有赏赐,例如六五六年,唐高宗赐于志宁、张行成、高季辅三人田地。于志宁(北周鲜卑贵族)奏称,臣世代居关中,祖先产业相传,不曾有变故。张行成等新建庄宅,田园还少,请将赐地转给张行成等。总的说来,从皇帝起,全部贵族文武官员,都要占有田地,主要占有京城附近的田地。

六二七年(贞观元年),唐太宗刚即位,和朝官们商议,让狭乡民户自由迁移到宽乡。陕州刺史崔善为上表说,畿内(关中)地狭户殷(多),丁男全充府兵,如果任令迁移,一定都到关外去,关中空虚,很不方便。唐太宗被他提醒,不再议迁移事。六四四年(贞观十八年),唐太宗曾到灵口(在陕西临潼县),问每丁受田数,当他知道每丁受田只三十亩时,感到有危险,令地方官查明受田尤其少的人,给与一些便利,迁移到宽乡。七四一年(开元二十九年),唐玄宗说,“京畿地狭,人户殷繁,计丁给田,尚犹不足”。其实,自唐高祖开国以来,关中土地总是在集中,而且是规模愈来愈大的集中,均田法与民众的关系是很微弱的。

长江流域与黄河流域情形也不同。长江流域自南北统一以后,士族势力衰落,又受隋初杨素的打击,不象关中地区贵族文武官员那样权力大、人数多,因之,土地集中的速度也比较缓慢。隋末大战争以前，长江流域人口原来比黄河流域少，连同初步开发的闽江、珠江两流域，人与地相比，是地旷人稀的局面，人口和农业都大有发展的余地。在不触动地主利益的情况下，官指定一些熟地或荒地给民众垦种，也算是行施计丁授田的均田法。得不到土地的人，只好自己觅地去垦种，官对这种人不谈均田法，但仍实行租庸调法。六九二年，狄仁杰为彭泽（江西彭泽县）令，上书武则天，请求免民租，说，彭泽地狭山高，无田百姓所经营的田，一户不过十亩五亩，照赋税制纳租，即使十足年成，缴官以外，半年缺粮。狄仁杰所称无田百姓，是指不曾受官田的人，但缴纳官租，仍照租庸调法。

一般地看来，均田法实行的程度，关东地区最高，关中地区最低，长江流域居中。唐前期的农业生产，关东是由恢复走向发展，长江流域是在继续发展，总的趋势是上升，繁荣强盛的唐朝就是在这个基础上建立起来的。

《唐敦煌户籍残卷》（武则天、唐玄宗、唐代宗时候的残缺户籍）所载授田情形：（1）永业口分两种田，多少无比例。如常习才（署音辩biàn）户应受田一顷三十一亩，实受只有永业田十八亩；又如曹思礼户应受田三顷六十四亩，实受只有口分田一亩，其余都是永业田。按永业田父子相传，为本户所原有，无口分田，实际就是官府对某些户不按丁授田。（2）不论永业田口分田，都割裂成许多碎段。如程什住户实受田六十四亩，共分十三段。各段亩数多少不等，最大的段不过二十亩（为数极少，仅见于程大忠户），一般都在十亩以内，最小的段是一亩。田亩分裂得如此细碎，说明耕地很缺少。（3）每户实受田数都比应受田数少得多，口分田一般比永业田少。民户坚守永业田，借以维持生活，口分田的分配，权在官府，大概不容易得到。（4）极少数民户有买田。如郑恩养户有十二亩买田，算在实受田数内。依据上列情形，每户受田不足，与均田制一丁一顷的规定距离很远。耕地不足的主要原因，不是地少人多，而是豪强和佛寺盛行兼并。《残卷》所列民户，都是下中户和下下户，当然，全部户籍中还有上等户和中等户。按《残卷》中有下中户索思礼户，父子二人都是上柱国勋官，本户共应受田六十一顷五十三亩，可是他们没有势力和财力，实得田只有永业田四十亩，勋田十九亩，口分田一百六十七亩，又有买田十四亩。如果有势力，照法定数就可得田六十一顷，如果有财力，用买田形式就可以永久占有田地。势力和财力愈大，在法定数外兼并更多的田并无限制。占户数最多的中等下等户，由少地逐渐到无地，也就成为自然的趋势。《残卷》的受田情形，正反映兼并在进行，均田法在破坏。

均田法实际是引导农民开垦荒地的一个方法，农民辛勤地开辟荒地，地主阶级凭借权力，逐渐夺取这些田地，田地开辟愈多，地主掠夺也愈益猛烈，到了唐前期的末年，正如杜佑《通典》所说，"虽有此制，开元之季，天宝以来，法令弛坏，兼并之弊，有逾于汉成、哀之间"，均田法实际上已经失效了。均田法废弃的过程，自然首先是关中，其次是关东，七二二年，唐玄宗改府兵制为募兵制，就是均田法失效的说明。长江流域在七八〇年行两税法以前，均田法可能还多少保存一个时期。

二 庄 田

唐前期行施均田法的时候，同时并存着三种土地占有的形式。一是地主占有永业田。这种占有，关中最多，长江流域次之，关东较少。二是按均田法农民占有田地，其中有永业田二十亩。这种占有，关东最多，长江流域次之，关中最少。三是无田百姓，得不到官田，自己垦种十亩五亩小田地。这种占有，随着地主占有的扩大，均田法的破坏，成为农民维持生存的普遍形式。等到半饥饿生活也不能维持时，才被迫投靠地主作佃客。农民坚守十亩五亩小据点，和地主阶级进行长期的顽强的抵抗，主要原因就是希望保存一些仅有的自由，避免作佃客的痛苦。

地主占有一片田地，也可以占有许多片田地，按照阡陌相连的一片，组成一个农业生产单位，通称为一个庄。庄有各种别名，如庄田、田庄、庄园、庄宅、庄院、山

250

庄、园、田园、田业、墅、别墅、别业等名称，实际都是一个地主所有的一个农业生产单位。庄在东晋、南北朝也很盛行，如东晋王导有墅在钟山（在江苏南京市），田八十余顷。谢安在山墅会亲朋，与谢玄围棋赌别墅。宋谢灵运在始宁县（浙江上虞县西南）有祖传的宅和墅，谢灵运移居会稽，修营别业，依山临江，风景极美，作《山居赋》，描写墅内农产物的丰盛，自己生活的康乐。孔灵符广有产业，又在永兴县（浙江萧山县西）立墅，周围三十三里，水陆地二百六十五顷，还有两座山。东乡君有园宅十余所。梁昭明太子诗"命驾出山庄"，梁简文帝诗"瞻鹤岭兮睎仙庄"。陈陈暄诗"功多竞买园"。可见南朝地主都拥有庄。北朝记载较少，但不是没有庄。唐高祖住宅在武功，庄在鄠县（陕西户县）。唐高祖在太原起兵，平阳公主利用鄠县庄聚众响应唐军。于志宁有祖传的庄园。足见北朝地主也都拥有庄。上推到两汉、魏、晋，或称园、田园、田宅，或称坞、壁、堡，也都是地主的庄。东汉仲长统《昌言》，西晋潘岳《闲居赋》，都描写了庄园主人的优裕生活。再上推到周朝，贵族领主所有的邑，也就是后世地主的庄。唐人所写庄园主人的生活，与《山居赋》、《闲居赋》、《昌言》所写大体相同，庄并不是唐朝地主的新创。唐庄之所以值得重视，只是因为自唐中期起，均田法废弃，庄田又成为主要的土地占有形式。

皇帝是地主阶级最高的首领，自然，他要领头来掠夺农民的田地。举些例来看。六五一年，唐高宗废玉华宫，改作佛寺，苑内及诸曹司原是百姓田宅，一概交还本主。七二四年，唐玄宗下诏说，所筑宫墙，可开些宫门，让本主进来耕种。足见皇帝造宫殿，任意夺取百姓的田宅。皇帝又有大量庄宅，特设内庄宅使（宦官）掌管。八〇五年，唐顺宗即位，命令庄宅使说，从兴元元年（七八四年）到贞元二十年（八〇四年），畿内及诸州府庄宅、店铺、车坊、园碨（音碍ǎi）、零地等，所有百姓及诸色人拖欠租课、现钱、绝丝等，共五十二万余，一概放免。足见皇帝拥有大量的私有田地和建筑物。皇帝是最大的兼并者，他们颁布一些禁止兼并的诏令，无非是想欺骗失地民众，表示朝廷也在关心。这些诏令的颁布，只能看作兼并愈益紧张，不能看作土地掠夺有任何缓和。

唐自开国时起，法令规定凡官员都有占田权，所占田地数量是巨大的。官员占田的名目众多，大体如下列。

永业田——凡有爵、勋、官（职事官、散官）的人，得受永业田。自最高爵亲王起，下至男爵，都受永业田。职事官自正一品下至九品，也都受永业田。散官五品以上，受田数与同级的职事官同。王爵以外，又有命妇：公主正一品，郡主（皇太子的女儿）从一品，县主（亲王的女儿）正二品（《新唐书·百官志》作从二品），这些命妇自然也要受永业田。六二四年，唐高祖定官制，自

252

三公以下，尚书、门下、中书等省下至公主的属官邑司，并称为京职事官，州、县、镇、戍为外职事官。自开府仪同三司下至将仕郎凡二十八阶，为文散官；自骠骑大将军下至陪戎副尉凡三十一阶，为武散官。自上柱国至武骑尉凡十二等，为勋官，这个官僚架子是很大的。六二七年（贞观元年），唐太宗并省官职，留用文武官凡六百四十三员。后来扩大为七百三十员。这些当是在京任职事的官员，其他文武散官和勋官，开国初期，一定有很大的数量。

事实上，唐太宗并不能控制京职事官人数，当时正员以外，已有员外等名称。唐高宗显庆年间，内外文武官一品至九品，已有一万三千四百六十五员，唐玄宗开元年间，官自三师以下有一万七千六百八十六员，吏自佐史以上有五万七千四

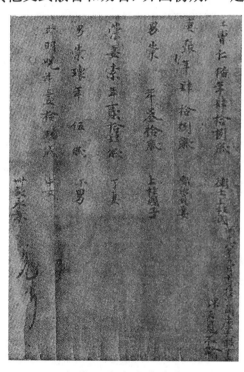

敦煌石室唐户籍残卷

253

百一十六员，吏员没有特别受田制，但可以设想，按均田法受田，有比普通民众较优的待遇。后来官数愈益增加，正如《新唐书·百官志》所说，唐前期已是"名类繁多，莫能遍举"，自唐中期起，更是"不胜其滥"。这样多的官，在均田法正式废弃前，都有权受永业田传授子孙，多一个官，若干农民就失去应受的田地。法令规定：六品官以下受永业田，以本乡收回的公田即从农民收回的口分田发给，这样，农民的口分田愈来愈减少。五品官以上受永业田，不得在狭乡，只许在宽乡接受无主荒地。这个规定是否生效，是很可疑的，即使有些官在宽乡受地，也不会是荒地，至少不会全部是荒地，熟田还不是夺农民的口分田，荒地还不是驱迫失地农民当佃客，替他开垦荒地成熟田。所以，官员受永业田，是地主据有庄田农民失去耕地的一个重要原因。

职分田——这是作为京内外职事官一部分俸禄的田，与作为官员私人所有的永业田性质不同，但侵夺农民的熟田，迫使农民充当佃客是相同的。自唐高祖定职分田制，后世有时以"恐侵百姓"为理由，停给职分田，改给仓粟（每亩折合二升）。至七二二年（开元十年），唐玄宗收回内外官职分田，说是分给贫民，实际是兼并盛行，不得不废止职分田来满足权贵的兼并，所谓分给贫民，就是让贫民当佃客。在职分田废止以前，它是一种官庄，是夺取农民耕地的又一个重要途径。

公廨田——这是官署所占有的田，也是官庄的一

敦煌石窟壁画中耕作图（摹本）

唐代贵族官僚永业田表

品　　　　位	亩　　　数
亲　王　　（正一品）	10,000
职事官　　（正一品）	6,000
郡王职事官（从一品）	5,000
国公职事官（正二品）	4,000
郡公职事官（从二品）	3,500
县公职事官（正三品）	2,500
职事官　　（从三品）	2,000
侯职事官　（正四品）	1,400
伯职事官　（从四品）	1,000
子职事官　（正五品）	800
男职事官　（从五品）	500
职事官　　（六品、七品）	250
职事官　　（八品、九品）	200

唐代勋官永业田表

勋　　　级	亩　　　数	勋　　　级	亩　　　数
上　柱　国	3,000	上骑都尉	600
柱　　　国	2,500	骑　都　尉	400
上　护　军	2,000	骁　骑　尉	80
护　　　军	1,500	飞　骑　尉	80
上轻车都尉	1,000	云　骑　尉	60
轻车都尉	700	武　骑　尉	60

唐代内外官职分田表

京　　　　　　官		外　　　　　　官	
品　　　级	亩　　　数	品　　　级	亩　　　数
一　品	1,200		
二　品	1,000	二　品	1,200
三　品	900	三　品	1,000
四　品	700	四　品	800
五　品	600	五　品	700
六　品	400	六　品	500
七　品	350	七　品	400
八　品	250	八　品	300
九　品	200	九　品	250
京兆河南府及京县官人职分田准此		都护府亲王府官人职分田同	

唐代兵府军官职分田表

官	名	亩 数
三卫中郎将	上府折冲都尉	600
亲王府典军	中府折冲都尉	550
三卫郎将	下府折冲都尉	500
亲王府副典军	上府果毅都尉	400
	中府果毅都尉	350
千牛备身,备身 左右太子千牛备身	下府果毅都尉	300
	上府长史别将	300
	中府长史别将	250
	下府长史别将	250
	上府兵曹	200
	中府兵曹	150
	下府兵曹	150
	校尉	120
	旅帅	100
	队正、队副	80

唐 代 公 廨 田 表（一）

在 京 机 关	亩 数
司农寺	2,600
殿中省	2,500
少府监	2,200
京兆府、河南府	1,700
太府寺	1,600
吏部、户部	1,500
兵部、内侍省	1,400
中书省、将作监	1,300
刑部、大理寺	1,200
尚书都省、门下省、太子左春坊	1,100
工部	1,000
光禄寺、太仆寺、秘书监	900
礼部、鸿胪寺、都水监、太子詹事府	800
御司台、国子监、京县	700
左右卫、太子家令寺	600
卫尉寺、左右骁卫、左右武卫、左右威卫、左右领军卫、左右金吾卫、左右监门卫、太子左右春坊	500
太子左右卫率府、太史局	400
宗正寺、左右千牛卫、太子仆寺、左右司御率府、左右清道伞府、左右监门率府	300
内坊左右内率府、率更府	200

唐代公廨田表（二）

京 外 机 关	亩数	京 外 机 关	亩数
大都督府	4,000	下县、中牧、下牧监	400
中都督府	3,500	司竹监、中镇	400
下都督府	3,000	诸军折冲府	400
都护府、上州	3,000	诸冶监、诸仓监、下镇	300
中州	2,000	上关	300
官总监、下州	1,500	诸屯监、上戍	200
上县	1,000	中关、互市监	200
中县	800	津	200
中下县	600	下关	150
上牧监、上镇	500	中戍、下戍、岳渎	100

种。唐高祖定制，凡京内外各官署都有公廨田，又有公廨园、公廨地，都由官署收租税供公私费用。后来废京官公廨田，改给俸赐。京外公廨田仍旧制。

僧寺道观——道士僧人每人给田三十亩，女冠女尼二十亩。寺观有常住田，一百人以上，不得过十顷；五十人以上，不得过七顷；五十人以下，不得过五顷。这个规定完全是空文。《通鉴》说，武则天时，天下公私田宅，多为僧寺所有。唐朝僧寺拥有大量庄田，是民生的大害之一。关于寺院庄田，当在另节作说明。

上述永业田、职分田、公廨田以及寺观常住田，如果都按令式（法律规定）占田，尽管占田数量很大，总还算是有些限止。事实却完全相反。大抵自唐高宗时开始，下至开元、天宝年间，兼并盛行的结果，令式逐渐失效，均田法逐渐归于废弃。下面举出一些有关贵族官僚无限止占田的事例，说明这一时期里的庄田情形。

王方翼（唐高宗时人）幼年从生母居凤泉别业。王方翼督促佃客力耕，数年间辟田数十顷，修饰房屋，种植竹木，成为富室。王方翼的父亲王仁表，唐太宗时作岐州刺史（上州刺史从三品），按官品只有永业田二十顷，足见田可以任意扩大。

七一三年，唐玄宗没收太平公主的田园，官收取租息，几年还没有收完。

宋之问有蓝田山庄（在陕西蓝田），后为王维所有，称辋川别业。宋之问诗“辋川朝伐木，蓝水暮浇田”，王维诗“不到东山向一年，归来才及种春田。雨中草色绿堪染，水上桃花红欲燃”。庄田多有水利，可见夺田先从水田入手。

李澄（唐玄宗时人）广有产业，伊川地方（河南嵩县、伊川县境）水陆上等田，多为他所有，别业一个接着一个。他和吏部侍郎李彭年，都被讥为有地癖。

张嘉贞（唐玄宗时人）多年任要职，有人劝他置田业。他说：我做过宰相，不愁贫穷，如果犯了罪，就是有很多田庄，也没有用处。我眼见朝官们广占良田，等到死后，都被无赖子弟用作酒色费，田业有什么意思。张嘉贞不置田业，算是稀有的见识，可知当时朝官无不广占良田。

官员以外，普通富人也有大量田庄，如：

富商郑凤炽，邸店园宅遍满海内。

邺城人王叟，无儿女，积粟将近一万石。庄宅很广大，客坊中住佃客二百余户，王叟经常巡行客坊。

依据这些事例，开元天宝年间，兼并田地，确实是极其严重的现象。七五二年（天宝十一载），唐玄宗不得不下一道诏书来欺骗民众，至于实效当然是毫无的。诏书说："听说王公百官及富豪人家，近来置庄田，不顾章程，尽量吞并。说是借用官府的荒地，其实是侵夺熟田，指山谷作牧地，不限地面的大小。百姓的口分田、永业田，也被违法买卖，或者涂改文书，或者托名典贴，逼得百姓无处安身，然后招作客户，使靠佃耕得食。这样，既侵夺居民的产业，又造成浮惰（竟说失地农民是浮惰）的习惯，到处都如此，相沿也很久。不加改革，为害将更深。"地主的罪恶行为，诏书里已经说出了一些，该怎样改革呢！诏书说："所有王公百官勋荫等家，应置庄田，不得超过令式的规定数。"看来，似乎可以退还一些田地给民众了。诏书本来目的在欺骗，说了些责备地主的话并且提出办法以后，就把话头转到原封不动的地点上来。它说："仍更从宽典，务使弘通"。所谓宽典、弘通，就是变通令式，承认已经兼并的事实为合法。最后，它说："自今以后，再也不许违法买卖口分、永业田，以及非法影射、借用公私荒废地、无马妄请牧田、私留客户等事发生。"这些空话丝毫没有实际意义，只是

262

企图使民众受骗，以为朝廷在关心他们失地当佃客的痛苦。

七五二年诏书，等于均田法废弃的宣告书。自西晋开始的授田制，因均田法的废弃而告结束，从此，庄田制一直在盛行。

下列诸例说明自唐中期以后庄田的盛行。

郭子仪前后受赐良田、名园、甲馆极多，自置的田业数量更大。京城南有一所别墅（城南庄），林泉胜致，举世无比。孙樵《兴元新路记》说，自黄峰岭至河池关，中间百余里，都是郭子仪私田。

马燧财产极饶富。马燧死后，宦官逼马燧次子马畅献田园第宅。

郭子仪、马燧都是良将，都占有大量庄田，其他武官可以类推。

裴度在洛阳午桥建别墅（午桥庄），种花木万株，筑凉台和避暑馆，名为绿野堂。白居易《奉和裴令公新成午桥庄绿野堂即事》诗"引水多随势，栽松不趁行，年华玩风景，春事看农桑"，可见庄中有农田。

李德裕在洛阳南置平泉庄。庄周围十余里，台榭百余所，有奇花异草与松石。周围十余里的大庄，自然也有农田。

裴度、李德裕都是良相，都占有大庄田，其他文官可以类推。

司空图在唐末，移居中条山王官谷（在山西永济县东虞乡南），周围十余里。山岩上有瀑泉，引泉水灌溉良田数十顷。司空图子孙，北宋时还住在司空庄。

司空图曾任礼部员外郎（从六品），算是不乐仕进的隐士，庄田却很大。刘允文《苏州新开常熟塘碑铭》说，"强家大族，畸接壤联，动涉千顷，年登万箱"。陆贽《奏议》说，"富者兼地数万亩，贫者无容足之居，依托强豪，以为私属"。这都是说，到处有大庄主。至于普通士人占有小庄田，更是到处都有。许浑《题崔处士山居》诗"二顷湖田一半荒"。权德舆《送李处士弋阳山居》诗"不惮薄田输井税"。岑参《寻巩县南李处士别业》诗"且喜闾井连，灌田同一泉"。耿纬《东皋别业》诗"东皋占薄田，耕种过余年"。这些所谓处士，就是不曾得官的士人，也是占有不多田地、少数佃客的庄主。他们的优裕生活，可在储光羲《田家杂兴》诗里见到，储诗说"种桑百余树，种黍（酿酒米）三十亩，衣食既有余，时时会亲友"。他们只要得到官，田产就变大了。

大庄小庄遍布在全国，都是地主阶级侵夺农民田地的据点，农民坚守着的小块田地，陆续被这些大小庄主夺去。固然，许多庄是庄主用钱买得的，但是，钱归根还是从农民手上侵夺来的。

陆贽《奏议》论兼并之家私敛重于公税，说，当今京畿地方，每田一亩，官税五升（唐代宗改按丁收税制为按亩收税制，税额是上等田每亩税一斗，下等田每亩五升），私家收租，却有一亩收租一石的，比官税增二十倍。中等田收租五斗，比官税还多十倍。按上等田每亩产粟二石，中等田亩产一石，佃客纳租一石或五斗，仍是西汉"见税十五"的旧例。官税固然较轻，但加上徭役和额外科派，负担仍是沉重。佃客的身份是庄主的私属，可免官府的课役。陆贽说私属的生活是借庄主的种籽和食粮，赁庄主的田亩和住屋，整年劳苦，不得休息，全部收入，还债还嫌不够。陆贽以为农民种官田比种私田好，其实，农民无论种官田或私田，过的都是非人的生活。

均田变成庄田，租庸调法自然也要变成两税法。

三 租 庸 调 法

《新唐书·食货志》说"租庸调之制，以人丁为本。"陆贽《奏议》说"国家赋役之法，曰租曰庸曰调。……有田则有租，有家则有调，有身则有庸"。陆贽所说田、家、身，归根仍是一个"以人丁为本"。因为六二四年（武德七年）颁布的租庸调法，是以均田法的"凡天下丁男给田一顷"为出发点的。既然法律上认为丁都受了田，所以丁应该纳田租户调和役庸。关东地区有大量荒地，农民受田开垦，算是有个垦出百亩熟田的希望，虽然在开垦期间，按法令供给租庸调，也就觉得可以负担了。关中地区情形就不同。民只受三十亩或更少的田，一开始就有逃往宽乡的趋势。六二七年（贞观元年），朝

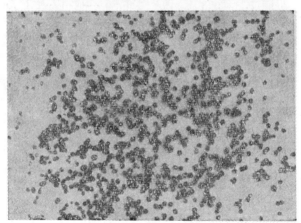

河南洛阳含嘉仓砖、谷子

廷为了避免关中空虚，禁止出关。随着兼并的逐渐剧烈，农民失地不得不逃亡的现象也就愈益严重。六九五年（武则天证圣元年），凤阁舍人李峤上书，说：当今天下民众，逃亡的很多，原因非一，有些是离开军镇，有些是出外求食，总不外是逃免租赋，躲避徭役。民众逃出本籍贯以后，可以不服官府的徭役，姓名不列入户口账。偶尔遇到检查，便转入他境（他州他县），仍能容身。李峤说了这些情况，提出主张说，现在朝议总以为军府所在的地方，户不可移，关中的民众，籍贯不可改，其实偷出关口，远离军府的人多得很，不如准许转移，户口还有个着落。李峤所说逃亡现象，主要是指关中地区，足见在武则天时候，关中民众已经无法负荷租庸调的重担。

自宇文泰攻取蜀地，西川地区成为关中地区的后方，经北周至隋、唐，总保持着这种关系。这就是说，唐朝贪暴的搜括，首先受到影响的是西川地区。武则天末年，陈子昂上书说：蜀中并无重役，可是诸州逃户多至三万有余。土豪大族，收容逃户，压榨役使，获取厚利。一部分逃户进入山林，攻掠城邑。陈子昂指出：蜀中诸州百姓所以逃亡的原因，实缘官人贪暴，不守国法，吏员游客，乘机侵夺，剥削得太残酷了，民不堪命，破产失业，只好逃亡。他要求朝廷严令州县长官，设法大招逃户，三万户回来，租赋可以富国。

李峤和陈子昂都说出了一个秘密，就是地主欢迎民众逃亡。地主成立田庄，就需要佃客，如果农民各守自己的耕地，庄田便无人耕种，因此，佃客的补充，对地主有重大利益。要农民当佃客，是从两个方面来驱迫的，一是官吏贪暴，二是田庄发达。田庄发达，使得农民耕地丧失或缩小，官吏贪暴，使得农民无法承担赋役，只好逃离本乡，出外求食。得食的地方，就是地主的田庄。李峤说："或有检察，即转入他境，还行自容"；陈子昂说"土豪大族，阿隐相容"，都是说的这件事。当然，农民变佃客，数量过多，对朝廷不利。武则天末年，韦嗣立上书说，国家自永淳（六八二年，唐高宗年号）以来二十余年，天下户口，亡逃过半，租课减耗，国用不足。亡逃过半，自然是夸大的说法，但逃亡不限于关中、西川，却是事实。七一九年（开元七年）唐玄宗下诏说，民众"莫不轻去乡邑，共为浮惰，或豪人（土豪大族）成其泉（渊）薮（田庄），或奸吏（官吏）为之囊橐（包庇入境的逃户，即包庇本地庄主）……州县不以为矜，乡里实受其咎"。这里说出官吏庄主与逃户的关系，与李峤、陈子昂所说相同，不过，唐玄宗说的是全国一般的情况，足见逃亡现象影响朝廷的收入愈益严重。诏书所说"州县不以为矜，乡里实受其咎"，是指什么呢？州县官对民众逃亡，毫不关心，照旧户籍向逃亡户原住的乡里索取租庸调，留住乡里的民户，替逃亡户负担，也只好陆续逃亡，这就是所谓乡里实受其咎。七二一年，唐玄宗实行检括逃移户口和籍外田（不纳租税的隐田），派宇文融为劝农使，率领判官二十九人，在全国范围内检查逃户和隐田，结果是虚张成绩，或指实户（有户籍的民户）为客户，说是括得逃户八十余万户和相当数量的田。大抵自垦十亩五亩的那种小农被检括了，对拥有庄田和佃客的地主却并无影响。官员本身就是庄主，与一般庄主利害一致。官员和一般庄主与朝廷在逃亡户上有矛盾，但朝廷检括得几十万户小农，损失有所补偿，矛盾也就算是得到解决，受害的依然还是农民。

租庸调法所规定的每丁负担数是以天下每一丁男都受田一百亩的假设为依据的。事实上，唐开国时，丁男受田多少就很不一致。后来地主兼并愈来愈剧烈，官府贪暴愈来愈凶猛。农民受到租庸调法的压力也愈来愈严重。正如李峤所说：天下民户，多是贫弱，有的当佣工佃客，卖力求食，有的卖屋贴田，供官府征求。照李峤的说法，就是有田的人缩小田地，无田的人投身田庄当佣客。作为租庸调法对象的丁男，既然或失地逃亡，或地小难负一顷田的租税，对朝廷说来，也非改变剥削方法不可。《新唐书·食货志》说，开元以后（当是指天宝年间），天下户籍久不改造，丁口转（转移居地）死，田亩买卖，贫富变化，都不再调查。这是说，天宝年间，均田制度早不存在，调查丁口并无实际意义，也就无须造户籍。当时社会因长期安宁，除去逃户，各地户口一般确有增殖，官府不管真实丁口，只凭旧户籍

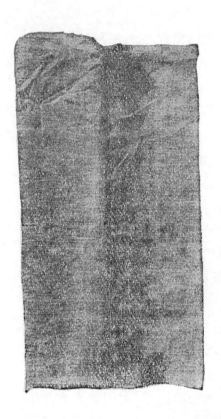

新疆吐鲁番出土
唐开元九年郇县庸调麻布

陕西西安出土
唐怀集县庸调银饼

向乡里索取租税,实行不以人丁为本的租庸调法。安、史大乱以后,户口削减,向乡里按丁收税已不能行,唐代宗大历年间,开始按亩定税,改变以人丁为本的旧法,分夏秋两季收税,为两税法开先例。

七八〇年,唐德宗采杨炎的建议,正式改租庸调法为两税法。

两汉赋税制,按亩收租,按丁口收算赋,朝廷收入主要是货币。自曹操改革赋税制,直到唐租庸调法,有按亩收租调,或按丁收租调两种,朝廷收入全部是实物。唐两税法改为按资产收税,实际是按田亩收税,朝廷收入主要是货币。自二〇四年(汉献帝建安九年)曹操创新制到七八〇年(唐德宗建中元年)废租庸调法,实物税行施将近五百年,这里简括地作一叙述,说明这种制度的变迁。

东汉末年豪强大混战,社会遭受极大的破坏。曹魏杜恕说,现在魏国拥有十个州的土地,户口却不及东汉时候的一个州。陈群也说,现在人口太少,比西汉不过一个大郡。这都是说东汉末年人口大耗损。统治阶级的急务是如何对这个残存民众进行剥削,要钱是不可能的,要衣食(粟帛)还可以,这就是曹操改变汉赋税制的根据。

二〇四年,曹操击溃袁氏势力,取得河北地区,黄河南北大体上统一了。他下令说,在袁氏统治的地方,豪强兼并,亲戚横暴,小民贫弱,被迫代出租赋,袁氏怎

271

能得到百姓的拥护！现在规定制度，田租每亩纳粟四升，每户纳绢二匹，绵二斤，此外，官府一概不许擅自征取。这个制度自然通行在黄河南北。据仲长统说，肥地和瘠地平均计算，一亩产粟三斛。曹操按亩收租四升，税率很轻，这对农民是鼓励多开垦荒地，对地主是不敢过多超出东汉百一之税的惯例。他兴办大量屯田，与田客对半或六四分租，专供军用，可以补民租的不足。户调取帛绵较多，可以补屯田的不足。曹操这一创制，对农民是有利的，因为农民免去了商人的一层盘剥。田租、户调的名称也从魏国开始，一直沿用到唐朝。

二八〇年，晋武帝灭吴国，颁布赋税制。《晋书·食货志》只载户调及男女丁占田亩数（户主夫妻共占一顷）。《初学记》引《晋故事》说，"凡民丁课田，夫五十亩，收租四斛"。《晋故事》当即贾充等定律令，二六八年（晋武帝泰始四年）奏上的《故事》三十卷。屯田制每一田客课田五十亩。《晋故事》所说当是二六四年司马昭罢屯田官以后的情形，田客和普通民丁都按五十亩纳田租四斛，即每亩纳租八升。灭吴以后，通行占田制，按一顷纳租，加倍为八斛。西晋田租、户调都比曹操定制加重，但在废屯田制以及蜀、吴两国原来赋税极重的情况下，西晋赋税制还是可行的，因此太康年间社会较为安宁。

西晋行占田制和课田制，作为收取田租的根据。兼

272

并者田多，农民被兼并，田少或无田，同样纳一顷的田租，显然很不均平。三三〇年，东晋成帝改变旧制，开始行按亩收税制，称为度田收租制，取十分之一，每亩税米三斗。(《晋书·食货志》所说税米三升，疑是三斗之误)。三六二年，晋哀帝减田租，每亩收米二斗(《晋志》作升，仍是斗字之误)。三七七年，晋孝武帝废度田收租制，恢复按丁收租制，王公以下，丁男每口税三斛。三八三年，增为每口税米五石。这个制度对兼并者有利，许多农民不得不放弃田亩，投靠士族当佃客。南朝大体上沿袭东晋赋税制。

北朝赋税制从魏献文帝时开始有记载。魏献文帝规定民户按贫富分三等九品纳租。千里内纳粟，千里外纳米。上三品户送租到京师(平城)，中三品户送租到别州重要官仓，下三品户租留在本州官仓。《魏书·食货志》说，魏孝文帝太和八年(四八四年)以前，魏国赋税制是九品户混通，每户出帛二匹、絮二斤、丝一斤，粟二十石，又调外帛一匹二丈。照《魏志》的说法，九品混通，负担相等，只是送租地点有远近，分品意义并不大。行三长制和均田制以后，规定户调，一夫一妇纳帛或布一匹，粟二石。北朝从此确立了按丁收租制。北齐租调：一床调绢一匹，绵八两；垦租二石，义租五斗。北周租调：一夫一妇每年纳绢一匹、绵八两，或纳布一匹，麻十斤；粟五斛。隋租调：丁男一床，每年纳租粟三斛，绢一匹(后减为二丈)，绵三两或布一端，麻三斤。唐租庸调制：每丁租二石，绢二丈，绵三两。大体上说，历代赋税的趋势是逐步在减轻。

曹操施行两种赋税制，一种是普通的制度，即按亩收租，每亩四升，不管一户丁口的多少；又一种是特殊的制度，即招募农民当屯田客，每人种田若干亩，官与客对半分产品，屯田客免徭役。在大乱以后，荒地多民户少军事上急需食粮的情况下，屯田制对朝廷有利。到了情况变化，朝廷需要更多的徭役时，保存屯田制就不如废弃屯田制为有利。司马昭灭蜀，晋武帝灭吴，都紧接着罢屯田官，足见屯田制与普通赋税制是有矛盾的。自曹操兴屯田以来，魏全国有大量的屯田和屯田客，晋武帝依据废除屯田并免屯田客为普通农民的特点，创行一种假设每一作户主的丁男夫妇共占田一顷，按一顷田出租调的按丁收税制。这种制度，必须与占田制相辅而行，也就是必须一般农民拥有一定数量的田亩，破产失业还不是普遍现象，才能行这种赋税制。如果兼并盛行，农民丧失田地被迫当佃客，朝廷收入减少，就要改行按亩收租制。东晋、南朝不行占田制，按亩收租又行不通，所以，长江流域民众赋税负担较重。北朝自魏孝文帝以后，历代都保持均田制，唐行均田制，地区比较广大，赋税也比前朝为轻，对黄河流域开垦荒地恢复农业生产起着推动作用。但是，农业生产的恢复，必然紧接着兼并的盛行，到唐中期，不得不改行按亩收租的两税法，并且改实物税为货币税。

四 两 税 法

七八〇年，唐德宗行两税法以前，已经有若干措施为两税法作了准备。七六九年，唐代宗定田亩为两等，上等田每亩税一斗，下等田每亩税五升。次年，又定京兆府百姓税，夏税上等田每亩税六升，下等田每亩税四升。秋税上等田每亩税五升，下等田每亩税三升。这是一年中按亩两次收田租的开始。七六九年，定天下百姓及王公以下百官每年税钱，分户为九等，上上户四千文，每低一等减五百文，第八等下中户七百文，下下户五百文。现任官一品准上上户，九品官准下下户。百姓如有邸店、行铺及炉冶（工商），按照规模大小，在本户税上再加税。如一户有数人在各地作官，或数处有庄田，各按官品或田数在各处纳税。诸道将士的庄田，例应优待，一概按第九等户纳税。这是按财产纳户税的开始。上上户出四千文与下下户出五百文，形式上似乎相差颇远，实际仍是富户负担轻，贫户负担重，因为财产相差远远不只是九等。

唐代宗以前，唐玄宗也为两税法开了端绪。唐玄宗在租庸调外，又创资课。所谓资课，就是财产税。七三四年，敕令官府定户口时，凡百姓非商户郭外居宅及每丁一牛，不得算入货财数内。非商户郭外居宅，当是官员居宅。显然，商户有郭外居宅，一丁有两牛，都是要课财产税的。七三七年，敕令地方官所收租庸调和资课，都变换为本地特产（轻货），运送到西京和东都。米、绢、布、绵、麻等物变换为各地出产的轻货，叫做变造。敕文里说"江淮等苦变造之劳"，就是指江淮等地百姓，将实物卖给商人，得钱交给官府，官府用钱向商人买本地轻货，漕运到京都。运脚费比轻货价高数倍，再加卖米绢买轻货时商人的盘剥，纳税民众负担极重，所以说是苦变造之劳。事实上，资课（南朝称资税）和变造（南朝有军国大事时行变造法）都是东晋南朝相沿的旧法，唐玄宗在北朝相沿的租庸调以外，又恢复东晋南朝的资课和变造，这种繁重的搜括正适合开元后期的骄侈政治。

资课、户税、变造、按亩收租，都说明租庸调法在崩坏，代替租庸调的新法在形成中。安史大乱以后，户口耗减，租庸调法更难以行施。因之两税法成为最适用的税法。

七八〇年（建中元年），唐德宗行两税法。要点是：(一)量出制入。(二)不分主客户都按现在居住地立户籍；不分丁男中男，都按贫富定等级。(三)商贾在所在州县纳税三十分之一，使与定居的人负担均等。(四)定居的人，分夏、秋两次纳税，夏税不得过六月，秋税不得过十一月。(五)两税都按钱计算。(六)田税以唐代宗大历十四年（七七九年）的垦田数为依据。(七)保留丁额。(八)租庸调及其他一切科目全部废除。(九)最后加上一条欺骗民众的老手法，叫做"敢在两税外加敛一文钱，以枉法论"。初行两税法，朝廷收到实效是：第一，户有增加。据《新唐书·食货志》说，旧户三百八十万五千，经朝廷派黜陟使到各地检查，得主户三百八十万，客户三十万，一概在当地立户籍。据杜佑建中初年《奏议》说：开元、天宝年间，户有九百余万。现在人口耗损，天下只有户一百三十万，陛下派使官检查，才得三百万，比天宝仅三分之一。其中浮寄户还占五分之二。杜佑所说户数与《新唐书·食货志》相差一百一十万户。不论那一说近似（杜说较可信），户有增加总是事实。第二，钱米增加。《新唐书·食货志》说，一年得钱二千五十余万缗，米四百万斛供京外，钱九百五十余万缗，米一千六百余万斛供京师。关中需要米粮，唐玄宗时，每年运米入关不过二百五十万石，转运已极困难。唐德宗时据陆贽说，近年来（七九二年前后）每年自江、湖、淮、浙运米一百一十万斛，河阴仓留四十万斛，陕州仓留三十万斛，输入京城四十万斛，足见一千六百万斛之说不可信，但京内外钱米足用却是事实。《通鉴》在建中元年末记本年两税所得数：天下税户三百零八万五千零七十六，籍兵七十六万八千余人，税钱一千零八十九万八千余缗，谷二百一十五万七千余斛。这个数字大概较为有据。

初行两税法，百姓也有些好处，安、史乱后，朝廷急需钱物，随意增设税收官，多立名目，旧税加新税，无有限制。富家丁多，或找个官做，或托名为僧，得免课役。贫家丁多，无处隐蔽，只好按丁纳租税，再加上胥吏的奸弊，贫弱的民众，除了逃亡作浮户，实在无法应付。两税法虽然对民众的负担丝毫不曾减轻，而且还加重些，但比起乱收税来，总算是有个统一的税制。可是，腐朽已极的唐朝廷，只知道要钱愈多愈好，从七八一年藩镇田悦等叛变时起，两税法又变成乱收税，民众受害与改制以前一样严重。

颁行两税法时所说的九条规则，在唐德宗在位时，已经是每一条都起残害民众的作用。

量出制入——强盗一般的统治者，说要量出制入，等于说要无限掠夺。杨炎依据七七九年（大历十四年）的"出"来定七八〇年的"入"，已经是重税。七八一年以后，连年战争，军费浩大，统治者又贪欲无底，进行搜括，重上加重，都借口量出制入。七八二年，淮南节度使陈少游请在本道两税钱中每千加二百。唐德宗通敕各道都加税二百文。后来剑南西川节度使韦皋奏请加税十分之二，唐德宗也自然允许。每加一次是每千二百文，十分之二成为量出制入的常例。各道有事，得用权宜（暂加）名义加税，事毕，暂加变成永加。正式加税以外，还用"税外方圆"、"用度羡余"等名非正式加税。例如韦皋在蜀二十一年，重税百姓，分一部分作为月进，蜀地从此贫乏。全国各地都有进奉，实际就是朝廷让地方官非正式加税，皇帝分得一部分税钱。七九四年，陆贽《奏议》列举两税的弊害，说：用兵以来朝廷所加及各道私加的税请一概停止。足见加税是诸害中的一大害。

不分主客户，都按现在居住地立户籍；不分丁男中男，都按贫富定等级——七八八年，唐德宗敕令天下每三年定一次户籍，审查等第高下。地方官的成绩按户口增加、田野开辟、税钱增长、先期缴纳四条评定。地方官迫令民众析户，奏报虚数，并且用些优待办法，互诱邻境居民逃入本境，说是政治良好，流民复业。税额全部摊派给土著户，催促严厉，不容短少。贫苦人家，或向富户借债，或出卖田宅。年景要是不好，想卖妻儿作奴婢，还未必能找到买主，常常被官府逼得无路可走，自缢求死。朝廷列四条考地方官的成绩，地方官以残害百姓来应考，所谓不分主客户，实际是主户（土著户）遭殃，也就是贫弱户遭殃。

按贫富定等级，即陆贽所说"以资产为宗，不以丁身为本"。资产多的税重，资产少的税轻，似乎是均平的税法。可是，人有贵重的资产，可以不被人窥见，田地却无处隐藏，同样是田地，富贵人的田地，官吏未必敢详细查看，贫弱人的田地，却非查看不可，并且要用放大的眼睛来查看，归根说来，所谓以资产为宗，主要是以普通民众所有的小块田地为宗，陆贽说"敦本业者（农民）困敛求"，就是以资产为宗的实情。八三〇年，剑南西川宣抚使奏称，"旧有税姜芋之类，每亩至七八百（文）"。种谷既有青苗钱（在两税外），种其他作物自然也会有税。蜀地税姜芋，可以推知别处有相类的税。看来，资产不限于田地，田地上种植的作物，也当作资产来收税。

商贾在所在州县纳税三十分之一，使与定居的人负担均等——商贾的资产，三十税一，比农民轻得多，所谓负担均等，无非是骗人的话头。陆贽说，"挟轻资（容易携带的贵重物品）转徙者脱徭役"，就是说，有些商贾能够逃脱赋税。同是商贾，势力悬殊，纳税的自然是那些小商贾。

定居的人，分夏秋两次纳税，夏税不得过六月，秋税不得过十一月——农民刚夏收，官府就收夏税，刚秋收，就收秋税，农民被催促得如此急迫，正如陆贽所说，不是"敛获始毕，执契行贷"，收获物通过高利贷者，变钱转入官府，便是"丝不容织，粟不暇舂"，立即被官府夺去。白居易《新乐府·杜陵叟》篇说，"典桑卖地纳官租，明年衣食将何如！剥我身上帛，夺我口中粟，虐人害物即豺狼，何必钩爪锯牙食人肉！"杜陵叟种薄田一顷，因旱灾不收，官府照常收税，种地少的人当然受害更大。可能是民怨沸腾引起某些官员的忧虑，向皇帝（唐宪宗）陈情。《杜陵叟》篇接着说"不知何人奏皇帝，帝心恻隐知人弊，白麻纸上书德音，京畿尽放（免）今年税。昨日里胥方到门，手持尺牒榜乡村；十家租税九家毕，虚受吾君蠲免恩"。上自皇帝，下至里胥，贪婪狡诈的眼睛一致注视着农民，掠夺加欺骗，充分说明都是食人肉的豺狼。

两税都按钱计算——陆贽论两税按钱计算的弊害说，农民生产物只有粟帛，可是两税按钱计算，官府给粟帛定出价钱，按钱数收粟帛，例如初定两税时，定三匹绢的价钱为一万钱，到后来，六匹绢才抵得一万钱，纳税人所出钱数不变，匹数增加一倍。《新唐书·食货志》也说，初定两税时，物重钱轻，后来物价愈跌，纳物也愈多。绢一匹原值钱三千二百文，逐渐跌价为一千六百文，官收钱似乎并不增税，民纳物实在是多了一倍。此外还有巧取的方法，如度支（朝廷掌财政的长官）将征来的物品，本价外增价若干，作出虚价，发给各官司，使受物品者所受钱数不短，实物却打了折扣；对州县则以物品恶劣为理由，压低缴来的物价，使补足缺额，称为折纳。又如特别税叫做进奉、宣索（皇帝派宦官到某地指名要某物），强令民众服役叫做召雇，摊派物品叫做和市，表示官出钱雇役买物。到唐德宗末年，民众负担比大历末年实际增加了两倍。到唐穆宗长庆年间，钱愈重，物愈轻，民众负担大致增加到三倍，八匹绢才抵得一万钱，豪家大商也大获厚利。巧取的方法，还有临时征收杂物，官府定出用粟帛折价的杂物价钱，而且还每年变换名目，使纳税人不知本年可准备何种物品。正如陆贽所说，农民"所供（杂物）非所业（耕织），所业非所供，遂或增价以买其所无，减价以卖其所有，一增一减，耗损已多"。这是多么丑恶的一幅巧取豪夺图！朝廷利用农民没有钱，任意操纵物价，逼迫农民在变物为钱时吃亏受害，占便宜的首先是官，其次是商贾和地主。

以大历十四年的垦田数为依据；保留丁额——两税法既然按资产收税，资产多少随时有变动，为什么要保持大历垦田数？既然不分丁男中男，为什么要保留丁额？这是因为朝廷规定一个田和丁的基数，以便后来只许增多，不许减少。填补减少的方法是摊派。《新唐书·食货志》说，"税取于居者（土著户），一室空（有一户逃亡）而四邻亦尽（四邻代纳税）"。陆贽说"有流亡则摊出（派给别人），已重者愈重"，这都说唐德宗时用摊派来补逃亡户的税钱。这里举唐宪宗时候的事作例，具体说明摊派的祸害。八一九年，李渤上书说，臣路过渭南县，听说长源乡旧有四百户，现在只剩百余户，阌乡县（阌音文wén河南灵宝县）旧有三千户，现在只剩一千户，其他州县大抵相似。查考原因，都由于官府将逃亡户的税摊派给四邻，结果四邻也只好逃亡。这实在是聚敛之臣剥下媚上，光知道竭泽，不管明年无鱼。请下诏书，禁止摊派。宰相看了很不满意。摊派是聚敛之臣的要诀，他们知道农民终究不是竭泽中的鱼，农民非到迫不得已是不会逃亡的，在一般情况下，逃亡是陆续发生的，只要有留存的民户，摊派就能生效，搜括也就得到满足。当然，泽总有一天是要竭的，那时候农民起义就必不可免了。

租庸调及其他一切科目全部废除——民众赵光奇作了完全正确的答案。七八七年，是三四年来最丰收的一年，米一斗跌价至一百五十文，粟每斗八十文，朝廷下诏和籴（官府按市价收买）。有一天，唐德宗到新店地方狩猎，入居民赵光奇家，问：百姓快乐么？赵光奇答：不乐。唐德宗说，今年丰收，为什么不乐？答：诏令无信。先前说两税以外一切科目都废除，现在各种苛杂比正税还多。后来又说和籴，实际是强夺，民众何曾见过一文钱。起初说所籴粟麦送到附近地点就成，现在令送到西京行营，一走就是几百里，车坏马死，就得闹破产。民众愁苦到如此，有什么可乐。也常常有诏书说从优抚恤，无非是一纸空文！想来皇帝住在深宫里，不知道这些实情。赵光奇代表千百万民众作出正义的斥责，唐德宗是无话可答的，只好免赵光奇家的赋役，算是答了话。他免一家的赋役，再不问别的事情，因为根本不想改正弊病。这正好说明官吏所有罪行，来源就在这个住在深宫的人。

敢在两税外加敛一文钱，以枉法论——剥削阶级用来统治民众的方法，不外乎暴力镇压与无耻欺骗两种。这两种相辅而行，但在平时总是用欺骗法，当一个朝代没落的时候，欺骗法使用得更为显著。陆贽说，"大历中供军、进奉之类，既收入两税，今于两税之外，复又并存"。又说：加税时"诏敕皆谓权宜，悉令事毕停罢。

息兵已久，加税如初"。宣布以枉法论的是朝廷，无耻欺骗的也是朝廷，陆贽说得很明白。在这一点上，白居易比不上陆贽。白居易在《重赋》篇里说，"国家定两税，本意在爱人（民），厥初防其淫（加税），明敕内外臣：税外加一物，皆以枉法论。奈何岁月久，贪吏得因循。……夺我身上暖，买尔（贪吏）眼前恩，进入琼林库（皇帝宫内私库），岁久化为尘"，诗里把皇帝说成爱民，重赋全是贪吏所为，不管白居易主观上是否有意欺骗，这总是欺骗法的又一种形式。民众受了诸如此类欺骗法的影响，对皇帝存有幻想，不能较快地识破统治者的骗局，起义常因此受到阻碍。

均田法已废除，按一顷田纳税改为按亩纳税，应该说是合理的；征收实物改为折价收钱，也未必不可行，两税法代替租庸调法，实在是自然的趋势。陆贽、白居易等人指出两税法量出制入、巧取豪夺等种种弊害，确是同情民众的正论，但主张恢复租庸调法不免是一种迂论。他们真意所在，是要求朝廷量入为出，"取之有度，用之有节"，针对着当时腐朽政治，迂论也还算有些意义。不过，迂论终究是无用的，两税法终究是不可废的，唐穆宗时元稹在同州均田，应是较为切实可行的办法。元稹《同州奏均田》篇说，同州所属七县，自贞元四年（七八八年）定税额，至今已是三十六年。其间民户逃移，田地荒废；又近河诸县，每年河路吞侵；沙苑附近耕地，多被填掩，田地逐年减少，百姓税额已定，都按虚额征收。还有豪富兼并，广占阡陌，十分田地，纳税不过二三。民众负担过重，相率逃亡，州县收税着实困难。元稹说了这些情况以后，再说他均田取得的效果。他令百姓自报旧有和现有的亩数，百姓知道他有意均平赋税，所报大体真实。元稹依据所报田亩数，除去逃户荒地及河侵、沙掩等地，定出现存顷亩，然后取两税原额地数，通计七县田地肥瘠，贫富户一例按亩数和田地等级抽税。元稹说，从此贫富强弱，一切均平，租税可免逋（逃）欠。元稹所说均田，是均田赋，与唐前期的均田制名同实异。按田亩实数和田地好坏均摊两税原额，朝廷收入照旧，纳税人负担算是比较均平些，这就成为元稹的著名政绩。

豪富纳税十之二三，其余税额全部压在贫弱户身上，同州如此，自然别州也是如此。《新唐书·食货志》说，唐文宗时，豪富侵吞产业，并不转户，州县官也不去查问，原主已失地，但仍负担赋税，至于给豪富当奴、客，服劳役受刑罚比州县还凶恶。这种情形，唐文宗时如此，在以前和以后也是如此。民众在残酷剥削下，只能拾橡实维持生命或在豪富家当奴、客。这里引皮日休所作《橡媪叹》，可以看出农民生活的普遍现象，不言而喻，奴、客更是过着非人的生活。诗里说"山前有熟稻，紫穗袭人香……持之纳于官，私室无仓箱。如何一石余，只作五斗量！狡吏不畏刑，贪官不避赃。农时作（借）私债，农毕归官仓，自冬及于春，橡实诳饥肠！"这首诗真实地反映了还没有沦为奴、客的农民境遇，农民起义的完全正义性，也就一望而知了。

五　盐茶等税

　　刘晏是唐朝著名的理财家，七五六年，正是安禄山作乱的时候，唐朝财政非常困乏，唐肃宗任第五琦为度支使。第五琦作榷盐法，凡产盐地方，都设盐院，亭户（制盐户）生产出来的盐，统归官卖，严禁私盐，从此盐税成为一种重要的收入。刘晏从七六〇年起，被任为度支、铸钱、盐铁等使，后来又兼转运、常平等使。铸钱、盐铁、转运、常平都是敛钱的手段，不过，得钱最多的还是盐税，刘晏理财主要就是增加盐税收入。第五琦创行榷盐法，每年得钱六十万缗，刘晏改进税法，到大历末年，他所管各使事的总收入，一年多至一千二百万缗，其中盐利占大部分，比初创行时增十倍以上。刘晏理财不同于其他聚敛者。聚敛者只顾要钱，不管民众死活；刘晏却兼顾民众，让民众也得些利益，在民众还能容忍的限度内，谋取大利，这是刘晏理财的特色。他在诸道置巡院，选择勤廉干练的士人作知院官，管理诸巡院。诸巡院收集本道各州县雨雪多少庄稼好坏的情形，每旬每月，都申报转运使司刘晏所在处。又召募能走的人，将各地物价迅速申报。刘晏掌握全国市场动态，在丰收地区用较高价钱籴入谷物，在歉收地区用较低价钱粜出，或用谷物换进杂货供官用，有多余再运到丰收地区去出卖。这样调剂的结果，物价大体上可免太贵太贱的危害，社会得以比较安稳，税收也就比较有着落。转运使的首要职务是运江淮米粮到关中，刘晏任职时，每年运米入关，有时多至百余万斛，通过砥柱，全部运到。他不仅在运输方法上能保证安全，更重要的是调剂物价，使入关米粮保证有来源，看来，贵粜贱粜，似乎对官府无利，实际是得了大利。刘晏改革榷盐法，尤其是大利所在。原来规定某些州用河东池盐，某些州用海盐，刘晏在产盐地设盐官，收亭户制成的盐转卖给商人，任令贩卖，各州县不再设盐官。海盐产量大，价比池盐低，运销地面极广，因之海盐和漕米以及茶叶集中地的扬州，成为全国最富饶的城市。起初江淮盐税每年不过四十万缗，后来增至六百余万缗，河东盐税每年只有八十万缗。扬州城市的繁盛，与刘晏兴盐利及运漕米是有关系的。

七八〇年，唐德宗信杨炎的谗言，杀刘晏。此后理财的官员多是刘晏的旧吏，但没有人能比得上刘晏。

茶作饮料，唐时自江南传到北方，逐渐盛行。据封演（唐德宗时人）《封氏闻见记》说，开元时，泰山有僧大兴禅教。学禅首先要夜里不睡眠，因此禅徒都煮茶驱睡。后来俗人也转相仿效，遂成风俗。城市多开店铺煎茶出卖，行人付钱即可得饮，极为方便。茶叶从江淮运来，名色甚多，堆积如山。僧徒生活是最闲适的，斗茶品茶，各显新奇，因之在寺院生长的陆羽，能依据闻见，著《茶经》一书。《茶经》一出，更推动全国人饮茶。唐穆宗时李珏（音爵 jué）上书说，人都要饮茶，税太重，茶价自然增加，贫弱人更感困难。足见唐德宗以后，茶是朝廷重要的利薮。七九三年，唐德宗开始税茶，凡产茶州县，都设官抽税，十分税一，本年就得税钱四十万缗。此后，茶税渐增，唐文宗时，特置榷茶使。《新唐书·食货志》说，开成年间（唐文宗年号），朝廷收入矿冶税，每年不过七万余缗，抵不上一县的茶税。茶商经过的州县，官要抽重税。官给茶商特设旅店，收住宿税，称为搨地钱，甚至扣留舟车，勒索税钱。茶成为仅次于盐的大宗商品。《食货志》所说矿冶税抵不上一县的茶税，可能是指产茶的县，也可能是指销茶量大的县，不论是指那一种县，茶税无疑是重要的税收。

六 户 口

劳动人民是立国的根本。户口殷繁，自然人力充足，可以创造巨大的财富和灿烂的文化。远在公元二年（汉平帝元始二年），据西汉最后一次的户口记录，中国人口已达到六千万。这个人口数，看来似乎不算小，但对当时的疆域说来，除了中原地区人口稠密，其余地区人口却是稀疏的。《汉书·地理志》说，垦田仅占可垦田的四分之一。事实也确是这样，广大的长江流域还远没有开发，更不用说岭南地区。自东汉末一直到隋末，由于战争破坏，人口遭受可骇的损失。统治阶级大量杀人的罪恶行为，就在他们的史书里，也无法掩饰。两汉统一后得到进展的封建社会，因此基本上停滞了四百年。唐社会保持一百几十年的安宁，人口才大体相当于汉的数字，接着又是唐中期到五代二百余年的战乱，黄河流域人口遭受惨重的损失，北方社会进展又基本上停滞了。

唐朝三个时期，户口数的升降，都是与当时政治上的情况密切相关的。下面所举户口数，可以表示升降的趋向（数字不可拘泥）。户口下降，固然由于战乱和暴政，但流散终究多于死亡，自唐中期起，户口有时上升，有时下降，原因之一是未沦为奴、客的流散户有时重新立户籍，有时逃走又成为流散户。

唐初期的户口

唐制：民自黄至老，都得编入户籍，户籍三年造一次。因为急需补充人口，《武德令》里规定："蕃胡内附者，上户丁税钱十文，次户五文，下户免之。附经二年者，上户丁输羊二口，次户一口，下三户共一口"，这种优厚待遇，自然会增加内附的人数。唐太宗初年，全国不满三百万户，到六五〇年（唐高宗永徽元年），户部奏报全国有户三百八十万。唐太宗在位的二十余年间，增加约一百万户，显然是在贞观政治影响下，大量流散户恢复户籍，并且吸收了边境外的非汉族人。此后，唐户口依靠人口繁衍、流散户复业、边境外居民内附等来源，一直在上升。七〇五年（唐中宗神龙元年），有户六百一十五万，口三千七百一十四万有余。这是武则天结束执政的一年，户口增长的速度，大体上与贞观年间相同。七二六年（唐玄宗开元十四年），有户七百零六万九千五百六十五，口四千一百四十一万九千七百一十二。这是宇文融两次检括逃亡户以后的数字，其中不免有浮报，但速度仍不变，即二三十年间增加约一百万户。七三二年（开元二十年），有户七百八十六万一千二百三十六，口四千五百四十三万一千二百六十五。七四〇年（开元二十八年），有户八百四十一万二千八百七十一，口四千八百一十四万三千六百九。七二六年至七三二年，仅仅六年间，增加到八十万户。七三二年至七四〇年，仅仅八年间，增加到五十五万户，当时唐玄宗正在准备"大攘四夷"，谋兴边功，吸收大量边境外居民入境，作为主要兵源，十四五年户激增一百三十余万，其中很大一部分当是从边外迁来。此后藩镇叛乱，长期割据，自成风气，河北三镇被看作化外，三镇兵将多是非汉族人，应是一个重要的原因。

七四〇年的户口数，是唐前期户口的最高记录。唐制，户分九等，丁多的普通民户，等级较高。法律禁止兄弟在父母生存时别籍异居。七四二年，唐玄宗令州县查勘，一家有十丁以上，放免两丁徭役，五丁以上放免一丁。朝廷宁愿放免丁役，不许无故析户分居。即使父母命子出继别户，新析户仍须与本户同等级，不得下降。供应徭役，与本户共计丁数，不得借口析居减免。朝廷重视丁多的民户，是因为这一类户能供给徭役和庸绢。假如一户有十丁，朝廷按户抽两丁服徭役，还有八丁出庸绢共十二匹。假如十丁分为五户，按户抽一丁服役，剩下五丁只能出庸绢七匹又二丈，再加因故减免，朝廷所得更少。唐制：封君所食真户，每户一定要有三丁以上。唐中宗时，太平、安乐两公主有势力，所食户都选择多丁的高户，足见不满三丁的小户，不能满足剥削者需求。朝廷所以重视多丁户的原因，也就很明白。

户分课户、不课户两类。按租庸调法纳税服役的普通民丁，称为课口，有课口的户称为课户。无课口的户称为不课户，不课户有多种：（一）贵族和外戚的亲属；（二）九品以上的职事官和勋官；（三）各级学校的学生以及孝子、顺孙、义夫、节妇同户籍的人都免课役；（四）老（六十岁以上）、残废、重病人、寡妻妾、部曲、客女、奴婢及"视流内九品以上官"（当是指流外九品），本人免课役，称为不课口；（五）有勋的百姓（从军有功，但非勋官）免课役；（六）新附户暂免课役，如春季来附，免役，夏季来附，免课，秋季来附，课役都免。以上各种免课役的人，在唐前期，大概为数不多，因之户口数中没有指明不课的户口数。

经过一百多年的安宁，开元末年户口数加上逃亡户口，人口总数大体上恢复到东汉末年的水平。

唐中期的户口

天宝年间，三年一造户籍的法令不再举行，户口数可能是从租税数推算中得出来的。安史作乱以后，唐德宗行两税法以前，赋税等于公开的抢劫，百姓大批逃亡，户口数更难凭信。行两税法以后，户口又比较有些准则。这三种户口数，用来看当时政治与户口升降的关系，还是可以作据的。

（1）七四二年（天宝元年）——天下县一千五百二十八，乡一万六千八百二十九，户八百五十二万五千七百六十三，口四千八百九十万九千八百。

（2）七五四年（天宝十三载）——天下郡三百二十一，县一千五百三十八，乡一万六千八百二十九，户九百零六万九千一百五十四，口五千二百八十八万四百八十八。这是唐朝户口的最高记录，但在数字上还不及西汉末年的户口记录。

（3）七五五年（天宝十四载）——天下户总数八百九十一万四千七百零九，其中不课户三百五十六万五千五百零一，课户五百三十四万九千二百八十；人口总数五千二百九十一万九千三百零九，其中不课口四千四百七十万九百八十八，课口八百二十万八千三百二十一。《通典》说这是"唐之极盛"，《通鉴》、《通考》都以七五四年户口为唐之极盛,三书所记户口数,疑同出于一个原材料。《通鉴》户数为九百零六万,《通考》为九百六十一万,《通典》为八百九十一万,九百与八百,六万与六十一万,六十一万与九十一万,必有传写的误字。按《通典》说,西汉末年户有一千二百二十万,唐比西汉少三百余万。按《通考》所记唐户数比西汉只少二百五十余万,显然有误。《通典》、《通鉴》所记唐户数都比西汉少三百余万,但《通典》、《通考》两书都作几十几万,《通鉴》独作几万,应以几十几万为是;《通考》九百六十一万不合少三百余万的说法,因之,七五四年或七五五年的户数当以《通典》八百九十一万有余为是。杜佑献《通典》在八〇一年,上距天宝不过四五十年,《通典》所记一般说来应该较为可信。至于《通典》户总数与课户不课户的合计,口总数与课口不课口的合计,都小有出入,自然也是传写有误。《通典》所记不课户比课户少,不课口与课口相比,竟多至五比一,实难通解,只好存疑。杜佑估计,连同逃亡户,天宝户实数,至少有一千三四百万。照杜佑的估计,逃亡户约有四五百万户,所谓逃亡户,实际上很大一部分是被贵族、官吏、地主、商贾、寺观所奴役的各种私属,其中庄客尤占绝对多数,唐朝这些统治阶级中人,无不生活优裕,尽量享乐,就是因为他们占有大量被奴役的逃亡户。

(4)七六〇年(唐肃宗乾元三年),《通典》说,本年有户一百九十三万三千一百七十四,内不课户一百一

293

十七万四千五百九十二，课户七十五万八千五百八十二；有口一千六百九十九万三百八十六，内不课口一千四百六十一万九千五百八十七，课口二百三十七万七百九十九。《通典》又说，自天宝十四年至乾元三年，损户总五百九十八万余。损户加现存户只有七百九十一万，疑现存户应是二百九十三万，但不课户、课户的合计数，只有一百九十三万（不课户一百余万可能是二百余万之误）。不课户、不课口与课户、课口的比例，也同样不可解。书籍上数字大抵错乱难凭，乾元户口数只能表示安、史乱后，户口骤减，唐朝廷的地位非常危急。

（5）七六四年（唐代宗广德二年），有户二百九十三万三千一百二十五，口一千六百九十余万。广德户数比乾元户数多一百万，余数大体相同，广德口数与乾元口数也大体相同，疑依据同一原材料，《通典》记在七六〇年，《通鉴》、《通考》记在七六四年。

（6）七八〇年（唐德宗建中元年）《通考》说，天下两税户凡三百八十万五千零七十六。《通典》说，主户一百八十余万，客户一百三十余万，共得三百一十余万。《通考》所记两税户本于《新唐书·食货志》，与《通典》不符，《通典》当较为近似。

（7）八〇七年（唐宪宗元和二年），有户二百四十七万三千九百六十三（《通考》所记户数）。本年，李吉甫献所著《元和国计簿》。据《国计簿》所记，总计天下方镇四十八,州府二百九十五,县一千四百五十三。方镇中凤翔、鄜坊、邠宁、振武、泾原、银夏、灵盐、河东(以上是朝廷所属边境八镇)、易定、魏博、镇冀、范阳、沧景、淮西、淄青(以上是藩镇割据的七镇)等十五道、七十一州,不报户口、不纳赋税。其余许多方镇也留用本境赋税,还要朝廷发给养兵费。朝廷每年收入,主要来自浙东、浙西、宣歙、淮南、江西、鄂岳、福建、湖南等八道、四十九州,一百四十四万户。《国计簿》指出,朝廷每年收两税、榷酒、斛斗、盐利、茶利等税共得三千五百一十五万一千二百二十八贯(缗)、石,比天宝赋税短少并不太多,纳税民户却比天宝少三分之二以上。唐肃宗以来,江、淮民众负担奇重,统治者依然骄奢淫佚,有恃无恐,《国计簿》正好给这种现象作了具体的说明。

重税下民众被迫逃亡,有些确是逃亡到别州,有些就在本地隐藏,官吏从而大获私利。唐宪宗时吕温作衡州刺史,奏称本州旧额户一万八千四百七,除去贫穷、死绝、老幼、单独等户,堪差科户有八千二百五十七。吕温到任后,查出官吏隐藏(私自收税的)不纳税户一万六千七百。吕温说“与其潜资(私利)于奸吏,岂若均助于疲人”(与差科户同负担)。朝廷并不因此惩罚收私税的官吏,足见朝廷对地方官的控制力已经是十分衰弱。纳私税户多于纳官税户,以此为例,杜佑曾估计天宝年间户口,逃亡户至少有三分之一,应该说,不是缺乏根据的。

战乱和重税，使得民众逃亡，户口大耗损。但在朝廷、官吏、庄主等剥削者方面，收入并不感到困难，因为只要民众还生存着，他们就有利可取，不逃亡户被剥削，逃亡户也同样被剥削。

唐后期的户口

（1）唐穆宗长庆年间，《通考》说，有户三百九十四万四千五百九十五。《新唐书·食货志》作三百三十五万。《通考》说，唐敬宗宝历年间，有户三百九十七万八千九百八十二。河南河北三十余州，一向割据，不纳贡赋。唐宪宗连年用兵，取得暂时的统一，三十余州奉朝廷制度，申报户口。可是，八二二年（长庆二年），河北三镇又告割据，朝廷新增州县并不多。长庆、宝历户口激增的原因，似与唐暂时统一关系不大。八一一年，唐宪宗在制书里责备州刺史说，自定两税以来，以户口增损为考核地方官成绩的一个标准，因此，地方官用析户的方法作出虚数，又招引逃亡户入境，作为新附户，"至于税额，一无所加"，反而使人心动摇，土著愈少。唐宪宗说税额没有增加，是贪得无厌的谬见，地方官申报虚数，却是实在情形。唐后期几个户数，其中一部分应是虚数。

（2）八三九年（唐文宗开成四年），有户四百九十九万六千七百五十二。

（3）唐武宗会昌初年，有户二百一十一万四千九百六十。会昌末年，有户四百九十五万五千一百五十一。开成四年到会昌初年，不过两三年，为什么户数骤减。会昌初年到末年，不过四五年，为什么户数骤增。八五三年（唐宣宗大中七年），上距会昌六年不过七年，为什么全年税收只有九百二十五万余缗，其中租税五百五十万余缗，榷酤（茶酒）八十二万余缗，盐利二百七十八万余缗，比元和初年税收，还不到三分之一，户数却比元和初年多一倍。这都说明唐后期的户数，是地方官任便增减的虚数，真实户数是在减少，也就是朝廷纳税户大量被官吏、庄主、商贾等人夺去。自唐懿宗时起，诸方镇连户口的虚数也不报了，唐朝廷成为架空的朝廷。

唐前期行均田制，农民一般都得到土地，当时赋税较轻，政治较好，因之，田野开辟，户口渐增，社会经济呈现繁荣的景象，国家声威通到遥远的四方。这种富强程度，对过去所有朝代来说，是空前的，但对中国具备着的富强条件来说，唐前期的成就还是很有限的。以州县等级为例，上州不过四万户以上，中州不过二万户以上，下州不满二万户；县是六千户以上为上县，二千户以上为中县，一千户以上为中下县，不满一千户为下县。可见上州、上县的标准并不高。照杜佑所说，天宝户当有一千三四百万，一户以五口计，全国不过六七千万人，与土地相比，州县一般是地旷人稀，大有开发的余地。可是，剥削阶级贪欲的增长，比民众发展生产的速度高得太多，兼并愈来愈剧烈，赋税也愈来愈繁重，为争夺剥削权又发动战乱，战乱更加重了民众的痛苦。民众在残暴统治下，逃亡现象愈趋严重，生产力逐渐萎缩，到后来竟至无法再生产，最后爆发大起义，惩罚剥削者。唐中期和后期，剥削阶级就是这样厉行兼并、重税、战乱三件事，使得唐前期的繁荣社会遭受大破坏。

第五节　唐朝经济（下）

唐前期行均田法和租庸调法，农民与工商业者关系较少，统治阶级的搜括也还不是过度残酷，工商业因而受到一些限制，发达是较缓慢的。随着土地兼并的盛行，整个统治阶级的骄侈浪费，再加以战乱频繁，南北物资更需要流通，自唐中期起，工商业开始活跃起来。行两税法以后，纳税按钱计算，官与商操纵物价，刻剥民众，取得大量财物，工商业得到空前的兴盛。官商搜括获厚利，另方面，自然就是民众被搜括得无以为生。不过，商业的发达，在全国范围内特别是在黄河、长江两大流域间，经济上的联系更进一步地加强了，这对社会的发展也还是有些积极作用的。

一　手　工　业

唐朝手工业有官营、私营两种。官营手工业的产品供宫中或朝廷使用，私营手工业生产商品，供商贾贩卖致富，但商贾借以致富的商品，主要还是广大农民农妇生产出来的谷物和布帛。

官营手工业

宫中、朝廷的用具以至军需、营造，凡属于百工的事业，都设有专官掌管。少府监、将作监是各工官的长官。下面略举两监及所属各工官的职掌，可以推知官营手工业的规模。

少府监（尚方监）——总的职掌是管理百工技巧的政务。除了率领五署等属官，本监还掌管（1）供给天子和后妃常规的器物、服饰以及祭祀用的玉器、朝会用的仪仗。（2）训练工匠。训练期各工不同，精细刻镂工四年，车舆、乐器工三年，刀矟（音朔shuò）工二年，矢镞、竹漆等工一年，冠冕等工九月。教者传授家传技艺，每季由官考试一次，年终大考一次。工匠制造器物，成品上都署本人姓名。

中尚署——掌制造天子后妃所用艺术品和美丽服饰。附设有金银作坊院。

左尚署——掌制造天子后妃以至王公命妇的车

辇，兼领刻镂、蜡烛等作坊。

右尚署——掌马辔加工以及制造刀剑、斧钺、甲胄、纸笔、茵席、履舄(音戏 xì，木底鞋)等御用器物，兼领皮毛作坊。

织染署——掌织造天子太子及群臣的冠冕、组绶及织染锦、罗、纱、縠、绸、绝、绢、布。特织品有瑞锦、宫绫，织成对雉、斗羊、翔凤、游麟等形状，文彩奇丽，织法是唐初贵族窦师伦所创。这些特制品，设专官监视，不许流传到外面，一年中用费和织成的匹数，都得奏明。每当掖庭织锦，特给酒羊，七月七日（夏历）祭杼乞巧。唐代宗时，下诏说，在外所织造的大张锦、独软锦、瑞锦等并宜禁断；又绫锦花文织成盘龙、对凤、麒麟、狮子、天马、辟邪、孔雀、仙鹤、芝草、万字、双胜及羌样文字(梵字)等也应禁断。照诏书所说，瑞锦宫绫的织法也流传在外面，并且花样繁多，技巧不比内作差。织染署所领作坊有绫锦坊巧儿三百六十五人，内作使绫匠八十三人，掖庭绫匠一百五十人，内作巧儿四十二人。杨贵妃得宠，专为贵妃院作工的织工绣工多至七百人，其中自然有很多织锦巧儿。

掌冶署——掌熔铸金、银、铜、铁，造成器物，兼领涂饰琉璃、玉等作坊。

将作监——总的职掌是管理土木工匠的政务。类似建筑工程师的高级匠人称为长上匠，州出钱雇用，因而也称为明资匠，名额有二百六十人。柳宗元作《梓人传》，说"食于官府，吾受禄三倍，作于私家，吾收其值太半"，就是这种长上匠。将作监率领下的各官有：

左校署——掌木工。宫室有定制，凡官修的宫室，都归左校署承办。

右校署——掌土工。杨贵妃的二姊虢国夫人，造新第宅，中堂造成后，召工圬墁，工价二百万（二千缗）。工匠要求特赏自己的技艺，虢国夫人赏红罗五百段。工匠一看也不看，说，请取蚂蚁蜥蜴若干，放在堂中，过些时查点，如果短少一个，连工价也不敢要。大建筑物不许有蚂蚁容身的微隙，自然是很高的技艺。

中校署——掌舟车工。

甄官署——掌石工陶工。雕刻石人、石兽并制造碑柱、碾硙及瓶缶，又制造各种明器。

军器监——掌制造弩与甲，有弩坊、甲坊。

据《唐六典》说，少府监有匠一万九千八百五十人，将作监有匠一万五千人。两监挑选有技能的工匠，在原住州县专立户籍，按番到两监服役，称为短番匠。也有在家为官府作工，不必上番的工匠。王建《织锦曲》说："大女身为织锦户，名在县家供进簿，……一匹千金亦不卖，限日未成官里怪"。按限日缴纳织物，大概是对待女匠的一种办法。如工程不多，工匠无须上番，或两监和雇其他工匠，都得由工匠户出钱交给两监。技艺最高的工匠称为巧手，选入两监所属各署供职称为供内，被选后不得纳钱推辞。供内工匠有缺额，先补巧手的子弟。和雇的铸匠中，如有巧手，可补为正工。两监工匠从全国工匠中选拔出来，尤其是供内的工匠，选拔得更精。皇帝和大贵族需要的工艺品，两监能够全部供给。两监是手工业的精华所在，虽然对民众生活毫无益处，但制成的物品，足以代表当时手工业技巧已经达到的最高水平。

少府监最重要的业务是织纴，将作监最重要的业务是建筑，下面举一些例，说明当时技艺上的成就。

唐中宗爱女安乐公主有尚方织成的毛裙两条，料用百鸟毛，正看是一色，倒看又是一色，白昼看是一色，灯影下看又是一色，百鸟形状，都显现在裙上。每条值钱一千缗。又令尚方取百兽毛织成鞯（音煎jiān，鞍垫）面，呈百兽形状。自安乐公主作毛裙，贵官家里妇女多使织工仿制，南方奇禽异兽被猎获，几乎绝了种。

武则天在洛阳用铜、铁铸天枢，高一百零五尺，径十二尺，八面各径五尺。下有铁山，周一百七十尺。用铜制蟠龙、麒麟萦绕铁山。天枢上置腾云承露盘，径三丈，四龙直立捧火珠，高一丈。工匠毛婆罗造模。又铸九州鼎，豫州鼎高一丈八尺，余州鼎各高一丈四尺。鼎上图画山川物产，共用铜五十六万七百余斤。又铸十二时神（子鼠、丑牛等十二支）各高一丈。

武则天在洛阳造明堂，高二百九十四尺，方三百尺。明堂凡三层，上层作圆盖形，用九龙捧圆盖。顶上置一涂金的铁凤，高一丈。堂中有十围的大木，上通顶，作为明堂的总柱，各种结构都依大木为根本，又在明堂北造天堂，高五级，到第三级，便可俯视明堂。上列三例，说明织纴、冶铸、建筑在技艺方面有很高的造诣。

　　少府监属官有铸钱监，分散在产铜地区，是一种重要的官营手工业。六二一年（唐高祖武德四年），铸开元通宝钱，直径八分，重二铢四累，积十钱重一两。轻重大小最为合宜。隋文帝时铸五铢钱，实重五铢，与汉五铢钱重量相同，形状也相似，顾炎武《日知录》说，"今之五铢，亦大抵皆隋物也"。隋五铢钱一千重五千铢，二十四铢为两，五千铢得十三斤又三分之一两。隋一斤等于古三斤，古十三斤有余等于隋四斤五两，每一五铢钱重六分九厘余。唐开元通宝钱重二铢四累（十累为一铢）。这里所说一铢、一累，等余古三铢、三累，二铢四累等于古七铢二累，比汉、隋五铢钱加重二铢二累。开元通宝钱一千重六斤四两。每钱一枚重一钱。自唐高祖创制一枚重一钱的开元通宝钱，下至清朝，基本上相沿不变，与五铢钱成为前后两个不同的系统。全

唐开元通宝钱

国铸钱炉最多时（天宝）有九十九处，每炉每年铸开元通宝钱三千三百缗，全国每年铸钱三十二万七千缗。唐肃宗铸乾元重宝钱（一缗重十斤），以一当开元通宝钱十。又铸一种乾元重宝钱（一缗重十二斤），以一当开元通宝钱五十。钱法紊乱，物价腾踊，米一斗价至钱七千，贫民大批饿死。唐代宗时两种乾元钱罢废，专用开元通宝钱，一直到唐亡。铸钱要有技艺，官出重价募工匠。天宝年间每一炉用工匠和丁役共三十人，用原料铜二万一千二百斤，镴三千七百斤，锡五百斤。每千钱工本值七百五十文，足见铸钱赢利是朝廷很大的一宗收入。

私营手工业

唐朝私营手工业，比以前朝代都有显著的发展，南方手工业特别显出它的重要地位，南北技艺交流，推动整个手工业前进。

七四三年（天宝二年），韦坚引浐水到望春楼下，积成广运潭。唐玄宗登楼看新潭。韦坚聚江、淮漕船数百艘，使一个官员坐第一船作号头，口唱《得宝歌》，船上有盛妆美女一百人和歌，鼓笛及外国音乐齐奏，来到望春楼下，后面漕船各写郡名，依次衔尾前进。船上满载本郡特产，如广陵郡（治所在今江苏扬州市）船载锦、镜、铜器、海味，丹阳郡（江苏镇江市）船载京口绫衫段，晋陵郡（江苏常州市）船载折造官端绫绣，会稽郡（浙江绍兴市)船载铜器、罗、吴绫、绛纱，南海郡(广东广州市)船载玳瑁、真珠、象牙、沉香，豫章郡(江西南昌市)船载名瓷、酒器、茶釜、茶铛、茶碗，宣城郡(安徽宣城县)船载空青石、纸、笔、黄连，始安郡(广西壮族自治区桂林市)船载蕉葛、蚺(音南nán)蛇胆、翡翠。吴郡(江苏苏州市)船载方丈绫。漕船来自数十郡，驾船人都南方装束，戴大笠子，着宽袖衫、草鞋。漕船排列在楼下，京城百姓从来没有见过船桅，看如林的桅竿看呆了。韦坚奏上诸郡轻货，府县乐队和教坊(宫中乐队)相次奏乐，唐玄宗大喜。这是一次盛大动人的南方手工业品和特产的水上展览会。这里只记载几个郡的手工业品和特产，想见其余各郡，产品种类也不少。例如纸，据

河南三门峡出土唐海兽葡萄镜

305

《唐六典》所载，有益州的大小黄白麻纸，杭、婺（治金华，浙江金华）、衢（治信安，浙江衢县）、越等州的上细黄白状纸，均州（治武当，湖北均县北）的大模纸，宣、衢等州的案纸，蒲州的细薄白纸。韦坚献轻货，只宣城郡（宣州）有纸，《唐六典》则有许多州产名纸。以此为例，说明全国各州都有好产品，南方诸州产品更多。七三七年，唐玄宗令各州租税改用土物送京城；七四八年，又令各州租税变为轻货送京城，土物即轻货，足见朝廷对轻货有很大的需要。李肇《国史补》说，天下通用的物品，多得不可计数，如丝布作衣，麻布作囊，毡作盖，革作带，内邱（河北内丘县）白瓷瓯，端溪（广东德庆县）紫石砚，天下人都通用。

（1）织纴业

织纴是民间最广泛的手工业，《唐六典》记载全国各地织物的质量，大抵北方诸州长于织绢，南方诸州织布较多，看下页所列表，可知大概。

《国史补》说，越州（会稽郡）人向来不擅长丝织，薛兼训为浙江东道节度使，募军中未曾娶妻的人，多给财物，到北方娶织妇回来，每年得数百人。从此越俗变化，竞添花样，绫纱精妙，在南方有名。这是交流技艺的一个可喜事例。南北互相效法，是唐朝手工业技艺提高的重要原因，南北互相需要和对外贸易的扩大，是唐朝手工业发达的重要原因。

劳动妇女无不从事织纴，绢和布与农夫所生产的

306

唐代各州纺织品等级表

质量	绢	纻	火麻	黄	布
第一等	宋、亳州	复州	宣、润、沔州	黄州	
第二等	郑、汴、曹、怀州	常州	舒、蕲、黄、岳、荆州		庐、和、晋、泗州
第三等	滑、卫、陈、相、冀、德、海、徐、泗、濮、徐、兖、贝、博州	扬、湖、沔州	徐、楚、庐、寿州		绛、楚、滁州
第四等	沧、瀛、齐、许、豫、仙、棣、郓、深、莫、邢、洛、恒、定、赵州	苏、越、杭、蕲、庐州	澧、朗、潭州		泽、潞、沁州
第五等	颍、淄、青、密、寿、幽、易、申、光、蜀、安、唐、随、黄州	衢、饶、洪、婺州			京兆、太原、汾州
第六等	益、彭、蜀、梓、汉、剑、遂、简、绵、襄、褒、邓州	郢、江州			褒、洋、同、岐州
第七等	资、眉、邛、雅、嘉、阆、普、壁、集、龙、果、洋、渠州	台、括、抚、睦、歙、处、吉、温州			唐、慈、坊、宁州
第八等	通、巴、蓬、金、均、开、合、兴、利、泉、建、闽州	泉、建、闽、袁州			登、莱、邓州
第九等					金、均、合州

米同为社会的基本财富,固然,很大一部分绢布被统治阶级搜括去耗费了,但还有一部分,唐朝用来对邻国进行赠送或贸易,发生政治上商业上的重要关系。中国在唐朝时期呈现的盛大景象,织妇与农夫作出的贡献是相等的。

在一般技艺的基础上,还有一些特技,显示民间卓异的创造力。敦煌千佛洞发见唐朝薄绢,并绣有精细的佛画。据记述这种实物的人说,千佛洞所有的绢幡,都是用一种几乎透明的薄绢,挂在穿门或到佛堂去的过道上,不阻碍光线。幡两面都有绘画,风中尽管摇摆,人们总可以看见绘画。美丽的挂幅是用丝线彩绣的,人物如生,绣工甚精。唐时织纴和刺绣的技艺,既有实物作证,因之,下列文字记载的诸例,也应该可信。

缭绫——白居易《缭绫篇》说,"缭绫缭绫何所似,不似罗绡与纨绮,应似天台山上月明前,四十五尺瀑布泉。中有文章又奇绝,地铺白烟花簇雪。织者何人衣者谁,越溪寒女汉宫姬。去年中使宣口敕,天上取样人间织。织为云外秋雁行,染作江南春草色。……异彩奇文相隐映,转侧看花花不定。……丝细缫多女手疼,扎扎千声不盈尺"。这是用青白两色丝织成的花绫,丝细质轻,费功极大,宫中用作春天的舞衣,"汗沾粉污不再着,曳土踏泥无惜心",随便浪费了。统治阶级中人只求快心悦目,民众的痛苦根本不在意中,缭绫作舞衣,对他们说来,不过是最小的一种浪费。

308

八梭绫——邺中李母村人织绫，必三交五结，号八梭绫，一匹值米五筐。三交五结，是说一种特殊的织法，费功自然很大。

轻容——无花薄纱，是最轻的一种纱。陆游《老学庵笔记》说，亳州出轻纱，入手似无重量，裁作衣服，看去象披轻雾。一州只有两家能织，世世相互通婚，防秘法传入别人家，说是从唐朝传来已有三百余年。亳州纱可能就是轻容的一种。

轻绢——一匹正够四丈，称起来只有半两。《太平广记》记载此物，小说容有夸张处，极轻当是事实。

红线毯——白居易《红线毯篇》说，"红线毯，择茧缲丝清水煮，拣丝练线红蓝染。染为红线红于花，织作披香殿上毯。……采丝茸茸香拂拂，线软花虚不胜物。……太原毯涩毳缕硬，蜀都褥薄锦花冷，不如此毯温且柔，年年十月来宣州。宣州太守加样织，自谓为臣能竭力。百夫同担进宫中，线厚丝多卷不得"。据诗人说，织造这种广十丈余的大地毯，要用丝一万多两。同情民众的白居易，禁不住慨叹"地不知寒人要暖，少夺人衣作地衣"。

桂管（广西桂林）布——布质粗涩，厚重可以御寒，可能是木棉布。唐文宗时，夏侯孜着桂管布入朝，唐文宗也着桂管布，满朝官员都仿效，布价骤贵。

唐朝织纤业的发达，也可以从下列的一些事例看出来。琼山郡（广东琼山县）太守韦公干，有女奴四百人，其中一部分是织花缣文纱的女奴。定州大富豪何明远，在驿站旁开设旅店，专住外国商人，家有绫机五百张。这种规模甚大的织造，显然与对外贸易有关。由于织纴普遍发达，原料的生产也随着发达。唐高祖时，梁州野蚕成茧，百姓采用野蚕茧。唐太宗时，滁（安徽滁县）、楚、濠（安徽凤阳）、庐等州都采用野蚕茧。唐玄宗时，益州献三熟蚕。唐代宗时，太原民韩景晖养冬蚕成茧。野蚕被利用，又是织纴业的一个进步。

（2）染色业

染色业中新技术，有柳氏女所创印花法。《唐语林》说，唐玄宗时，有柳氏女，性巧慧，使工镂板为杂花，印在织物上。柳氏女献一匹给王皇后。唐玄宗看到，很喜欢这种新制，令宫中依样仿造。当时秘惜印花法，不许外传。后来逐渐流行，成为极普通的衣料。

（3）坑冶业

唐制：天下出铜铁州府，听人私采，官收矿税。《新唐书·食货志》概举坑冶数："凡银铜铁锡之冶一百六十八，陕、宣、润、饶、衢、信五（六）州银冶五十八，铜冶九十六，铁山五，锡山二，铅山四。汾州矾山七"。从文字看，似一百数十处坑冶，都在陕、宣等六州，事实上，他州不能不有坑冶，疑这是唐初收税的矿，不曾收税的矿不在此数中。此后矿数常有增减，大抵以收税与否为准。六三六年，权万纪上书说，宣、饶二州银矿丰足，派官开采，每岁可得数百万缗。唐太宗革权万纪官，使

310

还家。足见官是不采矿的。唐高宗时，废陕州铜冶四十八。这里所谓废，当是采矿的业主因矿竭报废，官不再收税。七二七年，初次收伊阳县（属河南府）五重山银、锡矿税。这也是私人采矿官府收税的一个说明。七七九年，唐德宗下诏说，邕州金坑，任人开采，官不得占。唐德宗时，规定天下坑冶统归盐铁使收税。从此，在征收矿税上，朝廷与地方官发生了矛盾。唐文宗大和年间，盐铁使王涯奏称，今兖郓、淄青、曹濮等三道私自占采坑冶，出产铜铁甚多。王涯要求朝廷勒令三道长官还给盐铁使，以便照例收税。王涯又免采炼民户的其他差役，实际就是立坑冶户，朝廷直接占坑冶。开成年间，朝廷退还诸坑冶给州县，朝廷收得的矿税，总数不过七万余缗，比不上一个县的茶税。这是因为朝廷有甘露之变，宦官对地方官让步，换取对宦官势力的承认。唐宣宗时，盐铁转运使裴休，奏请收回坑冶收税权，当时朝廷还有些威望，算是收回了一部分。唐宣宗以后，朝廷大概连七万余缗也收不到。

《新唐书·食货志》载有两个采得的矿物数字。唐宪宗元和初年，每年采得银一万二千两，铜二十六万六千斤，铁二百零七万斤，锡五万斤，铅无常数。唐宣宗时，每年采得银一万五千两，铜六十五万五千斤，铅十一万四千斤，锡一万七千斤，铁五十三万二千斤。这种数字未必真实，实际产量可能还要多一些。

唐朝采矿业规模不大，因为缺铜，豪富人家销毁开元通宝钱，取铜铸恶钱并制铜器(包括铸造佛像)，唐德宗时市价，销钱一缗，得铜六斤，每斤值钱六百文，厚利所在，重刑不能禁，流通的钱愈益稀少，农民很难得到现钱。八〇四年，唐德宗令市上交易，可用绫罗绢布杂货与钱并行。八二一年，唐穆宗令两税改收布、丝等实物，惟盐、酒税用钱。所谓两税改收实物，只是允许纳税人免缴现钱，用实物折合税钱，并非废除两税收钱的定制。唐文宗时，又宣布交易可钱谷并用。这都说明行两税以后，钱重物轻的现象特别严重。"豪家大商，积钱以逐轻重"(《新唐书·食货志》)，官在收税时用物折钱，也大获轻重的利益。只有生产实物的民众，永远处于物轻的地位，被有钱有势的人抑价操纵，肆行敲剥。市上钱少对剥削者反而有利，因之朝廷急于要钱，但不急于铸钱。

钱重物轻的原因，一是铸钱太少，二是私家囤积和佛寺用铜造像。唐宪宗曾下诏，禁止积钱，富家积钱过五千贯，处死刑，王公大臣积钱，受重罚，钱没入官。原来京城市上所积钱，很大部分是方镇将帅的钱，一个将帅名下，至少也有五十万缗；一部分是富商的钱，富商与左右神策军有关系，私人钱托名为神策军官钱，得到宦官的保护。京兆尹想执行这个严诏，但根本行不通。唐文宗又禁积钱，允许富家积七千缗，余钱送市上流通。河南府、扬州、江陵府三大都会，也照京师例禁积钱。结果还是行不通。唐武宗时，废灭各宗教，铜像钟磬炉铎全部销毁，州县得到大量的铜，又令各州按开元通宝钱模型自铸州钱，与朝廷铸造的京钱同样通行。要改革钱重物轻的积弊，这是较为有效的措施。可是，唐宣宗即帝位，以否定会昌年间的一切措施为施政方针，销州钱改铸铜佛像，恢复钱重物轻的积弊。官商利用轻重的差别获取厚利，发生官商与民众间的矛盾，民众因贫穷不能满足朝廷收税的要求，发生朝廷与积钱者间的矛盾。唐宪宗、唐文宗禁积钱，唐武宗铸州钱，都是试图解决这些矛盾，但都没有成功，钱重物轻的紧张状态，一直继续到唐亡。

金银产量远比铜少。除了岭南地方钱与金银丹砂象牙同用作货币，其他地方只是当作一种宝，可在市上买卖。《新唐书·食货志》说，"天下有银之山必有铜，唯银无益于人，五岭以北，采银一两者流他州，官吏论罪。"这是唐宪宗元和初年的禁令，意思是督促采矿人专心炼铜。但金银既然是宝，统治者首先是皇帝自然也要搜括这种宝。一九五六年西安市发现天宝时银铤四个，各重五十两。银铤上刻呈进的郡名和官名。郡名是信安、宣城、郎宁和南海。信安郡即衢州，宣城郡即宣州。衢、宣二州在采矿六州数中。郎宁郡即邕州，南海郡即广州。邕、广二州在岭南，本是用金银的地方。往年发现的唐宣宗时端午节进奉银铤一个，重五十两，进呈官是浙江西道都团练等使兼润州刺史。润州也在采矿六州数中。据这些少数银铤的呈进地看，

313

似乎有土贡的性质，不产银的州不一定要贡金银。八八八年，朱全忠派人带银一万两到魏博镇籴米，用银作货币来使用，值得注意。八九四年，浙东威胜军（治越州）节度使董昌大肆搜括，向朝廷贡献财物，每十天发一纲：金一万两，银五千铤，越绫一万五千匹。董昌曾发若干纲，史无记载，但当时已有相当数量的银。可以想见，有了相当数量的银，随着交易上的需要，就会出现用银当货币的趋向。

（4）造船业

建造航海和江河用的船舰，历朝相沿，造船工匠积有丰富的经验。唐太宗想再伐高丽，发江南十二州工人造大船数百艘。刘晏做盐铁转运使，在扬子设十个造船场，造漕运船只。这都说明唐朝造船能力是强的。在一般造船技术外，还有一些新的创造。

唐德宗时，荆南节度使李皋造战舰，用人力踏两轮，速度象奔马。

刘恂（唐昭宗时人）《岭表录异》说，贾人船不用铁钉，只使桄榔须缚船板，用橄榄糖涂抹，糖干后船极坚固，船底如涂漆，便于速进。橄榄糖是橄

陕西西安出土
唐天宝十年杨
国忠进奉银铤

314

榄树枝节上生脂膏如桃胶,采来与橄榄树皮、叶同煎调和,制成象黑饧的膏,涂海船极坚滑。唐朝航海大船,举世无匹,可能就是刘恂所说的贾人船。

（5）制瓷业

唐朝制瓷技术,已经进入由陶到瓷的完成阶段。瓷器普遍使用,各地多有制瓷窑,其中还有不少是名窑。陆羽(唐肃宗时人)《茶经》所举越、鼎(陕西泾阳县)、婺、岳、寿、洪等州,都是当时著名的制瓷地方。邢州窑(包括《国史补》所说通行天下的内丘窑)与越州窑是唐朝南北诸窑的代表窑,瓷器品位不相上下。陆羽按照瓷色与茶色是否相配来定各窑优劣,说邢瓷白盛茶呈红色,越瓷青盛茶呈绿色,因而断定邢不如越,甚至取消邢窑,不入诸州品内。天宝时,韦坚献南方诸郡特产,豫章郡(洪州)船载名瓷,足见洪州瓷一向著名。陆羽因洪瓷褐盛茶呈黑色,定洪瓷为最次品。瓷器应凭质量定优劣,陆羽以瓷色为主要标准,只能算是饮茶人的一种偏见。

中国最优良的瓷器产地江西景德镇市,唐时属饶州新平县,唐玄宗改称新昌县,又改称浮梁县。《浮梁县志》说,唐高祖时,昌南镇(景德镇)民陶玉献瓷器,称为假玉器,昌南镇瓷由此名闻天下。昌南镇有制瓷业(《江西通志》载陈后主曾令昌南镇制陶础,巧而不坚),唐时制法有改进,但未必已能生产名瓷。韦坚所献南方轻货,名瓷独举豫章郡;陆羽比较越、邢两种瓷,说邢瓷类银,越瓷类玉;邢瓷类雪,越瓷类冰,意思是邢瓷不透明,越瓷半透明。如果昌南瓷类玉,而且唐初已名闻天下,陆羽似不会遗忘。昌南制瓷技术提到高度是在北宋时,在唐朝还未入名瓷之列。

唐三彩也是名瓷的一种。所谓三彩,就是在无色釉的白地胎上用铅黄、绿、青等色画成花纹,烧制成瓷器,因是唐朝创制,称为唐三彩。

（6）磨面业

磨坊一般用马牵硙,有水力处,设水磨。不过,普通民众是不能有水磨的。水磨的所有者都是权豪、富僧、大贾等有势力的人。这些人霸占河道,筑高堰阻水,利用水力推动碾硙,妨碍河道两岸农田的灌溉。例如郑白渠(在陕西泾阳)本来溉田四万余顷,到唐高宗时因水磨大增,只能溉田一万余顷。唐代宗时,只溉六千二百余顷。足见富贵人的水磨是农民的大害。

《旧唐书·高力士传》载高力士在京城西北截沣水作碾,并转五轮,每天磨麦三百斛。这是筑特别高的堰,使水力大到能并转五轮,农田受害自然更大。不过,单从制造水磨的技术上说,一轴能转动五具磨,却是一个新创制。

（7）印刷业

唐初已有印刷品。《云仙散录》引《僧园逸录》说,玄奘用回锋纸印普贤像,施给四众(僧、尼、善男子、善女子)。后来逐渐流行,见于记载的也渐多。八三五

316

年,唐文宗敕诸道府不得私置历日板。冯宿《禁版印时宪书奏》里说,西川淮南等道,都用版印历日,在市上发卖,每岁不待司天台奏准颁下新历,私印历本早已通行天下。佛像和历本都是大数量发行,利用印刷术是很自然的。纥干泉作《刘弘传》,雕印数千本。司空图为东都敬爱寺讲律僧惠确化募雕刻律疏,说印本逐渐散失,想再雕印版。柳玼《家训·序》说,中和三年(八八三年),在成都市上看书,多是阴阳杂说占梦相宅九宫五纬一类书,又有字书小学,雕版印纸,模糊不很清楚。依据这些事例,唐朝印刷业在广泛应用的情况下发展着,印刷技术也自然在继续改进。现存唐朝印本有咸通九年(八六八年)王玠"为二亲敬造普施"的《金刚经》。全卷长十六尺,高一尺,卷首刻佛像,下面刻经文全部。又近年四川成都唐墓中出土印本陀罗尼经咒一方,约一尺见方,中刻佛像一尊,环绕佛像刊印梵语经文,四边印各种小佛像。这两件仅存的实物,足以证明印刷技术已达到较高的水平,为五

唐中和二年成都
府樊赏家印本
历书残页

317

代北宋的印刷业准备了条件。

（8）造纸业

造纸是极普通的一种手工业。因原料和制法不同，各地多有特产，如萧诚（唐玄宗时人）善造纸，用山西野麻及虢州（治弘农，河南灵宝县）土谷，五色光滑，称为斑石纹纸。又如薛涛（唐宪宗时人）侨居成都，取百花潭水制深红小彩笺，用来写小诗，时人称为薛涛笺。用纸写字印书以外，还有糊窗的纸，专包茶叶称为茶衫子的纸和作纸钱的纸。《封氏闻见记》说，送葬用纸钱，从魏、晋时开始，现在自王公至于庶民，通行纸钱，葬时焚化。纸的用途极为广泛，足见造纸业的发达。

（9）制糖业

六四七年，唐太宗遣使人到天竺摩揭它国学熬糖法，令扬州送上甘蔗，榨取蔗汁，如法制糖，色味远胜西域糖。《元和郡县图志》载蜀州贡沙糖，青州贡糖，足见制糖法已经流传。《幽燕记异》说，茅草地冬季烧去枝梗，到春季掘取土中洁白的余根，捣汁熬制，得糖味极甘，称为洗心糖。又有糖霜（一名糖冰），制法是唐代宗时人邹和尚所传，原料用甘蔗，遂宁（四川遂宁县）产最有名。

上列手工业只是许多种手工业中的一小部分，唐朝手工业生产确是超过以前各朝代。唐朝农业生产不见显著的提高，据各种记载，田有地势高下、土壤肥瘠、

318

年景丰耗的区别，平均计算，一顷田不过得粟一百斛或米五十余斛，这和东汉仲长统所说平均一亩产粟三斛（隋唐一斛等于东汉三斛），北宋范仲淹所说"中田一亩，取粟不过一斛"（《上资政晏侍郎书》），产量相等，农业的进展，比不上手工业的进展。凡是精美的手工业产品，总是供统治阶级享用的，统治阶级从农民得到米绢布或钱，转向手工业者取得消费品和奢侈品，因之，手工业的进展与统治阶级从农业方面取得财物的增加是联系着的。隋唐以及后来的封建朝代，尽管每亩产量不比两汉有所提高，但中国南部的继续开发，却使剥削者取得大量的财物，借以满足奢侈品的需要。自隋唐以后，手工业比两汉大进一步而且继续进步着的原因在此。这种情形对唐朝说来，自唐中期起，农民破产流亡，农业一直在下降，手工业却一直在上升，与手工业关系较密的商业也一直在上升。

二　商　业

商业在交易有无、加强黄河、长江两大流域的经济联系以及与四邻各国进行贸易等方面，是有积极作用的。但是，商人对农民和手工业工匠，剥削的残酷，并不次于以皇帝为首的官吏。官与商各有一套剥削方式，韩愈说官商卖盐事，可以当作一个例。

八二二年，有一个官替唐德宗想括钱法，建议官自

四川成都出土唐成都县龙池坊卞家印本陀罗尼经咒

320

唐咸通九年印本金刚经卷首

已卖盐，可以获利一倍。韩愈逐条驳斥，说，乡村居民，很少有现钱，他们买盐，多用杂物交易，盐商什么东西都要，也有人一时没有杂物，先赊贷得盐，日后偿还。这是商人的剥削方式，居民得到一些必需品，仅有的一点杂物却被商人拿走了。韩愈又说，现在，如果吏人坐店铺卖盐，不得现钱，决不敢卖，贫民无钱买盐，官怎能获利一倍？又，贫家吃盐极少，淡食往往十天一月，非不得已不吃盐，如果官吏按户强迫买盐，势必用威刑逼勒民众出钱，这样，到处会发生骚动，对朝廷很不利。这是官府的剥削方式，用威刑要钱，不顾民众的死活。商人是巧取，官府是豪夺，方式不同，目的都是要吸尽民众的膏血。

商人用商品获利，官府用威刑获利，剥削的范围，同样广泛。商人所凭借的商品生产者自然是农民和手工业工匠。特别是行两税法以后，农民所有的米和绢布，必须先变钱才能纳税，商人因而有更多的获利机会，商业也就大大发达起来。

下面略述唐时商业的一般情况：

（1）市

两京市

全国最大的市是西京、东京两市，两市中西京市更大。

西京皇城南面有一条大街名朱雀街。朱雀街东有五十四坊，属万年县管，西也有五十四坊，属长安县管。每坊广长各三百余步。东市（隋时名都会市）在朱雀街东，西市（隋时名利人市）在街西，各占两坊（两坊太小，恐有误）的地面。东市是四方财物的聚集处，有二百二十个行。贵族和官员住宅多在朱雀街东，因之东市商业尤为繁盛。西市店肆略同东市，居民多是浮寄流寓，人口比东市多。

东京市称为南市（隋时称丰都市，又称东市，有一百行。又有大同市，其中有一百四十一个邸和六十六个行）。南市占两个坊的地面，有一百二十个行，三千多个肆，四百多个店（《唐律疏议》"居物之处为邸，沽卖之所为店"。旅舍也称为店，这里所说四百余店，当包

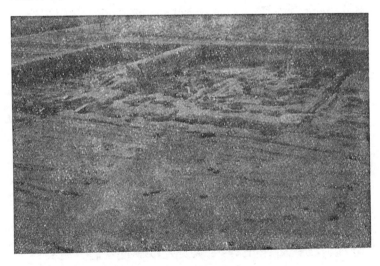

陕西西安唐长安西市遗址（发掘情况）

323

括旅舍）。又有北市，本是临德坊，唐高宗时立市。

州县市

下列诸市，也是较大的市。广州从来就是中外贸易的重要商埠，到唐朝，广州贸易更盛。李肇《国史补》说，"南海舶，外国船也，每岁至……广州。师子国（斯里兰卡）舶最大……至则本道奏报，郡邑为之喧阗（热闹）。"《唐大和上东征传》也说，西江中有波斯、波罗门、昆仑等舶，不计其数。广州市规模自然远不及两京市，但在州市中与扬州同属第一等。扬州是南北交通的枢纽，江、淮盐茶漕米和轻货，先汇集在这里，然后转运到关中和北方各地。扬州有大食、波斯贾人居住，多以买卖珠宝为业，朝廷在广、扬二州特置市舶使，足见扬州也是一个对外贸易的重要商埠。诗人张祜（唐宪宗时人）《纵游淮南》诗，有"十里长街市井连"句，商业大概比广州更繁盛。福建泉州（治晋江，福建泉州市）唐时已成通商口岸。唐文宗大和八年（八三四年）《病愈德音》说，南海外国船来到中国，地方官应优礼相待，岭南福建及扬州的外国商人，除舶脚（船税）、收市等外，任其往来流通，自为交易，不得重加税率。福建与岭南、扬州并列，足见泉州是一个相当重要的商埠。此外，楚州（治山阳，江苏淮安县）、洪州（治南昌，江西南昌市）、荆州（治江陵，湖北江陵县）、明州（治鄞县，浙江宁波市）以及成都、汴州等，都是著名大州市，唐人称扬一益二，就是诸州市中扬州第一，成都第二。各县也有市，如富阳（浙江富阳县）县市在县城西北隅，周围二里五十步。盐官（浙江海宁县）县市在县城西南二百五十步。杜甫《盐亭县》（四川盐亭县）诗："山县早休市，江桥春聚船"，县市商业，一般比州市小，山县自然更要小些。

　　草市

　　离州县城较远，在交通便利的地点因商业上需要自然形成的市称为草市。陈黯所作《彭州新置唐昌县》（四川崇庆县）《建德草市歇马亭并天王院等记》，可以说明草市的情形。《记》中说，从前商人往来，苦无投宿的地方，因而在建德乡立起一个草市。现在旗亭旅舍，屋屋相连，珍贵的货物都有，享用的器具全备，成为兴盛的商业区。《唐会要》载德州安德县（山东陵县）与齐州临邑县（山东临邑）接壤处有灌口草市一所。大抵草市所在，都是交通要道。杜牧《上李太尉论江贼书》里说，凡江、淮草市，都设在水路两旁，富室大户，多住市上，近十几年来，江南、江北，所有草市全被抢劫，只有三年遭两次劫，没有一个五年得安。唐人诗文和小说中，多说到草市，想见州县市以外，还有为数更多的草市存在。这种草市与当地的大庄主有关系，杜牧所说富室大户，就是兼营商业的大庄主。

　　行市、墟市、亥市、集、庙会

　　某地有大集会，商贾来会地出售货物，称为行市。岭南有墟市，西蜀有亥市，北方有集，都是村落间定期交易的小市。在神庙定期举行交易，称为庙会，性质与行市相似。

自两京到乡村，都设立大小不等的市，说明唐朝有比较发达的商业。

（2）行

同业商店的组织称为行，行有行头。《周礼》地官司市职："以次叙分地而经市，以陈肆辨物而平市"，意思是司市官划分市地成行列，同类的货物陈列在同一行列内称为一肆。一肆立一肆长，贾公彦疏说，"若今（唐时）行头者也"。肆长由司市指派，是服徭役的性质，并非官吏。唐时行头也是服徭役的商人。从春秋战国时期的记载中，市确是划分行列，如"伯有死于羊肆"（《左传》襄公三十年），"与小人游，如入鲍鱼之次"（《大戴礼记·曾子疾病篇》），"市乱，民莫安其处，次行不定"（《史记·循吏·孙叔敖传》），"曾不如索我于枯鱼之肆"（《庄子·外物篇》）。这里所说肆、次、次行，都是指市上的行列。《汉书·食货志》"商贾大者，积贮倍息，小者坐列贩卖"；又"（桑）弘羊令吏坐市列，贩物求利"；班固《西都赋》"九市开场，货别隧分"，左思《吴都赋》"混品物而同廛"。这里所说列、隧、廛，也都是指市上的行列。自春秋、战国以下，尽管名目不一，市上同业商店开设在同一地点却是定制。隋、唐时肆专指各个店铺，行是若干同业店铺的总称。隋丰都市有一百行，唐西京市有二百二十行，行数增加，显示唐商业比隋更盛。行有行头，又有牙人（也称牙子、牙郎、牙侩）。牙人招揽买卖，协议物价，官府和商人交涉，有时也使牙人出面。

诸书所记行名，有金银行（又称金市）、铁行、太衣行、绢行、织绉锦行、秤行、肉行、鱼行、药行、鞦辔行等。以此为例，二百二十行出售的商品，种类是很多的。唐武宗求长生药，道士献药方，内开李子衣十斤，桃毛十斤，生鸡膜十斤，龟毛十斤，兔角十斤。唐武宗使人到药行寻找，所有药店都说没有。一个大官要用白牛头作药，果然在肉行买到。大抵难得的物品，在行里总可以找到，只有象道士开出的那种药方，药行才无法供应。

行是商店的组织，自然也是商人的组织。为商人制造物品的工匠，附属于商人，本身并不组织成行。如果工匠自己制造物品，由自己直接出售，那末，他加入本行是因为有商人身分。唐时手工业工人没有行，凡是行都是以商人为主、工匠为从的商业组织。隋、唐以前，行的意义仅仅是同类的货物须在市上同一地点出售，唐朝的行，又有拒绝非本行人任意加入本行的权利，例如织宫锦巧儿李某，要求加入织锦行，行中人借口如今花样与前不同，拒绝李某入行，显然，行有行会的性质，工匠不得行中人同意，便不得入行。

（3）交　通

　　交通对政治、经济、文化有极其重大的意义。唐国内水陆交通畅达，就在许多地方被割据的唐后期，交通仍保持畅达状态，这给商业提供了有利的条件。

　　陆路交通——全国交通以长安为中心，分为四条干线。东路自长安经洛阳至汴（河南开封市）、宋（河南商丘市）；西路自长安至岐州（陕西凤翔县）以至成都（中唐以来改由郿县经汉中入成都），夹路都有店肆待客，酒食丰足，每店备驴供客租用，称为驿驴。南路自长安至荆（湖北江陵县）、襄（湖北襄樊市襄阳城），再南入长沙经广西达交州。北路自长安渡河至太原（山西太原市）出娘子关至范阳（北京市），或沿黄河东进转北，沿现在的京广线至范阳。沿路也都有店肆供商人旅客住宿。远行数千里，无须带兵器。上列诸城市都是西京以外的四方交通枢纽，从这些枢纽再到其他城市，同样安顺。例如出西京安远门，西到凉州（河西节度使驻在地，甘肃武威县）再西到西域诸属国凡一万二千里，沿路有驿，供行人酒肉。

　　以上陆路交通是安、史作乱前情形，安、史作乱后，行路有时会遇到危险，但交通并未阻塞。唐玄宗时，张九龄开凿大庾岭路，唐宪宗时，陆庶开福建陆路四百余里，两条新路的开辟，主要是为商业上的便利，想见其他地方也会有新开辟的商路。

水路交通——东南州郡，大都通水路，商运多用船舶。唐宪宗元和初年，宣歙遭旱灾，谷价上涨，有人主张平抑谷价，观察使卢坦说，宣歙地狭谷少，一向依靠外地输入，如果抑价，商船不肯来，粮食将更困难。宣歙地方多山，仍能利用水路通商，江湖附近地方水运的作用自然更大。长江中大船，载重量不超过八九千石。唐中期有俞大娘航船，比一般大船又大得多，船上驾驶工数百人，南到江西，北到淮南，每年来往一次，获利很大。凡是大船都为富商所有，他们以船为家，居柁楼下，奏乐歌舞，使唤婢仆，生活非常安适。至于洪、鄂等地，很多人水居，泛舟谋生，大抵从事商业或运输业。

水陆交通以扬州为中心，通济渠是南北水路交通的总干线，自扬、益、湘南至交、广、闽中等州，所有公家运漕、私行商旅，都依靠通济渠。《元和郡县图志》说"隋氏作之虽劳，后代实受其利"，唐朝廷收入主要来自江、淮，唐朝人特别感到通济渠的重要性，是很自然的。

唐建都关中，漕运有三门砥柱的险阻，从洛阳运米到长安，漕船多在三门峡覆没，一斛能送到八斗，就算是最好的成绩。改走陆路，两斛要运费一千文。民间苦于漕运，有斗钱运斗米的谣谚。唐高宗以后，朝廷经常想开凿砥柱，畅通河道，都未能成功。五代以下，不再有建都关中的朝代，三门为害，漕运不畅，是最重要的原因。

水陆驿——兵部属官有驾部，专管驿务，全国有官

日本遣唐使渡海入唐图

埃及出土唐陶瓷片　　　　　印度尼西亚出土唐
　　　　　　　　　　　　　白瓷凤首执壶

斯里兰卡出土唐瓷碗

驿一千六百三十九所（《通典》作一千五百八十七），其中水驿（备有船只）二百六十所，陆驿（备有马驴）一千二百九十七所，水陆相兼驿八十六所。陆路上一般是三十里设一驿（不在通路上的驿称为馆），每驿有长，管理本驿，招待旅客。官驿馆在全国交通线上普遍设立，对商业有很大的便利。

对外海陆交通——唐朝前期国势强盛，威力远被四方，中期以后，仍保持大国声望，中外交通主要是海上交通，畅达无阻。《新唐书·艺文志·地理类》所录有关海外诸国的记载，为数不少，唐德宗时宰相贾耽著《皇华四达记》十卷，《古今郡国县道四夷述》四十卷，最为详备。《新唐书·地理志》采贾耽书，叙述唐与外国交通最重要的路线凡七条，五条是陆路，两条是海路。陆路：（一）自营州（河北昌黎县）入安东道；（二）自夏州（陕西横山县）通大同云中道；（三）自中受降城入回鹘道；（四）自安西入西域道；（五）自交州通天竺道。海路：（一）自登州（山东蓬莱县）海行入高丽渤海道；（二）自广州通海夷道。所谓海夷道，就是从广州出航，经越南、马来半岛、苏门答剌等地以至印度、锡兰，再西至阿拉伯（大食国）。上列七路中，海夷道是商业上最重要的道路，也是中西文化交流的重要道路，中国在两汉时已是航海大国，到唐朝海路走得更远，比两汉又有进一步的发展。

（4）对 外 贸 易

《唐律疏议》引《关市令》，说："锦绫、罗縠、绸绢、绵布、牦牛尾、真珠、金、银、铁，并不得度西边北边诸关"。西边、北边外诸邻国，向来有侵扰边境的惯习，唐禁止铁出关，显然是防止铸造兵器。其余禁物，衣料是要控制进关货物，目的在换取以马匹为主的各种牲畜，真珠、金、银、牦牛尾，国内稀少，不愿外流。少府监属官有互市监，在边境上掌管外国贸易，可见唐对西北边市，商业与军事兼顾，不许商人任意谋利。

从南方海路上来通商的各国，都是远国，不会发生军事行动，因之，禁令稀疏，朝廷在广州设市舶使，专管收税，外国商人，只要不违犯唐法律，贸易往来，完全自由。中国商人到外国通商，也很发达。据阿拉伯人苏莱曼《东游记》说，唐时中国海船特别巨大，波斯湾风浪险恶，只有中国船能够航行无阻。阿拉伯东来货物，都要装在中国船里。当时中国船称雄海上，也就意味着中国对外通商的繁盛。中国输出的主要商品，丝织物以外，瓷器也以世界最先进的资格受国际市场的欢迎。埃及开罗南郊福斯他特遗址，发现唐至宋初的瓷片数以万计，叙利亚沙玛拉遗址发现大批唐陶瓷器，其中有三彩陶器、白瓷器、青瓷器。印度勃拉名纳巴特遗址也发现唐瓷片。可以设想，瓷器在唐朝已是大宗出口货。婆罗州北部沙捞越地方，发现唐朝人开设的铸铁厂，据当地考古学者的论证，铸铁技术自中国传入，对当时还在铜器时代的社会，起着推动作用。依据这些事例，唐朝高度发展的手工业产品和技术，通过商人曾对海外诸国作出了贡献。

（5）大商业和商人

唐时商业多至二百余行，每行总有较大的商店。据现有材料看，最大的商业当是放高利贷的柜坊。柜坊又有僦柜、寄附铺、质库、质舍等名称，类似后世的当铺。唐德宗借长安富商钱，仅得八十余万缗，搜括僦柜的钱物，借四分之一，得一百多万缗，足见柜坊是大商业。柜坊所藏物品，主要是钱帛、粟麦。钱，一部分是柜坊自备的资金，一部分是别人的存款。唐僖宗乾符二年《南郊赦文》里说：自今以后，如有入钱买官，纳银求职，发觉后，钱物没收。柜坊明知事情，代为隐瞒，不来告发，要严加惩罚。因柜坊资金大，有钱人愿意寄存钱财，柜坊又兼似后世的钱店。钱以外的帛、粟、麦，是农民借钱的抵押品。柜坊剥削的主要对象，仍是农民。七三二年，唐玄宗下诏说，近来公私放债，取利息颇多，自今以后，天下放债或收息，私人只许收四分，官本收五分。朝廷规定四、五分，实际收息当高于规定。

开设柜坊的人，自然是巨富，还必须与权贵有关系。长安大商小贩多列名神策军籍。求官人通过柜坊等富商向宦官买官职，宦官也通过柜坊等富商成为工商业者的政治代表。

次于柜坊的大商业有盐商、茶商及波斯珠宝商。八八〇年，侯昌业上书斥责唐僖宗和田令孜，说"强夺波斯之宝贝，抑取茶店之珠珍，浑取柜坊，全城般（搬）运（藏匿财物）"。杨师立《数陈敬瑄十罪檄》里说，"搜罗富户，借彼资财；抑夺盐商，取其金帛"。田令孜又想借京外富户及胡商的货财，盐铁转运使高骈上书阻止，说，"天下'盗贼'（指黄巢等起义军）蜂起，皆出于饥寒，独富户胡商未耳"。田令孜被阻不敢再夺取。田令孜强夺富商，失去作为政治代表的地位，但唐朝廷与富户胡商的关系，高骈却说得很清楚，即这种人受朝廷保护，与官吏相辅而行，刻剥民众使陷于饥寒的绝境。黄巢在广州为什么杀胡商，理由就在这里。

隋炀帝时商业已很发达，唐高祖时富商郑凤炽（一作邹凤炽，说是唐高宗时人），家产不可计数，邸店园宅，遍满海内，与权贵往来，势倾朝市。曾对唐高祖夸富说，终南山上每株树挂绢一匹，山树挂满，我家里还有余绢。这种记载未必可信，郑凤炽是隋、唐间巨富，却是事实。唐太宗时，安州（湖北安陆县）人彭通献布五千段供攻辽东军费，赐文散官宣义郎（从七品下）名号。唐高宗时，安州人彭志筠愿献出绢布三万段助军费，赐奉议郎（从六品上）名号。武则天时，张易之引蜀商宋霸子等数人在内殿赌博。唐玄宗时，京城富商王元宝，被称为天下至富，也称为王家富窟。这些都是唐前期的巨富，都和朝官甚至皇帝有来往，但除两个姓彭的人，得低级文散官名号，其余都没有官位。自唐中期起，富商依靠宦官得入仕途，正如唐中宗时辛替否《陈时政疏》说"遂使富商豪贾，尽居缨冕之流"，商人加上官势，更便利于剥削。

（6）官商合流

唐制，士族称为清流，作官称为清资官，不许兼营商业，工商算是贱业，不许入仕。随着宦官势力的兴盛，商人入仕的禁例逐渐消失；另方面，士流兼营商业，在开元年间开始，此后愈益盛行，禁例也逐渐消失。官商合流，都增加了刻剥民众的力量，同时，也加剧了宦官与士流的冲突。下面举出士流兼营商业的事例。

《旧唐书》开元二十九年，唐玄宗禁九品以下（当是上字之误）清资官置客舍邸店车坊。诏书说，近闻南北街百官等在京城东西两市及近场（市场）处广造店铺出赁，妨害商贾的利益。自今以后，凡出赁店铺，每间每月赁费，不得超过五百文，依法令清资官不许置产，已造的店屋准许出卖。开元末年，朝政已极腐朽，这种诏书，只表示朝廷要清流保持形式上的所谓高尚，并不求有实效。唐肃宗女政和公主，经营商业，获利逾千万。千万当是万缗钱，她在短期内成巨富，自然是凭借贵族势力。其他官员势力较小，获利也会少些。商业与官势相依附，才能获更多的利，是很显然的。唐代宗时，

336

令王公、百官及天下长官不得与商人争利,在扬州所设邸店,一概禁止。原来诸道节度使、观察使,多托名军用,派人到扬州开设店铺,经营商业,官势再加军势,不仅普通商人受损,就是王公、朝官也不能相敌。唐代宗下令禁止,据《唐会要》说,诸道的店铺"至是乃绝"。朝廷禁令所以生效,因为得到王公、朝官和商人的拥护,但地方长官势力在上升,朝廷只能做到暂时的禁绝。

京城大商业多使用地方长官的存款。自唐代宗时起,节度使多从神策军大将出身。大将出加倍的利息,向商人借巨款,送给中尉,到方镇后,尽量搜括,偿还本息,自身还私蓄一大批钱存放在商店。足见唐中期以来,极大部分的钱是在神策军系统的内外各级军官手中。士流也不放松商业利益,唐武宗《敕文》里说听说朝外衣冠(士流),私置质库楼店,与人争利。归根说来,唐朝文武百官,在直接剥削民众以外,还利用商业作为另一种剥削手段。商业特别是高利贷业和奢侈品业的兴盛,正说明民众生活的极端贫穷和合流了的官商贪得无厌。

京城有大量的方镇存款,大商业也多是方镇所经营,因此,唐宪宗时,出现一种称为"飞钱"或称为"便换"的汇钱法。商人在京城,送钱到诸道进奏院(驻京办事处)及诸军、诸使、富家,自己轻装出京,在当地凭券取钱,购买货物,运回京城。飞钱法可免带现钱行路,对商业大有便利处。朝廷想取得飞钱的利益,令商人到户部、度支、盐铁三司飞钱，每千钱官收汇费一百文。没有一个商人肯来三司飞钱，朝廷只好允许免收汇费，结果还是没有人肯来。飞钱是官商合流的产物，朝廷意在收取商人的钱，不准备再付出，自然不会得到商人的信任。

汉、魏以来的士族制度，唐朝还保持着，到北宋才废除，这在科举制度里表现得很清楚。士族制度所以不能再继续存在，官商合流也是一个重要的原因。

唐朝手工业比前朝有很大的进步，商业也比前朝发达。手工业进步对社会生产力的发展起着有益的作用，商业的发达刺激着手工业进步，也加强着各地区的经济联系，但官商合流却使官僚和商贾都增加了剥削的力量，受害最重的自然是农民。自唐中期起，农民破产流亡愈来愈普遍，反之，庄田和商业一直呈现殷富气象，显然，官商的殷富是从农民的穷困中得来的。

第六节　唐朝与四方诸国的各种关系

自秦、汉时起，中国基本上是统一富强的大国。境外邻国特别是北方的行国（游牧人的国家称行国），即使强盛一时也都远远不是中国的敌手。在割据分裂时期，如果割据国内部统一，象三国时魏国那样，对境外强敌依然还是有足够的抵抗力。原因很明显，中国的经济和文化，比四邻任何国家都高得多，并且汉族已经形成了庞大的民族，只要统治集团不是极端腐朽，不是朋党互斗，就能凭借民众的力量，防御外国的侵入。行国各方面都落后，但有一个有利的条件，那就是迁徙无常，伺机攻掠，在军事上常处于主动的地位，遇到中国统治集团腐朽和分裂，便乘虚深入，甚至占领土地，建立国家。按照"野蛮的征服者总是被他们征服了的民族底较高的文明所征服"的规律，经历一定的时间，征服者往往全部或局部与汉族融合成一体。在融合过程中，由于各族统治阶级的暴虐，又必然发生不同形式的斗争（包括战争），各族民众因而都遭受到苦难。整个封建时代的中国历史，中国与境外诸国主要是北方行国的关系，大体上就是这样反复地表现着。归根说来，国与国间斗争的胜败，取决于下列三种情形。（一）政治上中国统一，外国也统一，一般是中外相持，小有胜败。（二）中国统一，外国分裂，一般是中国战胜外国。（三）中国分裂（国土分裂和统治阶级内部分裂）或农民起义还没有形成新的统一，外国统一，一般是外国战胜中国。自然，造成胜败的局面，还有许多原因，诸如国势有盛衰，政治有明暗，兵力有强弱，谋略有成败，这些都足以影响中外势力的消长，但政治上统一，却是取胜的根本因素。

唐前期，政治上是统一的，对外关系的空前发展，根源就在这里。唐太宗采用魏征"中国既安，四夷自服"

的建议，致力于内政的改善，当时黄河流域人口稀少，国力远不及隋朝，可是，长江流域的财赋，有力地支援了黄河流域，使得黄河流域能够调动一部分人力，来保卫边境的安全。唐太宗对外取得大胜利，唐玄宗时，对外关系发展到了顶点。自安、史作乱，中国内部分裂，唐前期取得的胜利，基本上消失了。

中国最强大的敌国，一向是北方边境上的行国。这些行国，总是征服西域诸国，阻塞中国与西方交通的道路。行国以游牧掳掠为业，中国富饶，是掳掠的最好对象。因此，行国疆域尽管扩大到遥远的西方，它的最高统治者（单于、可汗），一定要统率本部主力军居住在中国的北境外，借以满足掳掠财物以至侵入中国的愿望，不遭受严重打击，决不肯西迁。行国包围中国的北方和西北方，既威胁着中国的安全，又断绝中国与西方诸国经济、文化在陆路上的交流，这对中国和西方诸国都是有害的。中国击败北方行国，援助西方诸国脱离行国的统治，这样的战争，对中国和西方诸国都是有益的。

唐前期的对外关系，比两汉有更大的发展。唐取得巨大成就，首先由于战胜强大的突厥国，从而中西交通畅达无阻，中国和四邻诸国都得到益处。唐前期与四邻诸国大抵有四种关系，一是反对侵略，例如灭突厥国；二是进行侵略，例如攻高丽国；三是保护弱国，例如在西域等地设都护府；四是单纯的经济、文化交流，例如对天竺、日本、大食等国。不论属于那一种关系的诸国，都有或多或少的人流入中国，从事各种职业，在政治、军事、经济、文化、宗教等方面，有很多的活动。

一　北　方

东突厥——隋文帝封突厥突利可汗为启民可汗。启民统率东突厥部众,为隋守卫北方边境。六〇九年,启民死,子始毕可汗立。这时候,隋炀帝正在掀起大乱,割据势力纷纷出现,农民起义还没有形成统一全国的力量,中国陷于分裂状态。始毕利用这个形势,招收大量中国的避难人,征服契丹、室韦、吐谷浑、高昌作属地,拥有近百万的部众。割据者如薛举、刘武周、梁师都、王世充之流,都向始毕称臣献媚,请求援助,始毕给他们一些支持,助长割据势力。隋炀帝曾企图用小计谋分裂突厥,结果都被始毕识破,归于失败。隋文帝时,中国因统一而强,突厥因分裂而弱,现在恰恰倒过来,突厥成为操纵诸割据者,制造战乱的强敌。

唐高祖起兵太原,准备进取关中,先向始毕称臣,借以防止刘武周引突厥兵袭击太原。六一九年,始毕死,弟处罗可汗、颉利可汗相继为主。颉利立始毕子什钵苾(音剥必bōbì)为突利可汗,使统率东面诸属部。颉利勾结诸割据者,连年入寇,深入唐国境,攻破城邑,掳掠人口和财物，甚至长安也受到严重的威胁。六二二年，颉利引骑兵数十万人分路入侵，一路到晋州（山西临汾县），一路破大震关（在甘肃陇西县），唐全力抵御，又遣使者郑元璹（音孰shú）去求和。郑元璹对颉利说，唐与突厥，风俗不同，突厥即使夺得唐地，也不能永久占领。被掳掠的中国人，都归掳掠者私有（充当奴隶），你有什么好处。你不如收兵回去，唐每年送给大量财物，全入你的库藏，这才是你的好处。颉利为唐兵所阻，听了很满意，退归塞外。郑元璹这些话，说明唐朝有责任消灭这个侵略国，因为无论入侵或谋和，都是中国的大害。颉利讲和后，依然连年入侵。六二四年，有人建议说，突厥所以经常侵掠关中，目的在夺取长安积聚的财富，如果焚毁长安，突厥也就不来了。这是多么怯懦荒谬的见解，唐高祖居然听从这个建议，派人到樊（樊城，在湖北襄阳县北）邓（河南邓县）一带寻求可建都的地方。太子李建成等赞成迁都，唐太宗劝阻，说，给我几年的期限，一定捕获颉利，听朝廷发落。迁都算是停止了。当年，颉利、突利二可汗率全国兵力深入到豳州（陕西邠县），唐太宗率兵抵御，双方兵力，多寡悬殊，唐将士惊惧，不敢接战。唐太宗亲率一百骑出阵，在阵上离间颉利、突利二人，使自相疑忌。颉利要战，突利不从。颉利使突利到唐营讲和，突利与唐太宗私结为兄弟，突厥开始趋于分裂。

六二四年，唐已消灭诸割据者（朔方郡割据者梁师都除外），中国得到统一，开始对突厥采取主动，准备进攻。六二五年，唐高祖告朝臣们说，突厥贪婪无厌，我要用武力征服它，今后不再用平等国礼，给突厥文书改用诏敕。突厥在边境上到处入侵，唐兵到处抵御，形势仍是对突厥有利。六二六年，唐太宗即帝位，唐真正成为统一的国家，与突厥对抗的形势才有根本的改变。

唐太宗刚即位，颉利率大兵进到渭水便桥北，离长安只有四十里路程。唐太宗表示镇静态度，率兵到便桥南，隔渭水与突厥对阵。颉利望见唐军容齐整，知道有备，不敢轻率决战，要求讲和。唐太宗允许讲和，在便桥上与颉利会盟。颉利取得大批金帛，心满意得地引兵退去。唐太宗对朝臣说，我不打突厥，反送给金帛，为的让他们骄惰，以便一举消灭，所谓"将欲取之，必固与之"，就是这个意思。突厥利在掳掠，专靠防守是不能阻止掳掠的，唐太宗决心灭突厥国，这确是唯一可行的自卫法。

唐太宗每天引十二卫小将和士兵数百人到显德殿前练习射术，告诉他们说，外国入侵，本是常事，可怕的是人主安佚忘战，寇来束手无策。现在我不让你们掘池筑花园，专教你们学弓箭，平时我做你们的教师，战时我做你们的将帅，这样，中国人也许可以得到平安。唐太宗亲自考试诸卫习射人的技艺，好技艺得优赏，诸卫的长官也得上等考（成绩）。在唐太宗和诸卫长官督促下，几年间诸卫府兵都成了精锐。唐太宗是善于将将和将兵的大军事家，他在内战中积累起极丰富的经验，一看敌阵，就知道敌阵强弱处所在。他常常用己方的弱兵当敌方的强兵，用己方的强兵当敌方的弱兵。己方弱兵受敌强兵压迫，后退不过数十百步，己方强兵已经突破敌弱兵阵地，进入阵后再反过来攻击敌兵的后背，敌兵前后被击，无不溃败。他的部将李靖、李勣等人，都是百胜名将，诸卫兵又都是精锐，灭突厥的力量是具备了。

突厥方面情形恰好相反。唐朝边境有备，突厥不能从掳掠中获利，国内的利害冲突因而强烈起来。颉利要增加自己的权力，信任汉人赵德言，采用一些封建专制制度的措施，违反游牧族的惯例；又信任胡人，疏远宗族，颉利与部属不和了。突厥国内连年有灾，牲畜多死，民众饥寒，颉利过惯了奢侈生活，自然要加重对民众及附属诸部的剥削，颉利与突厥人及属部都不和了。六二七年，薛延陀、回纥、拔野古等属部脱离突厥的统治，颉利使突利往击，反被诸部战败。颉利处罚突利，突利怨恨，六二八年，突利上表请求入朝，两可汗不和，突厥分裂的时机更迫近了。突厥北方诸部多弃突厥归附薛延陀，推薛延陀酋长夷男为可汗。夷男怕颉利，不敢接受称号。唐太宗册封夷男为真珠毗伽可汗。夷男得唐册封，遣使入贡，为唐属国，回纥、拔野古、阿跌、同罗、仆骨、霤诸部都受薛延陀统治，在漠北建立与突厥为敌的大国。六二九年，颉利感到形

阙特勤碑汉文拓本

蒙古鄂尔浑河右岸唐开元时建突厥阙特勤碑

345

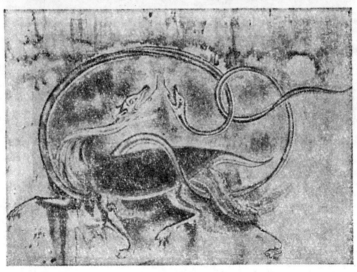

朝鲜江西遇贤里高勾丽墓壁画　白虎图（上）　玄武图（下）

势危急，派人来请求和亲，愿意称臣，作唐朝的女婿。自然，提出这种请求都是徒然的。

六二九年，唐太宗任命李靖、李勣、柴绍、李道宗、卫孝节、薛万彻各为行军总管，分六路出击，兵力共十余万人，统受李靖指挥。突利可汗入朝，颉利愈益孤立。六三〇年，唐军大破突厥军，捕获颉利可汗。东突厥残部有些投薛延陀，有些逃往西域，降唐及被俘男女多至数十万人，如何处置突厥人，一时成为严重的问题。

唐太宗令群臣讨论处置突厥人的办法，最后采用温彦博的意见，使降众居边境上，分突利原辖地为四个州，置四州都督府，分颉利原辖地为六个州，置定襄（治宁朔，陕西榆林县南）、云中（治朔方境，内蒙古鄂托克旗东南）两个都督府。任命突利、阿史那苏尼失、阿史那思摩等为都督，统率部众。其余酋长五百余人都给将军、中郎将等名号，五品以上军官有百余人，入居长安的突厥人将近一万家。

突厥是北方大国，突厥被灭，唐在边境外诸族中建立起无上的声威，四方诸族纷纷来降附。六三〇年，四方君长到宫门前请唐太宗称天可汗。此后唐朝皇帝对西北诸族用天可汗名义行施号令。

六三九年，唐太宗封李思摩（阿史那思摩改姓李）为可汗，李思摩率突厥人十余万出边塞，居大河北面故定襄城，与薛延陀隔大漠立国。薛延陀强盛，突厥必须依附唐朝，才能自保，因此，唐北边数十年无大战事。

武则天时，酋长骨咄禄自立为可汗。骨咄禄死后，默啜为可汗，突厥成为统一东西两部、西境到里海东岸的大国。默啜经常深入中国内地，掳掠人畜财物。唐玄宗开元初年，突厥内乱，默啜被属部拔野古人杀死。此后，突厥内乱相继不绝。七四四年，唐朔方节度使王忠嗣击破突厥军。七四五年，回纥又击杀突厥最后的可汗白眉可汗，突厥余众降唐，东突厥亡。东突厥故地全为回纥所有。

铁勒（敕勒）诸部——薛延陀是铁勒诸部中最强的一部。部众有七万帐，风俗大抵与突厥相同。唐太宗封薛延陀酋长夷男为可汗。夷男役属铁勒诸部及靺鞨、霫等部，成漠北大国，有兵二十万。六四一年，夷男出兵到漠南击李思摩的突厥国，唐大将李勣等大破薛延陀军。夷男死后，国内发生战乱，六四六年，唐太宗灭薛延陀。铁勒诸部酋长请求内附。六四七年，在回纥等部置六个都督府七个州，以各部酋长为都督或刺史。置燕然都护府于西受降城（内蒙古自治区五原县）东南的古单于台，统率六府七州。诸酋长奏请在回纥以南、突厥以北开一条驿路，称为参天可汗道，分置六十八驿，备马和酒肉供使人往来；各部每年贡貂皮作为赋税。唐太宗允许各部的请求，唐势力达到漠北广大地区。

内附诸部有总称为铁勒的回纥、拔野古、仆骨（仆固）、同罗、浑、契苾、多滥葛、思结、阿跌、跌结、斛薛等十一部，以及葛罗禄、骨利干、白霤等部。又有黠戛斯（结骨、坚昆）部，游牧地在铁勒的北面，有众数十万。六四八年，黠戛斯酋长入朝，唐太宗置坚昆都督府，任酋长为都督。

二　东　北　方

高丽——隋炀帝攻高丽，引起国内民众大反抗，对中国统治者应该是一个严重的教训。唐高祖曾和高丽国交换本国流亡人，高丽送还中国流亡人将近一万，足见高丽对唐朝的态度是友好的。唐太宗灭突厥，高丽愈益表示友好。唐太宗却滋长了侵略野心，自恃国大兵强，企图加害弱小的邻国，以为一定能得到胜利，事实和愿望恰恰相反，他得到的是悔不可追的失败。

六四二年，高丽西部酋长泉（姓）盖苏文（名）杀高丽大臣百余人，又杀国王高建武，立高藏为国王。泉盖苏文专擅国政，用严刑立威望，高丽内部自然不能相安。唐太宗觉得有隙可乘，六四四年，决定亲自率兵往攻。群臣多上书劝阻，褚遂良建议说，派二三猛将率兵四五万出战，即可成事，不必亲往。唐太宗不听。唐太宗和外国作战，都是命将出师，这一次独违常例，一定要自己去，原因是（一）隋炀帝侵高丽大败，唐时群臣和兵士还留有疑惧的心理，唐太宗宣布五条"必胜之道"，就是要解除疑惧，事实上疑惧确是被解除了；（二）唐太宗自以为有必胜之道,发生骄傲轻敌的心理,要亲自去炫耀"老人"的本领,后来用兵失败,主要是因为骄傲轻敌。当然,更主要的还在于战争的正义性不在唐太宗这一边而是在高丽那一边。

六四四年,唐太宗派张亮为平壤道行军大总管,率战舰五百艘,载士兵四万三千人自莱州泛海向平壤。派李勣为辽东道行军大总管,率步骑兵六万及一部分西北方胡兵向辽东,两军合势并进。又令新罗、百济、奚、契丹配合唐军分路击高丽。六四五年,唐太宗率诸军自洛阳出发到幽州。李勣、张亮两路都获有战果。唐太宗亲到辽东城下督战,唐兵破辽东城,又取白岩城(辽宁辽阳市东北)、盖牟城(辽宁盖平县)。唐太宗进军攻安市城,高丽将高延寿、高惠真率兵十五万人救安市,唐太宗看到大量敌兵,高兴得亲自上阵指挥。李道宗献计说,高丽全国兵都在这里,平壤守备必弱,请给我五千精兵,直攻平壤,这样,数十万敌兵必然溃败。唐太宗似乎不曾听见,一心指挥作战。唐军大破高丽军,高延寿、高惠真率残兵三万余人到军门投降。唐太宗对二人说,东方年轻人,在海边跳来跳去,说到打仗,那能比得上我老人,今后还敢同皇帝打仗么?又写信给太子(唐高宗)和留守大臣高士廉说,我做将官,本领怎样?这都是骄气十足的表现,他当然知道李道宗献的是好计,只是以为击破高延寿主力军后,率大军到平壤城下受降,更能满足自己的骄心,因此当作不听见。

350

唐军百计围攻安市城,守城人坚守不屈,这时候天气寒冷,草枯水冻,粮食又快用完,兵马无法久留,战无不胜的唐太宗只好从安市城下退兵回国。唐军夺得十个城,掳获辽、盖、岩三州居民七万人,算是这次战争的收获。唐太宗深悔不该出兵,叹道,魏征如果活着,一定不让我走这一趟! 唐太宗行施欺骗高丽军民的手段,确是用尽心计,但是他终于失败了,百战老人并不比东方年轻人强多少。

唐太宗当然不肯认败。六四七年,又谋攻高丽。朝臣建议:派遣偏师,轮番攻击,使高丽民众不得耕种,几年以后,田野荒废,人心不固,鸭绿江以北,可以不战而得。这是非常险恶的计谋,唐太宗采取了,派出海陆两军,在高丽境侵扰。六四八年,唐太宗大造船舰,运送军粮,准备明年发大军三十万人灭高丽。六四九年,唐太宗死去,战事暂时停止。六六〇年,唐高宗派遣苏定方等率兵十万渡海,与新罗国合力攻破百济国,置熊津等五个都督府。六六一年,百济人起兵抗唐,收复大部国土,唐将刘仁愿、刘仁轨守熊津城不走。六六三年,百济国王引日本国救兵与唐军相拒,刘仁愿、刘仁轨等击败日本兵,烧日本船四百艘,百济国境全部被唐军占领。唐兵联合新罗兵,威胁高丽南方,高丽处境更困难了。

六六六年,高丽泉盖苏文死,子泉男生、泉男建、泉男产争权,泉男生遣子泉献诚到唐求救。唐朝廷得到这个机会,以援救为名,派遣大将契苾何力率兵攻高丽。接着，又派遣李勣统率大军往攻。六六八年，攻破平壤城。高丽全境被唐占领，分置九个都督府，四十二个州，在平壤置安东都护府，行施唐朝的统治权。

唐对高丽用兵，比对别国显得费力，足见统一团结的小国可以对抗统一的大国。泉氏兄弟争夺权位，内部分裂，泉男生为唐军作向导，引唐军灭自己的国家。分裂的小国为统一的大国所灭，那是很自然的。但是，高丽民众以及一些不甘心亡国的统治阶级中人，就在六六九年起兵反唐。此后大小战事不曾停止，唐朝廷利用高氏子孙来和缓民众的反抗，都不能生效，武则天时，唐势力退出高丽，侵略者终于被高丽民众战胜了。

百济——百济是在马韩故地上建立起来的国家，国王姓扶余。百济与新罗为邻，互相攻击，新罗较弱，对唐朝要求更多的保护，唐朝也常为两国和解，不许百济、高丽等国夺新罗土地。六六○年，唐灭百济国，置

朝鲜庆州新罗瞻星台

熊津等五个都督府。六六三年，唐兵击败百济抗唐军。唐高宗使扶余隆为熊津都督。唐军撤退，扶余隆受新罗压迫，也退回长安。百济土地被新罗占据，百济亡。

新罗——新罗是在辰韩、弁韩故地上建立起来的国家，国王姓金。新罗与唐朝一向保持友好关系。新罗得百济，七三五年，又得唐允许，占有高丽浿水以南土地，对唐更表示友好。唐统治阶级允许新罗人口贩子运奴婢来中国出卖，新罗不敢禁阻。八二三年，唐穆宗下令，"不得买新罗人为奴婢，已在中国者，即放归其国"。这个禁令，并无实效。唐文宗时，新罗人张保皋、郑年二人都有勇力，在唐禁军中作小军官。郑年技艺比张保皋强，二人各不相下。后来张保皋回国，告国王说，全中国都有新罗奴婢，请让我镇守清海，使掳掠人口的贼徒不得出海口。国王给他一万人守清海，自此人口买卖被禁绝。郑年在中国穷困，回到新罗见张保皋。这时候新罗国大臣杀国王作乱，张保皋分兵五千人给郑年，使到京城平乱。郑年杀叛臣，立国王。国王召张保皋作国相，使郑年代守清海。新罗统治阶级允许被掠人口出境，唐朝统治阶级允许奴婢入境，双方都是利用两国友好关系来取得可耻的私利。张保皋、郑年为保护新罗民众，放弃私嫌，合力禁止人口买卖，无愧为新罗国的英雄。

高丽、百济、新罗立国在一个半岛上，因为互相攻击，招来唐朝的侵略。因为唐军侵入，百济灭亡，新罗扩大，形成南北两国对立的形势。高丽民众反抗强大的唐朝，表现出坚强的斗争精神，统一全半岛的事业终于由高丽国来完成（五代后唐时，高丽大族王氏重建高丽国，灭新罗国），趋势是自然的。三个国家都有接近汉文化的本国文化，新罗国尤为接近。汉文化唐时从百济、新罗间接传入日本，在文化流通上，百济、新罗是有贡献的。

日本——西汉时，中国与日本已有往来。东汉光武帝给予日本国王金印。两国正式往来，应当从东汉初年算起。三国魏时，司马懿灭辽东割据者公孙渊，日本与魏又有正式往来，据《魏志》所记，日本使者来魏凡四次，魏使者到日本凡两次。至南朝时，日本使者来中国，次数大增。儒学、佛教以及手工业者从中国、百济、新罗进入日本，对日本文化起着启蒙的作用。

隋统一南北，国威大盛，日本从隋吸取汉文化，也

日本平城京唐招提寺讲堂

354

表现高度的热情。自六○○年（开皇二十年）至六一四年（大业十年），日本使者来中国凡四次，隋使者去日本一次。六○七年，日本使者带来僧徒数十人，隋炀帝命裴世清到日本报聘。六○八年，裴世清回国，日本派留学生、学问僧八人随裴世清来中国。这些留学生学问僧到唐初才先后回日本，成为推动日本文化前进的有力人物。

日本大规模吸收汉文化是在唐朝。据史书所载，日本派来中国的遣唐使不下十三次。每次总有留学生、学问僧多人附使船同来中国。如六五三年（唐高宗永徽四年），日本派出两批使船，每批各有留学生、学问僧一百二十余人。七一六年（开元四年），日本使船总人数有五百五十七人。七三二年（开元二十年），日本使船总人数有五百九十四人。七五九年（唐肃宗乾元二年），日本使船总人数有九十余人。八三四年（唐文宗大和八年），日本使船总人数有六百五十余人。至于附商船往来的日本学生和僧徒，为数也不会少。唐时汉文化的各个方面以及佛教的各个宗派，大体上都移植到日本，给日本文化以巨大的影响。唐后期商业发达，唐商船经常来日本，见于记载的多至数十次。足见两国经济上也有重要的关系。唐与日本往来，态度都很友好。例如开元初年，日本使者请儒生授经学，唐玄宗使四门助教赵玄默到使者寓邸传授儒经。七七五年（唐代宗大历十年），日皇授遣唐使节刀，告诫使者说，

"卿等奉使，言语必和，礼意必笃，毋生嫌隙，毋为诡激，判官以下违者，便宜从事"。唐玄宗变通"礼闻来学，不闻往教"的惯例，选名儒就寓邸授经，满足使者的要求，不因国家强盛而表现骄吝。日皇因唐丧乱而预戒使者，不许有非礼行为。两国统治者彼此以善意相待，反映了两国人民友好的愿望，是值得表扬的。

东北方内附诸族如下：

奚——东胡种，游牧地在契丹西面。唐太宗时奚内附，唐在奚地置饶乐都督府，改五个部为五个州。任大酋可度者为饶乐都督，改姓李。又任各部酋长为州刺史。安、史作乱以前，奚常起兵抗唐，原因也是唐边将故意制造战事。唐末，契丹渐强，奚被契丹王钦德征服，逐渐融合在契丹族里。

室韦——狩猎地在黑水靺鞨的西面，契丹的北面。室韦分二十余部，小部一千户，大部数千户。每部有酋长。酋长已行世袭制，在继承人断绝的时候，才推选部内勇健人充当酋长。各部酋长定时会猎，猎后散去，不相统属，比起奚、契丹能够推选大酋长号令诸部，室韦显得更落后。室韦人生活，主要依靠狩猎，畜牧业正在开始，知道养犬豕，还不知养羊，有牛不会用，有马不多。这样低级的经济生活，也就不会有推选大酋长的要求。《新唐书》说室韦各部，"不相臣制，故虽猛悍喜战，而卒不能为强国"。六三一年（贞观五年），室韦开始对唐朝发生"朝贡"关系。唐中宗时，室韦表示愿助唐攻突厥。唐玄宗时，入朝十次。唐代宗时，入朝十一次。唐德宗时，室韦都督和解热素等十人来朝见。唐文宗时，室韦大胜督阿成等三十人来朝见。唐懿宗时，大酋怛烈遣使者来朝。室韦与唐往来，唐朝文化多少要影响室韦，有助于室韦社会的前进。

靺鞨——两汉时号挹娄，北朝魏时号勿吉，隋、唐时号靺鞨。靺鞨分为数十部，不相统属。各部有酋长，父子世袭。隋末，酋长突地稽率部千余家内附，居住在营州。唐初突地稽立战功，唐太宗使突地稽改姓李。子李谨行，唐高宗时为唐守边名将。诸部中黑水部最强，唐玄宗时，在黑水部置黑水都督府，以黑水部酋长为都督，赐姓李，名献诚。以诸部酋长为州刺史，受都督统率。此后，靺鞨对唐发生"朝贡"关系，唐朝文化也自然要影响靺鞨社会，都督刺史的设立，有助于靺鞨诸部趋向于统一。

渤海——本是靺鞨粟末部，附属于高丽，受高丽影响，比别部有较高的文化。高丽灭亡后，粟末部酋长大祚荣据挹娄的东牟山，建国称王。唐睿宗封大祚荣为渤海郡王，任忽汗州都督。唐玄宗时，大祚荣死，子大武艺继位。大武艺扩大疆土，成为东北方强国。渤海与唐保持"朝贡"关系，经常派遣学生到长安，入太学读书，学习唐朝制度，渤海在东北方又成为文化最高的盛国。九二六年，辽灭渤海国。

流鬼——流鬼国在堪察加半岛。六四〇年，国王

357

遣使来朝，唐太宗给使者骑都尉官号。

三　西北方

西北方有西突厥，是统治西域诸国的强国。西突厥射匮可汗，建牙在龟兹北方的三弥山（山在新疆维吾尔自治区库车县北），领土东北至金山（阿尔泰山），西至西海（咸海），玉门关以西诸国都被征服作属国。唐朝要通西方，首先必须战胜西突厥。下面叙述（1）唐灭西突厥；（2）灭西突厥后唐与西北方诸国的关系；（3）唐失西域。

（1）唐灭西突厥

古代中国的强敌通常在北方大漠南北。这些强国以漠北为根据地，向西占领西域天山北路作为属地，从而征服西域天山南路诸农业国，取得赋税来补充游牧国经济上的不足。拥有这种疆域的国家，必然成为中国北方边境上的大敌，因为即使被中国战败，退到漠北休息一时，又可以回漠南继续寇边。中国要击破北方强国，必须取得西域，所谓断匈奴右臂，就是汉武帝战胜匈奴的一个重要原因。

唐对突厥与汉对匈奴，情况不同。突厥在隋时，已分裂为东、西两国，彼此怨恨，不相援救，因此，唐朝得先后灭两突厥国，不费较多的兵力。自然，灭一个敌国，决不是轻易的事，唐太宗时，西突厥发生内乱，连年不息，强盛的唐朝得到这个最大的便利，这才分两步消灭西突厥。

取得西域天山南路诸国——六二八年，西突厥内乱，西域震动。六三〇年，西突厥属地伊吾城（新疆维吾尔自治区哈密县）主举所属七个城内附。唐置伊州，作为经营西域的出发点。六四〇年，唐大将侯君集率兵灭高昌国（鄯善、吐鲁番两县地），置西州（治高昌县）。在交河城（在吐鲁番西北）置安西都护府。六四四年，安西都护郭孝恪率兵三千灭焉耆国（焉耆回族自治县）。唐置焉耆都护府。六四八年，大将阿史那社尔、契苾何力、郭孝恪率大军灭龟兹国（都伊逻卢城，库车县）。疏勒国（都迦师城，喀什市）于阗国（都西山城，在和田县治西）与唐有"朝贡"关系，唐高宗在疏勒国置疏勒都督府，在于阗国置毗沙都督府。唐取得天山南路诸国，是和西突厥多年斗争的结果。六五八年，安西大都护府移置龟兹城，统辖焉耆、龟

新疆库车龟兹烽火台遗址

359

兹、疏勒、毗沙四都督府。又统焉耆、龟兹、于阗、疏勒四镇,驻兵镇守,唐在天山南路的统治确立了。唐玄宗时,设安西节度使,职务同安西都护。

灭西突厥——西突厥射匮可汗死后,弟统叶护可汗继位。统叶护善战,国势甚盛,领地东北起金山,南逾阿母河与波斯相接;东起巴里坤湖,西至里海,成为中亚细亚的霸国。六二八年,统叶护被伯父莫贺咄杀死,莫贺咄自立为可汗,统叶护子肆叶护也自立为可汗。两可汗率兵互攻,都遣使来唐朝求援助。唐太宗拒绝两可汗的请求,劝各守分地,勿再动兵。西域诸国及铁勒诸部脱离西突厥的统治,有内附倾向,唐向西域进取的阻力减少了。肆叶护战胜莫贺咄,西突厥又暂时统一。六三二年,肆叶护被部众攻击,逃到康居,西突厥人立咄陆可汗为主。咄陆遣使来求内附,愿去可汗名号。唐太宗封咄陆为西突厥可汗,赐给旗鼓和大量财物,表示支援。六三四年,咄陆死,弟咥利失可汗(咥音叠dié)继位。咥利失分西突厥为十部,每部有酋长一人,号为十设。每设给箭一枝,因此又号为十箭。又分十箭为左右厢,一厢各管五箭。左厢号五咄陆部,置五大啜,一啜管一箭。右厢号五弩失毕部,置五大俟斤,一俟斤管一箭。五咄陆部居碎叶川(楚河)以东,五弩失毕部居碎叶川以西。左右两厢,合称为十姓部落。分一国为左右厢,显示一国将分裂为两国。此后,五咄陆部与五弩失毕部各拥立可汗,互相攻战,唐利用时机,

新疆丹丹乌里克出土蚕丝传入于阗故事画板

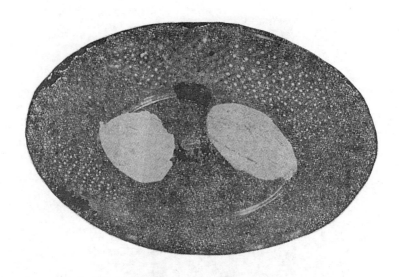

新疆巴楚出土唐代蚕茧

逐步取得天山南路诸国。

　　六四八年，五咄陆部可汗战败，所属酋长阿史那贺鲁率残部数千帐投降唐朝。唐太宗置瑶池都督府，以贺鲁为瑶池都督，居住庭州（治金满县，新疆维吾尔自治区吉木萨尔县北）莫贺城（阜康县东）。六五一年，贺鲁拥众西走，在双河（新疆维吾尔自治区伊宁市）建牙。贺鲁击破弩失毕部乙毗射匮可汗，自号沙钵罗可汗，有众数十万，入寇庭州。唐高宗命大将梁建方、契苾何力率汉兵三万、回纥骑兵五万击退沙钵罗军。六五五年，唐高宗命程知节为葱山（葱岭）道行军大总管，率前军总管苏定方等攻沙钵罗，沙钵罗兵败逃走。六五七年，唐高宗发大军分南北两道攻沙钵罗，苏定方为伊丽道行军总管,率汉兵及回纥骑兵自金山进兵为北道,阿史那弥射、阿史那步真为流沙道安抚大使,自西州进兵为南道,约定两军在双河会师。苏定方大破沙钵罗军。五弩失毕部投降苏定方,五咄陆部归附阿史那步真等。唐南北两军在双河会合,再进击沙钵罗。沙钵罗大败,渡伊丽河向西逃到石国,被石国人擒获,送给唐追兵,西突厥亡。

唐置昆陵(在碎叶川东)、濛池(在碎叶川西)两都护府。任阿史那弥射为昆陵都护、兴昔亡可汗,统率五咄陆部落。任阿史那步真为濛池都护、继往绝可汗,统率五弩失毕部落。各部落酋长按资望给刺史以下官号,西突厥领土全部为唐所有。七〇二年,武则天置北庭大都护府,治设在庭州,统率昆陵、濛池两都护,与安西大都护府分掌天山南、北两路。唐玄宗时,设北庭节度使,防御北方诸强部的侵入。

唐太宗曾使李靖教侯君集兵法。侯君集对唐太宗说,李靖将要造反。唐太宗问缘故。侯君集说,李靖只肯教粗的,精深处不肯教,因此知道他有异心。唐太宗问李靖。李靖说,我看,侯君集想要造反。现在国内已经平定,我教他的兵法,足够制服四裔,侯君集硬要我全部教给他,不想造反想什么! 侯君集灭吐谷浑、高昌两国,是善于用兵的,后来果然谋反。李靖这段话也含有一些道理,因为中国在当时的世界上是文化最发达的国家,兵法是智慧的最高表现(当然,只是最高表现的一种），在内战中取得的经验，对付境外落后国，确是绰有余裕，唐前期大拓疆宇，这是一个重要的原因。但是，突厥如果统一，不分裂为东、西两国，唐将无力灭突厥；西突厥如果统一，不分裂为东、西两部，唐也将无力灭西突厥。西突厥自己制造内乱，唐才有机可乘，运用战争经验，先取天山南路，然后出主力军夺取天山北路，一举扩境到里海。唐武功比西汉（汉武帝时）更盛，原因是西汉的敌国是统一的匈奴，唐的敌国却是分裂的东突厥和西突厥。

（2）灭西突厥后唐与西北方诸国的关系

唐灭西突厥，政治势力越过葱岭，同许多国家发生关系，成为诸国的保护者。早在六三一年，康国遣使来求内附。唐太宗不肯接受，说，康国内附，如果遇急难，中国有责任去救援，行军万里，岂不疲劳。当时西突厥还很强盛，唐不可能接受康国的请求，是可以理解的。在势力进入西域以后，情形就有变化，葱岭以西诸小国，先后都成了唐的附属国。这些附属国不少是文化较高的农业国，被游牧的西突厥威胁和征服，当然不如依附唐朝，对本身有利，因之，唐朝势力的向西延展，在经济文化交流上，唐与诸附属国都得到益处。

内附诸国按地区可分为三大地区。

帕米尔高原地区：

识匿国——在唐葱岭守捉所（新疆维吾尔自治区

塔什库尔干塔吉克族自治县）西五百里。六四六年，识匿国与似没等国各遣使者来朝。唐玄宗时，授国王以大将军官号。

俱蜜国——六四二年来朝。唐高宗置至拔州都督府，任国王为都督。

护蜜国——唐高宗置鸟飞州都督府，任国王为都督。唐肃宗赐国王姓李。

以上诸国都在帕米尔高原内，地当葱岭内外的交通要道，吐蕃、大食都想夺取，但诸国倾向唐朝，愿受唐保护。

锡尔河以南至阿母河地区：

康国——两汉时康国称康居国。国王的祖先是月氏人。月氏原住在祁连山北昭武城（甘肃高台县境），被匈奴压迫，向西迁徙。西汉时康居与大月氏本是两个游牧国，后来月氏人统治康居，成为隋、唐时的康国。唐太宗时，曾遣使来求内附。六五八年，唐高宗置康居都督府，任康国王为都督。康国的附属国即所谓昭武诸国都随同内附。昭武诸国名如下列：

安国——贞观初年，安国遣使来朝。唐高宗置安息州，任安国王为刺史，又在东安国置木鹿州，任东安王为刺史。

曹国——曹国在康国东，分东曹、西曹、中曹三国，都附属于唐。

石国——唐初，石国，遣使来"朝贡"，唐高宗置大宛都督府,任石国王为都督。

米国——米国在康国东南。唐高宗置南谧州,任米国君为刺史。

何国——何国在康国西。唐高宗置贵霜州,任何国君为刺史。

火寻国——火寻国(《元史》作花剌子模)在阿母河下游,与唐通"朝贡",史书不载置州事。

伐地国——伐地国是否内附,史书未载。

史国——史国在康国西南。唐高宗置佉沙州,任史国君为刺史。

以上是昭武九姓国,其中康国、石国最大,康国又是诸国的宗主。康国最先要求内附,是想得到唐朝的援助,抵抗大食的侵入。内附后,其他诸国也有相同的要求。唐和这些国家结合,同抗大食,应该说,在葱岭外是可以立足的。

拔汗那国——拔汗那国即西汉时的大宛国。唐高宗时遣使来"朝贡"。六五八年,置休循州都督府,任国王为都督。七三九年,国王助战有功,唐玄宗封他为奉化王。七四一年,改国号为宁远。七四四年,国王娶唐和义公主为妻。七五四年,遣王子入朝,留长安学习华礼。宁远国地当葱岭北道的要冲,唐朝特加优礼,因之,两国间有更友好的关系。

阿母河以南地区:

吐火罗国——吐火罗国即西汉时的大夏国。都城

366

在阿缓城。六六一年，唐置月氏都督府，任国王为都督。分全国为二十五州，隶都督府。

波斯国——波斯（伊朗）是西方大国，西汉时称为安息。六三三年，大食侵波斯，波斯战败，国王伊嗣候逃亡。六四七年，伊嗣候遣使来朝，请求援助。因道路遥远，唐太宗不允出兵。伊嗣候死，子卑路斯逃亡到吐火罗，又遣使来求救，唐高宗仍因路远不允出兵。大食兵退，吐火罗护送卑路斯返国。六六一年，卑路斯奏称屡被大食侵扰，请唐援救，唐高宗置波斯都督府，任卑路斯为都督，算是表示了援救。事实上波斯土地已被大食占领，都督府只是个空名。咸亨年间，卑路斯入朝，死在长安。六七九年，唐高宗使裴行俭护送王子泥涅师回去，泥涅师不得入国，客死在吐火罗。大抵波斯还有些残余部众，对唐朝有好感，到唐代宗时还用波斯名义来"朝贡"，不少波斯人（主要是商人）居住在中国。

罽宾国（罽音计jì）——罽宾国唐初来"朝贡"。唐高宗置修鲜都督府，任国王为修鲜都督。

阿母河以南区，共有十六国归入唐版图。六六一年，唐高宗以王名远为吐火罗道置州县使，自于阗以西，波斯以东，凡十六国。唐在十六国都城置都督府，各国属部置州县，凡有州八十八，县一百一十，军府一百二十六，都隶属于安西大都护府。

唐朝经营西域，先在天山南路置安西大都护府，武则天时，在天山北路置北庭大都护府。北庭大都护府统率昆陵、濛池两都护府。下面列举两大都护府所属都督府。

安西大都护府所属都督府：

焉耆、龟兹、疏勒、毗沙四个都督府。以上葱岭以东。

月氏、大汗、条支、天马、高附、修鲜、写凤、悦般州、奇沙州、姑墨州、旅獒州、昆墟州、至拔州、鸟飞州、王庭州、波斯共十六个都督府。以上葱岭以西，阿母河以南地区。

北庭大都护府所属昆陵、濛池两都护府及都督府：

昆陵都护府所属都督府：

匐延、盐泊、双河、鹰娑、嗢鹿州、洁山六个都督府。以上是西突厥五咄陆部，又称左厢五箭。

阴山、大漠州、玄池州、金附州、轮台州、金满州、凭洛州、沙陀州、咽面州、盐禄州、哥系州、孤舒州、西盐州、东盐州、叱勒州、迦瑟州、答烂州共十七个都督府，合五咄陆部共二十三个都督府。二十三个都督府都在天山北路西至楚河的地区。

濛池都护府所属五部：

阿悉结阙部、哥舒阙部、拔塞干暾沙钵部、阿悉结泥孰部、哥舒处半部。以上是西突厥五弩失毕部，又称右厢五箭。五弩失毕部都在楚河西至里海北的地区。

唐朝的政治势力到达了里海的东岸和北岸，它的声望却传播得更远些。下面略述唐朝对亚美尼亚和东罗马的一些影响。

　　亚美尼亚——亚美尼亚国（在南高加索）史家摩西著《史记》（书成于四四○年以后），其中有涉及中国的事情，说中国是世界最东的国家，人民富裕，文化灿烂，民性温和，不但可称为"平和之友"，而实也可称为"生命之友"。此国产丝甚多，自上至下，都有丝衣。在亚美尼亚，不是王侯巨富是不能有丝衣的。摩西又记亚美尼亚国王梯格伦斯六世（一四二年——一七八年，当东汉顺帝汉安元年至灵帝光和元年）在位时，有外国移民数队来奔，内有中国人甚多，国王使移民居住在边疆上。又记亚美尼亚世家大族中有些来自中国，如奥配良族，自称祖先系出中国皇族。马密哥尼族，自称祖先名马姆康，三世纪初半（当东汉末三国初）从中国避难到波斯，又转到亚美尼亚。中国人因避难出国，史书上多有记载，马姆康等人来自中国，当是事实。玄奘《大唐西域记》说石国怛逻斯城南十余里，有小孤城三百余户，原是中国人。从前被突厥掠获，迁到西域，后来集合同国人共保此城，在城中居住。服装礼节，已同突厥；语言风俗，还保存中国人本色。以此为例，中国有人迁居到亚美尼亚或更远的地方，并不是异事。唐时，亚美尼亚人称西突厥诸属部中最西的可萨部人（哈萨克）及其他部落人为中国人。可萨部于六二六年（唐高祖武德九年）进入欧洲东部，占有里海与黑海的北岸，它与唐朝的关系，中国史书无记载，亚美尼亚史书称为

369

中国人，当是指西突厥土地并入唐朝，因而泛称西突厥人为中国人。这种称呼虽然缺乏依据，但中国为西方较多的人所称述，对中西相闻相知，总是有益的。

东罗马（拂菻国、大秦国）——七世纪初期，东罗马史家席摩喀塔著《莫利斯皇帝（五八二年——六○二年，当隋文帝开皇二年至仁寿二年）大事记》一书，其中记载中国隋朝事，当是从西突厥方面得来的传闻。大意是说，陶格司（中国）国君号为上天的儿子。国内安宁无乱事，因为威权都归国君一家世袭，无人争夺的缘故。陶格司崇拜偶像，法律严明，公正不枉。人性温和，技巧异常，物产丰富，善于经商，多有金银财帛。黑衣国渡河灭红衣国（指隋灭陈）后，国家统一，户口众多，天之下，地之上，没有一国能和它为敌。国中有蚕，丝就是蚕吐出的。隋文帝时，中国统一富强，比起当时突厥、拂菻两个大国来，《大事记》所说大体上合乎实际。隋朝也留意拂菻，除了文字记载，还有西域僧迦佛陀画的《拂菻国人物图样》二卷。东罗马因受大食的威胁，对无敌的中国，自然抱有相助的希望。六四三年，拂菻王波多力遣使来聘，献赤玻璃、绿金精等物。唐太宗发玺书答礼，并回赠丝织品。六六七年、七○一年，拂菻国使者先后来朝。七一九年，两次来朝，一次是委托吐火罗大首领来献狮子、羚羊，一次是派遣大德僧（总主教）来"朝贡"。《册府元龟》又记有七○八年，"拂菻国献方物"，七四二年，"拂菻国王遣大德僧来朝"两条。在唐前期，东罗马来聘凡七次。据《新唐书》、《旧唐书》所记拂菻国事，可信中国也有人到过东罗马。东、西两文明古国的接触，比东汉时期两国相知仅凭一些传闻，显然是前进了一步。

（3）唐 失 西 域

唐朝政治势力虽然到达了里海东岸，但对西突厥余部并不能适宜地调和相互间的关系，吐蕃、大食两国又都想夺取西域，因之战争经常发生。唐前期自唐太宗死后，统治阶级内部的腐朽势力逐渐在增长，国家的武力逐渐在削弱，在西域的斗争场面里，唐朝原有的优势逐步衰退，最后西域全失。这种形势的造成，强敌进攻自然是一个原因，更重要的原因却是唐朝本身逐渐增长的腐朽性。

唐与突厥余部的斗争：

六五七年，唐灭阿史那贺鲁的西突厥，立兴昔亡、继往绝两个可汗，分西突厥为东、西两国。六六二年，两可汗率兵随咽海道（咽音曰 yuē）总管苏海政攻龟兹。继往绝进谗言，苏海政信以为真，杀兴昔亡。诸部落不服，各有离心。不久，继往绝病死。十姓（十箭）没有首领了，昆陵、濛池也没有都护了，任意杀死一个可汗的苏海政却没有受到唐朝廷的惩罚。这一类的昏暗措施，就是唐在西域逐渐失去优势的原因。七〇二年，武则天任阿史那献为兴昔亡可汗、北庭大都护。七〇四年，又任阿史那怀道为十姓可汗、濛池都护。当时突骑施部（属五咄陆部）兴起，招抚诸部，建立起以碎叶川为中心的大国。七〇六年，唐中宗时，封突骑施酋长乌质勒为怀德郡王。乌质勒死，子娑葛继位，唐封为金河郡王。娑葛与部将阿史那忠节不和，互相攻击。金山道行军总管郭元振奏准令忠节入朝，部众迁居瓜、沙等州。唐经略使周以悌教忠节停留在半路上，使人送贿赂给宰相宗楚客等，请发安西兵，并引吐蕃攻娑葛。宗楚客等受贿赂，竟按照忠节的要求部署军事。娑葛发觉唐阴谋，七〇八年，自立为可汗，发兵攻破安西（龟兹城），唐将或被擒，或被杀，娑葛上表要宗楚客的头，朝廷只好宣告娑葛无罪，封为十四姓可汗。七〇九年，又封娑葛为归化可汗。娑葛退兵，安西四镇算是又得到安宁。娑葛与弟遮弩不和，遮弩逃归东突厥默啜可汗，请作向导攻娑葛。默啜发兵擒娑葛，对遮弩说，你们兄弟还不能相容，能忠心为我办事么！把二人都杀死。娑葛死后，突骑施属部车鼻施部继起。七一九年，唐玄宗封酋长苏禄为突骑施忠顺可汗，又封阿史那怀道的女儿为交河公主，嫁给苏禄。苏禄娶唐、吐蕃、东突厥三国女为可敦（皇后），是想在三国间取利。七二六年，交河公主派人驱马一千匹到安西城互市，使者宣读公主教书，安西都护杜暹发怒道，阿史那女，那配来宣教！杖责使者，放马在雪地，使全部饿死。这是多么骄横无礼的行为。苏禄不由得大怒，发兵攻四镇，这时候杜暹已入朝作宰相，苏禄捉不到杜暹，大掠四镇人畜储积才退去。此后，苏禄被部属杀死，突骑施分黄姓（娑葛部属）黑姓（苏禄部属）两部，各立可汗，互相攻击。唐朝发生内乱，也就不再过问突骑施的事情。

西突厥余部对唐朝，一般是愿意内附，取得唐的保护；唐朝对西突厥余部，一般是贪虐骄横，以征服者自居。这样，双方都不免有时要使用武力，虽然唐总是占些优势，地位却愈趋于孤立。吐蕃、大食来侵夺，孤立的唐不可能作强有力的抵抗，只好退出西域。

唐与吐蕃的斗争：

下面略述吐蕃与唐争夺西域天山南路的经过。

吐蕃是唐太宗时新兴的强国。六七〇年，吐蕃攻取西域十八州，唐无力相争，只好退出西域四镇，让吐蕃占领。六七二年，灭吐谷浑（青海）国，威胁着唐通西域的道路。唐出兵攻吐谷浑故地，不能取胜，优势转到吐蕃方面。六九二年，武则天使唐休璟、王孝杰、阿史那忠节等率兵大破吐蕃兵，收复四镇，在龟兹再置安西大都护府，屯兵镇守。六九六年，王孝杰在素罗汗山被吐蕃战败，吐蕃向唐朝廷提出讲和条件：（一）唐兵退出四镇，（二）唐割西突厥五弩失毕部给吐蕃。武则天使郭元振到吐蕃商议，要求吐蕃退出吐谷浑故地。郭元振回朝，对武则天说，吐蕃民众，久已厌战，早愿和亲，只因论钦陵专权，想立军功巩固自己的地位，所以拒绝讲和。为朝廷计，不如每年派出和亲使去讲和，让论钦陵每年拒绝，这样，吐蕃人对论钦陵愈益不满，对朝廷愈益亲近，吐蕃内部将发生变乱。果然，不出郭元振的预料，六九九年，吐蕃赞普杀论钦陵的徒党二千余人，论钦陵自杀，他的兄弟论赞婆，原来镇守吐谷浑，专扰唐边境，现在率所部来投降，唐西边暂时得到安静。

唐中宗时，吐蕃又在青海和西域对唐作战。七一〇年，唐睿宗置河西节度使，七一五年，唐玄宗置陇右节度使，都是防御吐蕃从青海方面来进攻。七四七年，安西行营节度使高仙芝击败吐蕃兵，收复小勃律（在克什米尔北）国等二十余国。七五五年，安禄山反叛，吐蕃乘机夺取陇右河西和西域四镇。

唐与大食的斗争：

大食国在西汉时称为条支国。大食、条支都是波斯语 Tajik 的译音。五七〇年（南朝陈宣帝太建二年）摩诃末（也译作谟罕默德）生于阿拉伯都城麦加。后来创伊斯兰教，信徒渐多。六二九年，摩诃末率兵攻取麦加。六三一年，统一阿拉伯半岛。摩诃末在《古兰经》里告诉门徒们说，应该去中国学习知识。当时中国文化独步在世界上，为摩诃末所推荐，阿拉伯与中国在精神上的友好关系，从摩诃末时就开始了。被推为摩诃末教主地位的继承人号称哈里发。六五一年（唐高宗永徽二年），第三代哈里发遣使来朝聘，中国与大食开始有正式往来。哈里发历代相传到六六〇年，摩维亚即位，改行子孙世袭制，是为乌梅雅朝，衣尚白，中国称为白衣大食。七四九年（天宝八载），阿拉伯人别立摩诃末族裔阿拔斯为哈里发，是为阿拔斯朝，衣尚黑，中国称为黑衣大食。乌梅雅朝哈里发逃到埃及，不久败死。阿拔斯朝建都于底格里斯河旁的报达城（巴格达）。

唐高宗时，大食灭波斯国，占有伊朗高原，波斯王卑路斯入朝，其他小国急于内附，都是想得到唐朝的保护。可是，唐无力出大兵到葱岭以西，西域四镇又被吐蕃侵扰，尽管设置羁縻府州，并不能抵挡大食的北进。唐玄宗以前，大食势力向北发展，阿母、锡尔两河流域的诸国，先后被大食征服。诸国原奉佛教、祆教或其他宗教，大食迫使改奉伊斯兰教，再加上不可忍受的横征暴敛，诸国对唐朝确是抱着迫切的希望。

唐玄宗时，国势又振。七一五年，大食立阿弓达为王，攻拔汗那国。国王战败，逃来安西求救。监察御史张孝嵩对都护吕休璟说，不救，从此不能号令西域了。张孝嵩率兵万余人出龟兹数千里，大破阿弓达兵，唐声威又伸到葱岭以西。七一九年，安国王上表称"从此年来，被大食贼每年侵扰，国土不宁，伏乞天恩慈泽，救臣苦难"。同年，康国王上表称"从三十五年来，每共大食贼斗战，每年大发兵马，不蒙天恩送兵救助。……伏乞天恩知委，送多少汉兵来此，救助臣苦难"。同年，俱蜜国王上表称"今大食来侵，吐火罗及安国、石国、拔汗那国并属大食。臣国内库藏珍宝及部落百姓物，并被大食征税将去。伏望天恩处分大食，令免臣国征税"。七二七年，吐火罗国王上表称"奴身今被大食重税，欺苦实深，若不得天可汗救活，奴身自活不得"。七四一年，石国王上表称"今突厥已属天可汗。在于西头为患，惟有大食。伏乞汗恩不弃突厥部落，讨得大食，诸国自然安贴"。这些表文说明唐在葱岭外并不孤立，但天宝年间，朝廷上愈益抬头的腐朽势力，既在国内制造祸乱，自然也要在边境寻找绝路。七五〇年，安西节度使高仙芝伪与石国王和好，引兵袭击，俘获国王及部众，惨杀老弱人，掠夺珍宝黄金，石国及昭武诸国都大怨愤。石国王被送到长安，唐玄宗不问曲直，处以死刑。石国王子引大食兵谋攻四镇，昭武诸国合力相助。七五一年，高仙芝率汉、蕃兵三万出击，到怛逻斯城（怛音特 tè，江布尔城南），遇黑衣大食兵，相持五日，葛罗禄部叛变，与大食夹攻唐军，高仙芝大败，乘黑夜率残兵数千人逃回安西。葱岭外诸国本依唐反大食，现在依大食反唐，当时大食国正在内乱，仅派出一支不大的军队，便大破唐军，取得葱岭外诸国。这是历史上著名的一次大战争，从兵力说，唐战败是意外的，从政治说，唐既失人心，就必然要得到失败的后果。

杜佑《通典·西戎总序》说"族子环随镇西（即安西）节度使高仙芝西征。天宝十载（七五一年），至西海（地中海）。宝应初（七六二年），因贾商船舶，自广州而回，著《经行记》"。杜环是怛逻斯战败后被俘的一人，

376

在大食十余年，被释放自海路回广州。《经行记》已亡佚，《通典》引用若干条，想见杜环对西方诸国事闻见颇广。杜环称同时在大食的唐人有"汉匠起作画者，京兆人樊淑、刘泚，织络者河东人乐环、吕礼"。大抵俘虏中有技能的人，大食要使用他们的专长，所谓起，就是待遇比一般俘虏好一些。杜环所记仅四人，事实上决不只此数。例如纸，也是大食使用这一次战争的俘虏在康国开始制造，由此造纸术传布到伊斯兰教诸国，再传布到西方诸国。怛逻斯一战，胜败对双方都不关重要，中国制纸术传到西方，却是一件有益的大事。

阿拔斯朝自哈里发诃论（七八五年至八〇九年）时起，文化昌盛，吸收希腊天竺等国文化上的成就，也吸收中国文化，如中国道教的炼丹术，传到大食，再传到西方，成为后世的化学；又如哈里发摩哈普德（八三三年至八四二年）建年号，大概也学中国法。大食处在中国、天竺与希腊、罗马的中间，有条件创立一个新的文化中心。此后，大食与中国一直保持着商业上和文化上的往来，唐时是良好的开始。

四　西　方

吐谷浑——隋炀帝灭吐谷浑国，设置郡县。隋末，吐谷浑伏允可汗收复故地，攻击隋边境。唐初，伏允仍经常扰边境。六三五年，唐太宗使李靖、侯君集等率兵分六路进攻吐谷浑，伏允大败自杀。唐立伏允嫡子慕容顺为西平郡王、吐谷浑国可汗。六六三年，吐蕃攻破吐谷浑，吐谷浑可汗率部属逃奔凉州，吐谷浑亡。从此唐与吐蕃接境，军事接触以外，还有更多的文化和经济接触，有利于吐蕃社会的发展。

泥婆罗国——泥婆罗（尼泊尔）在吐蕃西南。唐太宗时，使官李义表往天竺，路经泥婆罗，国王大喜，优礼相待。此后，泥婆罗与唐朝保持友好关系。

五天竺——天竺分中、东、南、西、北五部。唐高祖时，中天竺王尸罗逸多（玄奘《大唐西域记》称为戒日王。六〇六年至六四八年）征服四天竺，为天竺著名的国王。六三六年，中国名僧玄奘到中天竺，曾得尸罗逸多隆重的奖励。六四一年，尸罗逸多以摩伽陀王名义，遣使来朝聘。唐太宗也遣使厚礼报聘。王玄策出使到天竺，四天竺诸国都遣使从王玄策来聘。六四八年，王玄策等在中天竺，尸罗逸多病死，国内大乱。叛臣阿罗那顺篡位自立，发兵击王玄策，夺诸国聘礼。王玄策逃到吐蕃。吐蕃出兵一千二百人，泥婆罗出兵七千余人，从王玄策击败阿罗那顺。这是王玄策向掠夺者收回诸国聘礼，不是唐与中天竺发生战争。

唐与五天竺诸国，聘使常有往来，到唐玄宗时次数更多。七一四年，南天竺国王请唐攻大食、吐蕃，南天竺愿出兵助战，并请唐给军名。唐玄宗给予怀德军名号。

378

玄奘居住过的印度那烂陀寺遗址

　　唐太宗分唐本部土地为十道，唐玄宗分为十五道。本部以外，与四方诸国有两种关系。一种是内附关系。唐在内附国置都督府或州，任国王为都督或刺史。都督和刺史都是子孙世袭，在本国内有自主权，对唐朝有"朝贡"及出兵助战等义务。这种府州，统称为羁縻州，受本部边境上诸道的都督府及本部边境内外的都护府统率。一种是"朝贡"或朝聘关系。这种国家有些与唐仅仅是使者往来，有些虽然受唐封号，实际上并无隶属关系。

　　当唐朝全盛时期，羁縻州数量很大。《新唐书·地理志》总计羁縻州数目说"突厥、回纥、党项、吐谷浑

379

隶关内道者为府二十九，州九十。突厥之别部及奚、契丹、靺鞨降胡、高丽隶河北者为府十四、州四十六，突厥、回纥、党项、吐谷浑之别部及龟兹、于阗、焉耆、疏勒、河西内属诸胡、西域十六国隶陇右者为府五十一，州百九十八。羌、'蛮'隶剑南者为州二百六十一。'蛮'隶江南者为州五十一，隶岭南者为州九十二。又有党项州二十四，不知其隶属。大凡府州八百五十六，号为羁縻云"。羁縻州土地如此广大，居民种族如此繁多，就经济文化说来，多数是落后的游牧部落。他们内附的原因，除了战争失败，一般是想得到唐朝廷的保护，也想得到经济文化上交流的益处。唐朝廷接受内附的原因，主要是要表示国家声威的远扬，其次是允许内附部落迁徙到本部境内，作为本部户口的补充，此外并无更多的要求，所以羁縻的意思，就是来去任便。羁縻州的来去，对唐朝廷利害不大，但国力的盛衰，却由此体现出来。唐前期羁縻州先后来归，唐中期以后，在剑南、岭南等道还保留一部分，其余都被强国夺去或自动离去，来是盛世，去是衰世，原因是明显的。

第七节　藩　镇　割　据

封建统一的国家里，必然含有封建割据的因素。每当统一势力衰弱的时候,割据势力便要乘机发动战争,占领土地,形成割据称雄的分裂局面。唐时有两次割据。第一次自安、史作乱时开始,形成的原因主要是内附诸部落结合成反唐力量。第二次自农民起义军失败时开始,形成的原因主要是起义军被反动武力压倒,不能成长为统一全国的力量,各个割据者得以毫无制约地进行混战。两次割据战争,黄河流域遭受严重破坏,第二次尤为惨烈。南方在第二次割据战争中,也遭受破坏,只是比北方轻得多。这与东汉末年黄巾军起义失败后,割据者混战的情形相似,但战争规模唐末比东汉末更大,东汉末混战的结果,只出现三个割据国,唐末却出现五代十国。

汉族从传说时代起,就显出雄伟的气度,与各族相处,主要是在文化上求同,不过分在族类上立异。自有文字记载以来,这种情形愈益确实有征。两汉是强盛的大朝代,不断地吸收大量的外来居民。特别是东汉朝,匈奴等族得到朝廷的允许,迁入边境内居住,大部分游牧人逐渐转化为农民。在融合过程中,极度腐朽的西晋朝发生内乱,内徙诸族的统治阶级乘机发动战争,造成十六国以及南北朝的分裂局面,最后,由于诸族融合过程的完成,隋内部不再有汉族与游牧族的斗争。唐朝同东汉朝一样,也是允许内附诸族大量迁徙到边境内居住,河北道容纳内附人尤多。因为河北河南是隋末战争的中心地区,人口损耗极重,唐朝廷开放河北，主要是想补充人口。六三○年，唐灭东突厥，得内附户十余万人，唐太宗集朝臣商议，窦静主张使居塞外，为中国守边，"置之中国，有损无益"。温彦博主张突厥生活习惯，不宜居内地，宜使居边境内诸州，充实空虚的地面。魏征主张使回到突厥原地，不可留在中国，免得将来成"腹心之疾"，追悔不可及。温彦博反驳说，孔子说过"有教无类"，如果对突厥人有教有养，几年以后，都成了唐民，有什么后患。唐太宗采用温彦博的建议，使突厥人居住幽州（河北道）到灵州（关内道）一带。唐高宗时，突厥人陆续内附，都住在河曲六州（丰、胜、灵、夏、朔、代）内。七一六年（开元四年），突厥毗伽可汗立，内附人谋逃归突厥，并州（山西太原）长史王晙（音俊jùn）主张迁徙内附人到内地，说二十年后，旧俗改变，可以变成唐的精兵。唐玄宗不曾采取王晙的建议，仍让突厥内附人居沿边诸州。从唐太宗到唐玄宗，处理内附人大抵有三种办法。一种是对游牧人，指定居住在边州，仍保持部落旧俗，只要能耕种，自边州徙居内地诸州，也并不禁阻。一种是对农业国人，可直接迁到内地，如六六九年，唐高宗徙高丽民户三万八千二百到江南、淮南及山南、京西诸州。六七七年，唐高宗又徙高丽民户到内地，分居在河南、陇右诸州。又如七二二年，唐玄宗徙河曲六州残余突厥人（居边州已久，从事农业）五万余口到许、汝、唐、邓、仙、豫等州。一种是对商人及诸族酋长，得在各城市自由居住。一般说来，唐对内附人迁居内地，是不设什么禁限的，因之，沿边诸州以及接近这些州的内地，居住着不少内附人。

唐玄宗时，府兵制已完全破坏，边镇军队却大扩充。七二二年，改行募兵制，应募的兵士，自然很大一部分是内附人，充当骑兵更是内附人的专业。将校中也有许多称为蕃将的内附人。七五五年，唐玄宗准许安禄山以蕃将三十二人代替汉将，安禄山所率范阳镇，变成以蕃将为主，汉族败类为辅的军队，叛乱就从此发生，并且长时期继续下去。

大量内附人居住在高度发展的唐社会里，经济上、文化上都要经过一个融合过程，天宝年间的腐朽政治，使得融合过程表现为战争的形式。已经融合的内附人，以李光弼（契丹酋长李楷洛的长子）为代表，成为保护唐朝的重要力量，立功不少于汉将汉兵。未曾融合的内附人即蕃人以安禄山为代表，一直保持着割据势力，占有河北三镇。唐末，又有内附的沙陀部落参加割据战争，五代中唐、晋、汉三个小朝廷，都是沙陀统治阶级建立的割据国。最后，由于内附人融合过程的完成，北宋内部不再有汉族与游牧族的斗争。

唐两次割据，第一次的发动者是内附人的统治阶级，第二次是汉族统治阶级内部分裂，沙陀成为分裂活动的重要参加者。

一 第一次割据

安禄山是杂胡（父胡人，母突厥人），史思明是胡人。二人都居住在营州，充当互市牙郎。幽州节度使张守珪用二人为小将，使侵害奚、契丹。二人凭着狡猾和勇力，逐渐得到张守珪以至唐玄宗的重用。七四四年，安禄山兼任平卢、范阳两镇节度使，统率兵马比别镇都多。七五〇年，安禄山又被任为河北道采访处置使，黄河以北军政、民政都归一人掌握。他收集一批徒党，其中蕃汉文武全有，以高尚、严庄为首，积极策划叛变。七四九年，王忠嗣暴死；七五一年，武库起火，烧兵器三十七万件，也可能是安禄山阴谋的一部分。七五五年，安禄山以惩罚杨国忠为名，起兵反叛，在军中宣布：谁敢持异议动摇军心，查获后，灭三族。这说明很多士兵并不赞成反叛。安禄山攻入洛阳，留史思明守河北。七五六年，安禄山自称大燕皇帝，分兵攻入长安，唐玄宗逃到成都，唐肃宗在灵武继位。七五七年，安庆绪杀安禄山，自立为燕帝。唐军收复长安，出潼关击洛阳。安庆绪弃洛阳逃归河北邺郡。七五九年，史思明杀安庆绪，自立为大燕皇帝，进兵到河南，取得洛阳城。七六一年，史朝义杀史思明，自立为燕帝。七六二年，史朝义被唐军击败，弃洛阳逃到河北，七六三年，逃到范阳。范阳守将李怀仙杀史朝义。安史叛乱形式上算是结束了。

安禄山用来作乱的精兵有曳落河（同罗、奚、契丹降者）、六州胡（河曲六州突厥）数万人。安庆绪失败后，曳落河、六州胡带着大批掠获的人和物，逃到范阳投史思明。史思明为安禄山攻河北诸郡县时，每破一城，城中衣服、财物、妇女都被掠夺，壮男被迫当役夫，尤其野蛮的行为是用刀枪刺杀老幼病弱，作为游戏；每郡置防兵三千，其中杂有监视汉兵的蕃兵。史朝义逃奔到范阳，随从不散的只有胡骑数百人。这些事例，说明安、史叛军主要是以杀掠为目的的蕃兵，将领是野心更大、行为更恶的蕃将和一些蕃化了的汉将。所以，安禄山、史思明尽管死去，留下来的军队依然保持原有的特性，与唐朝处于对立的地位。

史朝义逃到河北，唐军追击，史朝义部将邺郡节度使薛嵩、恒阳节度使张忠志（李宝臣）、范阳节度使李怀仙及田承嗣等人先后投降唐朝。七六三年，朝廷任命这些降将为节度使。河北名义上归还朝廷，实际是朝廷承认安史叛军的割据为合法。

藩镇叛乱的经过，已在唐中期的政治概况节作了些说明，这里只说各镇内部劫夺的事情，显而易见，以杀掠为目的的军事集团，内部是不可能相安无事的。

实行割据的藩镇，在一般情况下，必须取得唐朝廷的官爵，表示不是叛镇。在本境内，招集徒党，练兵修城，自收租税，自定法令，自用文武官吏，尽量保持独立的权利。藩镇境内养大量军队，用来箝制民众并出境作乱，民众的痛苦可以想见；唐朝廷因抵御藩镇，也养大量的军队，加重搜括财物作军费，唐境民众特别是江淮地区的民众，痛苦又可以想见。腐朽的唐朝廷和以杀掠为业的藩镇，配合起来构成了全国民众的大祸害。

下列三镇是割据河北的强镇。此外，还有一些较弱的割据者和短期割据者，这里不再叙述。

魏博镇——田承嗣是安禄山的死党，是蕃化的汉人。他是诸叛人中最凶狡的一个，投降唐朝作魏博节度使后，积极准备永久割据。他强迫本境内壮男当兵，只留老弱人耕种，数年间兵多至十万；又选强悍人一万充卫兵，称为牙军，给养特别优厚。节度使依靠牙军的支持，到后来，牙军操纵节度使的进退。八一二年，魏博镇内讧，牙军废田氏继承人，拥立牙将田弘正（非田承嗣子孙）为节度使。当时唐宪宗在位，朝廷颇有威望，田弘正懂得归朝有利，举魏博镇反正。田氏割据魏博镇四十九年，田弘正归朝，割据算是告一结束，但割据势力依然存在。

八二一年，幽州、成德两镇叛。八二二年，魏博牙兵拥牙将史宪诚（奚人）反叛，节度使田布（田弘正的儿子）被迫自杀。唐穆宗即任史宪诚为节度使。魏博联合幽州、成德两镇，又恢复割据。八二九年，牙军杀史宪诚，拥牙将何进滔为节度使。八七〇年，牙军杀何氏继承人（何氏割据四十二年），拥立大将韩君雄为节度使。八八三年，大将乐彦祯废韩氏继承人（韩氏割据十四年），自立为节度使。八八八年，牙将杀乐氏继承人，立罗弘信为节度使。当时已进入第二次割据时期，罗弘信依附朱全忠，参加朱全忠、李克用二人争夺河北的大战，相、卫两州民众大部分被杀死。九〇六年，魏博节度使罗绍威感到牙军的威胁，借朱全忠兵歼灭牙军，凡灭八千家，连婴儿都杀死。魏博镇从此衰弱，受朱全忠支配。九一二年，梁将杨师厚灭罗氏（罗氏割据二十五年）。魏博镇自田承嗣至罗氏灭亡，割据凡一百五十年。

成德镇——李宝臣原是奚人，擅长骑射，范阳将张锁高养作义子，得姓名为张忠志。安禄山反叛，又作安禄山的义子。他投降唐朝较早，朝廷任为成德镇节度使，并赐姓名为李宝臣。七八一年，李宝臣死，子李惟岳继任。七八二年，王武俊杀李惟岳（李氏割据二十年），举成德镇投降唐朝。

王武俊原是契丹人，善于谋划，得李宝臣信任。杀李惟岳后，唐德宗即任为恒冀观察使。王武俊怨朝廷不给节度使名义，起兵反叛。七八四年，王武俊又投降唐朝，得到成德军节度使名号。唐宪宗灭淮西、淄青两叛镇，成德镇孤立。八二〇年，王氏继承人王承元自请归朝（王氏割据三十九年）。唐穆宗任田弘正为成德节度使，王承元为义成节度使。八二二年，王庭凑鼓动牙兵杀田弘正，又恢复割据。

王庭凑原是回鹘人，非常阴险狡诈，得王武俊喜爱，被养作义子。杀田弘正后，自称留后。朝廷不得已任王庭凑为成德节度使。王庭凑三传至王镕，正当唐末大乱。王镕依附李克用，成德境成为梁（朱全忠）晋（李克用、李存勖）两军互攻的大战场。九二一年，部将张文礼杀王镕（王氏割据一百年）。九二二年，李存勖杀张文礼。成德镇自李宝臣至王氏灭亡，割据凡一百六十年。

幽州镇——幽州镇是安史叛军的巢穴，也是河北三个叛镇中最为强大、内部劫夺更为剧烈的一镇。李怀仙原是被契丹役使的胡人，后来加入安禄山叛军，做一个偏将。史朝义任李怀仙为幽州节度使。史朝义死，唐朝又任李怀仙为幽州节度使。七六八年，部将朱希彩、朱泚、朱滔合谋杀李怀仙，朝廷任朱希彩为节度使。七七二年，部属杀朱希彩，拥立朱泚，朝廷任朱泚为节度使。七七三年，朱泚使朱滔率五千精骑到京西防秋，对朝廷表示恭顺。唐代宗给朱滔重赏。朱滔归幽州，劝朱泚也入朝，说是得天子喜欢，可以保子孙富贵。朱泚听信他的话，七七四年，入朝。朱滔拒绝朱泚回镇，朝廷任朱滔为留后。七八一年，朝廷任朱滔为节度使。七八五年，朱滔死（朱氏割据十四年），将士拥刘怦为节度使。刘怦将死时，唐德宗任刘怦子刘济为节度使。

八一〇年，刘济次子刘总杀刘济，又杀长兄刘绲，唐宪宗任刘总为节度使。刘总见河南、北叛镇都被削平。八二一年，奏请弃官为僧。唐穆宗任张弘靖为幽州节度使，代刘总。当年，将士逐张弘靖，拥立朱克融。朝廷任朱克融为节度使。八二六年，将士杀朱克融，拥立李载义。八三一年，杨志诚逐李载义自立。八三四年，将士逐杨志诚，拥立史元忠。八四一年，偏将陈行泰杀史元忠自立，牙将张绛又杀陈行泰自立。唐武宗用李德裕策，破例不加任命，别任幽州旧将张仲武为节度使，张绛被逐，张仲武与朝廷发生较好的关系。八四九年，将士逐张仲武的继承人，拥立周綝。八五〇年，周綝死，将士拥立张允伸。八七二年，张公素逐张允伸的继承人自立。八七五年，回鹘人李茂勋（唐武宗时回鹘国破败，李茂勋等内附）逐张公素自立。八七六年，李茂勋传位给儿子李可举。八八五年，李可举约成德镇王熔共同防御太原李克用进兵河北地区。李可举使部将李全忠攻易州，被守军击败，李全忠收败兵回攻幽州，李可举自杀。李全忠作节度使。八八六年，李全忠死，子李匡威作节度使。八九三年，李匡威率兵救王熔，弟李匡筹据幽州城自作节度使。李匡威谋夺取成德镇，被王熔杀死。蔚州守将刘仁恭攻李匡筹，战败，投奔李克用，劝李克用攻幽州。

八九五年，李克用攻破幽州，李匡筹败死。李克用任刘仁恭为节度使。刘仁恭得幽州，不再听李克用调遣。八九七年，李克用攻幽州，大败，兵士死亡过半。刘仁恭依附朱全忠，发大兵步骑十万，攻魏博镇，屠贝州（治清河，河北清河县），投尸于清水，清水被壅塞不能流。朱全忠发兵救魏博镇，大破刘仁恭军。朱全忠军追击，自魏州以北数百里，沿路都是刘仁恭军尸体。九〇六年，朱全忠率兵攻沧州（守将是刘仁恭长子刘守文），刘仁恭发境内十五岁以上、七十岁以下全部男子当兵，面上刺"定霸都"三个黑字，文人在手臂上刺"一心事主"四字。沧州城被围百余日，城中人吃泥土甚至人相食，居民大半饿死。刘仁恭向李克用求救，出兵三万供李克用使用。李克用攻朱全忠的潞州，朱全忠才解沧州围退兵到贝州。九〇七年，刘守光（刘仁恭次子）拘禁刘仁恭，俘获刘守文，自作节度使。九一三年，李存勖攻破幽州，杀刘仁恭、刘守光。幽州镇自李怀仙至刘守光，割据凡一百五十一年。

以上河北三叛镇，是野心蕃人、汉族豪强、失意文士的结合体，割据一百五六十年，表现出极为强烈的破坏力，三叛镇实是唐时社会的毒瘤。三镇割据，大体上有三个动向。在唐中期，三镇主要是和朝廷对抗，要确立割据者子孙世袭制。在唐后期，朝廷承认世袭制，有人夺得节度使，即照例任命，魏博、幽州两镇转为剧烈的内部劫夺。在唐末、五代，三镇加入梁、晋两国的混战，河北遭受更严重的摧残，但割据状态也从而结束，黄河流域又合成一体，自唐前期以来，内附人的融合过程基本完成了。

390

藩镇割据是一幅群盗劫杀图。前面一个又一个的强盗拿着刀在劫杀，背后又是一个个强盗暗藏着刀准备劫杀前面的人，忽得忽失，以暴易暴，丑恶不堪入目。朝廷拥有巨大的兵力，足以消灭割据者，但本身已经腐朽，养兵多，只能支出更多的军费，使民众负担更重的赋税，对割据者却并无实际作用。宰相李吉甫劝唐宪宗取淮西，说，淮西是一个孤立的小镇，国家经常置数十万兵四面防御，军民劳苦，费用浩繁，实在不是久长之计，如今不取，以后将更难下手。唐宪宗用兵，果然收效。这说明不是叛镇太强而是朝廷太缺少进攻的决心。大抵朝廷对叛镇，平时聚兵防御，无积极进攻的准备；有时进攻，无切实有效的办法；河北叛镇一时归顺，无消除隐害的措施。藩镇纷起叛乱，河北割据竟至一百数十年，归根说来，最大的原因只有一个，就是朝廷本身的腐朽。

二　第　二　次　割　据

唐后期，朝廷放弃河北，不再对三叛镇用兵。淮西镇消灭后，河南地区完全受控制，江、淮赋税到长安，路上通行无阻，唐朝廷也就愈益奢侈腐朽。黄巢起义军发动以前，唐在河南地区的诸镇，兵力薄弱，江南地区更是兵备空虚，因之，起义军纵横南北，受唐兵的阻力并不大。但是，一大批新起的反动势力，借对抗起义军的机会，纷纷拥兵割据，从此出现一幅比第一次割据更凶暴、更丑恶的群盗劫杀图，全国民众都直接遭受劫杀的大灾难。

下面叙述八个割据者，其中李克用、朱全忠两人最强。从这伙人开始，后来演变为五代十国。

（一）李克用（晋国）

沙陀是西突厥的一个小部，唐德宗时内附，居定襄神武川的新城（在山西大同市西南），有骑兵一万，号沙陀军。八六八年，庞勋据徐州叛变，唐发十镇大兵攻徐州，酋长朱邪赤心率沙陀军在义成节度使康承训部下充先锋。八六九年，唐懿宗任朱邪赤心为大同军节度使，改姓名为李国昌。八七八年，李国昌子李克用杀唐大同防御使段文楚，占据云州（治云中，山西大同市），公开反叛，攻夺州县。八八○年，唐军击败沙陀军，李国昌、李克用率亲属逃入鞑靼部（靺鞨别部，在阴山一带游牧）。八八一年，黄巢率起义军进入长安。河东监军陈景思请朝廷招李国昌父子，唐僖宗任李克用为代州刺史、雁门以北行营节度使。八八二年，宦官杨复光又去招请。李克用野心得到唐朝廷的支持，即率沙陀、鞑靼兵一万七千人向长安行进，沿路增兵，到河中已有四万人。八八三年，唐僖宗任李克用为东北面行营都统，杨复光为东面都统监军使，陈景思为北面都统监军使，两个宦官拥着一个沙陀酋长，互相依仗，声势颇盛。长安附近唐各镇兵，也因沙陀来到，气焰又张。李克用与各镇合力进攻，起义军战败，退出长安。唐朝廷得救，任李克用为河东节度使，作为酬谢，从此李克用据有河东，以太原为出发点，积极参加割据战争。

八八四年，黄巢退到河南，攻唐诸镇，唐宣武镇节度使朱全忠等向李克用求救。李克用得到招请，就出兵到河南。起义军战败，黄巢逃向兖州。李克用入汴州城，几乎被朱全忠杀死。李克用大怒，与朱全忠结成深仇，两人间发生一联串的恶战。李克用、朱全忠都算是唐臣，都必须利用唐朝廷。唐后期的朝廷，为宦官所把持，朱全忠利用在朝士族来反对宦官，李克用是新得势的沙陀人，在唐境内缺乏根基，利用宦官来反对士族，使朝廷在沙陀人保护下得以存在一时，对自己较为有利。两人都想掌握唐朝廷，恶战的根本原因在此，报私仇并不是重要原因。唐朝廷在农民起义军打击下，已经迫近崩溃，经两人恶战，加剧了南北司的冲突，宦官消灭，唐朝也就崩溃了。朱全忠灭唐以后，李克用始终不放弃拥唐的名义，这说明李克用是有谋略的，所以成为朱全忠的劲敌。

李克用回河东，招募国境内外游牧部落人当兵，扩展属地，谋攻朱全忠。朱全忠正与别一割据者秦宗权对敌，处于劣势。李克用要求出兵，朝廷竭力劝阻，朱全忠因此得在河南立足。八八九年，朱全忠消灭秦宗权，军势大盛。八九〇年，朱全忠上表请朝廷讨伐李克用，宰相张濬等附和朱全忠，力主出兵。唐昭宗任张濬为统帅，率兵五万入河东境，朱全忠也发兵来会攻，结果是唐军大败，朱全忠军也败退。八九一年，李克用出兵攻成德镇王熔，幽州镇李匡威来救，两镇合兵十万，被李克用战败。八九三年，李克用攻王熔，王熔献帛五十万匹求和，成德镇附属于李克用。八九四年，李克用灭幽州镇，使刘仁恭为幽州节度使。八九五年，唐昭宗封李克用为晋王，承认李克用永远占据河东地区。朱全忠攻割据者兖州朱瑾、郓州朱瑄，八九六年，李克用出兵救兖、郓，路过魏博，被魏博击败。魏博镇从此附属于朱全忠。此后，李克用、朱全忠连年攻战，李克用失势，成德、义武（节度使驻定州）两镇都归附朱全忠。九〇一年，朱全忠灭河中镇。李克用失去三个附属镇，只好向朱全忠求和。朱全忠出兵五万乘胜围太原城。九〇二年，朱全忠大举进攻，又围太原城。朱全忠两次围太原，显示兵力强大，李克用急于自保，不敢再出兵攻朱全忠。九〇八年，李克用死，子李存勖继位。

李克用所部亲军都是沙陀等部游牧人，不论在河东境内或境外，专爱掠夺，毫无纪律。李克用大败后，不敢出境，河东民众受害更甚。李存勖曾劝李克用整顿纪律。李克用说：这些人跟我攻战数十年，我没有钱养他们。现在四方诸侯都在出重赏招募勇士，我要是治军太严，他们走散了，我同谁来守河东！李克用是这样一群掠夺者的首领，他的割据势力就是依靠这群劫贼建立起来的。

（二）朱全忠（梁国）

朱全忠原名朱温，父亲是乡村塾师。父死，随母王氏到萧县刘崇家当佣工。朱温凶悍狡诈，懒惰不肯作工，屡被刘崇笞辱。黄巢率农民起义，朱温投入起义军，随黄巢转战南北。这是一个乡村流氓，后来叛变，屠杀起义军，就是他那种流氓的本色。八八二年，黄巢任朱温为同州防御使。朱温看到起义军形势不利，举同州投降唐河中节度使王重荣，说母亲姓王，拜王重荣为母舅。唐任朱温为同华节度使，赐名为朱全忠。从此这个朱全忠算是唐将，专力与起义军为敌。

八八三年，唐任朱全忠为汴州刺史、宣武军节度使，并加任东北面都招讨使，要他堵塞黄巢的退路。他得到这个名号，用兵的地面就很广泛，凡是长安的东北方，都有权去招讨。当时黄巢在河南还保有强大的兵力，唐感化军节度使（驻徐州）时溥、忠武军节度使（驻许州）周岌和朱全忠都力弱不能支持，共向李克用求救。八八四年，李克用到河南，黄巢军被击败，起义军将领纷纷叛变，大将尚让投降时溥，别将葛从周等多人投降朱全忠。朱全忠是起义军叛徒的首领，他的割据势力，主要是依靠这批叛徒建立起来的。

朱全忠只是许多割据者中间的一个，宣武镇起初也不是强镇，朱全忠能够逐渐吞并诸镇，变成最强的一镇，是和他的流氓本色分不开的，也就是和他的凶悍狡诈分不开的。但黄河流域得到基本统一，不能不说是他的成绩。

割据者蔡州节度使秦宗权,派部将四出攻掠,一路侵淮南,一路侵江南,一路陷襄阳,一路(孙儒)陷洛阳,一路陷汝、郑,一路攻汴、宋,各路共攻陷二十余州,有些州城未被攻破,乡村却毁坏无遗。这群野兽,出行不带粮食,只用车载盐渍人尸当作军粮。凡是走到的地方,大烧大杀,千里无炊烟,鸡犬声不闻,居民几乎被灭绝。八八七年,秦宗权集合精兵从郑州进攻汴州。朱全忠大破秦宗权军,斩首二万余级。秦宗权屠郑州,孙儒屠河阳,弃城逃走,同率兵往攻扬州。唐僖宗任命朱全忠兼领淮南节度使、东南面招讨使,要他追击秦宗权。八八八年,秦宗权又攻陷郑州。唐僖宗任朱全忠为蔡州四面行营都统,统率诸镇兵,在名号上,他成为关东最高的统帅了。当年,蔡州将囚秦宗权,举蔡州投降朱全忠。

朱全忠灭蔡州,军势更盛。八九一年,击败魏博镇,魏博镇求和,成为朱全忠的附属镇。朱全忠连年攻击时溥、朱瑄、朱瑾,双方军民都大量死亡。八九三年,杀时溥,取得感化镇。八九七年,杀朱瑄,取得天平镇,又取得泰宁镇。朱瑾与河东将史俨、李承嗣投奔淮南割据者杨行密。朱全忠拥有宣武、天平、泰宁、感化、忠武、宣义等镇,还有一些附属镇,兵力强大,继续兼并诸镇。九○三年,入关击败李茂贞,夺得唐昭宗,消灭宦官,受封为梁王,达到了掌握唐朝廷的目的。九○五年准备灭唐时，朱全忠共有宣武（汴州等四州）、宣义（即义成军，汝州等三州）、天平（郓州等四州）、护国（河中等五州）、天雄（即魏博镇，魏州等六州）、武顺（即成德镇，镇州等四州）、佑国（京兆及商、华二州）、河阳（孟、怀二州）、义武（定州等三州）、昭义（潞、泽二州）、保义（邢州等三州）、戎昭（均、房二州）、武定（洋州）、泰宁（兖州等三州）、平卢（青州等六州）、忠武（陈、许二州）、匡国（同州）、镇国（陕、虢二州）、武宁（即感化镇，徐、宿二州）、忠义（襄州等七州）、荆南（荆州等三州）等二十一镇。诸镇中天雄、武顺是附属镇，武定是蜀王建属地，其余诸镇割据者都被朱全忠消灭。从群盗分割变为一盗独据，对民众说来，终究还算是较好的事情，如果说朱全忠在历史上多少还有一点作用的话，那就是他独据了一大片土地。

（三）杨行密（吴国）

杨行密庐州合肥人，长大有力，能举重一百斤。凡是黄巢起义军经过的地方，本地人多起兵响应，杨行密就是一个响应者。后来被唐兵捕获，庐州刺史令充当州兵，逐渐提升为庐州牙将。八八三年，杨行密杀都将，总统诸营，自称八营都知兵马使。庐州刺史被迫让位，唐朝任杨行密为庐州刺史。杨行密部下有刘威、陶雅、徐温等三十六人，号称三十六"英雄"，杨行密在淮南的割据势力，就是依靠这些人建立起来的。

八八七年，割据者淮南节度使高骈被部将毕师铎

（原是王仙芝部将）围攻，令杨行密率兵来救。毕师铎攻入扬州，大烧大掠，高骈多年搜括的财物全部消失。宣歙观察使秦彦率兵三万入扬州，自称淮南节度使，以毕师铎为行军司马。杨行密沿路收兵，得一万七千人，围攻扬州。秦彦兵在围城中杀人当粮食。杨行密围攻半年，城中居民被秦彦兵几乎吃完。杨行密攻入城中，残存居民只有数百家，饥饿得不象人形。秦彦等吃人野兽刚逃出城，秦宗权使秦宗衡、孙儒率刘建锋、马殷等一群吃人野兽又来到夺扬州城。秦彦、毕师铎与秦宗衡、孙儒合在一起，杨行密守空城不敢出战。不久，孙儒杀秦宗衡，又杀秦彦、毕师铎，合并各部兵来攻扬州城。杨行密弃城走回庐州。八九一年，孙儒烧扬州城，驱迫丁壮及妇女随军，杀老弱充军粮，渡江攻杨行密。八九二年，孙儒战败，被杨行密擒获斩首。胡三省《通鉴注》评孙、杨胜败，说：光启三年（八八七年），孙儒开始与杨行密交兵，孙儒兵比杨行密多十倍，但终于死在杨行密的手中，原因是孙儒专务杀掠，人心不附。杨行密虽为孙儒所困，对饥民却有些接济，多少得点人心，所以最后获胜。胡三省说的是对的。同是害民的盗贼，为害较轻的就会得到民众的一些支持。任何战争，兵力强弱，只能决定一时的胜败，决定胜败的关键还在民心的向背。小的如两军相斗，大的如列国相持（如五代十国），都不能有例外，这也就是说，割据总是不得民心的，谁能够多得些民心，谁就能够消灭割据，统一全

398

国。

扬州是最富庶的城市，唐时号称扬一（第一）益（蜀）二，经秦彦、毕师铎、孙儒、杨行密六年攻战，民众死去或逃亡，江以北淮以南，东西千里变成白地。

八九二年，杨行密率兵回扬州，唐朝任为淮南节度使。杨行密节省费用，选用地方官，招徕流民，减轻赋税徭役，奖励农桑，又运茶、盐与邻镇通商，几年以后，民力逐渐恢复起来。杨行密选孙儒降兵五千人作亲军，称为"黑云都"（着黑衣），专用来冲锋陷阵。八九七年，朱瑾、史俨、李承嗣率骑兵投淮南。杨行密得到蔡州兵和河东、兖、郓兵，加上长于水战的淮南兵，按兵力说，是一个强镇。北起海州，南至虔州（江西地九〇六年入淮南），东起常州，西至沔口（汉口），淮水南部、长江东部诸州都为淮南镇所占有，按土地说，是一个大镇。朱全忠三次进攻，三次都失败。这个镇的存在，阻碍着北方势力进入南方，使统一成为不可能。但占据北方的梁和沙陀人的唐、晋、汉，都是野蛮统治者，如果进入南方，只能给南方民众带来更大的破坏和痛苦，因此，淮南镇隔离南北，在当时是有积极作用的。

（四）王建（前蜀国）

王建是许州舞阳（河南舞阳县）人，在乡里宰牛偷驴贩私盐，乡里人叫他"贼王八"（排行第八），公认他是个流氓。后来他投忠武军当兵，升迁作队将。黄巢进入长安，唐僖宗逃入蜀，忠武军派兵八千助朝廷，归宦

399

官杨复光统率。杨复光分八千人为八都，每都置一都头，王建是八都头之一。八八三年，王建等五都头率兵入蜀，唐僖宗大喜，号王建等都为随驾五都。宦官田令孜认王建等为义子。八八六年，唐僖宗避李克用兵锋，逃到兴元（陕西汉中），田令孜逃入蜀，依同母弟西川节度使陈敬瑄。杨复恭掌权，斥退田令孜党羽，使王建离开禁军，出为利州（治绵谷，四川广元县）刺史。王建招集溪洞酋豪，得众八千，沿嘉陵江袭取阆州，自称阆州防御使。八八七年，王建得东川（治梓州）节度使顾彦朗的援助，进击陈敬瑄，西川所属十二州，都遭受王建的杀掠。八八八年，唐昭宗任韦昭度为西川（治成都）节度使，想依靠王建的兵力驱走陈敬瑄。王建利用韦昭度名号，攻取西川诸州，陈敬瑄困守成都，军士饥饿，多谋出降。八九一年，王建要韦昭度先走，使部下捉韦昭度的亲信人，在韦昭度门前，一块块割下肉来吃。王建说，没有粮食，只好吃人。韦昭度大惧，赶快逃回长安，王建也就攻入成都，自为西川节度使。八九七年，王建攻破梓州（治郪，四川三台县），灭东川，占有全部蜀地。九〇二年，王建乘李茂贞被朱全忠围困，出兵攻破汉中，取得山南西道，同时又得武定镇（洋州）。九〇三年，王建攻荆南，取得夔、忠、万（四川万县）三州及施州（湖北恩施）。唐封他为蜀王。九〇六年，取荆南的归州（湖北秭归）。王建北有汉中，东有三峡，割据蜀地的形势稳固了。

（五）钱镠（吴越国）

钱镠（音流 liú）是杭州临安（浙江临安县）人，从来不爱生产劳动，专以贩私盐和掠夺为业。八七五年，浙西狼山守将王郢叛乱，攻掠浙东、西诸州。临安人董昌等组织土团抵御王郢，钱镠在董昌土团中当偏将。八七八年，王仙芝余部曹师雄攻浙西，唐杭州刺史募各县土兵，成立杭州八都，使董昌为八都长。八七九年，黄巢军经过临安，钱镠用诡计骗黄巢军，临安不曾被攻。这算是有功。八八一年，镇海节度使（驻润州）周宝任董昌为杭州刺史，董昌任钱镠为都指挥使。八八二年，浙东观察使（驻越州）刘汉宏出兵二万谋夺取浙西，被钱镠击败。八八六年，钱镠攻破越州。董昌自杭州徙驻越州，使钱镠驻杭州。八八七年，唐僖宗任董昌为浙东观察使，钱镠为杭州刺史。当年，镇海军将士叛变，逐走周宝，拥薛朗为留后。钱镠以伐叛为名，出兵取得苏州。八九三年，唐任钱镠为镇海节度使，驻杭州，有兵十三都，成为浙西强镇。八九五年，董昌在越州称帝，钱镠得到机会，出兵攻董昌。八九六年，攻破越州，杀董昌。唐任钱镠为镇海（浙西）镇东（浙东）两军节度使。钱镠据有浙东、西，地小兵弱，受到淮南镇的威胁，因此，对北方统治者始终表示恭顺，借以牵制淮南，在诸割据者中，与下列三个割据者都属于弱小的一类。九〇七年，梁太祖（朱全忠）封钱镠为吴越王。

（六）马殷（楚国）

马殷是许州鄢陵(河南鄢陵)人，在秦宗权军中当小将。八八七年，秦宗衡、孙儒率刘建锋、马殷等夺淮南。八九二年，杨行密杀孙儒。刘建锋、马殷率残兵七千人，逃往洪州，在江西聚众数万。八九四年，刘建锋等攻入湖南，取得长沙。唐僖宗任刘建锋为湖南节度使，马殷为马步军都指挥使。八九六年，军士杀刘建锋，推马殷为节度使。马殷陆续攻取州县，占有湖南全境。九○○年，马殷攻取桂管五州，桂管全境并入湖南。近邻淮南镇强大，马殷对朱全忠表示恭顺。九○七年，梁太祖封马殷为楚王。当年，马殷击败淮南兵，夺得岳州。九○八年，出兵攻岭南，击败岭南割据者刘隐，得到六个州。马殷拥有颇为广大的土地，闭境自保，湖南民众遭受兵祸比较少一些。

(七)刘隐(南汉国)

刘隐的祖父是蔡州上蔡(河南上蔡)人，住在广州做商贾。父刘谦作封州(治封川，广东封川县)刺史。八九四年，刘谦死，子刘隐继任。八九六年，岭南东道节度使薛王李知柔赴任所，走到湖南，广州牙将叛变谋割据。刘隐起兵杀叛将，迎李知柔入广州。李知柔任刘隐为行军司马。九○五年，岭南东道节度使徐彦若死，众推刘隐为节度使。九○七年，梁太祖封刘隐为大彭郡王。刘隐占有岭南及容管(广西容县)、邕管(广西南宁)诸州，不参加战争，境内较为安静。

(八)王审知(闽国)

王审知是光州固始（河南固始）人。寿州人王绪攻据固始，使王潮、王审知兄弟为军官。八八五年，王绪被秦宗权攻击，率众南逃，入江西，转入福建，沿路抢掠，聚众数万。王绪性猜忌，任意杀人，部属人人自危。王潮因众怒囚禁王绪，受推为军主。泉州刺史贪暴，泉州人见王潮军纪严肃，请代为除暴。八八六年，王潮攻入泉州。福建观察使陈岩任王潮为泉州刺史。八九一年，陈岩死，都将范晖自为留后。王潮使王审知攻福州，民众送粮食助攻。八九三年，王审知攻入福州，唐任王潮为福建观察使。境内割地称雄的群盗二十余股或散或降，王潮占有福建全境。八九七年，王潮死，王审知继位。九〇七年，梁太祖封王审知为闽王。

　　以上八个割据国，按强弱可分为三类。晋、梁是强的一类。两国势力相当，梁被晋牵制，不敢出全力攻吴，这就使得割据的形势固定下来。吴、蜀是次强的一类。两国占据最富庶的扬、益地区，有自守的力量，给长江流域筑起了屏障。吴越、楚、南汉、闽是弱小的一类，有一天屏障撤除，四国自然归于消灭。归根说来，割据局面的造成，由于晋梁两个残暴国在北方的对峙。

第八节　农民大起义

　　唐前期，由于剥削还有些限度，地主和农民两大阶级间的阶级斗争也就比较缓和一些。安、史反叛，黄河流域战乱频繁，原来朝廷租税主要来自江淮，现在江淮更成为唯一的租税榨取地，民众负担骤增，农民起义第一次在浙东爆发了。

七六二年，台州（治临海，浙江临海县）起义首领袁晁率众攻浙东州县，取得衢、温、明等州，有众二十万。

七六三年，李光弼派兵击破袁晁起义军，浙东又为唐所有。袁晁一号召，就得到浙东广大民众的拥护，虽然被李光弼镇压，起义符合民众的愿望，是显而易见的。当时唐朝廷还拥有强大的武力，足以保持它的腐朽统治，局部地区的农民起义，不得不暂时失败，但腐朽统治终究不能逃避农民起义的打击，到了八五九年，浙东又有裘甫率领的起义。

唐朝廷向江、淮以及岭南搜括大量财物，民众已极困苦，官员为谋求大利，也争着到这些地方去做官。名士薛保逊作文讥斥当时的州县官，说，我送客到灞桥，在旅店休息，看见几个似乎象人的东西。试问来历，这些东西居然会说话，说是江、淮、岭南的州县官。我真想不到好好人民，为什么受这些东西的鞭挞！官吏贪虐成风，南北原是一致，薛保逊特别指斥江、淮、岭南的官吏，足见南方民众因于勒索尤为严重。裘甫起义，影响比袁晁更大，因为裘甫得到民众更大的拥护。

八五九年，正是唐宣宗死，唐懿宗继位，唐朝廷开始趋于大崩溃的一年。裘甫起义标志着唐朝廷崩溃的

404

开端，尽管裘甫失败了，起义的潮浪是不可能阻遏的。

浙东起义首领裘甫率众攻破象山县城，又进攻剡县（浙江嵊县）。裘甫起兵时众不过一百人，八六〇年，起义军增至一千人，取得剡县，众增至数千人。浙东道以及别道民众，纷纷来归，众骤增至三万。还有不少起义小帅，派人来联络，请作属部。起义军推裘甫为天下都知兵马使，又推刘暀（音旺 wàng）为副使，刘庆、刘从简为大将，废弃唐朝皇帝年号，自建年号为罗平（越民间相传有罗平鸟，管越人祸福，裘甫用为年号。八九五年，董昌据越州称帝，以罗平为国号），铸印，印文为天平。裘甫以平（太平、公平）为号召，这就是起义军旺盛的原因。起义军在剡县积聚粮食，制造器械，声势大振，分兵攻越、衢、婺（治金华，浙江金华市）、明、台等州，取得唐兴（浙江天台县）等若干县城。浙东唐军屡战屡败，宰相推荐前安南都护王式为浙东观察使。王式要求朝廷多给兵马，说，如果发给兵马太少，战事迁延不决，江、淮民众一定要起兵响应。国家用度完全依靠江、淮，那时候道路阻绝，上自宗庙，下至禁军，都得不到供给，事情将非常危急。唐懿宗和宦官听了这番话，发忠武、义成、淮南等诸道兵归王式统率，兵力上唐处于优势地位。

在起义军方面，裘甫保守剡县等几个县城，并不想积极进攻，没有号召各地民众起兵去打破唐朝廷的用兵计划。刘暀对裘甫说：我军如此旺盛，方略却至今未定，实在可惜！王式所率大军，不要四十天就来到，兵马使应该乘敌军未到的时机，急出兵攻取越州城，再派兵五千守西陵（浙江萧山县西兴渡口），沿浙江东岸筑垒拒敌。大集船舰，乘机出敌后，攻取浙西州县，过大江攻扬州，夺取财物，还军修石头城（江苏南京市）固守，宣、歙、江西民众自然响应。另派刘从简率万人从海路袭取福建。这样，唐朝廷赖以生存的贡赋，都为我所有，只怕子孙不能守，我们这辈子可以无忧了。刘暀这个有限度的进攻计划，总还算是一个计划，裘甫连这一点想法也没有，说：今天醉了，明天再议。进士王辂献计说：刘副使说的乃是孙权的故事，那时候天下大乱，所以能占据江东，现在中原无事，占据是不成的，不如拥众守险，大势不好便逃入海岛，这是万全的良策。裘甫犹豫不定，实际上是采取王辂的所谓万全良策。王式坚决进攻，裘甫束手无策，不待战斗，胜败已经决定了。

王式到越州，用浙东兵和称为土团的地主武装作向导，又用居住在江淮的吐蕃、回鹘降人充骑兵，督诸军分路向起义军进攻。起义军与唐兵十九战，不能取胜，占有的土地先后被唐兵夺去。刘暀对裘甫说，早用我的计谋，先取越州，事情不会这样危急。王辂等几个进士在军中，都着绿衣。刘暀杀王辂等，说，都是这些青虫坏事。王辂等只是计谋不合，并非背叛起义军，刘暀轻率杀人，显得计穷谋竭，与裘甫一样束手无策。起义军最后退守剡县城，坚决抵抗唐兵，三天中出战八十三次，唐兵受挫，但不肯撤围退走。城中妇女组成女军，助起义军守城。裘甫、刘暀、刘庆率壮士百余人夜间突围，被唐兵杀死。刘从简弃城守山，也战败被杀。

裘甫率领的浙东起义，前后凡六十六日，在战斗中，民众反唐的决心，表现得十分清楚，女军投石块击敌，就是明证。唐朝廷因王式得到暂时的战胜，以为无忧了，事实是更大的忧就紧接在后面。

安南民众遭受残酷的剥削，至少同江淮一样。民众无法生存，八五八年，引南诏兵攻唐安南守军，战事连年不停，到八六三年，唐懿宗撤回诸道援安南兵，专守岭南西道（节度使治邕州，广西壮族自治区南宁市）。八六四年，唐朝廷发八道兵守邕州，南诏来攻，唐兵大败。朝廷选募徐州军士三千人往邕州防守。八六八年，徐州兵在防地作乱，拥庞勋为主，自动回徐州。朝廷发十道兵攻徐州，八六九年，才消灭庞勋所率的叛军。

浙东起义后，唐朝廷搜括军费，民不堪命，到处聚众反抗。八六〇年，薛调上书说，"兵兴以来，赋敛无度，所在群盗，半是逃户"。唐战胜裘甫，反唐的民众却更多了。安南起义后，唐内部引起庞勋叛乱，搜括军费愈益迫急，再加关东连年有水旱灾，民众穷极，聚众反抗，规模比浙东起义时，又增加无数倍。唐统治地区，不分南北，民众普遍反唐，爆发大起义的时机成熟了。

八七四年，王仙芝率众数千人在长垣（河南长垣县)起义。次年,黄巢率众数千人响应王仙芝,在冤句(山东菏泽县西南)起义。王仙芝、黄巢起义符合当时广大民众的意愿,因而声势浩大,成为大起义的首领。

王仙芝、黄巢都曾贩卖私盐。唐末割据者如王建、钱镠以及吴国权臣徐温,也都是贩卖私盐出身,私盐与这些人有关系,并不是偶然的。唐玄宗时,盐价每斗十钱,唐肃宗加一百钱,每斗一百一十钱,盐利成为朝廷重要的收入。盐是生活必需品,即使价贵,贫民总得购买一些。刘晏以为"因民所急而税之,则国足用",因之专在盐利上想法,逐年增加税收,从每岁收入四十万缗开始,到唐代宗大历末年,每岁竟增至六百余万缗。朝廷岁入,盐利占半数。宫庭费用,诸军饷需,百官禄俸,都靠盐利来支付。唐朝廷对盐利的重视,可以想见。唐德宗时,盐价每斗增至三百七十钱,盐商贩卖官盐,有时比官价高一倍,用一升盐换取谷数斗,贫民只好淡食。自唐德宗时起,朝廷规定各种苛法,派出大批官吏,查禁私盐,凡卖私盐一石以上,处以死刑,一斗以上,处以杖刑。私刮碱土一斗,等于卖私盐一升,也要处罚。朝廷出卖官盐,豪强出卖私盐,都是大利所在,双方斗争非常剧烈。凡是贩卖私盐的人,必须结交一批伙伴,合力行动,又必须有计谋和勇力,足以对抗盐官。贩私盐的规模愈大,这些条件也愈益具备。黄巢就是这样的一个贩私盐者,一旦与起义民众结合,就成为有能力的首领。

黄巢是曹州冤句县人，祖先几辈子相沿贩卖私盐，黄巢继承祖业，富有财产。黄巢长于骑射，爱扶危救急，收养各地来投奔的逃命人；也爱读书，屡次应进士考试，被抑不得及第。他是失意士人，又是有势力的豪侠，看到唐朝廷极度腐朽和民众普遍反唐，离开原来的阶级，走起义的道路，是可以理解的。八七四年，王仙芝在长垣县起义，立名号为天补平均大将军、兼海内诸豪都统，发布檄文，声讨唐朝廷任用贪官，赋税繁重，赏罚不平等罪恶，切中当时的弊病。八七五年，王仙芝率尚君长等攻破濮、曹二州，众增至数万，又击败唐天平节度使兵，攻入郓州。黄巢就在这时候起兵，与王仙芝共同行动，数月间也有众数万。

　　王仙芝、黄巢统率的起义军，行军都采取流动的方式，不据守城池，这在起义初期是必要的。因为唐统治阶级固然内部分散，势力衰弱，但对起义民众，却是一致仇恨，为消灭起义军，他们可以结合起来，协力进攻。起义军如果守城池，必然被唐军围困，很可能被消灭。反之，寻便利处流动，使唐军陷于被动的境地，各地民众起义响应，更使唐军被牵制在本镇境内，这样，起义军活动的区域愈扩大，力量愈增强，唐朝廷的崩溃也就愈迫近。当时淮南、忠武、宣武、义成、天平五镇地方，民众纷纷起义，大部有千余人，小部也有数百人，攻击州县城。唐朝廷令五镇节度使加意防守本境，抽出一部分兵力交"诸道行营招讨草贼使"宋威指挥。行营步骑兵总数不过五千人，王仙芝黄巢起义军更掌握主动权，往来山东一带。八七六年，唐朝廷令天下乡村各备弓刀器械，组织地主武装来抵御起义民众。起义军在沂州城下战败，转入河南地区，攻下郏城（河南郏县）等八县，唐朝廷恐惧，调关内诸镇兵守陕州和潼关，昭义等镇兵守洛阳（东都），山南东道兵守汝、邓二州重要路口。起义军攻破汝州，东都大震动，百官多携家属逃窜出城。起义军攻郑州，被唐守军击败，转向南方唐、邓二州进攻。关以东各州县守城自保，不敢出战。起义军行动自如，攻破郢、复二州，又攻申、光、卢、寿、舒等州。淮南镇危急，唐朝廷怕失去扬州，江南贡赋断绝，君臣惶恐，束手无策。

起义军攻蕲州（治蕲春，湖北蕲春县），唐蕲州刺史请王仙芝黄巢等进城，允许为王仙芝奏请官位。唐朝廷经一番辩论后，给王仙芝"左神策军押牙兼监察御史"这样一个空名。王仙芝居然叛卖起义军，无耻地接受这个空名。黄巢大怒，责骂王仙芝道：起初大家立重誓，要齐心协力，横行天下，现在你去左军做官，起义军该到那里去！捉住王仙芝痛打，众将士也群起责骂，王仙芝无奈，只好不受唐官，夺取蕲州。黄巢原想得个节度使一类拥有实权的官职，占领若干州县。这自然是放弃起义旗帜企图割据称雄的错误想法，不过，比起王仙芝来，还算是不肯放弃军队，因之还可以率领起义军。王仙芝、黄巢已经破裂，起义军分为两部，王仙芝、

410

唐 末 黄 巢 起 义 图

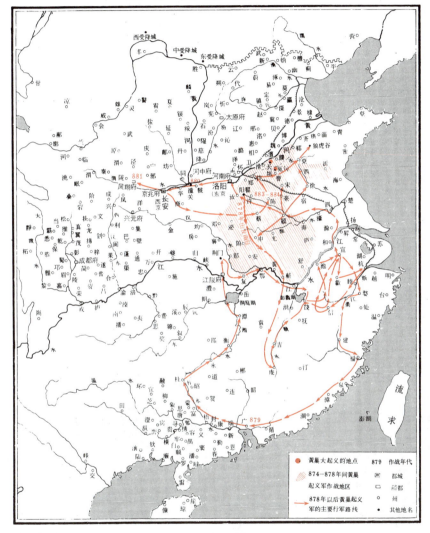

西受降城　中受降城　东受降城

　　　　　　黄

河南府
洛阳
(东京)　883-884
878年以前

京北府
西京
长安　881

江陵府

潭湘

澎湖　流
　　　求

881　作战年代

● 黄巢大起义的地点　879　作战年代

▨ 874-878年间黄巢
起义军作战地区　▣ 都城
　　　　　　　　□ 陪都
→ 878年以后黄巢起义
军的主要行军路线　○ 州
　　　　　　　　● 其他地名

黄巢各率所部分路去活动，势力削弱了。

八七七年，王仙芝攻破鄂州城（湖北武昌县），又攻破安、随二州城。据唐宰相郑畋说，王仙芝曾七次求降，都被招讨使宋威搁置，不转奏朝廷。王仙芝完全变成起义军的叛卖者，宋威知道他不会有什么作为，不如在战争中杀死他，可以得大功，因此拒绝受降。招讨副使宦官杨复光使人招王仙芝，这个无耻叛徒得到门路，即遣尚君长率一批人来接洽条件。宋威派兵在路上捕尚君长等，奏称在战场上擒获；杨复光奏称尚君长等确是投降，并非阵上被俘。唐朝廷反正不再害怕王仙芝，降与不降无足轻重，竟下令斩尚君长等。八七八年，王仙芝率众到荆南，攻入江陵城，又转到申州（治义阳，河南信阳县），被唐军击败。唐军追击到黄梅，大破王仙芝军，杀数万人。王仙芝逃走，被唐军杀死。王仙芝初起时，宣布唐罪恶，与唐为敌，符合民众的愿望，起义军因而迅速壮大起来。王仙芝、尚君长等这伙人，却以为自己有了什么本钱，可耻地想交易个唐官来做。在这伙人率领下，军心自然要涣散，唐军也就转弱为强，更不会允许敌对阶级武装的存在。凭借起义军而又叛卖起义军的这伙人，先后被唐杀死，是应得的结果，可惜的是这一路起义军遭受惨重的杀伤，大大削弱了对唐的攻击力量。

蕲州分裂后，黄巢率所部北上。八七七年，攻破郓州，杀唐天平军节度使，又攻破沂州。王仙芝部将尚让

（尚君长弟）屯查岈山（河南遂平县西）。黄巢在山东势孤，率众来会，与尚让合力守山。黄巢又与王仙芝合攻宋州（治宋城，河南商邱县），击败唐兵，围宋州城。两路起义军会合，军势就有振作气象，可是，王仙芝别有用心，宋州城下战败，即与黄巢分离，引所部向安、随等州活动。八七八年，王仙芝败死，尚让率残部归黄巢，推黄巢为王，又号冲天大将军，改元王霸，设置官属，开始建成一个国家的形式。起义军自立国家，明白表示与唐朝对立，是有意义的，但元称王霸，也表示黄巢缺乏坚定的反唐决心。王是统一天下，以新朝代替旧朝，霸是在旧朝下割据称雄。黄巢所谓王霸，意思是求王不得，求霸也可，统率者如此打算，起义军很难有好的前途。黄巢攻破沂、濮二州城，唐集合大军来攻，黄巢被迫向唐天平军求降。唐朝廷给右卫将军（从三品）名号，令在郓州解散军队。当然黄巢不比王仙芝，知道放弃军队的后果是什么，因此拒绝接受唐朝的诏令。

黄巢在山东不能取胜，转到河南攻宋、汴等州。唐调兵防守东都并攻击起义军。事情很明显，唐朝廷固然极度腐朽，但在镇压起义军时，还能够调动统治阶级的力量，或守或战，到处阻遏起义军，尤其是江淮赋税，照常供应，使唐朝廷能够用来养兵，保护北方州县城。起义军在乡村不能对民众多所取求，攻破州县城又很不容易，在这种形势下，开辟新的活动地区，实有必要。江南是唐朝军备最薄弱的地区，起义军到江南活动,这在起义军是打开新局面,在唐朝廷是遭受致命伤。八七八年,黄巢引兵渡江,起义军转入了大发展的阶段。

黄巢所率起义军,受生活必需品的限止,在北方,多时不过数万人,通常只有数千人,一到江南,人数就有很大的增加。王仙芝余部王重隐等早在江南活动。八七八年,王重隐攻破洪州(治南昌,江西南昌市),曹师雄攻宣、润等州,黄巢入江西境,与王重隐等相呼应,一举攻下虔、吉、饶、信等州。曹师雄攻浙西,唐朝廷用高骈为镇海节度使,抵御曹师雄军。黄巢攻浙东,自衢州至建州,开山路七百里,攻入福建,夺得福州。黄巢得福州,可以北攻浙东,南攻广州。八七九年,写信给唐浙东观察使崔璆(音球 qiú)、岭南东道节度使李迢,要求代向唐朝廷请给天平节度使官职。二人怕黄巢来攻,向唐朝廷恳切请求,唐朝廷不许。黄巢自己直接给唐朝廷上表,请给广州节度使官职。唐朝廷认为广州是通商口岸,也不许。黄巢既来求官,唐朝廷给予率府率名义(皇太子属官,正四品上)。唐朝廷对起义军认定叫做"贼"(阶级敌人),除了屠杀、解散、给投降的首领一些空名以外,绝对不允许妥协(可以用来攻击其他部分起义军的人,自然要收留和利用)。当时财政极端困难,判度支杨严再三哀求免职,朝廷不许,因为没有人敢来继任。尽管如此,还是坚决要消灭起义军,统治

413

黄巢起义军开辟的福建仙霞岭山路遗迹

414

阶级的态度多么顽固而明白。作为起义军首领的黄巢，一再向唐朝廷请求妥协，想做个节度使，态度多么动摇而怯懦！相形之下，黄巢是不能战胜唐统治阶级的。黄巢接到率府率的任命，发怒大骂唐宰相，率兵攻破广州。据阿拉伯人记载，黄巢在广州杀回教徒、犹太人、基督教徒、祆教徒，为数达十二万以至二十万人。广州是外国商人和教徒的集中地，商人贩卖珍宝等奢侈品，供唐统治阶级享用，是中国民众的间接剥削者，又勾结唐官府，依势放高利贷，是中国民众的直接剥削者；黄巢军中有"逢儒则肉师必覆"的传说，意思是杀儒生，战争一定要失败。黄巢出身不第进士，可能以儒生自命，看其他宗教是异端，而且教徒多兼商人，是明显的剥削者。黄巢杀商人和教徒，自有他的理由，但广州未必有如此大量的外国人，如果真有这样多的人，民众受害更大，那末，黄巢的理由也就更充足了。

八七九年，黄巢军在岭南发生大疫。将领劝黄巢离岭南，北上图大事，得到允许。黄巢军中收容不少失意士人，他们替起义军起草一篇入关檄文，指责唐朝廷的罪恶，其中有宦官擅权、朝臣勾结宦官、科举不公、官吏贪污等条，都切合实情，但主要是失意士人鸣不平，并未着重为民众伸义愤，事实上民众痛恨的是整个统治阶级，管他什么科第的得失。起义军自广州出发，攻取桂州，乘大栅沿湘江攻取衡（湖南衡阳）、永（湖南零陵）等州，又攻取潭州（治长沙，湖南长沙市）。尚让率一军，号称五十万，乘胜进攻江陵。黄巢、尚让合兵进取襄阳，在荆门（湖北荆门县）被唐军击败，起义军损失极重。起义军渡江向东进击，攻鄂州，转攻饶、信、池、宣、歙、杭等十五州，兵士又多至二十万人。

八八〇年，唐朝廷任淮南节度使高骈为诸道行营都统，集合各镇兵七万，派部将率淮南兵入江西，进攻起义军。黄巢屯兵信州（治上饶，江西上饶市），又遇大疫，兵士多病死。黄巢寄书给高骈，声称愿意投降，并求节度使官职。高骈想诱起义军到淮南，一举歼灭，满口允许代请官职，又想独得歼灭起义军的大"功"，遣诸道援兵各归本道。恰好黄巢这一次是假降，乘高骈力弱，大破淮南兵，起义军声势大振。起义军攻破睦（治建德，浙江建德县）、婺（治金华，浙江金华市）等州，又攻破宣州（治宣城，安徽宣城县），声势愈盛，有众号称六十万。起义军自采石（在安徽当涂县西北）渡江，围天长、六合，离扬州城不满五十里。高骈大惧，自称得中风病，不敢出兵应战。唐朝廷一向当作靠山的高骈，现在变成融化了的冰山，满朝恐慌，不知所措。宦官田令孜早作逃往成都的准备，使同母弟陈敬瑄为西川节度使，只等起义军入关，唐朝廷就退出长安。

八八〇年，唐守淮河诸军，互相杀夺，相继溃散。起义军渡过淮河，攻破申州，分路攻河南诸州，史书称起义军"所至吏民逃溃"，"所过不虏掠，惟取丁壮以益兵"，事实是起义军本来不虏掠民众的财物，对聚集在

416

州县城中所谓"吏民"的官商富户，破城后却必须惩罚，或杀戮，或没收财产作为军资。因此，唐吏民守城甚坚，破城也很不容易。这次起义军从南方来，不惩罚吏民，这些人无守城必要，自然纷纷逃避，结果是减少了对起义军的阻力。

起义军将要渡淮的时候，唐朝廷还在作绝望的挣扎。一个宰相主张任黄巢为天平节度使，等到就任后，发兵合围杀黄巢。又一个宰相主张调诸道兵坚守泗州，使起义军不得前进，只好退回南方，那时候再出兵追击。不论那一种主张，都是想消灭起义军，虽然唐朝廷本身快要被消灭，但仍死抱住绝对的阶级仇视。唐僖宗听从后一种主张，调兵守淮，在起义军盛大声势的压力下，诸道兵溃散，唐朝廷计穷力竭，再也找不出什么办法。

黄巢用天补大将军名义，发布檄文告唐诸道说：你们应该各守本营，不得犯我兵锋；我要进东都，再转到长安，向罪人问罪，与你们不相干。诸道防备民众起事，自保还来不及，谁也不敢出兵救唐朝廷。起义军向东都顺利进军，唐将齐克让退守潼关，东都唐官迎起义军入城。起义军纪律严明，史书也只好承认"闾里晏然"。田令孜使左右神策军助齐克让守潼关，起义军一部从称为"禁坑"的小路进到关后，夹攻潼关，唐军大溃。起义军的向导兵先入长安，唐僖宗、田令孜带着少数眷属逃往成都。

黄巢率起义军数十万入城，民众夹路观看，尚让宣告民众说，黄王起兵，原来为拯救百姓，不象李家不爱惜你们，你们照常安居，不要害怕。起义军兵士是受尽残酷压迫的民众，所以遇到贫民，即赠送财物，表示同情；对唐朝留下来的一大群民贼，表示义愤，尤其憎恨官吏，捕获就处死。黄巢下令军中：禁止杀人，兵器都纳入官府。《新唐书·黄巢传》说"然其下本盗贼，皆不从"。黄巢入长安，不曾择尤惩罚民贼，让兵士自行处理，后来又要缴纳兵器，为兵士所拒绝，这些措施显出黄巢是缺乏政治才能的。

黄巢即皇帝位，国号大齐，年号金统。唐官三品以上停职，四品以下仍照旧留任。固然，他也杀了不少唐大官，但标准是降不降，不问害民的轻重。他以尚让为首相，组成了起义军文武官与唐官僚混合的大齐朝廷，对民众该颁布些什么革新政治的诏令，史书上未见记载，看黄巢尚让等急于享乐，大概不曾颁布过这种诏令。

起义军渡淮以后，一路无阻，取得长安，这自然是好事，但经过的重要地方象东都那样的大城，也不留兵防守，数十万人全部进入长安，实际是全部陷入袋中。入长安后，使人守商（治上洛，陕西商县）邓（治穰县，河南邓县）等州，作退走的准备，但并不能改变坐困的形势。长安在唐军四面包围下，粮食困难，起义军兵士是纯洁的民众，目的在推翻罪孽深重的唐朝，现在被引到

418

不是饿死就是败死的道路上，统率者该负多大的责任！八八一年，唐京城四面诸军行营都统郑畋据盩厔（音周至 zhōu zhì 陕西周至），号召诸镇合力攻长安，诸镇响应，出兵来会。泾原镇兵据渭北，河中镇兵据沙苑（在陕西大荔县南），易定镇兵据渭桥，鄜延、忠武二镇兵据武功，邠宁镇兵据兴平。八八二年唐僖宗任宰相王铎为诸道行营都都统，率荆襄兵驻盩厔，统率诸镇兵，伺机进攻。起义军仅有长安附近一些地方，形势非常不利。

　　黄巢也曾想打开局面，八八一年，使尚让等率兵五万攻凤翔。尚让等自以为势大，行军不列行伍，遇伏兵，大败逃回，损失兵士二万余人。有人在尚让官署门上写嘲笑诗，尚让羞怒，拘官署内官吏及看门人，一概挖眼珠倒挂而死，又搜杀城中能作诗的人。唐军一部乘胜进攻长安，黄巢以为唐大军来了，率众仓皇出城。唐军入城大掳掠。黄巢停在霸上，看到唐军不整，又无后援，率众还城，杀死唐军十之八九。他的地方守将同州（治冯翊，陕西华阴县）刺史王溥、华州（治郑县，陕西华县）刺史乔谦、商州刺史宋岩听说黄巢出城，也各弃城率众逃往邓州。当时朱温守邓州，斩王溥、乔谦，令宋岩回商州。唐军来攻，黄巢便弃城逃走，地方守将也照样出逃，事实证明黄巢和部将们已经泄尽了起义军的胆气，化为得乐且乐偷安旦夕的一小群懦夫。同、华二州被唐军占去，黄巢任命朱温为同州刺史，令朱温自力去取。唐同州刺史逃走,朱温据有同州(华州由李详取回)。自力去取的意思是得地就做刺史,不得就做不成刺史;反过来说,得地的人可据地自有,与齐朝无关。大抵将领各拥所部,自立门户,起义军分裂成许多碎片,黄巢的号令失去作用,也就失去战斗力。八八二年,朱温为抵御唐河中镇王重荣的压迫,屡次请求援救,黄巢全不理会。朱温知黄巢将亡,投降王重荣。黄巢不救同州,很可能是没有受调遣的军队。同州降唐后,李详也要降唐。黄巢杀李详,任命弟黄邺为华州刺史。李详旧部属逐走黄邺,自立军主,投降王重荣,这说明部将自成势力,连黄邺去继任也不被接受,黄巢是个孤立的首领。

起义军在长安前后三年,暴露如此严重的弱点,罪过全出于黄巢、尚让等一群统率者方面,起义军兵士成了这群人的牺牲品,除了寄以深切的同情心,谁还能对士兵有什么非议。当然,统治阶级毁谤起义军是无所不用其极的。史书说当时一斗米价贵至三十缗,起义军向唐军买人作食粮,唐军捕捉山寨居民卖给起义军,按肥瘦论价,一人值数百缗。起义军统率者不让兵士吃三十缗一斗的米,却让吃数百缗的人,这是讲得通的话么?不过,史书既然说了,唐军应该确有卖人的事。那就是起义军兵士不满统率者的腐化,纷纷散走,统率者要补充兵卒,出重价招兵,唐军是盗贼,捉山寨居民按强弱来换钱,这就成为史书所说按肥瘦论价的人肉

420

买卖。

尽管起义军存在着过多的弱点，但包围长安的唐军，弱点也并不较少于起义军。唐军利在各据屯兵地点，号称进攻长安，向唐朝廷讨重赏，同时也向起义军谋利益，卖人就是其中的一例。双方形成相持的局面，谁也不想进攻谁。真正急于消灭起义军的人，是那些宦官。因为唐后期的朝廷，实际是宦官的朝廷，唐朝廷不能回长安，当然是宦官的大害。八八二年，由宦官杨复光倡议，招野蛮的沙陀酋长李克用来攻起义军。李克用接到唐朝廷的诏令，立即率沙陀兵从晋北出发到河中。八八三年，渡河入同州（朱全忠所据地）。李克用联合唐河中、易定、忠武等镇兵，与尚让所率起义军十五万人大战，尚让大败。李克用进逼长安，黄巢率残部自蓝田经武关走入河南境。李克用等军入城，大肆掠夺，长安宫殿民房和居民，被烧杀后所存无几，统治阶级称为立"大功"的"官军"，就是这样凶残的一群强盗。

农民起义军，开始时必须流动攻击敌人，腐朽朝廷的统治区，空隙是到处存在着的。但在流动作战中，统率者必须逐渐建立起军事纪律，并且学会正式的攻守战。只有能攻能守，才能取得立足地，逐个消灭敌人。更重要的是政治上要有些新气象，争取广大民众的拥护。黄巢率领的起义军，始终是流动行军，不守城，也不打硬仗，更不知作些政治措施，单凭兵多（入关时号称六十万），以声势取胜，决不能持久。起义军在江西击败淮南兵,唐最著名的将帅高骈便称病不敢出战,守淮诸镇兵便不战而溃,逃回本镇,事实证明打硬仗的重大作用。起义军渡淮回来,势力比被迫渡江南行时强大数十百倍,入河南境特别是取得东都以后,有力量占领河南州县,消灭唐河南诸镇,建立起以东都为中心的立足地。整顿军队,发布政令,收揽民心,然后入关灭唐朝廷,不过数年,起义军很有可能取得胜利。黄巢不立后方,一心想做皇帝,带着几十万人进入长安,皇帝名号是得到了,起义军却被这些统率者断送了。归根说来,统率者本身腐化,前途只能是失败。

八八三年,黄巢逃到河南,使前锋将孟楷攻击蔡州,唐蔡州节度使秦宗权战败投降。黄巢移兵攻陈州(治宛丘,河南淮阳县),战败,孟楷被杀。黄巢忿怒,与秦宗权合兵猛攻陈州,不能取胜。据史书所记,当时河南大饥荒,黄巢用人当食粮。一说,取死人置臼中捣碎,连骨粉带皮肉一起吃;一说,捉活人投臼中捣碎食用,称发"粮"的处所为"舂磨寨"。这又是无所不用其极的毁谤。秦宗权后来作乱时,曾车载盐渍尸体充军粮,统治阶级用后来秦宗权的野兽行为横加在黄巢身上,并且描写得更加恐怖,其实,围陈州时,不用说黄巢,连秦宗权也还不曾食人。

起义军兵士,在长安开始大量散走,尚让与李克用决战,兵数不过十余万。黄巢逃到河南,兵士散走更多,起义军事实上已经结束,残存的不再算是起义军。

投降唐朝的黄巢部将，例如朱全忠，本拥有一支大的军队，八八三年，自同州去宣武镇作节度使，所部只有数百人，可见原来的起义军兵士都散走了。黄巢率领一些残余兵将，在河南还算是最强的一个。唐将周岌（忠武镇）、时溥（感化镇）、朱全忠都抵敌不住，请李克用来援救。黄巢、尚让等攻汴州，李克用击破黄巢军，杀万余人，黄巢军溃散。尚让率所部投降时溥，葛从周等多人率所部投降朱全忠。李克用追击黄巢，黄巢率余众不满千人，逃往兖州。时溥使部将率尚让追捕黄巢。黄巢带着一些家属逃入泰山。外甥林言杀黄巢、黄邺、黄揆及这些人的妻和子，取首级要到时溥处献"功"，路上遇唐兵。唐兵杀林言，取林言和黄巢等人的首级献给时溥。尚让是首相，林言是侍卫军长，都是黄巢的亲信，到最后，做的是这些事，黄巢部下一群统率者，大抵多是这一类的丑恶人，起义军为这群人所统率，怎末得免于失败！

民众起义的力量，终究是最大的力量。起义军固然被黄巢等人引导到失败的路上，但支离破碎的唐朝廷，经起义军的冲击，崩溃更加速，再也不能支持多久了。

简 短 的 结 论

长江流域（附浙江流域）经东晋南朝将近三百年的

开发，经济、文化都逐渐上升到黄河流域的水平，并且继续在上升。隋朝末年，农民大起义，沉重地打击了隋炀帝为首的统治阶级，使得继起的统治者，不得不对农民阶级多少作出一些让步，政治措施有所改善。这样，以黄河长江两大流域为经济基地的、社会安宁持续到百余年的唐朝，出现在历史上。

唐朝比以前的统一朝代——两汉，更显得强盛而繁荣。唐前期，奠定了这个雄厚的基础。唐中期，藩镇叛乱，战争连年不息；唐后期，朝廷内部愈益分裂，统治力大为削弱。虽然如此，唐中期以至后期，在国外，声威还是很崇高，在国内，经济和文化还是在发展。这是因为唐朝廷的财政收入，主要依靠长江流域，而长江流域的经济在免于战乱的情况下，一直在上升。封建统治阶级在政治上总是有两种作法。一种是孔、孟的传统政治思想，即剥削较有节制的所谓行"仁政"。这在封建时代，应该说是进步倾向，因为农民迫切希望统治阶级不要夺去过多的生产品。另一种是腐朽势力的作法，那就是不顾农民死活，横征暴敛，贪得无餍，用来填无底的欲壑。进步倾向和腐朽势力在统治阶级内部常常发生斗争，如果进步倾向得势，阶级矛盾就比较缓和，出现"治平"的景象；反之，腐朽势力得势，制造各种祸乱，毒害民众，最后爆发农民起义，打击以至推翻腐朽统治。从表面看，一"治"一乱若循环，似乎是统治阶级自身的事情，实际上"治"是农民起义的产物，没有起

424

义的威力,统治阶级是不会求"治"的。在这个"治"的时期里,社会生产力主要是农业生产力就得到一些发展的机会。

农民起义推翻隋炀帝统治,给唐统治者一个严厉的教训。唐前期三个皇帝——唐太宗、武则天、唐玄宗(开元年间)都是在不同程度上代表进步倾向,也就是在不同程度上接受隋末农民起义的教训。在全国行施租庸调制和主要在关东地区推行均田制,使农民获得土地并减轻赋税,农业生产从而发展起来。与均田制相关联的府兵制,自然显出了它的实力。唐前期国内安宁,四裔宾附,富强无比,最根本的原因是农民获得土地。

唐前期,政治上进步倾向占优势,但腐朽势力也在滋长着。以士族为首的地主阶级,兼并土地,庄田制逐渐代替均田制,农民失去土地,府兵制不得不改为募兵制,到唐玄宗天宝年间,政治上腐朽势力占有优势,强盛的唐前期也就开始转入外强中干的唐中期。唐前期因军事胜利,疆域扩大,自东北到西北边境上,以及边境附近的内地州县,居住着当时称为蕃人的大量内附诸族人。募兵制行施后,蕃人应募当兵,特别是当骑兵,成为唐边镇兵的主要组成部分。唐玄宗重用蕃将,兵权实际上落入蕃人手中,安禄山、史思明发动的叛乱,几乎推翻腐朽的唐朝廷。此后,一联串的反叛、讨叛战争,使得唐朝统治力愈益衰弱,腐朽势力愈益得势，剥削愈益苛暴，庄田愈益发达，农民遭受战争和赋税的痛苦是非常沉重的。腐朽势力占优势的唐中央政权和蕃人为主体的地方割据，进行长期的战争，是唐中期的特征，唐宪宗暂时统一，结束了唐中期的局面，但结果并不是恢复唐前期的统一，而是转入更腐朽的唐后期。

唐初定制，政权归士族（贵族也在士族内）执掌，工商杂类，不得入仕。士族过着腐朽生活，需要大量奢侈品供浪费。以商人为首的工商业，和农业逐渐衰萎的情况相反，一直在发展。工商业者要求参与政权，出身杂类的宦官，从唐玄宗时开始，逐渐取得政治上的重要地位，也就自然成为工商杂类的政治代表。唐中期，宦官已是士族的对抗力量。唐后期，宦官掌握皇帝本人的生杀予夺权，唐朝廷实际是宦官政权。士族中一部分投靠宦官，一部分不服，与宦官争夺权利，这就出现南、北司之争，也可以说是士族与工商杂类之争。士族活动范围缩小，得官职不易，因而相互间争夺加剧，这就出现朋党之争。朋党的一方往往依附宦官，朋党之争也可以说是南、北司之争的附属品。唐后期，朝廷承认河北三镇独立，不再有战争。朝廷内部尽量进行着这些争夺，可以无所顾忌。争夺的得胜者就是得官者，得官的意义是无所顾忌地敲剥民众。民众被迫走到死亡线上，除了发动起义战争，再也没有其他可走的路。

426

起义首先在浙东爆发。由于起义的统率者裘甫等人，本身存在着必败的弱点，起义很快被唐朝廷镇压下去。王仙芝、黄巢在北方起义，规模比浙东大得多，唐朝廷终于被黄巢起义军驱逐出长安。由于黄巢等统率者，本身存在着必败的弱点，结局不能不是失败，但唐朝廷在农民起义的冲击下，崩溃也加速了。

　　农民大起义失败后，割据势力乘机混战，各霸一方。九〇七年，割据者朱全忠灭唐，唐后期结束，五代十国开始。

第 三 章

大分裂时期——五代十国

——九〇七年——九六〇年

第一节　占据中原的五个小朝廷

唐末和东汉末相似,农民起义失败以后,封建割据势力便横行一时,纷纷占领土地,进行混战。唐朝经济比东汉发达,富饶的长江流域,已经形成了若干以大城市为中心的区域,因之,东汉以后,长江流域只能建立蜀、吴两国,唐以后却可以成立好几个小国。东汉末,国境外没有强邻,唐末却有东北方新起的辽国(契丹),积极参加战乱。东汉末割据者都是汉族军阀,在唐末割据者中,占重要地位的却是争夺中原地区的沙陀族人。这是迁居到境内不久、半开化的游牧人。他们只知道打仗杀掠,不知道有所谓政治。他们很快建立起政权,也很快被别人夺去,忽起忽灭,增加了混乱,延长了分裂。由于这些原因,唐以后的五代十国比东汉以后的三国,分裂的局面更为破碎,黄河流域居民遭受

428

的灾难更为严重。

但是，尽管在政治上分裂成许多国家，经济上却互相依赖，南北交换货物，即使战事紧张，商业也不曾隔断过。这种经济联系的程度，远远超越三国、南北朝时期。正因为这个缘故，只要中原地区趋向于稳定，南北统一的时机，就会到来得快一些。

三国时期，三个国内部都比较稳定。五代十国时期，南方各国战争较少，经济一般都在上升；黄河流域早在八六八年庞勋作乱时开始，战争连年不停止，五代时尤为剧烈。前后九十余年的军事破坏，黄河流域疲惫不堪，两大流域的经济发展水平，高低相差颇远，五代北宋都建都在开封（后唐都洛阳），就是北方愈益依赖南方的明证。从此，中国南北经济联系比隋唐时期又大进一步。中国是不可割裂的整体，自五代时起，表现得更显著了。北宋以后，中国历史上不再发生三国式的或五代十国式的分裂现象。

下面略述占领中原的五个小朝廷。

一　梁朝（九○七年——九二三年）

八八三年，朱全忠率所部数百人到宣武镇。在四面都是强藩割据的环境里，朱全忠勇于作战，又长于谋略，从弱小的地位逐渐变成强大，到九○五年，拥有关中和关东广大地区，成为唯一强大的军阀。朱全忠消灭许多割据者，初步统一了黄河流域，这可以说是不小的成就，建立起梁朝，也就算是合理的事情了。九〇七年，朱晃（朱全忠改名）用禅让形式即皇帝位（梁太祖），国号梁，建都汴州城，改称为开封府（东都），改唐东都洛阳为西都。

梁是短促的小朝廷，但也改革了一些唐朝的积弊。唐时枢密使二人与左右神策军中尉合称四贵，是执掌军政大权的宦官首领。梁太祖废枢密院，别立崇政院，任敬翔为院使。院使备皇帝顾问，参与谋议，宣皇帝意旨，地位比宰相亲近，权力比唐枢密使低，实际只是一个被信任的幕僚。唐昭宗大杀宦官，有些宦官逃避到藩镇处藏匿。九一〇年，吴越国王钱镠上表称，本境有避死宦官二十五人，请求朝廷录用。梁太祖答称，正在革弊，宫中不要这种人。唐礼部尚书苏循自以为办禅让有功，希望做梁宰相。敬翔说，苏循是唐朝的鸱枭，卖国求荣，不可立足在新朝。梁太祖下诏，勒令苏循等十五个唐大官致仕。苏循被斥逐出朝，投靠河中节度使朱友谦（九一二年，朱友谦降晋，仍任河中节度使）。梁朝不容纳宦官和高级士族两个腐朽物，显得比唐朝有些新气象。唐朝自唐僖宗广明年间起，不给百官俸禄，任令自行搜括。九〇九年，梁朝用度稍见充裕，开始发给百官全俸。更为重要的一条改革是宣武镇租赋比别镇较轻，因此民众略得安生，兵力也就强大，战争多获胜利。梁太祖即帝位后，禁止额外差役，两税外不得妄有科配。《旧五代史·食货志》说"梁祖之开国也……以夷门一镇（宣武镇）……内辟污莱（开荒田），厉以耕桑，薄以租赋，士虽苦战，民则乐输。……及末帝（朱友贞）与庄宗（唐庄宗）对垒于河上，河南之民虽困于辇运，亦未至流亡，其义无他，盖赋敛轻而田园可恋故也"。梁太祖出身农民起义军，后来叛变作军阀，但民众的威力，他还懂得一些，减轻租赋，就是对民众作了些让步。

梁固然改革了一些唐朝的积弊，但从开国到灭亡，大小战争始终不曾停止过，减轻租赋的意义，对民众说来，也就很有限了。下面叙述九〇七年梁建国以后的几次大战争，每次战争都损失大量的民命和财物。

九〇二年以后，李克用被压制在河东一隅，不敢出兵与梁争锋。九〇八年，李克用死，子李存勗继晋王位。李存勗是十分好战的武人，喜欢亲身冲锋陷阵，象个勇猛的先锋将。李克用治军宽弛，不讲纪律。李存勗训练士卒，令骑兵不见敌不得骑马；部署既定，谁也不许违背；分路行军，不许过期迟到。凡违军令，一定斩首。以沙陀人为骨干的一大群劫贼，经李存勗整顿，组织成精整的军队，李存勗也就成为梁的劲敌。

九一〇年，梁太祖要消灭成德镇，使杜廷隐率魏博镇兵夺取成德镇的深、冀二州城，成德节度使王熔向李存勗告急，李存勗率大军来救。梁太祖命令统军大将说，我把全部精兵交给你们，镇州城即使是用铁打成的，也得给我攻下来。李存勖对大将周德威说，我国兴亡，在此一战，我先冲锋，你率大军接应。梁、晋双方都下了最大的决心。九一一年，两军在高邑（河北高邑县）决战，梁军大败。晋兵杀梁兵二万人，夺得粮食、资财、器械不可计数。在大屠杀中，成德兵恨杜廷隐杀尽深、冀二州守兵，杀梁降兵极为惨毒。杜廷隐听到败信，弃深、冀二州城，城中老弱全被活埋，丁壮全被掳去当奴婢，只剩下一些破墙。军阀混战，民众遭殃，这不过是无数事例中的一个。经这次大战，梁非常怕晋，优势从梁方转移到晋方。

梁太祖听说晋兵南下，九一一年自洛阳亲率大军到魏县（河北大名县西）抵挡晋兵。有人误报说，沙陀来了！梁军动摇，兵士多逃走，严刑不能禁。又有人报称不见敌兵，才平静下来。梁太祖看到颓势已成，暴躁的性格变得更加暴躁，往往因小事杀功臣老将，军心恐慌，只好退兵回洛阳。九一二年，李存勖攻幽州刘守光，梁太祖率大兵号称五十万，昼夜行军到观津冢（河北武邑县东南），想乘虚攻成德镇。成德镇巡逻兵数百骑前来，有人说，晋兵来了。梁太祖连帐幕也顾不得收起，急忙引兵往枣强（河北枣强县），与攻城的梁将杨师厚合军。晋将李存审与先锋史建塘等率数百骑黄昏时冲入梁军乱杀，梁军惊扰，有人说晋大军来到。梁太祖大惊，烧营连夜逃走，急奔一百五十里，第二天早晨逃到冀州，损失军资、器械无数。后来他得知晋军只是些游兵，又羞又恼，发病退回洛阳。他病重不能起床，对近臣说，我死，儿子们不是李存勖的敌手，我没有葬身地了！痛哭得死去又活过来。这个农民起义军的叛徒，凭着他的异常凶狡，挣得了一个皇帝的称号。称帝以后，愈益酷爱女色，象禽兽一样淫乱，儿媳妇都得入宫侍寝。儿子们也借此谋继承权，彼此间争斗非常激烈。他正在痛心死后无葬身地，第三子朱友珪眼看继承无望，夜间率兵入宫结束了他的生命。朱友珪宣告自己做梁皇帝。梁群臣不服。九一三年，第四子朱友贞杀朱友珪，在开封作梁皇帝（梁末帝）。

九一三年，李存勖攻破幽州，免后顾之忧，准备出全力攻梁。梁大将杨师厚据天雄镇（魏博镇），选军中勇士数千人，号称银枪都，给养优厚，作为牙兵，实行割据。九一四年，杨师厚死。梁末帝想削弱天雄镇，割相、澶、卫三州，别立昭德镇，任贺德伦为天雄节度使，张筠为昭德节度使。梁末帝使名将刘鄩率大军助贺张二人赴镇。天雄军拒绝分镇，以银枪都为首，逼迫贺德伦投降晋国。李存勖率大军入魏州，收银枪都作亲兵，自兼天雄节度使。李存勖不战获得一个大镇，晋、梁力量对比，发生大变化，梁处境更不利了。晋军与刘鄩军接战，刘鄩主张先取守势，伺机出击；梁末帝主张速战速决，派人去督战。九一六年，刘鄩军在魏州城外大败，全军七万人被杀，只剩下一些散兵。河北州县都为晋国所有，梁仅保存刘鄩自守的黎阳一城。这是晋、梁两国决胜败的一次大战，梁末帝也知道：我的大事完了！

梁军战败，不一定大事就完了，梁所以必亡，主要原因还在于梁朝廷内部的分裂。梁末帝信任赵岩及妻族张汉鼎、张汉杰等人，军国大事都和这些人商量，命将出兵也派这些人去监视。赵岩等依势弄权，卖官枉法，离间旧将相。老谋臣敬翔、李振畏罪避祸，不敢献议；名将刘郡不得行施用兵计划，战守都受朝廷牵制。刘郡对诸将说，主上居深宫中，不知军事，只相信无知少年的议论。用兵在临机制变，不可固执成见，现在晋兵强盛，出战一定不利，奈何！梁军向来怕晋军，作为主将，又这样缺乏斗志，魏州城外大败，刘郡自然有责任，但根源是内部分裂。梁末帝不能改变已成的危局，使得分裂愈益深刻化，一直到亡国。

李存勖取得河北，声势大振，以魏州为大据点，准备进攻河南。梁兵守黄河南岸。九一七年，李存勖率步骑渡河攻占重要渡口杨刘城（在山东东阿县北）。从此，杨刘成为晋、梁交兵的焦点。九一八年，梁军数万人攻杨刘，掘开黄河口，水势弥漫，借以保护军垒。李存勖看出梁军并无战意，只是想凭河自守，从水浅处涉水进攻，梁军大败，死伤甚重。李存勖调动全部兵力在魏州集中。梁末帝也调集全部兵力，使步将贺瓌、骑将谢彦章率领，抵御晋军。李存勖引兵自杨刘到麻家渡，梁军屯濮州（山东鄄城县）北行台村，两军对峙，相持不

434

战。贺瑰忌谢彦章与自己声望相等，诬谢彦章谋叛，杀谢彦章等著名骑将数人。

李存勖喜欢，说：他们将帅自相屠杀，快亡了，我如果引兵直指开封，贺瑰岂能守营不出，只要出来，我一定战胜。李存勖率军号称十万，自麻家渡西行到胡柳陂(在濮州西)，贺瑰弃营追踵到来。两军大战，梁骑将王彦章战败，率骑兵逃往濮阳(河南濮阳)；晋军也散乱不成队伍，大将周德威战死，大将李嗣源逃往河北。李存勖收集散兵，亲率李从珂(李嗣源养子)与银枪都大将王建及冲击，夺得一座土山。第二天两军在山下对战，梁军只有步兵，晋军用骑兵陷阵，梁军大败，死亡约三万人。李存勖喜爱冒险搏斗，恃勇少谋，老将李存审(李克用养子)劝他持重，他反说老头子妨碍他作戏。他一向看战争是游戏，有时从危险中被部将们死力救出来，也只说声几乎给敌人笑话，并不悔改。恰好他的对手梁将少勇又少谋，他的恃勇成了取胜的手段。这次大战，不听周德威的计谋，轻率接战，虽然转败为胜，却同梁军一样，损失兵力三分之二，进攻的力量削弱了。当时开封是空城，梁末帝大恐慌，想驱市人登城防守，又想逃往洛阳，后来得知晋军不来，才平静下去。这是俱伤而两败的一次战争，战后双方都在调配新兵力作第二次决斗。

九一九年，李存审在澶州治所顿邱县(河南清丰县西南)境德胜地方夹黄河筑南北二城，屯兵据守，从此，

435

德胜成为晋、梁交兵的又一焦点。梁大举攻德胜南城，梁军战败，退回行台村。梁大将王瓒移大军到德胜上游十八里处杨村，夹河筑垒，造浮桥通南北。晋军已造船桥连德胜两城。李存勖战败，几乎被俘，接着王瓒战败，晋军乘胜取得濮阳。梁末帝任戴思远为大将，代王瓒拒晋军。九二一年，成德镇大将张文礼杀节度使王熔，据镇州自为节度使，召契丹兵来抗拒晋军。李存勖留李存审、李嗣源守德胜，自率精兵攻镇州。九二二年，契丹主阿保机率兵长驱南下，进攻定州。李存勖大破契丹兵，驱契丹出境。戴思远出兵五万攻德胜北城，李存勖回兵救德胜，梁军退走。李存勖用伶人杨婆儿作卫州刺史，杨婆儿贪虐，城防疏懈，梁将段凝攻取卫州，与戴思远合兵，夺得澶州以西、相州以南土地，晋军损失军储三分之一，梁声势又振。晋军攻破镇州，李存勖自兼成德镇节度使，唐中期以来河北三叛镇，至此才最后消灭。

九二三年，李存勖在魏州自立为皇帝（唐庄宗），国号唐。唐庄宗使李嗣源袭破郓州（山东东平县），梁末帝大惧，罢免戴思远，任王彦章为大将，段凝为监军，谋夺回郓州。王彦章攻破德胜南城，声势大振。唐庄宗放弃德胜北城，自率大兵坚守杨刘城，与梁军十万日夜苦战。王彦章解围退保杨村，唐军也回据德胜。王彦章憎恶赵岩、张汉杰等人，说，等我得胜，回朝杀尽这批奸臣。赵、张等惟恐王彦章得胜，任同党段凝为大将，

436

召还王彦章。段凝智勇俱无，不曾立过战功，用厚赂取得王彦章的大将地位，全军将领和士卒都愤怒不服。段凝在滑州酸枣县（河南延津县）决黄河口水灌曹、濮、郓等州，阻止东面唐军的活动，自率大军抵御澶州唐主力军。梁末帝使王彦章率兵一万去攻郓州。唐庄宗采纳郭崇韬的计谋，留兵坚守杨刘，自率轻骑从郓州袭取开封，一举消灭梁国。唐庄宗率精兵从郓州出发，命李嗣源为先锋，路上擒获王彦章，经过曹州，直向开封。梁末帝自杀。李嗣源、唐庄宗先后入开封城，梁国文武百官降唐，段凝率全军投降，梁亡。

自九〇八年唐庄宗即晋王位时起，与梁连年战斗，特别是九一三年以后，双方都出动全部兵力，在杨刘、德胜一带反复进行拉锯战。两国民众，丁壮被迫当兵，枉死在战场上，老弱耕作，所得还不够纳赋税。孔谦给唐庄宗筹划军需，急征重敛，民众愁苦不堪，孔谦却获得大信任。魏州驻兵最多，民众负担也最重，无力缴纳赋税。唐庄宗责备收税官赵季良。赵季良问，你何时可平河南？唐庄宗发怒道，你的职务是督税，敢管我的军事！赵季良说，你要攻取梁国却不爱百姓，一朝百姓变心，怕河北也保不住，还想什么河南。唐庄宗算是听了话，不再使赵季良追欠赋，但孔谦是会给他穷追欠赋的。先后十七年战争，梁、唐两国民众所遭战祸都极其严重，如果说，战争也还有一点益处的话，那就是唐庄宗消灭唐中期以来的河北三叛镇，最后合并唐、梁为一国，比梁更进一步地统一了黄河流域。

梁先后凡十七年。

二　唐朝（九二三年——九三六年）

唐庄宗在军事上不过是个敢于冒险猛攻的先锋将，灭梁以后，猛气全部消失了。在政治上则是个唐朝腐朽势力的总代表。梁太祖还想革弊，唐庄宗把弊全部恢复了。梁大将王彦章说，李亚子（唐庄宗小名）是个斗鸡小儿，何足畏。的确，他把战斗当作斗鸡寻乐，此外便一无所知，梁斗败，自己也接着灭亡。

九二一年，唐庄宗准备做皇帝，首先寻找唐旧臣，以便建立起同唐朝一样的朝廷。唐礼部尚书苏循，自朱友谦处来到魏州。苏循入牙城，望见王府就跪拜，叫做行拜殿礼。见晋王，呼万岁，行舞蹈礼，涕泣称臣，表示忠诚。第二天，献大笔三十枝，叫做画日笔。这是依唐朝旧制，皇帝每天要用一枝笔。出身游牧部落的武夫看到这样的排场，非常喜欢，即时任命苏循为河东节度副使。被梁太祖看作鸱枭的苏循，现在又找到门路了（不久死去）。九二三年，唐庄宗称皇帝，仿唐朝旧制置百官，选唐朝著名士族豆卢革、卢程作宰相。二人都是轻薄无能的贪官，单凭门第作大官，正说明唐庄宗看政治只是一种儿戏。

唐庄宗是个昏暗无知的蠢人。他亲信宦官和伶

438

官。他幼年就喜爱演戏，称帝后仍面涂粉墨，与优伶同演，诨名叫"李天下"。某次演戏，自呼"李天下，李天下"，一个优伶上去打他的嘴巴，大家都很惊骇。这个优伶说，理(李)天下的人只有一个，怎末叫两个。他挨了打还很高兴，厚赏这个优伶。伶官出入宫廷，侮弄朝官，群臣愤恨，不敢出气。最受宠信的伶官名叫景进，专替他探听宫外的事情。他依靠伶官作耳目，自然只能闻见是非颠倒的事物。一些朝官和四方藩镇争着送贿赂给伶官，只要伶官说好话，做官就得到保障。九二三年，他从开封迁都洛阳，嫌原有的宦官五百人不够用，下令召集逃在各地的唐朝宦官，总数将近一千人。他优待宦官，当作自己的心腹。唐昭宗杀宦官后，宫内各执事都用士人代替，梁朝也用士人，唐庄宗恢复唐旧制，宫内各执事和诸镇监军全用宦官。士人的仕途被夺，自然很不满意；节度使都是功臣武将，被监军侮辱并侵夺权力，自然愤怒不平。他听从宦官的建议，照唐朝旧制，分天下财赋为内外府，从州县上供的入外府，充军国经费，从藩镇贡献的入内府，充皇帝私用及赏赐近臣。外府常空虚不敷开支，内府却财物堆积如山。军士犒赏微薄，甚至衣食不足，都心怀怨恨，要离开他另找主人。宦官想大增宫女，诈称洛阳宫中有鬼怪。老宦官对唐庄宗说，我们曾奉事过咸通(唐懿宗)、乾符(唐僖宗)天子，那时候，六宫至少有一万人，现在宫女太少，空屋太多，所以有鬼怪出现。他使宦官、伶官出去掠夺民间女子，见美女就抢，不问是什么人。他从魏州回洛阳，魏军诸营妇女被抢去千余人，用牛车载回洛阳宫。魏州是与梁作战的大据点，银枪都又是立战功最多的亲军。抢魏军妇女，魏军和银枪都当然要大怨恨。唐庄宗用伶官、宦官作耳目心腹，所有朝官、武将、军士都和他分离了。

唐庄宗又是个骄傲自矜的蠢人。他不许有人比自己高强，有功不赏和疑忌功臣，是他败亡的又一个原因。早在九一六年，他和梁将刘鄩在河北决战的时候，梁末帝使将军王檀率兵三万袭击晋阳城，想一举消灭晋军的总后方。当时晋阳没有守兵，留守者张承业征发市上人守城，非常危急。退休的老将安金全自告奋勇，得张承业允许，率本家及其他退休将家的子弟数百人出城击退梁军，晋阳得暂时保存。昭义节度使李嗣昭派勇将率精骑五百飞奔来救，声称昭义大军随后就到。梁军害怕，退出河东境。唐庄宗嫌安金全等立奇功，说不是奉自己的命令行事，不须给赏赐，这次有功不赏，倒还没有影响前方作战的将士，因为奉他的命令行事，确实得到赏赐。九二三年，李嗣源率养子李从珂充先锋，攻入开封，唐庄宗喜极，牵李嗣源衣，头触李嗣源说：我得天下，是你父子的功劳，我要同你共有天下。灭梁以后，他举手对功臣们说，我从这十个指头上得天下。意思是你们都没有功劳。他不赏功臣，却用伶人作州刺史，有功军官，莫不愤怒。战功最多的李嗣源，首先遭到猜忌。李嗣源自成德镇入朝，留在洛阳，遇险好几次，得宦官李绍宏保护，才免被杀害。当唐庄宗初入开封时，附近各割据国都恐惧。吴国执政徐温怕唐兵来攻。谋士严可求笑道：不妨事！听说唐帝刚得中原，便志气骄满，胡乱对待臣下，不出几年，将要内变，我国卑辞厚礼，保境安民，等他失败就是了。吴国使官自洛阳回国，说唐帝成天打猎，贪财拒谏，群臣怨恨，决不会成事。徐温听了才放心。荆南割据者高季兴亲自入朝，回国后对将佐说，唐帝一味骄矜，功臣解体，又专爱打猎，迷于女色，怎能久长，我不愁了。这些观察都很准确。梁国刚灭亡，唐庄宗败亡的征象已经十分显著。

这个蠢人昏暗骄矜，闹得统治阶级内部众叛亲离，败亡必不可免。他最大的罪恶是残害民众，比梁帝更显得是个民贼。他委孔谦管财政，重敛急征，民不聊生，正如《旧五代史·食货志》所说"峻法以剥下，厚敛以奉上，民产虽竭，军食尚亏，加之以兵革，因之以饥馑，不三四年以致颠陨，其义无他，盖赋役重而寰区失望故也"。孔谦搜括财物来满足唐庄宗和刘皇后、宦官、伶人这一群人的贪欲，民众穷困，愁怨无告，唐庄宗却赐孔谦"丰财赡国功臣"的名号。他的民贼面目，既然暴露得如此明白，那末，他的败亡也就迫在眼前，无可逃避。

九二四年，唐庄宗派遣使官到前蜀国观察形势。使官回来说，蜀主王衍荒淫无道，君臣上下专讲究奢侈生活，看来，只要大兵一击，蜀国就瓦解土崩，不能自保。唐庄宗很同意这个看法，准备出兵灭蜀。正在这个时候，南汉国主刘岩派使官来洛阳观察形势，使官回国说，唐帝"骄淫无政，不足畏也"。荒淫无道与骄淫无政是同一的意义，果然，在这次灭蜀战争中，王衍的蜀与唐庄宗的唐同时消灭。九二五年，唐庄宗任长子李继岌为西南行营都统，谋臣郭崇韬为都招讨使，率兵六万攻蜀。郭崇韬是实际统率者，全军都受他的指挥。唐军自凤翔入大散关，进入蜀境，所带军粮不够十日用，恰好蜀国守将纷纷迎降，供给军粮。唐军顺利前进，王衍投降。唐洛阳出兵到入成都，相隔只七十日，说明蜀国腐朽到不堪一击。唐的腐朽在得胜后也爆发出来。先锋将康延孝自以为功大，应得重赏，郭崇韬却奏荐亲信将董璋为东川节度使（西川节度使一职，郭崇韬早已保荐孟知祥），康延孝大怒。郭崇韬权大，专擅一切军事政事。李继岌名为都统，毫无实权。宦官李从袭助李继岌争权，在洛阳的宦官，全力向唐庄宗和刘皇后进谗言，说郭崇韬有异心。唐庄宗疑信参半，刘皇后自出密令，使李继岌杀郭崇韬。九二六年，唐军将回洛阳，李从袭迫李继岌杀郭崇韬。西川节度使孟知祥到成都，接管政权，蜀地得免变乱，变乱只限在李继岌军中。

李继岌大军自成都出发，令康延孝率一万二千人为后军。康延孝到剑州（四川剑阁县），自称西川节度使，拥兵西行夺成都。李继岌使任圜会合董璋兵击叛军,攻战数月,捕获康延孝,李继岌才得继续行军东归。

郭崇韬被杀,功臣旧将莫不疑惧,谣言大起。魏州军怨唐庄宗不赏旧功,乘人情不安,拥指挥使赵在礼为魏博留后,据魏州作乱。李继岌大军正和康延孝作战,唐庄宗一时找不到良将,只好再用李嗣源,使率一部分亲军去攻魏州。亲军又号从马直,是唐庄宗从各军中挑选勇士组成的精锐军队。指挥使郭从谦,本是伶人,认郭崇韬为叔父。郭崇韬死后,郭从谦对部属称冤。唐庄宗曾对他戏言,说,你为什么违背我去依靠郭崇韬,想干什么?郭从谦大惧,加紧鼓动亲军作乱。李嗣源率亲军到魏州城下,准备第二天攻城。夜间亲军哗变,拥李嗣源为主。赵在礼击散亲军,拥李嗣源入城。这时候李嗣源似乎还没有反意,托故逃出城,到魏县招集散兵。后来女婿石敬瑭劝李嗣源夺取开封,据形胜地反抗唐庄宗,李嗣源才下决心谋自立。河北州镇都归附李嗣源,军势大振。李嗣源率军向开封,使石敬瑭为先锋,李从珂为后殿,进入开封城。

唐庄宗在洛阳,开始想到要收买兵心,拿出内府金帛,宦官、伶官也献出财物,赐给诸军。兵士拿着赐物骂道,我们妻儿早已饿死,得到这些有什么用!唐庄宗率军向开封,到中牟县,听说李嗣源已先入,诸军归附,知道不能再前进,神色沮丧,登高眺望,对人说,我不成了!下令退回洛阳。兵士沿路逃散,只剩下一半。他好言抚慰卫士们说,刚才得报说魏王(李继岌)又送来西川金银五十万两，到京后都赐给你们。卫士回答说，太迟了，谁也不会感谢。宰相和宦官请唐庄宗亲去扼守汜水，等魏王攻蜀军来到，再作打算。唐庄宗同意这个建议，定期出发，骑兵步兵先在城外等候。郭从谦率从马直攻入宫城，唐庄宗率十余人力战，被流矢射死。李继岌率军到关中，进退失据，在渭南被李从袭杀死。任圜代领全军归降李嗣源。唐庄宗败亡是不可逃避的。出大兵攻蜀，杀郭崇韬，造成这样的一种败亡。如果不攻蜀，不杀郭崇韬，也会出现别一种的败亡。因为他的行为，对民众说来，是十足的民贼，对统治阶级内部说来，是完全的独夫，想得个立足地是不可能有的。

李嗣源出身沙陀平民，没有姓氏，只有一个小名叫邈佶烈。李克用有许多养子，一部分用存字作排行，另一部分用嗣字作排行，李嗣源就是嗣字排行中的一个。他长于骑射，积累战功，逐渐升迁为蕃汉内外马步军总管（首将）。唐庄宗失军心，总管自然成为诸军推戴的总首领。九二六年，唐庄宗死，李嗣源入洛阳，宰相豆卢革率百官劝进，李嗣源只许用监国名义，说是要等李继岌回来。这一套取帝位的步骤，他并不懂得，但是，他做得很熟练，都是谋臣安重诲教给他的。在监国的短期间内，别人替他杀死李克用唐庄宗的子孙，沙陀贵族灭绝以后，才正式即皇帝位（唐明宗）。

唐明宗比唐庄宗有知识，知道怎样巩固自己的地位。他针对着唐庄宗的弊政作出一些改正。做监国

444

时，首先宣布孔谦刻剥百姓、军民穷困的罪状，下令斩孔谦。凡孔谦所立苛敛法，一概废除。又令诸镇杀监军使。监军宦官与节度使争权，诸镇极为愤恨，这一措施，自然得到诸镇的欢心。即帝位后，禁止中外诸臣献珍玩等物。宫内只留老成宫女一百人，宦官三十人，教坊（乐队）一百人，鹰坊（养鹰供畋猎）二十人，御厨五十人。宫廷组织如此简单，是任何帝王不能相比的。宦官数百人或窜匿山林间，或落发为僧，有七十余人逃到晋阳，唐明宗下令全部杀死。宰相任圜管财政，颇能建立制度，取得成绩，不过一年，唐明宗的地位稳定下来了。

唐明宗不识文字，四方奏章都教枢密使安重诲诵读，当时奏章通行四六文体，不仅听不懂，连安重诲也读不大通。安重诲建议置端明殿学士，任冯道等为学士。唐明宗曾教训儿子李从荣说：我喜欢听儒生讲经义，很能开发心思；从前唐庄宗爱作诗，将家子弟缺乏修养，做来只供人暗笑，你不要学他。大概冯道等儒生，给他一些影响，因此粗暴性比他前后的沙陀皇帝都轻得多。他曾和冯道谈起连年丰收，四方无事。冯道说，我从前在先皇（李克用）幕府（当时冯道作掌书记），出差到中山（河北定县），山路险峻，我怕马倒，执缰绳很小心，幸而没有出事；出山走平地，让马奔跑，不再留意，突然跌下马来。治天下也是这样。唐明宗非常同意。又问冯道，现在年景不错，百姓是否富足。冯道答，农家遇荒年要饿死，遇丰年却苦于谷贱，丰荒都受害，是农家的特点。记得进士聂夷中有诗说，"二月卖新丝，五月粜新谷；医得眼下疮，剜却心头肉。我愿君王心，化作光明烛，不照绮罗筵，遍照逃亡屋"，描写农家情状，极其精切。农在四民中最为勤苦，人主不可不知。唐明宗听了感动，教人写下来，经常念诵。冯道是最能看风色的典型官僚，敢对唐明宗替农家诉苦，足见唐明宗平时对农家有一些同情心。九三一年，令诸道均平民间田税，又许民间自铸农具及杂铁器，每田二亩，夏秋纳农具税钱三文。这些，都表示关心农事。据史书记载，他在宫中每夜焚香祷告上天说，我是蕃人，因乱被众人推戴；愿上天早生圣人，为百姓作主。这是因为赵匡胤生在九二七年（唐明宗天成二年），宋朝人伪造此说的用意是显而易见的。不过，在他称帝的七年里，战事稀少，屡有丰年，民众获得短期的喘息，应该说是一个好皇帝。

任圜作宰相，安重诲作枢密使，都是唐明宗的忠臣，也都有些才能足以辅佐朝廷。安重诲恃宠骄横，任圜刚愎自用，二人往往争辩以至怒骂。唐明宗出身行伍，以为宰相看轻自己，很不满意。安重诲进谗言，九二七年，杀任圜。安重诲也渐被疑忌，九三一年，杀安重诲。先后杀两个重臣，说明唐明宗不能知人也不能用人，群臣离心，奸佞得势，败亡不可免了。骄兵悍将作乱，是唐中期以来相沿一百几十年的积习，唐明宗年老多病，知道兵乱难免，九三三年，赐在京诸军钱物，接着又赐在京及诸道将士钱物。一月间两次赏赐，意思是想兵士感恩，不象唐庄宗那样吝啬招怨恨。结果却相反，兵将愈益骄横。李从荣见唐明宗病危，急于想夺得继承权，率兵攻宫门。宫中兵出击，杀李从荣。唐明宗受惊死去，子李从厚继位（唐愍帝）。

唐愍帝猜忌凤翔节度使李从珂和河东节度使石敬瑭。九三四年，令李从珂为河东节度使，石敬瑭为成德节度使。李从珂怕离镇赴新任，在路上被杀，起兵反抗。唐愍帝派大军攻凤翔，大军在凤翔城下投降李从珂。李从珂搜括城中所有财物犒赏降兵。唐愍帝再发兵去阻挡李从珂军，出库藏赐兵士，允许得胜后，每人再赏二百缗。兵士更骄，公然说，到凤翔再领一份。李从珂引军向洛阳，唐愍帝前后派出的诸军，都在路上投降。李从珂到陕州，唐愍帝的亲信大臣，或逃或降，唐愍帝自领卫士五十骑逃到河北，在卫州遇见石敬瑭，要求相助。刘知远杀五十骑，只留下唐愍帝一人。李从珂使人杀唐愍帝。

李从珂入洛阳，即皇帝位（唐废帝）。唐废帝在凤翔，允许成事后兵士每人赏钱一百缗。九三三年，唐明宗两次犒军，库藏早已空虚。九三四年，唐愍帝又赏赐出战诸军，库中实存只有金帛三万两、匹。唐废帝督促官司，百般搜括民财，狱中人满。军士游市上，骄气逼人。市人聚众骂军士道，你们算是为主立功，反使我们鞭胸杖背，出钱犒赏，你们还洋洋自得，有一点良心没有！当然，军士不管市人怎样斥责，钱是不能少要一文的。唐废帝实在无法，只好减少赏钱，赐路上各降军将官每人七十缗，军士二十缗，在京各军将官和军士，每人十缗。军士失望，流言"除去菩萨（指唐愍帝），扶立生铁（指唐废帝）"。唐废帝刚登位，军士就要除去这块生铁。将官拥立一次新皇帝，就得一次升迁，军士拥立一次，至少要得一次重赏，因此，将官和兵士都乐于制造变动，五代皇帝也因此象走马灯一样，一个过去，一个出来，紧紧相接，不要几年，改朝换姓，每有变动，总是增加民众的苦难。唐庄宗死到唐废帝死，前后不过十年，变动尤为突出，这里叙述一下，借以了解五代时期，封建统治阶级内部只存在着劫夺关系，再也不见其他带有某些积极意义的关系。

唐废帝与河东节度使石敬瑭，是唐明宗的左右手。两人都勇健好斗，向来彼此互忌。还有赵德钧赵延寿父子二人，赵德钧任卢龙节度使，赵延寿任宣武节度使，据有幽州、汴州两个重镇，也是唐废帝的劲敌。九三五年，唐废帝调赵延寿为枢密使，又使张敬达将兵屯代州，牵制石敬瑭。九三六年，调石敬瑭为天平节度使。石敬瑭被猜忌，早就准备反叛，当然拒绝调任。刘知远劝起兵夺帝位，谋士桑维翰劝勾结契丹，作为后援。石敬瑭在非反即死的形势下，与唐废帝公开破裂。唐废帝使张敬达率兵数万围攻晋阳城。石敬瑭遣使向契丹求救，条件是认契丹主耶律德光为父亲，得胜后献卢龙一道及雁门关以北诸州给契丹。这个无耻已极的卖国贼，靠这些条件得到了契丹的援助，有了援助，这个卖国贼就胆壮起来。契丹主自将五万骑，号称三十万，到晋阳城下击败张敬达军。唐废帝兵力还很强，但志气消沉，昼夜饮酒悲歌，坐待死亡，不敢领兵亲自出战。张敬达率残部守晋安寨（在晋阳城南）待援，被部将杀死，残部将士投降契丹。契丹主命大将迪离毕率五千骑兵兼率张敬达旧部为先锋，石敬瑭在后面追随，自晋阳向洛阳进军。唐将领纷纷投降石敬瑭，唐废帝只好率本家老幼登楼自焚。唐亡。

唐先后凡十四年。

三　晋朝（九三六年——九四七年）

梁、唐两朝的几个皇帝，靠武力劫夺地位，这是军阀本色，倒也不算创例。石敬瑭拜契丹主当父亲，并且出卖广大土地，另加岁贡帛三十万匹，换取一个儿皇帝的称号，在五代皇帝中，他是罪最大恶已极的可耻人物。当石敬瑭要向契丹主提出条件时，连刘知远都不很同意。刘知远说，称臣也就可以，当儿子似乎太过分。多送些金帛，契丹兵自然会来，不必许给土地，怕将来大为祸害，追悔莫及。这个卖国贼一心想做皇帝，不听刘知远的劝告，叫桑维翰写奏章，送到契丹。契丹主喜出望外，允许深秋马肥，出兵来救。张敬达是个无知武夫，契丹打败他，本不算什么智勇。石敬瑭拜见契丹主，请问战胜的缘故。契丹主说了一套以后，石敬瑭表示拜伏，实际是借此献媚，装出象个孝顺儿子的样。契丹主考察了好多天，相信他确实是尽忠尽孝的臣子，才正式对石敬瑭说，我看你的相貌和气量，够做一个皇帝，我要立你为天子。石敬瑭再三再四表示不敢当，文武部属都来劝进，这才允许作皇帝。他装出这些"逊让"的模样，自然是二号卖国贼桑维翰在替他策划。称帝以后，即时履行割地，断送了下列十六州：（一）幽州，（二）蓟州（治蓟，河北蓟县），（三）瀛州（治河间，河北河间县），（四）莫州（治莫，河北任丘县），（五）涿州（治涿，河北涿县），（六）檀州（治密云，北京市密云县），（七）顺州（治宾义，北京市顺义县），（八）新州（治永兴，河北涿鹿县），（九）妫州（妫音归guī治怀戎，河北怀来县），（十）儒州（治缙山，北京市延庆县），（十一）武州（治文德，河北宣化县），（十二）云州（治云中，山西大同市），（十三）应州（治金城，山西应县），（十四）寰州（治寰清，山西朔县东北），（十五）朔州（治善阳，山西朔县），（十六）蔚州（治安边，河北蔚县）。幽州镇以妫、檀、新、武四州为山后，河东镇以云、应、寰、朔四州为山后，山后也称山北。山南北都为契丹所有，可以随时南下侵扰。

唐末五代长期内乱，契丹因而逐渐变成强大的国家。唐末，刘守光据幽州，刘守文据沧州。九〇九年，刘守文用厚赂招契丹兵入屯蓟州。刘守文战败，契丹退兵，占据营州（治柳城，河北昌黎县西南）。九一一年，契丹占平州（治卢龙，河北卢龙县）。契丹得营平二州，自然要进攻幽州。唐庄宗灭刘守光后，曾两次击败契丹，幽州才免于沦陷，唐明宗时，契丹主阿保机强迫唐使官姚坤写割让幽、定、镇三州状，姚坤坚决拒绝。契丹想第一步先夺取河北，野心显然，但并无夺取的实力。石敬瑭出卖十六州，从此河北大平原无险可守，河东也仅存雁门关一处险要，形成了契丹处优势晋处劣势的局面。如果单从地理这一点上说，契丹、女真、蒙古统治者相继取得南攻的胜利，先占十六州是有重大作用的。石敬瑭卖国的毒，一直流了四百余年。

契丹主率兵来援石敬瑭，击败张敬达，但张敬达所部兵士还有五万人，骑兵未受损失，坚守晋安寨，只要援兵到来，仍可反攻。唐废帝派出几路援兵，命赵德钧一路自飞狐（河北涞源县）抄契丹军后路，赵延寿一路攻晋阳南面。赵德钧父子派密使见契丹主，请立赵德钧为皇帝，条件是（一）父子所部两路兵南取洛阳，不烦契丹兵援助，（二）与契丹为兄弟国，（三）允许石敬瑭占据河东。契丹主觉得深入唐境，后路空虚；围攻晋安寨，一时不能攻下；范延光一路援军将从辽州（山西辽县）方面来（当时范延光军已被赵德钧牵制住）；赵德钧父子兵力尚强；山北诸州起兵截归路，将不能回去。他知道这些都对自己不利。他本来怕唐兵，屯兵柳林（晋阳城北），每天黄昏时便收拾行装，准备仓猝逃遁。赵德钧提出的条件，固然比石敬瑭差得多，被抄截后路的危险却可以避免，因此有意接受赵德钧的条件。石敬瑭听说，大为恐慌，赶快派桑维翰去见契丹主，跪在帐前，一把涕一把泪从早到晚苦苦哀求。最后，契丹主决计收留石敬瑭当儿子，叫赵德钧的使者回去。赵德钧父子所求不成，逃往潞州。石敬瑭随契丹主到潞州，赵德钧父子出城迎拜，被契丹主囚禁，送回契丹。赵德钧父子到契丹，见述律太后（阿保机妻）。太后问，你往太原想干什么？赵德钧答，奉唐主命令。太后指天说，你向我儿（耶律德光）求做皇帝，还敢当面扯谎！太后指自己的心说，这是骗不过去的。又说，我儿出发时，我对他说，如果赵德钧引兵向渝关（山海关），就赶快退兵回来，太原不可救。你为人臣，想乘乱取利，行为如此，还有什么脸活着？赵德钧俯首不能答话，不久死去。赵延寿依然等待机会卖国求荣。述律太后这一通斥责，对良心早已死了的人，并无影响，但足以说明卖国贼不论做皇帝或当俘虏，在买主眼中，都不是当作有脸的人活着的。

九三六年，石敬瑭入洛阳（九三七年迁都开封），正式做了占领中原的皇帝（晋高祖）。他靠契丹得帝位，奉事辽主（九三七年，契丹改国号为辽），尽恭竭敬，上表称臣，不敢称儿，称辽主为父皇帝，贡岁币三十万以外，加送辽主及述律太后以至辽相韩延徽、枢密使赵延寿等人大批贿赂。有些事辽方感到不如意，就派人来责备，他总卑辞谢罪，请求原谅。当时他的部属对这种情形有三类态度，第一类是"朝野咸以为耻"。这一类人最多，被割让的诸州镇也一样，经过反抗，才被辽国占去。例如大同（云州）节度判官吴峦告众人说，"吾属礼义之俗，安可臣于夷狄乎！"众人推吴峦为主，闭城门拒绝降辽。九三八年，辽主令他免称臣，只称儿皇帝，就是想和缓第一类人"安可臣于夷狄乎"的公愤。第二类是想乘机夺帝位。例如成德节度使安重荣公然宣称"今世天子，兵强马壮则为之耳"。这一类人有些是蔑视他，有些是要学他的作法，也向辽国求助，受封为皇帝。第三类是他的同类，坚决主张做辽国的臣子。这一类人有桑维翰等，人数最少，在朝廷上却最有影响。他称帝的七年里，连年发生兵乱，都是部将们想用武力夺他的帝位。桑维翰说，"陛下免于晋阳之难而有天下，皆契丹之功也，不可负之"。所谓"不可负之"，就是得罪辽主，皇帝便做不成。九三七年，洛阳巡检使张从宾起兵攻汜水，他部署轻骑兵，准备自开封逃归晋阳。桑维翰叩头苦劝，要他看看风色，不可轻动。在一二两类人的压力下，他的地位极不稳定，除了依靠父皇帝，再没有别的指望。成德节度使安重荣不愿受辱，见辽国使官，总是箕踞大骂，或派人暗杀辽使。九四一年，上表斥责他"父事契丹，竭中国以媚无厌之虏"，声称已部勒精兵，定要同契丹决战。他怕安重荣兵强，又经不起辽主的责问，只好发兵同辽国兵攻击成德镇，杀安重荣。游牧在雁门以北的吐谷浑部，不愿降附辽国，酋长白承福率众逃回河东。河东节度使刘知远使亲将郭威劝说白承福，归附河东镇。刘知远得吐谷浑部，兵力加强。九四二年，辽主使人来问招纳吐谷浑的罪名，他不敢得罪刘知远，更不敢得罪父皇帝，逼得无路可走，忧郁成病，不多几天就死了。在污辱中生存，在污辱中死去，这就是卖国贼的命运。

石重贵继位（晋出帝），任景延广为宰相。景延广掌握大权，以反辽自任。晋出帝向辽主告丧，称孙不称臣，辽主大怒。赵延寿想代晋称帝，劝辽击晋。晋平卢节度使（驻青州）杨光远遣密使劝辽主入侵，也是想做皇帝。九四三年，辽主集山后诸州及幽州兵合五万人，使赵延寿统率。用晋降将率晋降兵攻晋，辽坐收战胜的利益，计划是很险恶的。辽主为鼓舞赵延寿，对他说，如果得中国，应该立你为帝。又时常指着赵延寿对晋降人说，这是你们的主子。赵延寿信以为真，愿为辽尽力。九四四年，赵延寿将兵五万进攻，前锋到黎阳。辽主屯兵元城（河北大名县），任赵延寿为魏博节度使。晋出帝命诸将沿黄河设防。晋军民都恨辽兵侵入，奋勇作战，辽兵屡败。辽主听从赵延寿议，自率兵十余万在澶州城北列阵，想一战取胜。晋军守澶州城，高行周率前军击辽阵，互有胜败。辽主见晋军不弱，对侍从人说，杨光远说晋兵已饿死一半，为什么还这样多！晋、辽两军苦战到夜，死伤都很重，当夜辽军后退三十里。辽主分兵两路回国，一路经沧州、德州，一路经深州、冀州，沿路烧杀，方圆一千里内，人民和财产，几乎全部绝灭。景延广不敢追击，任令辽军满载赃物回去。

晋、辽第一次战争，因军民力战，击退辽军。晋出帝和文武官吏自以为战胜，愈益贪暴无忌惮，大肆搜括，逼得民众求死无地。诸州自己组织用以保卫本地方的乡兵，被晋出帝强迫充当正式军队，号武定军，又改号为天威军，总数凡七万余人，乡兵被迫脱离生产，又大大增加民众的痛苦。抗辽力量的本源，遭受这批民贼破坏，虽然还能再一次大破辽军，但晋朝却迫近末日了。

九四五年，辽又大举南侵，辽卢龙节度使赵延寿为先锋，辽主进驻元氏（河北元氏县）。晋诸军屯邢州（河北邢台县）。当时桑维翰代景延广执政，畏惧辽军，令诸军后退。诸军不知缘故，发生恐慌，队伍散乱，器甲遗失，退到相州城（河南安阳县）时，已不能再整。晋朝廷下令几路军队还屯澶、魏、邢等州，主力军守相州，准备对抗，军心又振作起来。这说明军士要求抗辽，愿进不愿退，愿战不愿降。晋军数万在相州安阳水南岸列阵，将军皇甫遇、慕容彦超率数千骑前去侦察，被辽兵数万围困，二将力战，将军安审琦率骑兵往救，辽军望见尘起，即解围退去。辽军中自相惊扰，说晋大军来了。辽主在邯郸，立即退走，两天走了三百里。辽军中很大部分是被迫当兵的汉人，决不肯出力作战，辽主知道这一点，只要晋军态度坚强，辽主便知难而退或不敢久战。当辽军解围退去的晚上，晋将张从恩创议说，辽军兵多，我兵少粮缺，不如退就黎阳仓，靠大河拒守。张从恩不待诸将决议，即引本部兵先走，诸军相继出走，队伍又扰乱，如邢州后退时那样。晋将蒋彦伦率五百人守相州城，赵延寿与辽将率兵数万将攻城，听说晋救兵要来，即引兵退走。辽军自恒州（即镇州，河北正定县）北还，过祁州（治蒲阴，河北安国县），赵延寿知道城中兵少，围城急攻。刺史沈斌守城。赵延寿在城下对沈斌说，你是我的老朋友，古人说过，"择祸莫若轻"，为什么不早降。沈斌答，你父子走错了路投靠外国，还忍心带领豺狼来残害祖国，不知羞耻，反有骄色，怪哉怪哉！我弓断箭尽，甘心为祖国死，决不学你那种行为！第二天，城陷，沈斌自杀。沈斌的言行，就是广大军民和少数将领的言行，可是，在当时，正气是被严重地压抑着不能发扬的。

晋出帝知道辽军已退，亲自统军出发，谋袭取幽州。他任用成德节度使杜威为北面行营都招讨使，统率诸军。杜威在诸将中，贪婪残暴无耻怯懦尤为突出，因为是晋出帝的姑夫，特别被信任。杜威在定州会合诸军，取泰州（治清苑，河北保定市）又进取遂城（河北徐水县西）。辽主回到虎北口（又名古北口，在檀州北），得知泰州入晋，即率全军八万余骑回到泰州。晋军结阵南行到阳城（在蒲阴县东南），击退辽追兵，又南行到白团卫村，被辽军包围。晋军力战，人马饥乏。东北风大起，辽主下令说，歼灭晋军，乘胜进取大梁（开封）。辽精骑下马，顺风纵火，用短兵击晋军。晋军士兵愤怒，大呼：都招讨使（杜威）为什么不下令反击，让我们束手等死。诸将请出战，杜威说，等风势稍缓，再看情形。将军李守贞说，等到风止，我军已被歼灭了。李守贞与诸将各率所部奋力击辽军，辽军大败，势如山崩。辽主弃车，找到一只骆驼，骑着逃走。诸将请追击，杜威说，碰到强盗，不伤命已经够好，还想拿回衣袋么？辽主因此得逃回幽州。晋军收兵回定州。

晋辽第二次战争，辽军大败，晋军如果乘胜追击，擒获辽主和收复幽州都是可能的。可是，迫近末日的晋，不仅不会利用这次战胜，而且适得其反，战胜促使末日更快地来到。

杜威贪残无比，成德镇所属州县被这个民贼搜括和辽兵屠杀，遍地枯骨，破败不堪。杜威感到无利可图，擅自离镇回开封。桑维翰劝晋出帝惩罚杜威。晋出帝说，他是我的至亲，必无异心，你不要疑忌。桑维翰不敢再谏。晋出帝任杜威为天雄（魏博镇）节度使，让他换个新地方去搜括。晋出帝自阳城战胜，自以为天下平定，愈益骄侈荒淫，尤其喜爱优伶，赏赐无度。桑维翰说，战士受重伤，赏不过帛数端，伶人一谈一笑合意，便给重赏，士卒解体，谁还肯出力！晋出帝不听，免桑维翰相位。晋朝廷上连桑维翰那样的人也没有了。

九四六年，晋出帝任杜威为元帅，李守贞为副帅，率宋彦筠等诸军击辽。下诏宣告：特发大军，往平奸寇。先取瀛、莫，安定关南；次取幽、燕，荡平塞北。又悬赏格说，擒获辽主者，授上镇节度使，赏钱万缗，绢万匹，银万两。杜威早存乘机卖国的奸心，要求禁军都随大军出发。晋出帝一心以为出击必胜，允许杜威的要求，因此，开封守卫空虚，只等杜威的出卖。

辽主至恒州，与杜威军夹滹沱河对峙。杜威使彰德节度使张彦泽为先锋。磁州刺史李谷劝杜威、李守贞造桥渡河，密约镇州守将前后夹攻，定能击败辽兵。诸将都赞成，杜威独不同意，足见当时存心卖国的只有杜威一人，诸将还是愿战的。将军王清建议，自率步兵二千人为先锋，渡河击敌，请杜威率大军继进入恒州城，再合力出击。杜威许诺。王清率所部力战，辽军不能支，向后小退，晋诸将请乘势渡河，杜威不许。王清在北岸奋击，接连派人来求援，都被杜威拒绝。王清对部兵说，元帅手握重兵，坐看我们死战，不发一个救兵，这一定有了异心，我们拚出生命来报国，不要再望援救。士兵都同意，没有一个人退却，战到日暮，王清和士兵全部牺牲了。晋诸军在南岸望见，无不丧气，但还不知是杜威的毒计。

杜威与李守贞、宋彦筠密谋降辽。杜威派密使去见辽主，要求重赏。辽主对密使说，赵延寿资望欠高，

458

怕不够做皇帝，杜威来降，该让杜威做。杜威大喜，决计投降。帐中埋伏刀斧手，召集诸将，出降表令署名，诸将惊骇，不敢当场反抗，都唯唯从命。杜威送降表给辽主，一面令全军出营列阵。军士以为将要出战，踊跃听令。杜威下令解除兵甲，说，现在粮尽援绝，应当同你们别求生路。军士都痛哭，声振林野。军士绝不愿降辽，晋诸将没有人敢出来顺从军心，反对杜威，晋军就这样被杜威为首的一群卖国贼断送了。辽主使赵延寿穿着赭色袍（皇帝服色）到晋营，也使杜威穿赭色袍，意思是愚弄两贼，也愚弄晋军，让晋军误解为辽主不想做皇帝，皇帝将在两人中选择一个。

辽主引兵南下，使杜威率已被解除武装的降军随从，另使张彦泽率骑兵二千先取开封。张彦泽长驱入开封，晋出帝上降表，自称"孙男臣重贵"，太后李氏也上降表，自称"新妇李氏妾"。晋亡。辽主使人来抚慰石重贵，说，孙儿不要忧愁，我总让你有饭吃。九四七年，辽主到开封，遣骑兵三百押石重贵一家男女到辽国。这个亡国奴被安置在建州（在辽宁朝阳县境），忍受无限耻辱，偷活了十八年，到九六四年才死去。

辽主耶律德光进开封城，民众号呼奔走。辽主登城楼，使通事（译员）宣称：我也是人，你们不要害怕，我要让你们从暴政下得到解脱。我无心南来，都是汉兵（杜威等）引我来的。晋百官降辽，各镇节度使也大部分投降。辽主自以为中原皇帝做成了，令辽兵以牧马为名，四出抢掠，称为"打草谷"。辽兵大杀大掠，开封、洛阳附近数百里间，成为白地，又以犒军为名，严令晋官括钱，不论将相士民，都得献出钱帛，所得财物，并不分给辽军，准备运回辽国。赵延寿见辽主已正式称帝，很不满意，请求做皇太子。辽主说，皇太子要天子的儿子才能做，赵延寿怎能做得。当时刘知远在晋阳称帝，诸镇和晋旧将多起兵响应。广大民众也群起反抗，大部多至数万人，小部不下千百人，攻破州县城，杀辽所任官吏。澶州起义军首领王琼，攻入州城，围击辽将耶律郎五；东方起义军攻破宋、亳、密三州。辽主害怕，对侍从人说，想不到中原人这样难对付！召集晋降官，宣称：天气渐热，我要回上国（辽）去，留一人在这里（开封）做节度使。说罢，命有职事的晋官都跟他走，又任命萧翰（辽后族）为宣武军节度使，留守汴州。辽主带着晋降官数千人，宫女、宦官数百人以及晋府库所有财物，离开封北行。路过相州，屠相州城，城中人男子被杀，妇女被掳，婴儿被掷入空中，用刀尖承接，作为行乐，事后查点，凡死十余万人。辽主被迫退出，杀人泄忿，一路上看到荒凉景象，对蕃汉群臣说，破败到这个地步，都是赵延寿的罪过，又指一个汉奸张砺（张砺与赵延寿同时降辽）说，你也有一份。辽主耶律德光总结自己失败的原因，得出所谓三错：令晋官括钱是一错，令上国人打草谷是二错，不让诸节度使（晋降将）早还本镇（镇压民众）是三错。他当然很懊恼，走到栾城（河北栾城县）

病死了。辽诸酋长拥戴永康王耶律兀欲（耶律德光的兄子）为辽主。兀欲擒赵延寿，带回辽国。晋降官留在恒州，得免从行。辽侵入中原，尽量发泄野蛮性，烧杀劫掠，破坏极其严重，兀欲回去，算是暂时告一结束。

石敬瑭靠卖国起家，赵延寿、杜威等人学他的样，也想做个儿皇帝，卖国成风，丑恶无以复加。这里，充分说明统治阶级中人能够做出各种罪行，一直做到这样的滔天罪行。军士的情形就有所不同。军士在平时是跟着将领残害民众的，但在紧急关头，一致表现爱国精神，愿战不愿降。驱逐辽军出晋境的真实力量，来自广大民众，辽主所说想不到中原人这样难对付，又说不让诸节度使早还本镇是三错，他从失败中认识到了。他得出利用中原统治阶级压服民众的经验，虽然为时已晚，辽国用来统治燕云十六州，却收得效果，十六州从此成为塞外游牧族入侵的基地。

晋先后凡十二年。

四　汉朝（九四七年——九五一年）

河东节度使刘知远，被晋出帝疑忌，据守本境，不参与晋辽间战争。刘知远广募士卒，杜威降辽，晋兵一部分逃归河东，河东有步骑兵五万人。辽军入开封，刘知远使部将王峻以贺战胜为名，到开封察看形势。王峻回来说，契丹贪残失人心，必不能久据。有人劝刘知远起兵击辽。刘知远说，用兵有缓有急，必须随时制宜。现在契丹正得势，不可轻动。看来，契丹着重在搜括财物，并无大志，天气渐暖，势难久留，等它走了，出兵取天下，可以万全。当时晋藩镇纷纷降辽，少数节度使如史匡威据泾州（甘肃泾川县），拒绝投降；何重建斩辽使者，举秦、阶、成三州降蜀，都只能做到不降辽为止。南唐以恢复祖业为口实，也不曾设谋规取中原。刘知远的所谓万全之计，虽然缺乏进攻精神，总还算是待机而动，志在恢复。辽军被迫退走，刘知远也就很自然地成为占领中原的皇帝。

与辽主称帝同时，刘知远也在晋阳称帝（汉高祖）。他要试探军心，声称将出兵迎晋出帝来晋阳，所部军士都对他表示拥戴，争呼万岁不止。以郭威等人为首的文武官，也一致劝进，河东军心归附，称帝的第一步成功了。即位以后，自称不忍改变晋国号，仍用天福（晋高祖年号）纪年，称天福十二年（九四七年），意思是在争取晋旧臣来归附；又下诏诸道，禁止为契丹括钱帛，在诸道的契丹人，一律处死。又下诏慰劳农民及保卫地方、武装抗辽的民众。汉高祖这些措施，在晋国境内起着振奋人心的作用，民众组织起义军，到处攻杀辽人，一些被迫降辽的晋官，也杀辽官来求位号，人心归附，称帝的第二步成功了。还有一点是更重要的成功。他按照惯例，商议括民财来赏赐将士。皇后李氏说，不可伤害民众，应该拿出宫中所有财物犒军，数目虽不多,将士必无怨言。他采纳李氏的建议,果然军民都很喜欢。胡三省注《通鉴》,用鄙谚"福至心灵,祸来神昧",赞美李后有这种识见是属于前一类。事实上鄙谚应改为心灵福至,神昧祸来。李后和汉高祖有识见,能以不括钱代替辽主的括钱,因而出兵向开封,得以通行无阻。

汉高祖具备了这些成功的条件,乘辽军北退,兀欲在恒州称帝,急于回国的时机,令皇弟刘崇为太原留守,自己率大军自太原经晋(山西临汾县)、绛(山西新绛县)向洛阳。各地辽守将萧翰等相继逃走。先锋史弘肇治军严整,所向无敌,汉高祖自太原出发,二十一天进入洛阳,下诏改国号为汉。又八天进入开封,黄河以南州镇都为汉所有。

辽将麻答守恒州,异常残暴。恒州军民听说汉高祖已入开封,群起驱逐麻答。麻答率辽人逃往定州,与定州辽守将耶律忠(即耶律郎五)合兵。天雄节度使杜威与麻答勾结,据魏州抗汉。汉高祖率兵攻魏州,城中居民大半饿死,杜威力竭出降。耶律忠怕民众起义,九四八年,弃定州逃归辽国。晋末,河北失陷的诸州镇又为汉所有。九四八年,汉高祖死,子刘承祐继位(汉隐帝)。汉高祖遗命杀杜威。杜威尸体在市上,顷刻间被市人分割成无数碎片。赵延寿也死在辽国。卖国贼罪该万死,死了还是永远遗臭。

晋、汉两朝,武夫的蛮横,比梁、唐两朝尤为突出,晋、汉相比，汉更是登峰造极。武夫首领汉高祖性极残酷，所用大臣如苏逢吉、史弘肇等人也极凶恶。汉隐帝时，苏逢吉为宰相，枢密使杨邠管机政，枢密使郭威掌出兵作战，侍卫亲军都指挥使史弘肇统率禁兵，三司使王章专掌财政。这些人都是最有权力的所谓国家勋旧之臣。有一天，会合饮酒，史弘肇大声说，安定国家，在长枪大剑，用什么毛锥（笔，指文官）。王章抗议道，没有毛锥，财赋从那里来。王章极其憎恶文官，说：这种人拿起算筹，连横直都不会摆，有什么用。王章要毛锥，是专为搜括民财，并无别用。杨邠也厌恶文士，常说，钱多兵强是国家急务，至于文章礼乐，算得什么。这里当然不是说文官不是民贼，不过，某些文官有时候还可能顾及一些制度，武夫则什么制度都不在意中，各行其所是，一味蛮横，乱成一团糟。

这群武夫中，只有郭威比较有些知识，留心搜罗有才能的文士，得到文官们的好感。九四八年，李守贞据河中，赵思绾据长安，王景崇据凤翔，同时反叛。汉隐帝令郭威督诸军讨伐三叛镇。郭威临行，向文官首领太师冯道求教。冯道说，李守贞著名老将，诸军多是他的旧部，他依恃向来得军心，所以不怕讨伐，你只要不吝惜官物，赏赐士卒，就可以夺取他的依恃。郭威听从冯道的建议，果然大得军心，诸军都愿意为郭威出力击李守贞。九四九年，郭威灭河中、永兴（长安）两镇，杀李守贞、赵思绾，别将赵晖灭凤翔镇，杀王景崇。郭威得胜还朝，不肯独受重赏，推功给在朝诸大臣和将士，汉隐帝因此遍赏诸大臣及诸藩镇。郭威这一作为，仍是冯道所教不要吝惜官物的意思，形式上得赏不比别人多，实际是换来了这些人的好感。九五〇年，辽军横行河北，诸藩镇各守本境，不相援救。朝议任郭威为天雄节度使，出镇魏州，仍兼枢密使，节制河北诸镇，得便宜行事。他被授与这样大的权力，就是因为取得了内外诸大臣的好感。

汉隐帝厌恶诸大臣，想用自己的亲信人执掌朝政。杨邠、史弘肇曾在朝上议事，汉隐帝说，再仔细想想，不要让别人说闲话。杨邠说，不用你开口，有我们在。汉隐帝不能忍受，与亲信人密谋，杀杨邠、史弘肇、王章，又遣使者到魏州杀郭威。郭威被迫起兵，下令：攻入京城，准许抢掠十天，全军踊跃听命。汉刑法极残暴，但军纪也还严肃，士卒不敢妄动，郭威用抢掠来收买士卒，军纪又败坏了。郭威留义子郭荣守魏州，自率大军出发，沿路无阻，只走七天，就到开封城外。汉隐帝被部下溃兵杀死。郭威入开封城，纵诸军大掠，城中到处火起，第三天，有人对郭威说，再不禁止，怕今夜只剩下一座空城。郭威下令禁抢掠，到午后才恢复秩序。这次大掠，民众自然也受害，但被掠的人家主要是汉文武百官。

当时，汉高祖弟河东节度使刘崇在太原，以备辽为名，拥有强兵；忠武节度使刘信在许州，刘崇子刘赟为武宁节度使，在徐州。如果三镇连兵，号召复兴汉朝，对郭威是不利的。郭威定计,声称迎刘赟为汉帝,使刘崇满意,等到刘赟离徐已远,去京稍近,然后连刘信一起消除,刘崇一镇就无能为力。定计以后,郭威请李太后下令立刘赟为帝,使冯道等大臣到徐州奉迎。九五一年,辽兵入寇,攻破内邱、饶阳两城。李太后令郭威率大军渡河击辽兵,又令国事暂委王峻等人,军事暂委王殷。自然,二王是郭威的心腹。郭威到澶州,将士数千人忽大噪,对郭威说,皇帝该你自己做,将士抢掠京城,与刘家结了仇,不能再让刘家人做皇帝。裂黄旗披郭威身上,拥立为皇帝。郭威拥众回来。澶州兵变时,刘赟已到宋州(河南商邱市),王峻、王殷派人带兵去宋、许二州,刘赟被拘,以李太后名义,废为湘阴公。刘信自杀。李太后令郭威监国,汉亡。刘崇于郭威称帝后,据晋阳称帝,国号汉(北汉)。北汉依附辽国,受册封作附庸国。

汉先后凡五年。

五　周朝(九五一年——九六〇年)

继沙陀人的三个小朝廷而兴起的周朝,虽然历年也极短促,但在历史趋势上却出现了转机。对沙陀人的野蛮性政治,开始进行改革,唐末以来大分裂的局面,开始转向统一,当乌云层层有加无已的时候,忽然透露出一线微弱的晨光,呻吟在战乱暴政下的民众,感到有些希望了。周政治颇能顺从民意，因此，这个小朝廷是值得重视的。

武夫作皇帝，总要有少数亲信的谋士。谋士是属于文官一类，比起完全武夫来，多少有些政治知识。梁太祖有敬翔，唐庄宗有郭崇韬，唐明宗有安重诲，石敬瑭有桑维翰，这些谋士当权时，武夫的蛮横就似乎差一些。只有汉高祖认为国家大事不可同书生商量，所信任的人都是完全武夫，因之汉政治比前几朝更残暴、更混乱，灭亡也最快，立国不过四周年。信任完全武夫，对郭威是一个教训。

郭威留心搜罗人才，先后得魏仁浦、李谷、王溥、范质等人。他用李谷管理财政，魏仁浦、王溥、范质参与机谋，取帝位和治国，多得这些文臣的助力。九五一年，郭威即皇帝位（周太祖），国号周。

周太祖出身贫家，读过一些书，知道民间疾苦，即位后，首先免除汉时王章所设斗余、称耗等额外苛敛及唐中期以来地方官进奉所谓羡余物，同时，宣布窃盗罪与奸罪，依晋天福元年（九三六年）以前刑律即依唐庄宗的《同光刑律》（《同光律》依据《唐律》及唐末年法令制定）处理，罪人除犯反逆罪外，不得灭族及没收家产。《同光律》:盗窃赃满绢三匹以上处死，强奸罪男子处死，妇人无罪。晋改奸罪为奸有夫妇人，不论强、和，男女一概处死。汉改窃盗罪为窃盗钱一文以上处死。又唐庄宗以来，罪人动辄被灭族和籍没。这都是极残忍的刑法,周太祖改革沙陀统治者好杀的蛮风,虽然只是初步改革,却显得气候在变化了。

周太祖停止州县贡献珍美食物及特产,对宰相王峻说:我是穷人出身,碰到机会做皇帝,岂敢厚自奉养以害百姓。又对大臣们说:我生长在行伍,不曾从师学问,未知治天下之道,文武官有益国利民的方术,可以写出来告诉我,文字要切实,不要辞藻。他能虚心纳谏,保持节俭生活,宰相范质、李谷也都尽心奉职,遵守法度,君臣合力,逐渐改革了一些弊政,境内小安。九五〇年,汉汝州防御使刘审交病死。汝州吏臣上书朝廷,说刘审交有仁政,请留葬在汝州,让百姓奉事他的坟墓。汉隐帝允许吏臣的请求,汝州人哭葬刘审交,立祠堂祭祀。冯道说:我知道刘审交的仁政,他并不能减轻租赋或免除徭役,只是不在额外多取而已。本来这不算是难事,但别人不肯做,刘君却肯做,所以汝州人爱戴到如此。如果地方官肯学他的所为,何愁不得民心。冯道熟悉时事,这番话正好说明五代政治极端黑暗,官吏极端贪暴,象刘审交那样的官,少到独一无二,民众的极端苦痛也就不言而喻。周太祖留心革弊,对民众有点益处,在五代时,确是一个难得的皇帝。九五四年,周太祖死,义子郭荣(本姓柴)继位(周世宗)。

周世宗在周太祖革弊的基础上,一面继续改善政治,一面训练军队,开始进行统一战争,推动历史又前进一步。

周世宗精明强干，志气弘大，内政和军事，都取得成就。他留心农事，刻木为农夫蚕妇，放在殿廷上，统治者能够心目中还有农夫蚕妇，想为民众减轻些痛苦，这就是好的统治者。有一次，同将相们在殿上会餐，他说：这两天很冷，我在宫中吃好饭，不觉得冷，无功于民而坐享天禄，实在惭愧。既不能耕田食力，只有亲临战阵为民除害，心里也许安稳些。他用这些话来勉励大臣们，与前朝君主纵容勋旧功臣，放肆作恶，态度不同，这一点，恰恰是改善政治的关键。他的政治成就，主要有下列三事。

　　（一）整顿纪纲——周世宗任用李谷、王溥、范质等人为宰相，魏仁浦为枢密使，都是很好的人选。他自己也振作精神，大权独揽，亲自裁决政事，执掌赏罚权，对群臣说，我决不因怒刑人，因喜赏人。周太祖过度纵容王峻、王殷，后来二人因骄横被杀。周世宗吸取这个教训，群臣有功，不吝厚赏，有过失，当面质责，等到知过改正，也就

河北沧县后周铁狮

不咎既往，依旧任使。他用法严峻，群臣失职误事，往往处死刑，即使有才干声名，也很少宽宥。他曾发怒要杀翰林学士窦仪，宰相范质叩头苦谏，说窦仪罪不该死，好久才赦免窦仪。九五七年，修永福殿，令宦官孙延希管理工程。周世宗到工地，见有些工役削木片当菜匙，用瓦盛饭，大怒，斩孙延希。初即帝位时（九五四年），发觉左羽林大将军孟汉卿额外多收棐税，令孟汉卿自杀。朝官奏称刑重，周世宗说，我也知道，不过要用他来惩戒众官，不许扰民。九五五年，令翰林学士、两省（门下省、中书省）官荐举低级地方官，试用后如犯贪污罪，荐举官一并治罪。为整顿纪纲，改变贪风，对百官施重刑，用意是可取的，后来官吏比较守法，他用刑也就宽了一些。五代相沿，律令格敕积至一百五六十卷，文字难懂，条目又烦杂不一，贪官污吏得以舞文弄法，陷害民众。周世宗令御史张湜（音食shí）等注释删节，王溥、范质等据文评议，详定为《刑统》二十一卷。九五八年，颁布《大周刑统》，使全国遵守统一的法律。宋朝沿用《刑统》，成为继承《唐律》的一部重要律书。

周世宗大权独揽，但并不刚愎自用。他要求群臣极言得失，说，你们说了我不用，是我的罪过，我求言你们不说，该谁负责！九五七年，设贤良方正直言极谏、经学优深可为师法、详闲吏理达于教化等科，各色人等，不限资格，都可应试。他曾令朝臣们写出《为君难为臣不易论》及《开边策》各一篇，亲自阅览。他进行统一战争,用兵步骤就是采用王朴《开边策》的建议,足见臣下有好意见,他是肯听取的。

(二)减轻民困——佛教在唐、五代时是民众的一个大蠹虫。周世宗限制佛教,对民众是大贡献。九五五年,令天下寺院,非敕额(朝廷特许)者一律废除。禁私度僧尼,只许两京、大名府(即魏州)、京兆府(即长安)、青州五处设戒坛,不得家长允许,不许受戒出家。禁僧俗舍身、断手足、炼指、挂灯、带钳等等惑人恶俗。令两京及诸州每年造僧尼账,有死亡、还俗,都随时销账。这一年,天下寺院存留二千六百九十四所,僧四万二千余人,尼一万八千余人;寺院废除三万三百三十六所,还俗僧尼数不详。减少寺院和僧尼,就是减少剥削者和坐食者,不仅对民众有利,就是那些普通僧尼,在寺院中受大僧尼压迫,得机会还俗,何尝不是幸福。周世宗在立国不过四五年的形势下,限制佛教,逐年缩小僧尼数,是切实可行的方法。自佛教盛行以来,寺院多销铜钱造佛像,周世宗令寺院除钟磬钹铎之类得留用外,所有铜佛像,一律送官府收买,用作铸钱原料。他对侍臣们说:你们不要疑惑。佛教讲利众生,愿意舍自己的生命布施给别人,为什么舍不得铜像。如果施舍我的身体可以利民,我也不会吝惜。据《佛祖统纪》引北宋杨亿说,镇州有一尊大悲(观音)像,极有灵应,毁像诏下,无人敢动这个像。周世宗亲自到寺,用斧斫破面、胸,旁观的人都替他惊慌。周世宗是否确有斫像事,不可知，但佛教徒企图说明周世宗病死（据说"疽发于胸"），是由于伤害了灵像，却只能说明佛教徒的荒谬无耻。

九五六年，周世宗因历朝相沿，不等待民间收获纺织完毕，就征收谷帛。下诏从是年起，夏税到六月，秋税到十月，才开始征收。民间感到方便。九五八年，依据元稹《均田表》所说均平田租的办法，制成《均田图》，颁给诸道节度使、刺史各一面，作均田准备。不久，派出朝官三十四人，分行诸州，均定黄河以南六十州田租，连历朝受优待免纳租税的曲阜孔家，也照平民例纳租，取消特权，可见这次均赋，相当彻底。接着下诏诸色课户及俸户（替官府放债收息提供俸给的富户）编入州县民籍，所有幕职及州县官，由朝廷发给俸钱及米麦。扫除唐初以来三百数十年的弊政，显示周世宗改革积弊严惩贪污的决心。九五九年，开封府奏称田税旧有十万二千余顷，现查出隐税田四万二千余顷。周世宗令减为三万八千顷，即免收十分之一的田税，抵销官府的多报数，用心是较为持平的。

（三）准备统一——周世宗自称，希望做三十年皇帝，用十年开拓天下，十年休养百姓，十年致太平。在他在位的五年六个月中间，主要是用兵开拓疆土，但也留意统一后的某些安排，表现出长远的计划。九五五年夏初，下诏扩大开封外城，先立标帜，俟今冬农闲开始筑城，到次年春耕时停止，分年进行，逐渐完成。又令今后埋葬，必须在标帜七里以外，标帜内等待街道及仓场营房划定后，听民间随便营造房屋。开封城中街道被权势家造屋侵占，很少能通大车，周世宗令改直并放宽，有些大路宽至三十步。又迁坟墓到标帜外，对群臣说，近来扩大京城，不少人有怨言，不过，日后总会得到好处。九五六年，发开封府及附近数州民夫十余万人筑外城，开封成为代替古都长安、洛阳而新兴的大都市。

周世宗又力求恢复以开封为中心的水路交通。汴水自唐末溃决，埇桥（在安徽宿县北）东南水道淤塞。周世宗谋击南唐，发民夫因旧堤疏浚，东至泗水上，对群臣说，目前固然有困难，几年以后，漕运通达，一定获利。九五七年，疏浚汴水北入五丈河，连接济水，山东地区得与开封通舟。九五八年，攻拔南唐静海军（江苏南通县），与吴越国直接通航。同年，取得南唐江北土地，开掘汴口，导黄河水通淮水，恢复了唐时运路，江、淮漕船可以到达开封。九五九年，令王朴到河阴（河南荥阳县北）巡查河堤，在汴口立斗门，控制黄河水势。又发民夫数万浚汴水。自开封城东引汴水入蔡水（宋时名惠民河），通陈、颍等州漕运。浚五丈河，经过曹、济、梁山泊，通青、郓等州漕运。周世宗没有完成统一的大事业，但在水路交通上，却基本统一了。

周世宗原想在前十年中，完成统一大业，连年出战，不求休息，虽然政治有所改善，民众的负担却很沉重。不过，他为统一而战，是符合民众愿望的，所以民劳苦而不怨，战争都取得胜利。

九五四年，周世宗刚即帝位，北汉主刘崇勾结辽国，大举入侵。辽骑兵万余人，北汉兵三万人，合力向潞州进攻。这是决定存亡的战争，周世宗决心亲自率兵去抵御。群臣多劝说，刘崇必不敢自来，皇帝不宜轻动，可命将出师。宰相冯道劝阻尤力。周世宗反驳群臣说，刘崇看轻我年少（三十四岁）新立，想吞并天下，一定自来，我不可不自往。又说，从前唐太宗定天下，都是身临前敌，我怎敢偷安。这个狡猾透骨向来不轻易说话的冯道，居然破例顶撞起来，说，不知道你能为唐太宗否？周世宗答，我兵力强，破刘崇如山压卵。冯道说，不知道你能为山否？冯道敢于这样强硬，是算定出兵必败。原来周世宗是郭家养子，因谨慎退让被信任，得管理家务，作茶商往来京、洛、江陵间，替郭家筹费用，从来不曾打过仗，也不曾表现什么才能。冯道和群臣都认为不中用，不如等敌兵到来，看机会投降为是。冯道习惯于率百官奉迎新君，周朝存亡对冯道和群臣是毫无意义的。当时，周世宗如果有软弱表示，灭亡必不可免。他坚持要自往，宰相王溥也劝他亲征，朝议才决定下来。

　　周世宗自开封出发督促诸军，兼程前进。路上，一个亲军都指挥使赵晁说，北汉势盛，应该持重缓进。所谓持重，就是畏缩不前，准备挨打。周世宗怒，囚赵晁，置怀州狱中（高平战胜后释放）。这是振作军心的必要措施，从此，诸将不敢再说退却的话。北汉军屯高平（山西高平县）南，周军屯泽州（山西晋城县）东北。北汉主率中军在巴公原列阵，骁将张元徽阵在东，辽将杨衮阵在西，军容颇严整。周后军将刘词还没有到来，周军人数少，众心危惧。周世宗志气高扬，态度坚定，命白重赞、李重进率左军在西，樊爱能、何徽率右军在东，向训、史彦超率精骑在中央，周世宗骑马上阵督战，张永德率亲军护卫。北汉主望见周兵少，挥军进攻，张元徽率骑兵击周右军，樊爱能、何徽小战，即引骑兵逃走，步兵投降北汉，右军溃乱。周世宗见势危，自率亲兵冒矢石督战，亲军将赵匡胤与大将张永德各率二千人力战，击败北汉军。张元徽被周军杀死，周军奋击，北汉军大败。辽军怕周军，不敢救北汉军，退回代州。刘词率后军到来，合诸军追击至高平，北汉军溃散，北汉主昼夜奔驰，逃归晋阳。周世宗赏有功将士数十人，赵匡胤擢升为殿前都虞侯（地位次于副都指挥使）；杀樊爱能、何徽及将校七十余人，又杀投降北汉的右军步兵。赏罚分明，骄将惰卒，无不知惧，军威大振。

　　经这次大战，周世宗的英武果敢，开始为群臣所信服，因而得行施他的政治抱负。依附辽国的北汉，不再存夺取中原恢复沙陀政权的野心。所以，高平一战，有它的重要意义，它保卫了历史趋势上的转机。

　　周世宗回到开封，开始整顿纪纲，亲揽大权，同时下决心整顿军队。对群臣说，兵贵精不贵多，一百农民还不够养一个甲士，竭农民的脂膏养老弱无用的兵丁，如何使得。他下令检阅禁军，留用精锐，斥退老弱，又募天下壮士到京城，令赵匡胤考较武艺，选取优异，成立特精军队，称为殿前诸班。全国步骑诸军，令将帅照禁军例挑选。从此士卒精强，历朝莫比，征伐四方，所向克捷，唐中期以来养冗兵的积弊，一举扫除了。

辽国以南京（幽州城）为据点，经常侵扰河北，轻骑深入，毫无限阻，民众被杀掠，不得安居耕作。九五五年，周世宗使王彦超率兵民浚胡卢河（即衡漳水，在河北深、冀二县间）数百里，在李晏口筑城，募兵驻守。自是辽兵不敢渡胡卢河。周世宗令群臣献开边策，王朴献策，大意说：要用兵首先要改善政治，"民心既归，天意必从"。用兵之道，先取其易，因此，宜先取南唐国江北诸州，既得江北，再取江南。得江南，岭南巴蜀自然畏威来降。南方既定，燕地（石晋所割诸州）必望风内附，如辽兵据守，出师攻取，并不困难；因为民众是汉族人。只有北汉一国，与周为世仇，决不肯归降，但高平败后，不敢再为边患，可留待最后，俟机一举消灭它。王朴的计划是想先平定南方，用南方厚雄的财赋，养北方强大的兵力，然后攻取幽燕，最后取得河东，完成统一大业。周世宗不完全采用王朴策，取得江北，即移兵北取幽燕，不幸得病死去，大功只完成小半。继周而起的北宋，以巩固帝位，稳定内部为国策，无力收回幽燕，对辽专取守势，甘心作弱国，这就更显得周世宗那样发扬蹈厉的雄姿，多么难能而可贵。

九五六年，周世宗下诏亲征淮南。南唐是大国，兵力也足以对抗,周军力战,夺得滁州(安徽滁县),并袭取扬州。南唐主李璟因屡战屡败,奉表称臣,使辩士带金器一千两,银器五千两,缯锦二千匹来见周世宗,意图劝说退兵。周世宗责南唐使臣说:你们的国主,自称是唐朝子孙,那末,应该懂得礼义,有异于别国(指石晋及北汉国)。你们国境同我只隔一条淮水,从来不通使讲和好,却经常泛海通契丹,弃华事夷,礼义在那里?回去告诉你们国主,赶快来见我,再拜认错,就没事了。这里显示周世宗急图击辽,收复失地,只要江北土地,无意渡江取南方。南唐主又遣使臣带金一千两,银十万两,罗绮二千匹来见,愿献淮南寿、濠、泗、楚、光、海六州土地。周世宗表示得江北即罢兵。战事进行到九五八年,南唐力竭,愿献江北四州。周得淮南江北共十四州,六十县,与南唐划长江为界。在攻南唐战争中,赵匡胤立有战功,迁升为殿前都指挥使。

九五九年,周世宗下诏亲征,收复北方失地。令孙行友守定州西山路,防止北汉国救辽,扰大军后路;令韩通等率水陆军先发。韩通自沧州(河北沧县东南)治水道入辽国境,在乾宁军(在沧州西一百里)筑栅,修治水道,通瀛、莫二州。周世宗到沧州,即日率步骑数万出发,直向辽境。令韩通为陆路都部署,赵匡胤为水路都部署。周世宗乘船到独流口(在河北固安县境),西行到益津关,辽守将降。再西行,水路渐小,不能通大船,周世宗登陆,在野地宿营,卫兵不满五百人。辽骑兵连群出没左右，不敢逼近。赵匡胤军到瓦桥关，辽守将降。周世宗入瓦桥关，辽莫州刺史、瀛州刺史相继来降。孙行友也取得易州，杀辽易州刺史。辽国君臣恐惧，撤幽州辽兵后退。周世宗探知实情，很喜欢，以为大功必成，会诸将议取幽州。诸将说，车驾离京四十二日，兵不血刃，取燕南全部土地，这是莫大的功绩。现在辽骑兵屯聚幽州北部，我军不宜深入。习惯于在内战中谋富贵的将领，总是怕对外作战，因为对外战争一般是比较激烈的。石晋对辽屈辱，不以为耻，尤其给那些内战将领以辽强可畏的错误感觉。事实上决定战争胜败的关键在于民心的向背，燕南诸州和关口，周兵到时，不战自降，就是在民众压力下，辽守将不得不投降。辽军撤出幽州，也是怕民众。自然，这些将领心目中不会有民众，因之，只觉得辽骑兵可怕，不敢取幽州。周世宗听了诸将的议论，很不满意，督促先锋都指挥使刘重进先行，据固安城，自己亲到安阳水，下令造桥，准备前进。当天，周世宗得病，只好停止进军，在瓦桥关设雄州（河北雄县），益津关设霸州（河北霸县），令韩令坤守霸州，陈思让守雄州，自率大军回开封。他自知不起，布置后事，使魏仁浦以枢密使兼任宰相，宰相王溥、范质兼知枢密院事；又任侍卫亲军副都指挥使韩通兼宰相，殿前都点检张永德去军职，改任宰相，以赵匡胤代张永德任殿前都点检。周世宗北征时，曾有人造谣言说"点检作天子"。张永德是周太祖的女婿，立有军

478

功，殿前诸班又是最精锐的禁军，因而张永德被疑，削去军职，改任为宰相。赵匡胤新从低级军官提升，资望较浅，夺帝位应该是不很可能。他以王溥、范质、魏仁浦为骨干，掌管枢密院，又混合文武大臣在政事堂，使同掌国政，想来帝位可保无虞了。周世宗死，子郭宗训年七岁，继帝位（周恭帝）。周恭帝即位后，李重进兼淮南节度使，防南唐，韩通兼天平节度使，防开封东北面，赵匡胤兼归德节度使，防开封东面，向训为西京（洛阳）留守，防开封西面，保卫京城可称周密。九六○年，周群臣正在贺元旦（庚申年），镇、定二州忽奏报辽、北汉合兵南侵。赵匡胤率禁军诸将去抵御，到陈桥驿（开封城北二十里）兵变，拥赵匡胤为帝。赵匡胤率军回开封灭周，建立宋朝。

周世宗改革了不少五代的积弊，开辟了统一全国的道路，他的功绩应该得到尊重。

周先后凡十年。

自九○七年梁太祖称帝，至九六○年周亡，先后五十四个年头，中间经历五个小朝廷。梁十七年算是最长。唐十四年，按唐庄宗、唐明宗（无姓氏）、唐废帝（本姓王）三人各一姓来说，换姓平均还不到五年。晋不足十二年，汉不足五年，周不足十年。朝廷改换如此迅速，说明政权极不稳定，也就是武夫们劫夺得异常剧烈。周世宗是好皇帝，在位还不满六年，就有人想夺取他的帝位。五代时武夫们除了彼此间用武力相劫夺、怀恶心相猜忌以外，很少有其他关系。统治阶级也有它的阶级道德，五代时，道德完全破坏，善意相维持、推诚相信任的风气根本不存在。武夫们分裂成毫无黏性的无数碎片，组成的朝廷，坏的固然很快就消灭，偶有较好的同样不免于被劫夺，统治阶级丑恶到如此地步，社会将无法得到安定。宋朝竭全力抑制武夫们劫夺的恶习，使政权稳定下来、民众免除战乱的痛苦，在这一点上，应该肯定宋朝的贡献。

　　构成统治阶级的文官部分，丑恶并不亚于武夫们。文官的代表是冯道。冯道是五代时期著名的人物，是这个时期的特产，是官僚的最高典型。东汉有个典型官僚名叫胡广，当时人们给他考语，说"万事不理问伯始（胡广字），天下中庸有胡公"，意思是胡广熟悉典章，有办事经验，柔媚谦恭，不抵触任何人。冯道所处环境比胡广危险复杂得多，因之他的中庸手段发挥得更加充分。《通鉴》总括冯道的行径说，"为人清俭宽弘，人莫测其喜愠，滑稽多智，浮沉取容"；"依违两可，无所操决（决断）"。这和五代官吏无不贪暴放纵，明争强夺的风气有异，他就这样被认为有"德行"，各朝都要重用他来安抚众文官。他尤其擅长的手段是揣度胜败，估量强弱，舍弃败弱，奉迎胜强，按照时机做来，不过早也不过迟，被舍弃者来不及怨恨，被奉迎者正适合需要，他就这样避免危害，长享富贵。南朝梁刘峻作《广绝交论》，说，小人以利相交，叫做利交。利交有五种方法，

480

其中一法是量交,观望形势,计算利害,谋而后动,丝毫不差。冯道就是使用量交法最精的一人。"德行"加量交,使冯道成为特出的官僚典型。想到冯道,就会想到官僚是多么可憎的腐朽物。下面举出他的一些事例:

冯道在唐末,投刘守光作参军。刘守光败后,投河东监军张承业作巡官。张承业看他有"德行"和文学,荐给李克用,任河东节度府掌书记。唐庄宗时任翰林学士,开始贵显。唐明宗时,任宰相。从此尽管改朝换姓,他总不离将、相、三公、三师的高位。李从珂攻唐愍帝,兵到陕州,唐愍帝逃往河北。冯道为首相,准备率百官班迎,促卢导起草劝进文书。卢导不肯,说,天子还在河北,人臣那可轻率劝进。冯道说,"事当务实"。所谓务实,就是看准唐愍帝必死,李从珂必立。唐废帝(李从珂)拜冯道为司空(三公之一),朝议令掌祭祀时扫地的职事,冯道说,扫地我也干。只要官位高,职事是什么,他并不在意。晋高祖入洛阳,任冯道为首相。他要冯道出使辽国行礼,表示对父皇帝的尊敬。冯道毫不犹豫,说"陛下受北朝恩,臣受陛下恩,有何不可"。好个奴才的奴才! 自辽国回来,大得信任,朝政都委冯道处理。有一次,晋高祖问及军谋,冯道答,"征伐大事,在圣心独断,臣书生,惟知守历代成规而已。臣在(唐)明宗朝,曾以戎事问臣,臣亦以斯言答之"。这是冯道保身的秘诀,守历代成规不与闻任何担干系的事情,正是一道避祸的护身符。晋高祖临死,召冯道一人受遗命，使幼子石重睿拜见冯道，又使宦官抱石重睿置冯道怀中，意思是要冯道出力辅立石重睿。晋高祖死，景延广主张立长君，立晋出帝。冯道一句话也不说，依然做首相。不久，出任威胜（鄂州）节度使。辽主灭晋，冯道自动入朝。辽主责问，你是那一种老子（老东西）？冯道答，"无才无德，痴顽老子"。辽主喜欢他能辱骂自己，使为太傅（三师之一）。汉高祖使为太师，官位达到最高点。郭威举兵入开封，汉隐帝被杀，冯道破向来率百官班迎、奉表劝进的老例，改为率百官谒见，并且受郭威的拜礼。因为郭威设谋要诱杀刘赟，如果冯道冒昧劝进，必然遭受郭威的斥责。郭威派他奉迎刘赟。刘赟到宋州被拘，对冯道说，我这次敢来，因为你是三十年老宰相，所以不疑有诈，现在事急，怎样办？冯道默不作声，表现一副痴顽相。有人要杀冯道，刘赟阻止，说，这件事不干冯老翁。实际上，冯道固然不是同谋杀刘赟，但郭威的暗算，他心里很明白，他替郭威立了这一功，回朝后仍任太师。周世宗出御北汉，冯道力阻，周世宗发怒，看不起他，使他做山陵使，为周太祖造坟墓。冯道第一次打错算盘，不免烦恼，葬事完了，他这条丑恶的生命也同时完了。冯道自号长乐老，作《长乐老自叙》一篇，叙述历事四朝及契丹所得阶勋官爵以为荣，自谓孝于家，忠于国，做子做弟做人臣做师长做夫做父，都做得无愧色，只有一点不足（缺点），就是"不能为大君致一统、定八方"。所谓大君，自然包括辽主在内。哀莫大于心死，冯道就是心死透了的人。他在五代、宋初有极高的声望，《新五代史》载冯道死后，"时人皆共称叹，以为与孔子同寿（冯道七十三岁死），其喜为之称誉盖如此"。范质称冯道"厚德稽古（同于古圣贤），宏才伟量，虽朝代迁贸（改变），人无间言，屹若巨山，不可转也"。《旧五代史·冯道传·赞》说"道之履行（行为），郁有古人之风；道之宇量（气量），深得大臣之体"。这都是怪异的议论，说明五代、北宋初的文官们，与冯道同样是心死的人，正如欧阳修所说"可谓无廉耻者矣，则天下国家可从而知也"。以冯道为代表的官僚风气，对统治阶级也很有害，宋人讲理学，就是想改变冯道对士大夫群的巨大影响，在当时的历史条件下，理学曾起着某些有益的作用，当然它是唯心主义哲学，根本性质是反动的。

第二节　环绕中原地区的十个小国

唐末和梁、唐、晋、汉四朝，黄河南北广大地区遭受严重的战争破坏。唐末杨行密割据淮南，阻止北方的战乱波及长江流域，南方诸国得以稳定内部，发展经济，虽然也不免有战争和暴君，比起北方来，却显得较为安宁。全中国政治统一是符合人民基本利益的好事，但在五代大乱的情况下，南方立国分治，并不是坏事。南方民众受统治者的祸害轻一些，这就是诸国应该暂时存在的理由，一切以广大民众的利益为标准，不能单凭统一与分治的形式来判断好坏。北汉立国的性质是完全反动的，不得与南方诸国同等看待。

一 吴国（八九二年——九三七年）

八九二年，杨行密据有淮南镇。九〇二年，唐昭宗希望他攻宣武镇朱全忠，封为吴王。吴国建都扬州，逐渐扩地，到九〇九年，共有二十七州。九〇五年，杨行密死，子杨渥继位。九〇八年，权臣徐温杀杨渥，立杨隆演，军政大权全归徐温执掌。自然，杨行密留下的许多旧将，还是拥护杨氏政权的。徐温以严可求为谋主，立法度，禁强暴，提倡节俭，颇得民心，在杨氏政权中自成一个势力。九〇九年，徐温兼任升州（江苏南京市）刺史，使养子徐知诰治升州。当时诸州长官多是武夫，专管军务，不理民事，徐知诰改变旧习，选用廉吏，修明政教，招延士人，得进士宋齐丘为谋主，在徐氏势力中又自成一个势力。九一七年，徐温爱升州繁富，筑金陵城，自居城中，执掌吴国大政，使徐知诰为润州（江苏镇江市）团练使，使子徐知训居扬州，管理国政。徐知训骄横淫暴，侮辱吴王及吴国旧臣。九一八年，吴将朱瑾（八九七年，被朱全忠战败，投降杨行密）愤恨，杀徐知训。徐知诰即日从润州渡江入扬州，徐温只好让徐知

484

诰管理国政。

徐知诰改变徐知训的作法,对吴王表示恭敬,对文武众官表示谦逊;又以吴王名义免收九一六年以前欠税,九一七年以后欠税,待有丰收年时再补缴。这样,不仅吴王和文武众官都满意,也取得民众的好感。吴国原有丁口钱,又按田亩收税钱,钱贵物贱,民众极为不便。徐知诰用宋齐丘策,废除丁口钱,田税改为缴纳谷帛。徐知诰改善政治,减轻赋税,江淮间民众乐于开辟荒地,发展农桑,吴国愈益富强。尽管上面有吴王和徐温,徐知诰的势力从此稳固不可动摇。杨行密懂得争取军心和民心,因而造成吴国,徐温从杨渥手中夺取政权,也是依靠军民归心,徐知诰更着重在争取民心,扩大自己的势力。此后,杨氏王室和徐温势力逐渐在削弱,徐知诰势力逐渐在强盛,等到徐知诰足够强盛时,吴国自然要灭亡。

徐温夹在两个势力的中间,想寻求出路。严可求劝徐温用子徐知询代徐知诰掌国政。徐知诰逐严可求出扬州。徐温计谋不成,不能再向下面有所作为,只好转向上面。九一八年,徐温请吴王称帝,借以提高自己的官位。杨隆演不敢答应。徐温势力比杨隆演大,九一九年,杨隆演被迫称吴国王,改元,用天子礼,表示吴是独立国,不再是唐朝的一个旧藩镇。徐温得到的官爵自然非常高大,封郡王,主要官职是大丞相,都督中外诸军事、诸道都统、镇海、宁国节度使。他本来执掌吴国军政大权，有这些官职，并不能增加什么新权力，只是使群臣感到他要夺取吴国王位。杨隆演被迫称吴国王，很不满意，九二〇年，忧郁成病，临死时，群臣议后嗣，有人提议徐温继位。徐温板着面孔说，我绝对不存这个念头！杨家即使没有男子，有女也可以立。敢乱说的斩。他看到当时灭杨氏，很可能引起内乱，拒绝继位的意思大抵在此。向上面寻出路，只得到一些官爵，实际上并没有寻得出路。徐知诰却取得参知政事兼知内外诸军事的官职，仅次于徐温的政治地位更加确定。杨隆演死，弟杨溥立。九二七年，徐温要率诸藩镇入朝，逼吴王称帝，临行得病，使子徐知询往扬州代徐知诰执政。徐温死，这个计划落空，灭杨氏的人肯定是徐知诰，徐温想自己的儿子代杨氏做皇帝，完全无望了。

徐温死后九天，徐知诰使杨溥称帝，自任为都督中外诸军事。九二九年，令徐知询入朝，收回徐温留在金陵的军队，拥徐温、徐知询的文武官，都改拥徐知诰，徐知诰势力成为吴国唯一的势力。九三一年，徐知诰仿照徐温的作法，出镇金陵，执掌吴国大政，使子徐景通留扬州管国政，任宋齐丘等为吴宰相，辅助徐景通。九三七年，徐知诰废吴皇帝杨溥，自称皇帝（唐烈祖），国号唐，建都金陵。唐烈祖改姓名为李昪（音弁bian），儿子徐景通改姓名为李璟。

吴国自杨渥时起，政归徐温，杨氏却仍保持国君名位数十年，原因是杨行密留下的一部分将士拥护杨氏政权。到李昪称帝时，庐州节度使周本还自称杨家老臣，不能事二姓，愤恨病死。徐温不敢轻率行事，徐知诰经营到年老才实行禅让，足见转移政权必须有步骤。在北方，武夫凭暴力劫夺，忽起忽灭，经历了梁、唐、晋三朝，在吴国，只转移一次。徐温、徐知诰谨慎缓进，远比北方武夫有识见。换姓本是统治阶级自己的事情，但往往因此伤害民众，唐代替吴，国内免于战乱，在五代时期是少有的现象。

吴先后凡四十六年。

二 南唐（九三七年——九七五年）

吴国自杨行密死后，实际执政的徐温、徐知诰，都能留意民事，吴国安宁，起着保障长江流域不受北方武夫侵扰的作用。唐烈祖即位后，尤其坚持保境安民政策，不敢轻易动兵。九四○年，晋安州（治安陆，湖北安陆县）节度使李金全降唐。唐烈祖派兵去接应，临行时戒诸将不得入安州城。诸将违命入城，晋军击败唐军，杀唐诸将，监军杜光业及兵士五百人被俘送开封。晋主石敬瑭送杜光业等还唐。唐烈祖不受，使杜光业等回开封。他这样做，意思是要唐、晋和好，避免战争。早在九一九年，吴越国主钱镠攻吴常州。徐温大破吴越军，乘胜与吴越讲和，实行休兵息民。唐烈祖继续与吴越和好。九四一年，吴越国府大火，宫室库藏几乎烧完，吴越国主钱元瓘受惊发狂病。唐群臣劝出兵灭吴越。唐烈祖说，我不做幸灾乐祸的事，遣使去慰问并送礼物。朝臣冯延已爱论兵说大话，曾讥笑唐烈祖说，乡下老那能成大事。冯延已无知狂妄，唐国民众需要休息，唐烈祖的政策是符合民众需要的。

唐烈祖着重在内政的改善，自九一八年管理国政以来，以"兴利除害"为目的，陆续变更旧法很多，即位后，删定为《升元（唐烈祖年号）条》三十卷，通行全国。严禁"压良为贱"，不许买良人（平民）子女为奴婢，立文据要通过官府审查。田租按田好坏定租税多少，民间感到平允。调兵兴役及他赋敛，都按税钱多少为标准，使贫户减轻些负担。为国事死亡的人，得领抚恤钱三年。他自己生活节俭，不爱声色，专心听政，以夜继昼。他希望活得长久些，误信道士的邪术，服用丹药，九四三年，中毒病死。临死对李璟说，我吃金石，本想益寿，反而伤生，追悔不及，你以后要警戒。

李璟继位（唐元宗），信任陈觉、冯延已、冯延鲁、查文徽、魏岑等五个邪佞人，唐人称为五鬼。闽国内乱，九四五年，唐元宗使查文徽率兵攻闽。闽兵大败，唐破建州（治建安，福建建瓯县）获闽国主王延政。闽民苦于连年内乱，王延政任用杨思恭，专事聚敛，号称杨剥皮，尤为民众所痛恨。唐军得到闽民的援助，取得胜利，破建州后，纵兵大掠，闽民失望。唐元宗认为查文徽等有功，不问大掠之罪。汀（治长汀，福建长汀县）、

488

泉、漳（治漳浦，福建漳州市）三州相继降唐。九四六年，泉州将留从效逐走刺史，唐即任留从效为泉州刺史。唐军得胜，主要是闽国内乱，并不是唐能用兵，唐人却想乘胜进取福州。陈觉自称能劝说福州割据者李仁达来投降。陈觉到福州，遭李仁达薄待，回到剑州（南唐新置，治剑浦，福建南平县），擅自发兵，使冯延鲁为将，围攻福州。唐元宗也就使魏岑率兵去助攻。李仁达向吴越国求救，吴越兵入福州助守。九四七年，唐军被吴越军击败，士卒死二万余人，军需损失无数，国库耗损过半。战争的结局是吴越得福州，唐得建、汀、漳三州，留从效得泉州。九四九年，留从效夺取漳州，唐给清源节度使名义，承认留从效的割据。

楚国内乱，九五一年，唐元宗命边镐为将，率兵入长沙灭楚国。九五二年，楚辰州（治沅陵，湖南沅陵县）刺史刘言遣将王逵攻长沙，边镐等逃回唐。刘言占有楚国岭北土地，降附周朝。九五三年，王逵杀刘言。九五六年，潘叔嗣杀王逵，周行逢杀潘叔嗣。周世宗授周行逢武平节度使名号，湖南全境为周行逢所有。王逵将攻长沙，问部将孙朗能否成事。孙朗说，我在金陵数年，唐政事看得很清楚，朝上无贤臣，军中无良将，忠佞无别，赏罚不当，这样的国家，不亡算是幸运，那能兼并别国。我请为你作前驱，取湖南好比拔一根草。孙朗所见完全真实，唐元宗和宰相冯延己等却骄傲自满，居然想吞并天下。边镐败后，唐元宗开始感到困难，议休

489

兵息民。有人说，但愿陛下数十年不用兵。唐元宗说，我将终身不用兵，数十年算什么。意思是自己寿命比数十年还要长。昏人正在说梦话，九五五年，周世宗命李谷督十二将攻唐寿州。

周军来攻，唐君臣才知道"国难"来临，可是用作元帅的刘彦贞，贪暴龌龊，家中积财巨万，做节度使多年，不曾用过兵，却专会搜括财物，奉迎权贵。五鬼中魏岑等人称誉刘彦贞文武全才，古今少有，唐元宗就用他来对抗周军。东正阳（在淮水东岸）一战，唐军大败，死一万余人，周军杀刘彦贞等。唐君臣大恐慌，五鬼一类人多少退后一些，良将刘仁赡等因而得任用。唐军取守势，抵抗周军也还有力量。周世宗亲临前敌督战，周军也不免久战疲劳。九五八年，战事以唐献江北淮南十四州，对周称臣奉正朔作为附属国而告结束。唐元宗使陈觉请求周世宗，说江南不产盐，愿得江北海陵（江苏泰县）盐田。周世宗只许每年给唐国盐三十万斛。唐失去江北和盐税，食盐又不能自给，国力比战前大为低落。九六一年，唐元宗死，子李煜（音郁yù）继位（唐后主）。

唐元宗秉性庸懦，爱好文学，又喜欢听歌颂自己的话，所用大臣大抵属于这两类人。冯延已、冯延鲁、江文蔚、潘佑、徐铉、韩熙载等都因擅长文学得美官，唐文学比别国都兴盛。二冯尤其长于谄谀，与陈觉等"五鬼"为佞臣首领。唐元宗用冯延已为宰相，说明文学加谄谀是他用人的标准。唐后主好读书，善作文，工书画，知音

490

江苏南京出土南
唐持剑及拱立俑

四川成都出土
前蜀"宝盝"武
士像（摹本）

律，是个高级文士，政治上却是个昏君。即位后，更提倡文学和谄谀，并且还喜爱声色奢侈及高谈佛理。他有宫女名窅（音杳yǎo）娘，轻丽善舞，用帛缠足，纤小弯屈象新月，着素袜在六尺高的金制莲花上跳舞，飘飘然有水仙乘波的姿态。相传中国妇女缠足从那时候开始。荒淫到如此，不亡何待！他也知道将要亡国，与臣下日夜饮酒作文章，表示忧愁。潘佑上书极谏，唐后主怒，投潘佑狱中，潘佑自缢死。知道将亡，但拒绝救亡，确是十足的亡国之君。九七五年，宋军入金陵，俘唐后主，南唐亡。

南唐先后凡三十九年。

三 前蜀国（八九一年——九二五年）

八九一年，王建据西川，后来兼并东川和汉中等地，共有四十六州。九〇七年，王建自称皇帝，国号蜀（前蜀），建都成都。

蜀主王建目不知书，喜与文士谈论。当时唐名家世族，多避乱在蜀，韦庄、张格、毛文锡等文士百余人，都得到优待，史称蜀国"典章文物有唐之遗风"，实际是唐朝的腐朽习气具体而微地搬运到蜀国。做一个小国皇帝，屡次加尊号，接连改元，经常有龙见、麟见之类的祥瑞，信任宦官，养大批义子，诸如此类，都是腐朽景象。蜀主晚年尤其爱好女色，军政大权交给宦官唐文扆（音以yǐ）。九一八年，蜀主病重将死，养子王宗弼杀唐文宬。蜀主任用宦官宋光嗣为枢密使,执掌军政大权。他到死总觉得宦官最可信任,可称真正有唐之遗风。蜀主王建死,子王衍继位。

蜀主王衍擅长浮艳文学,荒淫无度,国政委宋光嗣等一群宦官,自己与韩昭等号称狎客的一群佞臣,饮酒赋诗,寻求快乐。他曾作诗说"有酒不醉是痴人";某次宴饮,王宗寿(王建养子)涕泣劝谏,狎客们起哄说,嘉王(王宗寿封号)酒醉发疯了。醉与不醉,痴与不痴,在这里是完全颠倒的,蜀国的前途是什么,可以不言而喻。九二五年,在中原恢复唐遗风的唐主李存勖,遣李继岌郭崇韬率兵攻蜀,王衍投降,前蜀国亡。

前蜀先后凡三十五年。

四　后蜀国(九二六年——九六五年)

九二五年,唐庄宗任孟知祥为西川节度使。九二六年,孟知祥入成都,整顿吏治,减少苛税,境内渐安。九三二年,杀东川节度使董璋,得东川地。九三四年,称帝,国号蜀(后蜀),建都成都。当年,蜀主孟知祥死,子孟昶继位。蜀主孟昶时,契丹灭晋,晋国秦、成、阶三州附蜀,蜀又攻取凤州,疆土扩张与前蜀相同。后蜀君臣务为奢侈,甚至溺器也用珍宝装饰。九六五年,宋军入蜀,孟昶投降,后蜀亡。

后蜀先后凡四十年。

蜀地富庶，前后两次立国，境内都还算安宁，虽然君臣奢侈成风，民众受害比北方终究轻一些。唐朝流亡士人生活优裕，腐朽环境培养出腐朽文学，蜀与南唐同为五代时期文学的重镇。

五　吴越国（八九三年——九七八年）

八九三年，唐昭宗任钱镠为镇海节度使，驻杭州。八九六年，得越州，唐任为镇海镇东两军节度使。九〇七年，梁封钱镠为吴越王。吴越拥有十三州土地，是个弱小国，在吴国威胁下，钱镠必须向北方小朝廷称臣、纳贡，借以牵制吴国。钱镠经常回到临安故乡，他的父亲钱宽总是躲避不见。钱镠找着钱宽，请问缘故。钱宽说，你现在作国主，三面受敌（北、西有吴，南有闽），与人争利，怕祸及我家，所以不愿见你面。钱镠涕泣受教。钱镠也知道小国处境的危险，因此力求自保，不敢懈怠。他很少安卧，用小圆木作枕，熟睡中头小动便落枕觉醒，称为警枕。寝室中置粉盘，想起事情即写在粉盘上。令侍女通夜等候，外面有人来讲事，立即唤醒他。九一九年，吴徐温与钱镠讲和，两国息兵，但钱镠仍不敢疏忽。九三二年，钱镠病将死，告继位人钱元瓘说，子孙要好好奉事中国（北方小朝廷），切勿因换姓废事大的礼。这是吴越的国策，一直遵守到国灭，因为它始终是个弱小国。

494

吴越自钱镠时起,赋税繁苛,小至鸡、鱼、鸡卵、鸡雏,也要纳税。贫民欠税被捉到官府,按各税欠数多少定笞数,往往积至笞数十以至百余(一说五百余),民尤不胜其苦。自然,另一面是吴越君臣不胜其乐。北宋时开封人称"余杭百事繁庶,地上天宫",统治阶级的天宫,建筑在民不胜其苦的基础上,开始建筑这座天宫的人就是钱镠。钱镠留心收买名士,皮日休(当是黄巢失败后,逃来依靠钱镠)、罗隐、胡岳等都得到优待,自己也学吟咏,与名士唱和。他做节度使时,有人献诗,诗中有"一条江水槛前流"句,他以为讽刺,暗杀献诗人。罗隐声名大,曾作诗议笑他出身寒家,却欣然不怒。历代继位人也都重视文士,钱元瓘作诗一千篇,有《锦楼集》流传士人间,钱弘佐能作五、七言诗,经常宴会,得士人心。凡是替钱氏赞美的记载,都是那些文士写的,当然不会说到剥削的残酷。《五代史记》说,钱氏占据两浙将近百年,并没有什么善政,"虐用其人(民)甚矣",这是惬当的评语。

钱镠也做了些有益的事情,他修筑钱塘江石堤(从六和塔至艮山门),保护杭州城;凿平江中妨碍行舟的巨石,增进海上交通;造龙山、浙江两闸,阻遏海潮内灌。又自嘉兴松江沿海滨到太仓、常熟、江阴、武进,凡一河一浦,都造堰闸,蓄泄有时,不畏旱涝。当时米价每石只值五十文,可见浙西农业有很大的发展。两浙民间称他为海龙王,当是承认他在水利上有成绩,但也斥责他的穷奢极侈，大兴土木，居处营造得象龙宫那样壮丽。他推广州城周围三十里，大造台榭，特别加工建筑自己的府署，版筑斧斤声昼夜不停。兵民怨恨，有人深夜里用白土在他的门上写道"没了期，侵晨起，抵暮归"。他看见，也写道，"没了期，春衣才罢又冬衣"。这说明他不爱惜民力，也决不肯悔改。钱元瓘营造府署，比钱镠更加奢侈。九四六年，府署大火，钱元瓘避到那里，火就跟着来到，府署几乎烧成白地。史家说是上天示罚，其实，民众被迫服劳役，无有了期，怨恨之极，自然会有人焚烧这个暴君的居处。钱弘佐继位，免境内租税三年，就是想和缓民愤。吴越君臣奢侈成习，竭民力来经营土木工，杭州终于成为江南名胜地。

九七五年，宋灭南唐。吴越失去屏障，不再能自立，九七八年，钱俶献纳国土，吴越亡。

吴越先后凡八十六年。

六　楚国（八九六年——九五一年）

马殷占据湖南，与邻国吴为世敌（杨行密杀孙儒，马殷是孙儒残部）。杨行密以尊王（唐朝）讨贼（梁）为号召，受吴威胁的小国，以奉事朝廷（北方小朝廷）相对抗。马殷任高郁为谋主。高郁劝马殷向梁进贡称臣求封爵。九〇七年，梁封马殷为楚王。九二七年，唐封马殷为楚国王。马殷受册封，正式建国，仿照天子礼制，

496

立宫殿，置百官，只是名称上略加改变，表示不敢上比朝廷。楚与吴越两国在吴国的东西两侧，北方小朝廷利用两国来牵制吴国，因此，吴越国王得兼天下兵马都元帅的高职，楚国每年进贡茶叶不过数万斤（一说二十五万斤），却得在中原自由通商，开封及襄、唐等州置邸卖茶，获利巨大。

楚国富庶，战事稀少，马殷纵情女色，诸子骄奢，各谋继位。九二八年，吴徐知诰与楚战，吴兵败，向楚求和。楚丞相许德勋对被俘吴将说，我楚国虽小，旧臣宿将还在，愿吴朝不要费心。等到众驹争槽（指马殷诸子争位），才是你们动手的时候。九三〇年，马殷死，遗命诸子，兄弟相继。诸子马希声、马希范相继嗣位。马希范奢侈无度，赋税苛重，学士拓跋恒上书劝谏，说"足寒伤心，民怨伤国"，愿减轻赋税。马希范大怒，斥退拓跋恒。九四七年，马希范死，众驹开始争槽，一部分楚臣拥立马希广为楚王，另一部分要立朗州（治武陵，湖南常德市）节度使马希萼（音饿è）。马希萼争位不胜，九五〇年，向南唐主李璟称臣求助。马希萼攻入长沙，杀马希广，自立为楚王。九五一年，马希崇推倒马希萼，派将官押送到衡山县囚禁，马希崇自立为楚王。押送将官拥马希萼为衡山王，向南唐求救。这时候郭威正在灭汉，不能出兵助楚，马希崇只好向南唐称臣。南唐主令边镐率兵入长沙，马希崇投降。边镐令马希崇率族人入朝。马族人重赂边镐，希望留居在长沙。边镐笑道，我国家同你马家，做了六十年仇敌，但也不敢存灭你楚国的念头。现在你们兄弟争夺，困穷自灭，如果还想有什么打算，怕你们受不了。马希崇无话可对，率族人及将佐千余人号哭上船，来到金陵。南唐使马希萼居洪州，马希崇居扬州。槽被众驹争掉了，马家人得保存生命还算是幸运。

楚先后凡五十六年。

七　闽国（八九三年——九四五年）

八九三年，王审知得福州。九〇七年，梁封王审知为闽王。王审知提倡节俭，减轻赋役，与民休息，在位二十九年，境内安宁。他收用唐流亡士人为辅佐，建立学校教本地士人，开辟海港，招来外国商贾，奖励通商，文化经济一向落后的福建，开始发展起来。九二五年，王审知死。此后，继位人都是暴君，经常发生内乱。九三三年，闽主王延钧（王审知次子）称帝，国号闽。九四〇年以后，建州节度使王延政与闽主王延羲不和，起兵互攻。九四三年，王延政在建州称帝，国号殷。殷国小民贫，战事不息，王延政铸大铁钱，一钱当铜钱一百文，又使杨思恭加重赋税，筹措费用。九四四年，朱文进杀王延羲，自立为闽主，王氏子孙不论老幼全被杀死。南唐主李璟出兵攻殷。九四五年，闽国旧臣杀朱文进，迎王延政为闽主。王延政改国号为闽，使侄王继昌镇福州。闽将李仁达杀王继昌，占据福州。南唐兵攻破建州，王延政被俘，闽国亡。

闽先后凡五十三年。

八　南汉国（九〇五年——九七一年）

九〇五年，唐任刘隐为清海军（岭南东道）节度使。九〇七年，梁封刘隐为大彭郡王。岭南离中原较远，唐末，中朝（唐朝）士人多来避乱；唐时大臣得罪，贬窜到岭南，子孙往往流寓不返，唐所任地方官，遭乱不得归朝，都客居在岭南。刘隐招集这三类士人，作为辅佐，又使弟刘岩率兵平定岭南东西两道诸割据者，拥有岭南，建立起刘氏政权。九一一年，刘隐死，刘岩继位。刘岩用士人为诸州刺史，不让武夫作地方官，这是岭南较为安静的一个原因。九一七年，刘岩自称皇帝，国号越（次年改国号为汉），建都广州。九四二年，刘岩死。刘岩及历代继位人都是暴君，《旧五代史》说"一方之民，若据炉火"。到九七一年，宋兵入广州，南汉最后的暴君刘铱（音厂 chǎng）投降，南汉亡。

南汉先后凡六十七年。

九　南平国（九〇七年——九六三年）

九〇七年，梁任高季兴为荆南节度使，给兵五千作牙兵，衣食由梁朝发给。荆南镇旧辖十个州，唐末，为邻道侵夺，高季兴到镇，只有江陵一城、高季兴招集流亡，民渐复业。又收用一些文武官作辅佐，以唐进士梁震为谋主，暗中准备割据。九二三年，唐庄宗灭梁，高季兴亲自入朝，得到优待。九二四年，受封为南平王。唐明宗时，高季兴得归、峡（治夷陵，湖北宜昌市）二州，合荆州共有三州，在十国中是最小弱的一国。

五代时期，吴、南唐与中原统治者对立，封锁江淮漕路，南方诸国进贡（实际是通商）中原，或走海道，或走江陵，江陵成为内地南北交通的中枢。北方商人买茶，也必须到江陵，在五代时它是最大的茶市。九二八年，楚马殷使将军王环等击荆南，高季兴大败请和。马殷责王环不乘胜取荆南。王环说，江陵在中朝（中原小朝廷）及吴、蜀的中间，四面受敌，应该让它存在，作楚国的屏障。小弱的南平国在各强国间起缓冲作用，不被邻国吞并，原因在此。高季兴的继位人高从诲，对南北称帝诸国，一概上表称臣，借以得些赏赐，远如闽、汉，也不例外。南方诸国贡使路过荆南，高季兴和高从诲常掠夺贡物，拘留使者，等到受损国来质问或发兵来讨，即归还并请和。诸国嗤笑高氏夺攘苟得，不知羞耻，都叫高从诲为高赖子（无赖）。

这个小国经济不能自立，政治上也就不得不当赖子，当时南北诸国君主都是汉族，高氏耍无赖，还算是穷国君的本色。九四七年，契丹主耶律德光入开封，高从诲也去称臣进贡，得了些赏赐，那真是不知羞耻的十足无赖。

九六三年，宋兵往湖南灭割据者周保权（周行逢子），路过江陵，南平国主高继冲纳地归降，南平亡。

南平先后凡五十七年。

十　北汉国（九五一年——九七九年）

九五一年，郭威灭汉，杀河东节度使刘崇子刘赟。刘崇据河东称帝，仍以汉为国号。刘崇向辽国求援，辽主要求建立父子之国的关系，刘崇只愿奉辽主为叔皇帝，自称侄皇帝。辽主希望中原分裂多事，也就承认叔侄关系，允许行册封礼。刘崇得辽援兵，攻周晋州，被周兵击败，刘崇一时不敢再动兵。九五四年，周太祖死，刘崇以为机会来到，约会辽兵大举进攻。周世宗大破北汉兵于高平，并进军围太原城。周军退归后，刘崇死，子刘承钧继位。刘承钧尊辽主为父皇帝，辽主称刘承钧为儿皇帝。北汉依靠这个可耻的关系，保境自守。周世宗时，王朴献用兵先后策，主张收复幽燕后，再出兵灭北汉，原因就在它是辽的附属国，被击时辽自幽燕出援，对周很不利。

刘崇做事，都向辽主禀告。刘承钧初立时，却往往自己作主，不先告辽国。辽主遣使来谴责，刘承钧惶恐谢罪。此后事辽愈恭，而辽待北汉愈薄。当然，辽不愿北汉灭亡，危急时还是要来援救的。九六八年，刘承钧死，北汉内乱。九六九年，宋太祖亲自率兵攻北汉，击退辽援兵，引汾水灌太原城。北汉坚守危城，辽也继续增兵来援，宋军无功退回。九七九年，宋太宗又亲征北汉，这时候宋已统一南北，国势增强，辽用重兵守幽燕，援北汉只有大同一路兵。宋军击败辽兵，猛攻太原城，北汉主刘继元投降，北汉亡。

北汉先后凡二十九年。

正当梁、唐、晋、汉四个小朝廷在北方混战大破坏的时候，南方诸国战争稀少，一般处在和平状态中，人口增加，经济和文化都向上发展。南唐、吴越两国更显出繁盛景象。唐朝中期以后，军政费用极大部分取给于江、淮财赋，残酷的搜括，并不能填补无底的巨壑，如果没有农民起义军打碎唐朝这一架腐朽机构，南方经济将萎缩下去，无有止境。南方成立诸割据国，固然赋役还是繁重，但开始立国的君主，一般都还知道一些立国的方法，为自己生存计，不得不对民众让些步或做些有益的事，比起唐朝来，情况多少有些改善。民众在这有限的改善下，也就算是得到休息，足以从事生产了。诸割据国继位者多是奢侈昏暴人，按时间说，大体上已是周和宋进行统一战争的时候，二三十年间，南方诸国陆续归于消灭。

第三节　五代十国的经济状况

唐末军阀混战，分裂中国为南北两半。

一　南　方

南方自南朝历隋、唐，经济一直在缓慢地上升，并且形成了若干以大城市为中心的经济区域。以成都为中心的蜀，是两汉以来的旧区域，每逢中原丧乱，就有人据蜀自立。隋唐时扬州为东南第一大城市，以扬州为中心的江、淮地区，富强足以自立，并且有力量占据江南、江西大片土地，形成一个大经济区域。三吴（南朝称吴、吴兴、会稽三郡为三吴，即唐朝苏、湖、越三州）是南朝经济文化的精华所在地，唐时立浙江东西两道，设镇海（浙江西道，治苏州）镇东（浙江东道，治越州）两节度使，唐末，以新起的杭州为中心，形成一个两浙区。岭南、福建经济文化较上列各区落后，福建更落后些，唐中期以后，两地都渐有进展，岭南以广州（岭南节度使治所）为中心，福建以福州（唐时福建经略使治所）为中心，形成两个区域。广州是海上贸易的主要城市，福建的泉州，唐时也开始成为通商港口，海上贸易对这两区有重要意义。湖南比福建差，但唐朝新发达的商品

——茶叶，在湖南大量生产，为北方所必需，这就形成以长沙为中心的湖南区。荆南（南平）是南北交通枢纽，又是北方小朝廷与吴、蜀、楚诸国的缓冲地，依靠商税，勉强自成一区。以上各区，经济发展程度，高低很不平衡，大体上，割据者可以凭借一个区成立一个政权；另方面，割据者要巩固自己的政权，还必须采取一些措施来推进经济，五代时期南方诸国战争较少，某些国君注意兴利事业，原因在此。尽管是这样，各区并不能完全自给，有待于互通有无，更有待于南北双方的互通有无，所以，五代十国政治上是分裂的，全中国的经济联系却是相当密切的，自然，这种联系不能不受政治分裂的阻碍，当北方政局稳定时，全国就不可抗拒地复归于统一。

前、后蜀——两汉以下，蜀一向是农业、工商业发达的地区。王氏、孟氏据蜀先后凡七十余年，境内很少发生大战争，民众得以继续进行生产，如果说，前、后蜀立国也还有些好处的话，这就算是好处。至于前、后蜀统治者，剥削都很残酷。王建急于聚敛，虽然仓库装不下了，还是贪得无厌。蜀中每年季春月有蚕市，百货云集，市况甚为繁盛。王建曾登楼望见有许多处作桑栽（桑树秧）交易，对左右人说，桑栽很多，如果收税，必获厚利。足见他多么留心获厚利。王衍和他的臣属，专以奢淫相比赛，浪费无限。九二五年，唐兵入成都，没收蜀仓库所存武器、钱粮、金银、缯锦共以千万计。所谓千万计，就是数量极大。九二六年，孟知祥查库，还有铠甲二十万副，以此为例，蜀仓库确实是装得满满的。唐兵没有抢掠成都市，退兵时，孟知祥令成都富人及王氏旧臣献钱，以六百万缗犒唐军，剩下二百万缗归孟知祥。富人及旧臣的钱，自然都是剥削得来的，一次就能献出八百万缗，平时剥削的严重可以想见。

孟知祥据蜀，待将相大臣"宽厚"，所谓"宽厚"，就是让这些人任意去搜括。孟昶继位后，宰相张业设牢狱在家里，用残酷的刑罚勒索民财。将相大臣放纵无忌惮，甚至掘坟墓求财物，搜括到了地下，地上还有什么可免搜括。民众继续生产，统治者继续掠夺，民众穷苦无告，迫切要求改变现状，前后蜀都不战而亡，因为民众对它们实在厌恶到极点。

吴、南唐——杨行密、徐温都注意恢复生产，境内粗安。徐知诰执政，更加重视农桑。吴国旧制，上等田每顷收税足陌现钱二贯一百文，中等田一贯八百文，下等田一贯五百文，如现钱不足，依市价折金银。又有丁口税，计丁口征现钱。宋齐丘建议收税不用现钱，用谷帛代现钱，并"虚抬时价，折纳绸绵绢本色"。当时市价，绢每匹五百文，绸六百文，绵每两十五文，宋齐丘主张绢每匹抬为一贯七百文，绸为二贯四百文，绵为四十文，都是不打折扣的足钱，又废除丁口税。宋齐丘要官府收租税，用高于市价三四倍的虚价来折合实物，确是大胆而有远见的建议（这是《容斋随笔》转载北宋许载所著《吴唐拾遗录》的原文，《通鉴》作"绸绢匹值千钱者当税三千"，是一般地说提高三倍）。朝议喧哗，以为官府损失太大。宋齐丘说，那有民富而国家贫的道理。徐知诰断然采纳宋齐丘建议，认为这是劝农上策。果然，不到十年，江淮间呈现"旷土尽辟，桑柘满野"的繁盛景象，吴国也就富强了。徐知诰称帝后，下诏民三年内种桑够三千株，赐帛五十匹；每丁垦田够八十亩，赐钱二万；桑田和农田都免租税五年。这样奖励农桑，在五代时期是唯一的国家，也因为是个富强国，所以有力量抵御北方军阀的侵扰长江流域。

南唐李璟、李煜时，赋税逐渐加重，和别国比还算是轻一些。

吴越——南方诸国多兴修水利，吴越尤为积极，两浙农业发达与水利是分不开的，这应是钱氏政权的成绩。但钱氏君臣，奢侈成风，民众不胜其苦。钱镠居室用具，极为精美，晚年更加放纵。钱氏据两浙八十余年，对北方小朝廷贡献厚礼，在国内任情浪费，地小人多，赋敛苛暴，鸡、鱼、卵、菜，无不收税。即使欠税不多，也要被捉，受鞭笞刑。《咸淳临安志》说"民免于兵革之殃，而不免于赋敛之毒，叫嚣呻吟者八十年"。这是钱氏政权的定论。

楚——南方各地多出产茶叶，湖南产茶尤多，楚立国主要依靠卖茶和通商。马殷听从高郁的建议，提倡种茶，让民自采茶叶卖给北方商客，官收茶税。九〇八年，马殷向梁太祖请求，每年贡茶二十五万斤（《旧五代史》作数万斤），换取卖茶权。梁允许楚在汴、荆、襄、唐、郢、复等州置回图务（商店），运茶到黄河南北，交换北方的衣料和战马，楚获利十倍。湖南民间不事蚕桑，贸易上处于不利地位，马殷令民纳税，以帛代钱，湖南丝织业开始兴盛起来。又令民间种棉，楚贡品中有吉贝布，就是用木棉织成的布。唐时岭南、福建已种棉织布，马殷时传入湖南，新创一种富源，马殷免收商税，招徕四方商人。湖南产铅、铁，铸为铅钱、铁钱，十文当铜钱一文，通行境内。商人出境，铅、铁钱不能使用，只好购买湖南物产带走。"以境内所余之物，易天下百货，国以富饶"，这就是马殷的治绩。

马殷死后，继位人都是暴君，民众穷困流亡。周行逢占据湖南，改革马氏弊政，境内粗安。

闽——王潮、王审知以保境息民为立国方针，劝农桑，定租税，交好邻国，奖励通商，闽民众得到三十年休息。王审知死后，继位人多是暴君，王继鹏起三清台，用黄金数千斤铸宝皇及元始天尊、太上老君像，每天烧龙脑等香数斤，以此为例，一个小国的民众，负担是沉重的。

南汉——南汉国君自刘岩起，都是极奢侈极残忍的暴君。九三四年，刘岩造昭阳殿，用金作屋顶，银作地面，木料都用银装饰。殿下设水渠，渠中布满真珠。又琢水精琥珀为日月，放在东西两条玉柱上。刘铱造

507

万政殿，饰一条柱子就用银三千两。又用银和云母相间隔，包装殿壁。这种富丽辉煌的建筑物，是用多少民众鲜血变成的，实在使人触目伤心，不寒而栗！刘岩恶毒无比，设有灌鼻、割舌、支解、剖剔、炮炙、烹蒸等惨刑，又有水狱，聚毒蛇在水池中，投入他所谓的罪人，让毒蛇咬死。他的继位子孙，都是和他类似的野兽，他们造成穷奢极侈的宫殿，取得人力和财物的方法就是惨刑。

南平——九六三年，宋太祖使卢怀忠去南平观察情形。卢怀忠回来说，荆南兵不过三万，年景不坏，民众却困于暴敛，消灭它很容易。果然，宋兵经过江陵，便灭掉南平。

南方诸国，除少数国君曾做了些有益于民的事情，其余都是民贼。民众遭受剥削是极其严重的。例如宋太宗时，废除淮南、江浙、荆湖、广南、福建等地的鱼税，又前后下诏废除或减轻"橘园、水碓、社酒、莲藕、鹅鸭、螺蚌、柴薪、地铺、枯牛骨、溉田水利等名"的税收。单看苛税（实际不只这些）名目，可信南方诸国同北方一样，也是物物有税。又如丁口税，有些地方每人每年要纳钱数百文，到一○一一年（宋真宗大中祥符四年）才下诏"两浙、福建、荆湖南、北路身丁税并特放除"。这些苛税，或起自唐末，或诸国新设，税名或税率有增无已，民众的痛苦自然也有增无已，自从北方出现周宋两朝，南方诸国再不能有什么继续存在的理由。

508

二 北 方

黄河南北广大地区,五代时期,大小战争接连发生,战争本身(主要是杀害民众)以及由战争引起的各种灾难(主要是搜括财物),使得社会遭受大破坏。从此以后,中国经济文化的中心进一步地转移到南方,北方变成比较落后的地区。自远古以来,经济文化的中心总是不离开黄河流域,现在南移到长江流域,这个大变化,是五代在历史上的重大特点。北方战争的后果,略述如下:

(1)生产力的摧残

劳动群众是社会的基本生产力,在生产工具无大变化的情况下,一个时期内户口(其中绝大部分是劳动群众,主要是农民)的增加与耗损,足以测定这个时期生产力的发展与衰退。五代时期北方户口大减,原因是统治北方的军阀,尤其是带有游牧人风气的沙陀军阀,心目中只有战争严刑和搜括,别的事一概无知。民众不是死亡,就是流散,坚守乡土的人,唐末以来长期生活在重重灾难中,那里还说得上发展生产!

战争屠杀——这里举一个例,说明战争是怎样耗损人命。九四八年,汉将郭威率兵灭河中、永兴、凤翔三叛镇。这次战争在五代时期不算是大战,更不是久战。九五〇年,汉隐帝使人到战地收埋战死及饿殍(民众)遗骸,当时已有僧人收埋了二十万具,可知未收埋的还不在少数。按此例类推,每次战争,军民死亡数虽多少不等,但有战必有死亡,特别是当地居民大量死亡,是毫无疑问的。唐末秦宗权蹂躏河南,朱全忠在河南、北进行战争三十年,李存勖与梁,河上相拒十余年,大小百余战,契丹经常入侵,石晋末年深入到开封,退兵时,仅仅屠相州城(九四七年),就杀死十余万人。这些大战久战,加上其他连年不息的小战暂战,再加上被迫输送军需的民伕路上死亡,死亡总数实在可骇,十六国以后,黄河流域又一次化为大屠场。

严刑乱杀——梁至汉四朝君主,全是野蛮武夫,杀人看作等闲,人命轻似草芥,残暴大致相似。唐明宗在四朝君主中算是唯一的好皇帝,"然夷狄性果"(强暴),常常杀死无罪人。某次他听巡检使浑公儿口奏,有百姓二人用竹竿练习战斗,他立刻命石敬塘去办理。石敬塘一到就把二人杀死。第二天枢密使安重诲奏称二人是小儿,战斗是游戏。晋出帝遣使者三十六人分路搜括民财,各给一把剑,得任意杀人。使者带着大批吏卒,手执刀杖,闯进民家,随便杀夺,民死无数。唐晋用刑已极惨重,汉法尤其刻毒。郓州捕贼使者张令柔杀尽平阴县(山东平阴县)十七村居民。卫州刺史叶仁鲁率兵捕盗,有十来个村民逐盗入山中,叶仁鲁后到,硬指村民为盗,全数斩断脚筋,陈列山麓示众,宛转呼号,数日才死。河东节度判官苏逢吉奉刘知远命清理狱囚,

510

苏逢吉不问轻重曲直,一起杀死,说是奉命静狱。侍卫都指挥使史弘肇专喜杀戮,认为有罪的人就杀死。某次太白星白昼出现,民众仰观,史弘肇派兵捕捉,悉数腰斩。又作断舌、决口、斮(音酌zhuó斩断)筋、折胫等刑,天天杀人。凡是被捕的人到官,狱吏请判,史弘肇不问轻重,伸出三个指头示吏,即时腰斩。以上只是举些例证,说明皇帝和大官提倡杀人, 自然造成一种异常残酷的风气,凡是他们统治的地区,实际是一座广大的活地狱。

（2）人 为 的 天 灾

自然灾害本是常有的事。在政治较好的时候, 社会抵抗力较强,灾害的后果就会减轻些; 在乱世,灾害与暴政相结合,那就后果不堪设想。例如九四三年(晋出帝天福八年),春夏有旱灾,秋冬有水灾,蝗虫大起,晋境内竹木叶都被蝗虫吃光。晋出帝因国用不足, 下令括民间谷物,督责非常严急,逼民众献谷,民众饿死数十万人, 流亡人数更不可计数。恒、定等州灾情尤重,晋朝廷知道无可再括,特令免括。顺国节度使(驻恒州)杜威却奏准援别州例括民谷,尽量搜括得一百万斛,送给晋朝廷三十万斛,其余归杜威私占。杜威又括得三十万斛,凑足一百万原数,次年春粜给民众,得钱二百万缗。杜威凭空得二百万缗,大批民众饿死可以想见。五代时各种天灾,屡见于记载,不再列举,这里只说由人工制造的黄河水灾。

八九六年，黄河水涨，滑州城（河南滑县）危险，朱全忠决河堤，分河道为二，夹滑州城东流，散漫千余里，从此黄河为患愈益严重。九一八年，梁将谢彦章为阻止李存勖进攻，在杨刘城决河，大水弥漫，曹、濮二州遭大水灾。九二三年，梁将段凝在酸枣（河南延津县）决河，东注曹、濮、郓等州，企图阻止唐兵，称为护驾水。决口不断扩大，曹、濮遭害更甚。据朱熹《通鉴纲目》的记载，河决十六次，五代竟占九次。据《旧五代史·五行志》残缺不全的记载，自九一〇年至九五三年，黄河决口及其他水灾，多至二十四次。这些水灾虽然不是故意制造，但由于连年战争，水利不修，成灾率大增，所谓天灾实际上仍是人工造成的。黄河下游诸州水灾特别频繁，原因是朱全忠决滑州河堤，梁、晋相持，梁屡次决河阻晋兵，此后并无大修治，河灾自然要接连发生。

九四四年（晋出帝开运元年），滑州黄河决口，水浸汴、曹、单、濮、郓五州。郓州城西南有梁山，山周围二十余里，上有虎头崖，下有黑风洞，山南是古钜野泽。这次河决，大水环绕梁山，成为著名的梁山泊。

（3）租税的苛暴

据《旧五代史·食货志》说，梁赋税较轻，唐庄宗用孔谦为租庸使，剥削极繁重。后来历朝赋税，基本是沿袭唐庄宗旧制，但常有新添的名目。五代租税，大抵正供以外，附征农器钱（每亩一文半）曲钱（每亩五文）、正帛钱、鞋钱、地头钱、蚕盐钱及诸色折科。附征以外，又加征秆草每束一文，绢、绝、布、绫、罗每匹十二文，鞋每双一文，现钱每贯七文；丝、绵、绸、线、麻皮每十两加耗半两，粮食每石加耗二斗（唐明宗时加），称为雀鼠耗。加征以外，省库（中央库）收纳上列钱物时，又别征现钱每贯二文，丝绵等每百两加耗一两，秆草每二十束加耗一束。汉隐帝时，王章管财政，聚敛更急暴，在旧制雀鼠耗外，又加二斗，称为省耗；旧制钱出入都用八十文为陌，王章改为收入八十、支出七十七为陌。周太祖改定每田十顷税取牛皮一张，多余的牛皮听民自用或买卖，但不得卖给邻国。周以前，禁民私藏牛皮，悉数卖给官府。唐明宗时官给盐，偿皮价，晋时并盐不给，汉时民间私藏牛皮一寸处死刑。周把牛皮均摊在田亩税中，在当时算是一件良政。

统治集团内部，也互相剥削，大小职官对皇帝要纳尚书省礼钱。太师、太尉纳四十千，太傅、太保纳三十千，司徒、司空纳二十千，仆射、尚书纳十五千，员外、郎中纳十千。藩镇见皇帝，送特重的礼，称为买宴钱。礼钱以外，官员还得自出办公费。宰相出光省钱（宰相纳光省礼钱三百千，藩镇带平章事官号纳五百千。别一记载说，宰相纳礼钱三千缗），御史出光台钱，下至国子监监生出束修钱二千，及第后出光学钱一千。官员对皇帝送礼，小官对大官送礼，学生对学官送礼，最后实际出钱的当然是劳动民众。

直接管理民政的县官，五代时轻视特甚。凡大官府佐杂官中最龌龊无用及昏老不堪驱使的人，才派充县官。这些人贪求刻剥，丑态万状，当时优伶打诨，多用县官做玩笑材料。自然，县官的可笑，就是民众的可悲。

（4）盐法的严厉

唐中期以来，盐利一向是朝廷的重要收入。五代时用极严厉的刑罚来保障盐利。唐朝卖私盐一石以上处死刑，一斗以上处杖刑，比起五代来，简直算是无比宽厚，可见五代盐法的无比残暴。唐庄宗诏书说"会计之重，碱蹉居先，矧（音审shěn况）彼两池，实有丰利"。两池指安邑、解县（山西运城县南）两池，是朝廷掌握的产盐地，如何从两池得厚利，就是五代朝廷制定盐法的出发点。

因为会计之重，碱蹉居先，所以搜括方法，不厌苛细。官自制自卖，立屋税，蚕盐、食盐等名目。对城市居民，按屋税派给，称为屋税盐。对乡村居民，按户口派给，称为蚕盐。又别有所谓食盐，也是按户口派给，说是专供食用。石晋时，在末盐（海盐和碱土制盐）地界内官卖末盐，每年得钱十七万贯有余。为增加收入，将十七万贯摊派给民户，依户大小分五等，一等每户纳钱一贯，五等二百文。民间用盐，听商人自由贩运。这样，盐价降落了，每斤不过十文，较远的州县不过二十文。官当然不会满足于十七万贯的定额，过了些时，重征盐商，过路每斤抽税七文，坐卖每斤十文，重税迫使盐商停业，官又得抬价出卖贵盐。分五等摊派的食盐钱，从此变成常赋，永不免除。

官卖必须依靠刑法，这种刑法自然是残酷的。旧制：应食末盐地界，如有人刮碱煎盐，不计多少斤两，并处死刑。唐明宗改为犯一两以上至一斤，买卖人各杖六十，递增至五斤以上，买卖人各决脊杖二十处死。应食颗盐（池盐）地界，防乡村私盐进城，损害城内官课，规定不论食盐蚕盐，不许携带一斤一两入城，犯者，一两以上至一斤，买卖人各杖八十。递增至十斤以上，不计多少，买卖人各决脊杖二十处死。汉法，犯盐禁不论多少，一律处死。周太祖时，郑州有民买官盐过州城，门官指为私盐，杀民受赏。民妻讼冤，才改为带盐入城五斤以上，煎私盐一斤以上，重杖一顿打死。

因为两池实有厚利，朝廷总想扩大颗盐销路来增加盐利。原来颗、末、青、白（青白两池在宁夏回族自治区灵武县）四种盐各划定销行地界（唐朝已划地界），不许参杂，如带入别界，不论一斤一两，并处死刑。周世宗因食末盐地界犯盐禁的比食颗盐地界多，认为卑湿地带容易私自刮碱煎造，不比产颗盐的两池，禁令峻严，无法私运。他下令曹、宋以西十余州都改食颗盐。曹、宋以西正是末盐产地，这一改变，将有不少私造末盐的人生机断绝。

上列四条，只是指出五代时期黄河流域暴政的一般情况,当时民众具体地遭受死亡、流散、穷困等灾难,痛苦几乎是难以设想的。南北户口变化,可以说明暴政发生了多么大的破坏力。依据宋初的记载,得下列户数。

地 区	年 代	户 数	附 注
周	960 年	967,353	《续通典》卷十:显德六年(959年),总简户 2,309,812 恐误
北汉	979 年	35,220	以上是北方两地区
荆南	963 年	142,300	
湖南	963 年	97,388	
后蜀	965 年	534,039	
南汉	971 年	170,263	
南唐	975 年	655,065	包括旧闽国的建汀二州,不包括江北十四州及清源(漳泉)二州
清源	978 年	151,978	
吴越	978 年	550,680	包括旧闽国的福州。以上是南方七个地区
合 计	北 方	1,002,573	
	南 方	2,301,713	
	南方北方总户数	3,304,286	845 年(唐武宗会昌五年)唐户数是 4,955,151 户,到五代减少 1,650,865 户

以上都是宋取得这些地区时的户数,照惯例,凡是亡国时,户数总要比原有数减少些。湖南曾是一个国,

地面比清源大得多，户数却比清源少，湖南户数当有很大的隐漏。尽管史书上所载户口数，不甚可信，但借以推测一时人口增减的趋势，还是有些用处。三国结束时，魏有户六十六万余，口四百四十三万余；蜀有户二十八万余，口九十四万余；吴有户五十二万余，口二百三十余万。隋灭周得户三百五十九万，口九百万，灭陈得户五十万，口二百万。三国时吴、蜀两国户总数比魏国多十四万，口总数比魏国少一百余万。隋户口比陈户口更是占绝对多数。五代时南方诸国户总数比北方多一倍强，是三国以来不曾有过的新变化，从此以后，南方人口超过北方，经济和文化的重心也确实转移到长江流域，主要是在南唐和吴越两国的旧境。

三　南北统一的一些因素

长江流域（包括闽江、珠江两流域）经济发展起来，各地商品的交换也就跟着增加，特别是南北两大流域间，即使五代十国政治上互相妨碍通商的顺利进行，但终究必须依靠通商来交易有无。经济联系既然如此密切，也就决定分裂只能是暂时的，大势所趋，中国必然复归于统一。下面叙述南方诸国与北方通商及南方诸国相互间通商的情形。

吴越国——僧契盈某次陪吴越王钱镠游碧浪亭，其时潮水初满，商船来集，望去不见首尾。钱镠欣喜，对契盈说，杭州离京师（开封）三千余里，谁知海运的利益大到这样。吴越与北方陆上商路，被吴、南唐阻断（九一八年，吴取虔州以后），货物由海运先到青州，再运销开封等地。吴越在北方沿海各州城，设有两浙回易务，与当地居民交易，并自立刑禁，处理商务。地方官收受厚赂，不加禁阻。汉时刘铢镇青州，令所属诸州，不得接受吴越刑禁。汉朝廷怕妨碍通商，又因刘铢贪虐横蛮，改任符彦卿为节度使，代替刘铢，足见北方需要和吴越通商。南方诸国与北方通商，一般是采取进贡形式，即上表称臣，献给北方小朝廷若干贡品（主要是丝织物），小朝廷收受贡品，承认它的藩属地位，允许商业上往来。吴越贡品有各种丝织物、茶叶、磁器及其他珍贵手工艺品，贡品比别国都丰厚，海上又常受损失，可是吴越始终不废朝贡，想小朝廷牵制吴、南唐，固然是一个原因，更重要的还在取得商业上的大利。九一六年，梁末帝嘉奖钱镠贡献甚勤，特赐“诸道兵马元帅”的大官号，朝臣都说钱镠入贡，实际是求贸易利益，不必赏给这样大的官号。梁末帝不听，因为贸易对北方同样有利。吴越重视商业，因而货币也保持旧制。钱弘佐为吴越国主时，议铸铁钱。钱弘亿认为行铁钱有八害，其中一害是“新钱（铁钱）既行，旧钱（铜钱）皆流入邻国”，指出恶币驱逐良币的规律；又一害是“可用于我国而不可用于他国，则商贾不行，百货不通”，指出通商对吴越的重要作用。钱弘佐采纳这个建议，停止铸铁

518

钱。吴越国土地少人口多，手工业向来发达，制造磁器尤其著名，它必须以所有易所无，要立国就不得不重视通商。

吴、南唐——吴、南唐都以恢复唐朝为号召，与北方小朝廷政治上对立，经济上也停止正式通商。吴境内所产盐、茶，专和邻国交易，楚、荆南不产盐，自然是吴盐的销售地，茶由荆南出售，也可以换得北方产品。吴、南唐是强大国，但对邻国表示不很好战，原因就在战争会受到经济上被封锁的危险。九五一年，周太祖下敕书说，"朝廷与唐本无仇怨……商旅往来，无得禁止"，两大国通商，是五代末年新出现的好气象。

南汉——岭北商贾到南海，刘岩往往招他们去看宫殿，夸耀自己的饶富。这些被招去看宫殿的岭北商贾，当是富商大贾，从北方来收买海外珍宝。

荆南——荆南靠通商立国，国主到处上表称臣，就是想取得商业上利益。九四七年，高从诲攻汉郢州，被击败，发怒与汉绝交。北方商贾不来，荆南境内贫乏，第二年，高从诲只好上表谢罪，请恢复朝贡，汉朝廷也就允许通商，足见汉与荆南都需要有商业往来。

楚——楚产品主要是茶叶，必须保持北方的销售地，因此，对小朝廷始终表示恭顺。楚国不征商税，借以招徕四方商贾，境内使用铅、铁钱，借以推销本地物产出境，贫弱国用这些方法来取得利益，自然不敢轻易发动战争。

闽——闽国重视海外通商,但也需要和邻国交易。闽国主王延钧狂妄,改号称皇帝,对邻国却仍讲和好,不敢自大。南平国主高从诲竟向闽称臣,足见闽与南平有商业关系。

蜀——唐庄宗使人到前蜀国,用马换蜀地珍贵物。蜀法,禁止锦绮珍奇输入北方,只许用粗恶产品与北方交易,称为入草物。前蜀国与北方小朝廷对立,特立这种阻碍通商的法令。后蜀与北方有时通商,有时停止。九五四年,周太祖允许与蜀境通商。从通商方面说,周时北方与南唐、后蜀已经消除了隔阂,在全国范围内通有无了。

周世宗早年替郭威管家务,曾与邺中大商颉跌氏到江陵贩卖茶货。某次二人饮酒半醉,周世宗戏问,假如我做皇帝,你想作什么官?颉跌氏说:我做了三十年买卖,总是从京、洛来到这里。我看京、洛税官坐着获利,一天的私下收入,可以抵得商贾奔走几个月,我心里着实羡慕。如果你真做皇帝,给我一个京、洛税院官做,便心满意足了。这里说明北方和南方繁盛的商业,有利于南北的统一。

雕印书籍,作为一种商品,在市上出售,唐中期以来,已经相当普遍,如成都市上卖占卜书及字书小学印本。不过这些书一般都不是精品,凡是精品,都要手抄,如吴彩鸾写《唐韵》卖给士人。重要书籍或读者自己手抄,或雇人抄写,不当作商品来买卖。五代十国,开始由国家精印重要书籍出卖，这给商品生产添了一个大门路，同时，对传播文化也起了推进作用，这是值得重视的一件大事。

九三二年（唐明宗长兴三年），宰相冯道、李愚请令国子监校定《九经》，刻板印卖，得唐明宗允准。国子监选能书人端楷写出，雇能雕字匠人刻印板，到九四八年，《五经》刻成。汉国子祭酒田敏出使湖南，路过荆南，田敏送高从诲印本《五经》。是年，国子监奏请继续雕造《周礼》、《仪礼》、《公羊》、《谷梁》四经，到九五三年（周太祖广顺三年），全书刻成，又刻成《五经文字》、《九经字样》两书，先后凡二十二年。自此《九经》传布甚广。九五五年，周世宗准宰相奏请，刻《经典释文》三十卷。朝廷雕印儒经，定价出售，比印其他非儒书，会发生更大的影响。

九四〇年，晋高祖令道士张荐明雕印《道德经》，学士和凝撰新序，刻在卷首，印成后颁行天下。唐末刘崇远（仕南唐）著《金华子》，说唐末平卢节度使王师范治狱讼，能遵守法律，至今青州民间还印卖《王公判事》。和凝有集一百卷，亲自写字，雕刻成书，印数百本送人，这些都是五代时北方印书的记载，自然，刻书规模不能和《九经》相比。

南方诸国也有印书的记载。后蜀主孟昶曾在成都立石经，又恐石经流传不广，正当北方刻成《九经》的一年（九五三年），依宰相毋昭裔所请改雕木板，蜀《九经》

521

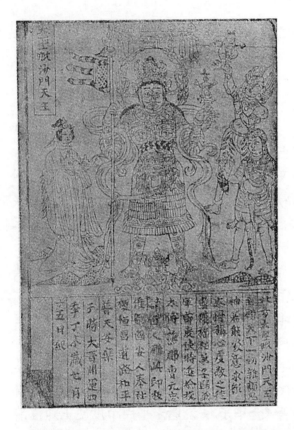

后晋开运四
年匠人雷延
美印本佛像

吴越印本
《宝箧印经》
（部分）

本被称为最精品。毋昭裔又令门人勾中正、孙逢吉写《文选》、《初学记》、《白氏六帖》，镂板印行。南唐印《史通》、《玉台新咏》（明丰坊《真赏斋赋》有此说，或可信）。吴越国主钱俶于五代末宋初雕板印《一切如来心秘密全身舍利宝箧印陀罗尼经》八万四千卷。闽国徐夤（音寅 yín）《自咏》十韵，有句云"拙赋偏闻镌印卖，恶诗亲见画图呈"。这些，都说明南方诸国印书事业并不比北方差。北方南方印书相互流通，也有利于南北的统一。

五代时期，制磁技艺有很大的进步。吴越国贡品有秘色磁器，是当时磁器的最上品。越州窑向来以制造青磁著名，到五代，制作愈益精美，其中所制秘色磁，专供吴越国主钱氏使用，也用来贡献给北方小朝廷。有金棱秘色磁器、秘色磁器等名目。所谓秘色，就是青蓝色，越窑以外，别处也有制造。前蜀国主王建报朱梁信物中，有棱陵椀，致语云"棱陵含宝椀之光，秘色抱青瓷之响"，足见蜀有秘色窑。闽国徐夤《贡余秘色茶盏诗》云"巧剜明珠染春水，轻旋薄冰盛绿云，古镜破苔当席上，嫩荷含露别江渍（音坟 fén）"。足见闽国也制秘色磁作贡品。北方郑州有柴窑，是周世宗造磁器特设的窑。柴窑产品青如天，明如镜，薄如纸，声如磬，滋润细腻，有细纹，技艺精绝，为诸窑之冠。相传当时主管官请磁器式，周世宗批状说"雨过天青云破处，者（这）般颜色作将来"。雨过天青就是秘色。南唐国主李煜时，宫女收露水染碧，制成衣服，颜色特别鲜明，称为天水碧。天水碧就是秘色。尽管诸国分立，秘色却为南北所共同爱好，这也是人们共同心理的一种表现。五代十国存在着许多有利于南北统一的因素，因之分裂只能是暂时的。

简 短 的 结 论

唐末农民起义军失败后，各地大小军阀和地方豪强纷起割据，造成一片大混乱局面。割据者兼并的结果，北方剩下梁（朱全忠）、晋（李克用）两个强国，南方出现前蜀（王建）、吴（杨行密）、吴越（钱镠）、楚（马殷）、闽（王审知）、南汉（刘岩）六国。这种较为稳定的割据状态，比起一片大混乱来，还算是有了些进步，情形与东汉末年黄巾军起义失败后，由大乱进入三国很有相似处。

梁晋争夺黄河流域，晋战胜了，从此沙陀人接连建立起唐、晋、汉三个小朝廷。沙陀是当时居住内地的一个少数族，与汉族人有同等权利来建立朝廷，可是，建立朝廷的人，都是半开化的、带游牧人习气的武夫，非常好战好杀，不知道要有所以立国的政治。黄河流域在这群武夫统治下，遭受极其严重的大破坏。唐朝吸收大量塞外游牧人入居内地，最后一批（当时称为塞外

"杂虏")以沙陀为代表，按照各族融合的惯例，在某种情况下，是要发生破坏现象的，到周宋时，才结束了这个融化过程。

蜀、吴两国特别是吴国，阻止北方的战乱波及长江流域，起着屏障作用。南方诸国得以保境息民，吴、南唐是有贡献的。

南北朝以来，南方经济在继续上升，形成以大城市为中心的几个经济区域。割据者凭借这些区域建立政权，同时，文化也在这些区域内滋长起来。原来较为落后的楚、闽、南汉等地区，经过五代时期，经济文化都有了显著的进展。闽在两宋，成为重要的文化区。

北方遭受将近一百年的破坏，南方在同时期内，基本上得免战祸，从此，经济文化的重心从黄河流域转移到长江流域，人口比例也变为南方大于北方。

由于长期内乱，北方的契丹族得到内侵的机会。石敬瑭出卖燕云十六州，契丹以南京为据点，控制河北平原，中原从而遭受一联串的外患，石敬瑭卖国罪恶，比任何一个内乱武夫大无数倍。

周世宗是英武的皇帝。他开始进行统一战争，取得江北后，即转兵锋向幽州，当时汉民归心，契丹退缩，不战取得瀛、莫，建立雄、霸，按形势，收复全部失地有很大的可能，不幸得病死去。"出师未捷身先死，长使英雄泪满襟"，确是历史上的一个遗憾。继周而起的宋朝，着重在稳定内部，这是必要的，但对外却成了屈辱国。五代内乱后，四百余年，以汉族为主体的中国，一直处于被侵侮的地位，与汉族同命运的境内其他诸族，也同样受辱受害。内乱的教训，是多么深刻不可遗忘的教训！

历 代 纪 年 表

隋 唐 纪 年 表

公元	隋	陈
581	开皇文帝杨坚	太建13年宣帝陈顼
583		至德后主陈叔宝
587		祯明
589		亡于隋
601	仁寿	
605	大业炀帝杨广	
617		义宁恭帝杨侑①
618	皇泰恭帝杨侗②	亡于唐
	唐	
618	武德高祖李渊	
627	贞观太宗李世民	
650	永徽高宗李治	
656	显庆	

① 原西京留守,为李渊所立。

② 原东京留守,杨广死后,为留守官所立,619年为王世充所废。

公元	唐	公元	唐
661	龙朔	695	证圣
664	麟德		天册万岁
666	乾封		万岁登封
668	总章	696	万岁通天
670	咸亨	697	神功
674	上元	698	圣历
676	仪凤	700	久视
679	调露	701	大足
680	永隆		长安
681	开耀	705	神龙中宗李显②
682	永淳	707	景龙
683	弘道	710	唐隆温王李重茂
684	嗣圣中宗李显		景云睿宗李旦
	文明睿宗李旦	712	太极
	光宅则天后武曌		延和
685	垂拱		先天玄宗李隆基
689	永昌	713	开元
	载初	742	天宝
690	天授①	756	至德肃宗李亨
692	如意	758	乾元
	长寿	760	上元
694	延载	762	宝应

① 武曌改国号为周。

② 李显又改国号为唐。

公元	唐	公元	唐
763	广德 代宗李豫	860	咸通 懿宗李漼
765	永泰	874	乾符 僖宗李儇
766	大历	880	广明
780	建中 德宗李适	881	中和
784	兴元	885	光启
785	贞元	888	文德
805	永贞 顺宗李诵	889	龙纪 昭宗李晔
806	元和 宪宗李纯	890	大顺
821	长庆 穆宗李恒	892	景福
825	宝历 敬宗李湛	894	乾宁
827	太和 文宗李昂	898	光化
836	开成	901	天复
841	会昌 武宗李炎	904	天祐 哀帝李柷
847	大中 宣宗李忱	907	亡于梁

五代十国纪年表

公元	后梁	前蜀	吴楚	吴	楚	南平	契丹(辽)
							太祖耶律阿保机
907	开平 太祖朱温	天复 7年, 王建①	天宝 钱镠	天佑 4年, 杨渥②	马殷③		
908	乾化	武成 元年 永平					
911							
913	凤历 朱友珪 乾化 3年末帝朱瑱					高季兴④	

① 王建称帝, 仍用唐天复年号。
② 杨渥称吴王, 仍用唐天佑年号。
③ 马殷称楚王, 用后梁年号。
④ 梁封高季兴为渤海王, 仍用梁年号。

531

公元	后梁	前蜀	吴	楚	南汉	吴越	楚	南平	契丹（辽）
915	贞明								神册 耶律阿保机
916		通正							
917		天汉			乾亨 刘龑				
918		光天							
919		乾德 王衍	武义 杨隆演						
921	龙德								天赞
922			顺义 杨溥						
923	亡于后唐					宝大			
923	后唐　同光　庄宗李存勗								
924									

532

公元	后 唐	前 蜀	吴 越	南 汉	吴	闽	楚	南 平	契丹(辽)
925		咸康 亡于后唐		白龙		王延翰①		高季兴②	
926	天成 明宗李嗣源		宝正			王鏻			天显
927					乾贞			高从海③	天显 2年太宗 耶律德光
928				大有					
929					大和				
930	长兴						马希声		
932			钱元瓘④				马希范		
933						龙启 王鏻			

① 王延翰称闽王，无年号。次年王鏻仍无年号。

② 后唐封高季兴为南平王，南平用后唐年号。

③ 南唐封高季兴为秦王，南平用南唐年号。是年高从海嗣位。

④ 吴越从此取消年号。

公元	后唐	后蜀	吴越	楚	南汉	吴	闽	楚	南平	契丹（辽）
934	应顺 闵帝李从厚　清泰 末帝李从珂	明德 孟知祥　孟昶							高从诲①	
935						天祚	永和			
936	亡于后晋　**后晋**						通文 王昶			
936	天福 高祖石敬瑭									
937						亡于南唐　**南唐** 升元 李昪				
938		广政									会同

① 高从诲改用后唐年号，以后继用晋、汉、周、宋年号。

公元	后晋	后蜀	吴越	南汉	南唐	闽	楚	南平	契丹(辽)
939						永隆 王曦			
941			钱佐						
942				光天 刘玢					
943	天福 8年出帝 石重贵			应乾 刘晟 乾和	保大 李璟	天德 王延政			
944	开运								
945			钱倧 钱俶			亡于南唐	马希广		
947	亡于契丹								大同① 天禄 世宗耶律阮

① 契丹改国号为辽。

535

公元	后汉	后蜀	吴越	南汉	南唐	北汉	楚	南平	契丹(辽)
947	天福 12年高祖刘知远①								
948	乾佑 高祖刘知远 隐帝刘承佑							高保融	
950	亡于后周 后周						马希萼②		
951	广顺 太祖郭威					乾佑 4年刘旻③	马希崇 亡于南唐③		应历 穆宗耶律璟
954	显德 太祖郭威 世宗柴荣					乾佑 7年刘钧			

① 刘知远称帝,仍用晋天福年号。

② 马希广用南唐年号。

③ 刘旻、刘钧都继续用后汉乾佑年号。

公元	后 周	后 蜀	吴 越	南 汉	南 唐	北 汉		南 平	契丹（辽）
957						天会			
958				大宝刘鋹	中兴 交泰①				
959	显德6年恭帝宗训								
960	亡于宋	965年亡于宋	978年亡于宋	971年亡于宋	961年李煜嗣立 975年亡于宋	968年刘继元嗣立，974年改元广运 979年亡于宋		高保勗立 962年高继冲嗣立 963年亡于宋	

① 5月南唐对外去年号。

人 名 索 引

本书第一至第四册,此次重版,补编了人名索引,以备检索。

第三册的人名索引是由韩志远编制的。

540

542

544

549

552

553

554

557